职业语文

（第4版）

主　编　金秋蓉
副主编　顾伟凡　潘　宏
参　编　刘昉昉　于晓凌
　　　　吴婷婷　邱晶晶

北京理工大学出版社
BEIJING INSTITUTE OF TECHNOLOGY PRESS

内 容 提 要

本书以语言应用在职业中的活动为核心，围绕语言应用在职业环境中的四类工作活动——认识事物、与人共处、处理信息与展开思维进行课程内容的组织与设计。全书分上下两篇，采用双轨式结构。上篇职场沟通表达按照"课前热身—知识点—示例—随堂选练"的结构来组织内容；下篇职场文书写作按照"学习目标计划—任务导入—任务解析—典型文案—工具箱—瑕疵文案—任务训练"的结构来组织内容。整本书体例新颖、内容全面，突出实训，有助于提高读者的职业语言能力。

本书适用于大中专院校学生、教师或其他行业相关从业人员。

版权专有　侵权必究

图书在版编目（CIP）数据

职业语文/金秋蓉主编．—4 版．—北京：北京理工大学出版社，2019.7（2022.1重印）
ISBN 978 - 7 - 5682 - 7194 - 3

Ⅰ．①职…　Ⅱ．①金…　Ⅲ．①大学语文课 - 高等职业教育 - 教材　Ⅳ．①H193.9

中国版本图书馆 CIP 数据核字（2019）第 137296 号

出版发行 /	北京理工大学出版社有限责任公司
社　　址 /	北京市海淀区中关村南大街 5 号
邮　　编 /	100081
电　　话 /	（010）68914775（总编室）
	（010）82562903（教材售后服务热线）
	（010）68944723（其他图书服务热线）
网　　址 /	http://www.bitpress.com.cn
经　　销 /	全国各地新华书店
印　　刷 /	涿州市新华印刷有限公司
开　　本 /	787 毫米×1092 毫米　1/16
印　　张 /	20.5
字　　数 /	485 千字
版　　次 /	2019 年 7 月第 4 版　2022 年 1 月第 7 次印刷
定　　价 /	42.80 元

责任编辑 /	江　立
文案编辑 /	江　立
责任校对 /	周瑞红
责任印制 /	施胜娟

图书出现印装质量问题，请拨打售后服务热线，本社负责调换

前　言

当今职场，交流表达能力被公推为职场从业者八大核心能力之首。其中专业性沟通和复杂性思考更是被人力资源市场视为最有价值、最无法替代的两项技能。从这个意义上讲，专业知识决定工作领域，而职业语文能力决定工作高度。

基于这样的背景与认知，我们编写了这本以"职业语文"为命名的教材。职业语文，是传统语文课程的转身与延伸，它不只是传统意义上的"语文"，更是为职业活动服务的语文。职业语文指的是现代社会职场中以汉语运用为基础，带有鲜明职业特征的语文，是语言在职场中的具体应用。

本书以学生职业语言能力的培养与训练为出发点，围绕语言应用在职业环境中的四类工作活动——认识事物、与人共处、处理信息与展开思维进行课程内容的组织与设计。

本书分上下篇，其结构布局采用双轨式。上篇主要为职场沟通表达，包括聆听、交谈、面试、演讲、职场书面表达、职场文本解读和职场礼仪等内容；按照"课前热身—知识点—示例—随堂选练"的结构来组织内容。下篇为职场文书写作，包括事务文书、公务文书、职业文书等近二十种职业活动中使用频率较高的应用文种，按照"任务导入—任务解析—典型文案—工具箱—瑕疵文案—任务训练"的结构来组织内容。

本书在写作上力求做到"浅、用、新"。"浅"是指教材的知识点讲授深入浅出，语言表达简明晓畅；"用"是指教材强调实训性，无论是职场沟通表达部分还是职场文书写作部分，都突出了语言职业能力的训练。"新"是指教材在体例和内容上都较新颖，较全面概括了语言在职业活动中的呈现方式。

信息化时代，学生的学习方式发生了很大变化。本书及时吸收课程信息化建设的资源成果，将课程知识点和教学资源以二维码方式在教材中呈现，方便学生扫码学习。

本书由福建船政交通职业学院金秋蓉老师担任主编。编写具体分工如下：金秋蓉（第一章、第十一章）、顾伟凡（第六章、第九章）、潘宏（第二章、第十章）、刘昉昉（第五章、第七章第一节）、邱晶晶（第八章）、于晓凌（第三章）、吴婷婷（第四章、第七章第二节）。

本书在编写过程中参考了一些相关的教材与专著，选取了许多书籍、报刊、网络上的例文。由于种种原因，未能与原作者一一联系，在此敬请谅解，并致以衷心感谢。

由于编者水平有限，加之时间仓促，书中难免存在不足之处，敬请专家、读者批评、指正。

编　者

目 录

上篇　职场沟通表达

第一章　职业语文概述 ... 3
 第一节　职业语文的内涵 ... 4
 第二节　职业语文能力的养成 ... 10

第二章　倾听 ... 16
 第一节　做生活的倾听者 ... 17
 第二节　倾听障碍的克服 ... 22
 第三节　高效倾听的实施 ... 27

第三章　交谈 ... 35
 第一节　什么是交谈 ... 36
 第二节　交谈的一般过程及技巧 ... 39
 第三节　职场交谈的原则和方法 ... 48

第四章　面试 ... 56
 第一节　面试的注意事项 ... 57
 第二节　面试题的答题技巧 ... 64

第五章　演讲 ... 71
 第一节　演讲的特点与类型 ... 72
 第二节　演讲的常用技法和策略 ... 78
 第三节　演讲的准备和演讲稿写作 ... 87

第六章　职场书面表达 ... 96
 第一节　职场书面表达能力 ... 97
 第二节　职场书面表达方法 ... 105

第七章　职场文本解读 ... 109
 第一节　职场文本解读常见误区 ... 110
 第二节　职场文本阅读 ... 118

第八章　职场礼仪 ... 135
 第一节　求职面试礼仪 ... 136
 第二节　交际礼仪 ... 146

下篇　职场文书写作

第九章　事务文书 ·· 157
- 任务1　计划 ··· 157
- 任务2　总结 ··· 162
- 任务3　述职报告 ·· 170
- 任务4　会议记录 ·· 176
- 任务5　调查报告 ·· 179

第十章　公务文书 ·· 188
- 任务1　公务文书概述 ·· 188
- 任务2　通知 ··· 195
- 任务3　通报 ··· 200
- 任务4　报告 ··· 204
- 任务5　请示　批复 ··· 208
- 任务6　函 ·· 214

第十一章　职业文书 ·· 219
- 任务1　求职信 ··· 220
- 任务2　个人简历　自我鉴定 ·· 225
- 任务3　竞聘辞 ··· 236
- 任务4　劳动合同　经济合同 ·· 243

附录一　党政机关公文处理工作条例 ··· 260
附录二　党政机关公文格式 ·· 266
附录三　ZHC（国家职业汉语能力测试）介绍 ······································· 285
附录四　ZHC题型及解题技巧 ·· 287
附录五　普通话水平测试大纲 ·· 317
参考文献 ·· 321

上 篇

职场沟通表达

第一章
职业语文概述

学习目标规划

■ 基本了解

了解职业语文与传统语文的区别及培养职业语文能力的意义。

■ 重点掌握

掌握职业语文能力的内涵、特点及职业汉语能力的获得途径。

■ 熟练应用

能熟练借助汉语这一交际工具，学习如何在具体的职业环境下运用语言认识事物、与人共处、处理信息与展开思维，解决职场上的各种问题。

课前热身

■ 记忆引擎

1. 你喜欢语文课吗？基础教育阶段的语文课在听、说、读、写哪些方面给你留下过比较深刻的印象？

2. 现实生活中你是否认识凭借良好的沟通表达能力和良好的情商，在职场上发展得风生水起的职场精英呢？

■ 头脑风暴

1. 职业语文与传统语文的区别在哪里？
2. 为什么说专业性沟通和复杂性思维是最具价值的核心技能？
3. 职业语文能力包括哪些能力？
4. 职业语文能力的获得途径是什么？

情境导入

2003年，巧克力之父弗斯贝里的公司获准登陆中国市场后，通过媒体发布一则招聘公告：请你用一句最简洁的话，回答下面四位著名人士到底在说些什么。

① 1954年4月2日，苏黎世联邦工业大学建校100周年，邀请爱因斯坦回母校演讲，爱因斯坦在演讲中说了这样的几句话："我学习成绩中等，按学校的标准，我算不上是个好学生，不过后来我发现，能忘掉在学校学的东西，剩下的才是教育。"

② 1984年6月4日，诺贝尔物理学奖获得者丁肇中回母校清华大学演讲，在接受学生提问时说："据我所知，在获得诺贝尔奖的90多位物理学家中，还没有一位在学校里经常考

第一,经常考倒数第一的,倒有几位。"

③ 1999年3月27日,比尔·盖茨应邀回母校哈佛大学参加募捐会,当记者问他是否愿意继续学习拿到哈佛大学的毕业证书时,他向那位记者笑了一下,没有回答。

④ 2001年5月21日,美国总统布什回到母校耶鲁大学,接受荣誉法学博士学位。由于他当年学习成绩平平,在被问到现在有何感想时,他说:"对那些取得优异成绩的毕业生,我说'干得好',对那些成绩较差的毕业生,我说'你可以去当总统'。"

公告发布后,400多名优秀的大学生参加了应聘。然而只有一位学生接到聘用通知。这位学生的答案很简单,但非常精练、出彩。他说,"学校里有高分低分之分,但校门外没有,校门外总是把校门里的一切打乱重整。"可以说,这位毕业生正是凭借其出色的职业语文能力为自己赢得了职业生涯中的这个机遇。

职业语文的四个维度

第一节　职业语文的内涵

一、职业语文的含义

语文是听、说、读、写、译的语言文字能力、语言知识与文化知识的统称。语文,作为一门人文社会科学的重要学科,是人们相互交流思想的语言交际工具。

职业语文,是传统语文课程的转身与延伸,它不只是"语文",更是为职业活动服务的语文。职业语文指的是现代社会职场中以汉语运用为基础,带有鲜明职业特征的语文,是语言在职场中的具体应用。

职业语文突破了传统语文教育中的知识传授与听、说、读、写的规则训练,而侧重于语言应用能力的培养与训练,学习在具体职业环境下,如何运用语言认识事物、与人共处、处理信息与展开思维。

职业语文作为一门基于职场语言应用的课程,其研究对象包括职场沟通交流(倾听、交谈、演讲、面试)、职场书面表达、职场文本解读、职场礼仪和职场文书写作等。

二、职业语文的特点

1. 职业性

职业语文作为一门基于职场语言应用的课程,职业性是其显性特征。职业语文的语言训练不再是传统语文教育中的听说读写规则训练,而是重点学习如何在职场环境下恰当、得体地使用语言交际、工作和生活。语言在职场上的应用主要表现为四类工作活动——认识事物、与人相处、处理信息和展开思维。因此,职业语文无论在课程的组织设计还是在教学内容的撷取、编排上,都在强调、凸显语言的职业应用。通过架设仿真的职场环境,训练职业活动中交流沟通的技巧，学习如何准确获取、解读语言信息和准确地驾驭语言素材，形成正确判断和严密思路的思维能力，从而提升自身的职业语文能力。

2. 实践性

职业语文作为一门为职业服务的语言应用课程，强调实践性。职业语言首先是一种工作语言，具有较强的目的性，都是直接应用于职场各行业的实际工作，以期实现职场沟通。例如政府公务人员用它制发公文，是其实现管理功能的重要手段；企业经营者用它洽谈业务，追求企业效益等。

传统职业语文教育主要是进行听、说、读、写活动的规则训练。但是只掌握这些规则却是有问题的。比如说，在面对具体职业环境的时候，往往会发现熟练掌握听说读写规则的人，并不一定能够解决如何有效地进行沟通和交流问题。因此，规则很重要，但在规则基础之上的应变能力更为重要。因为职业环境不是一成不变，而是更多地表现为"不确定性"。在工作中，需要不停地变换视角，来应对处于不同位置的人和事。而用确定性的规则来应对不确定性的任务，常让人陷入"相形见绌"的窘境。同样一句话（用语言规则来评价肯定是正确的），放在不同的工作场合，可能会达到两个完全相反的效果。例如，"请改正这些错误的提法"这句话，语法上并不存在问题，用于对下级或晚辈，虽显生硬，也无大碍；但面对上级或长辈时，如此说法就可能产生消极效果，引起对方不快甚至反感。同样的意思，如果用"这些提法似可斟酌"，听起来比较温和，对方可能会欣然接受。这种职场中的应变能力，固然要建立在对规则的掌握之上，更需融入具体的工作情境和具体的工作任务之中。

职业语文强调实践性，强调在工作世界的四项基本活动（认识事物、与人共处、处理信息与展开思维）中，运用语言，实践语言，这样才能掌握到职业语言能力，才有可能培养出工作世界所需要的职业人。

3. 普适性

职业语文作为一门为职业服务的语言应用课程，是职业人在职场活动中的交际工具。作为一种职业角色语言，它具有普适性，是跨越行业和专业领域的。进入职场，无论从事何种工作，都要求职场中的每一个人依据自己的职业角色恰当地使用职业语言，以便自然而准确地显示出上与下、内与外、主与宾、亲与疏等关系，有助于职场沟通交流有序顺利地进行。而由大量职场实践活动总结出来，为大多数人所认同，具有约定俗成规范的职业文书写作，更是具有跨越行业的普适性。

三、学习职业语文的意义

1. 决定从业者工作高度

学习职业语文，有助于提高职场从业人员的职业核心能力。人在社会中生存，在职场上打拼，需要具备多种能力。人力资源和社会保障部根据国内外专家的研究表明，在1 838种职场技能中，确定了劳动者应当确定的8种核心能力：交流表达、数字运算、革新创新、自我提高、与人合作、解决问题、信息处理和外语应用。在这8种核心能力中，交流表达能力和解决问题能力（复杂思维）占据了两席，可见职业语文能力对职场从业者的重要性，它是核心能力中的核心。

在今天的人力资源市场中，专业性沟通和复杂性思考是无法替代和外包的两大技能。这种技能，被认为是人力资源市场最具有价值的技能；能够胜任这两类工作的人员，也被认为是当今时代最具价值的人才。的确，在工作世界中，在专业领域中能够带领专业团队解决问题的人士，往往是那些具有较高沟通能力和思维能力的人。

曾经有专业研究机构对企业财务管理师做了一次比较完整的工作分析。其中主要涉及首席财务官，就是大家常说的 CFO。按照一般理解，CFO 应该是一个专业性和技术性很强的工作。在调查中发现，CFO 的绝大部分工作时间，以及绝大部分的工作活动，并不是主要地集中在所谓的专业活动领域，而是更多地表现为做出决策和解决问题，与同事及上级沟通，观察下属和同事的工作过程，建立和激励团队进行工作，建立和维护外部工作关系，等等。履行这些工作显然是与沟通能力和逻辑思维能力紧密联系的。

从这个意义上说，专业知识可以决定职场从业者的工作领域，而职业语文能力则可以决定职场从业者的工作高度。

2. 培养从业者良好的职业素质

学习职业语文，是职场从业者最基本的素质教育。职场从业者出于工作需要，会经常与业内同人和社会人士交往。在交往过程中，他们对语言信息的解读是否准确，言语运用是否得体，思想情感表达是否恰当，文本制作是否规范，都会直接影响交往的成败，给自身利益带来影响。准确地聆听信息、缜密地思维、恰当地表达等，均是职业语文所体现的职场从业者应该具备的基本素质。学好职业语文，可以有效地提高职场从业者的职业化程度，增强他们对工作环境的适应性，使之具备较强的职场竞争力，进而形成良好的职业素质。

俞敏洪在北大学习期间表现平平，但他走出校门后创办了新东方，新东方成为当代中国最具影响力的教育机构之一。2008 年，从未邀请过校友在开学典礼上讲话的北京大学，邀请俞敏洪为新生演讲。以下是俞敏洪题为"只要理想和良心在心中"的演讲稿，透过这份以其大学生活经历、感悟为主线的演讲稿，请分析当年学业成绩并不优秀的俞敏洪为何能够在职业生涯中获得巨大的成功。

各位同学、各位领导：

大家上午好！（掌声）

非常高兴许校长给我这么崇高的荣誉，谈一谈我在北大的体会。（掌声）

可以说，北大是改变了我一生的地方，是提升了我自己的地方，使我从一个农村孩子最后走向了世界的地方。毫不夸张地说，没有北大，肯定就没有我的今天。北大给我留下了一连串美好的回忆，大概也留下了一连串的痛苦。正是在美好和痛苦中间，在挫折、挣扎和进步中间，最后找到了自我，开始为自己、为家庭、为社会能做一点事情。

学生生活是非常美好的，有很多美好的回忆。我还记得我们班有一个男生，每天都在女生的宿舍楼下拉小提琴，（笑声）希望能够引起女生的注意，结果后来被女生扔了水瓶子。我还记得我自己为了吸引女生的注意，每到寒假和暑假都帮着女生扛包。（笑声、掌声）后来我发现那个女生有男朋友，（笑声）我就问她为什么还要让我扛包，她说为了让男朋友休息一下（笑声、掌声）。我也记得刚进北大的时候我不会讲普通话，全班同学第一次开班会的时候互相介绍，我站起来自我介绍了一番，结果我们的班长站起来跟我说："俞敏洪你能不能不讲日语？"（笑声）我后来用了整整一年时间，拿着收音机在北大的树林中模仿广播台的播音，但是到今天普通话还依然讲得不好。

人的进步可能是一辈子的事情。在北大是我们生活的一个开始，而不是结束。有很多事情特别让人感动。比如说，我们很有幸见过朱光潜教授。在他最后的日子里，是我们班的同学每天轮流推着轮椅在北大里陪他一起散步。（掌声）每当我推着轮椅的时候，我心中就充满了对朱光潜教授的崇拜，一种神圣感油然而生。所以，我在大学看书最多的领域是美学。因为他写了一本《西方美学史》，是我进大学以后读的第二本书。

为什么是第二本呢？因为第一本是这样来的，我进北大以后走进宿舍，我有个同学已经在宿舍。那个同学躺在床上看一本书，叫作《第三帝国的兴亡》。所以我就问了他一句话，我说："在大学还要读这种书吗？"他把书从眼睛上拿开，看了我一眼，没理我，继续读他的书。这一眼一直留在我心中。我知道进了北大不仅仅是来学专业的，还要读大量大量的书，你才能够有资格把自己叫作北大的学生。（掌声）所以我在北大读的第一本书就是《第三帝国的兴亡》，而且读了三遍。后来我就去找这个同学，我说："咱们聊聊《第三帝国的兴亡》。"他说："我已经忘了。"（笑声）

我也记得我的导师李赋宁教授，原来是北大英语系的主任，他给我们上《新概念英语》第四册的时候，每次都把板书写得非常的完整，非常的美丽。永远都是从黑板的左上角写起，等到下课铃响起的时候，刚好写到右下角结束。（掌声）我还记得我的英国文学史的老师罗经国教授，我在北大最后一年由于心情不好，导致考试不及格。我找到罗教授说："这门课如果我不及格就毕不了业。"罗教授说："我可以给你一个及格的分数，但是请你记住了，未来你一定要做出值得我给你分数的事业。"（掌声）所以，北大老师的宽容、学识、奔放、自由，让我们真正能够成为北大的学生，真正能够得到北大的精神。当我听说许智宏校长对学生唱《隐形的翅膀》的时候，我打开视频，感动得热泪盈眶。因为我觉得北大的校长就应该是这样的。（掌声）

我记得自己在北大的时候有很多的苦闷。一是普通话不好；二是英语水平一塌糊涂。尽管我高考经过三年的努力考到了北大——因为我落榜了两次，最后一次很意外地考进了北大。我从来没有想过北大是我能够上学的地方，她是我心中一块圣地，觉得永远够不着。但是那一年，第三年考试时我的高考分数超过了北大录取分数线七分，我终于下定决心咬牙切齿填了"北京大学"四个字。我知道一定会有很多人比我分数高，我认为自己是不会被录取的。没想到北大的招生老师非常富有眼光，料到了三十年后我的今天。（掌声）但是实际上我的英语水平很差，在农村既不会听也不会说，只会背语法和单词。我们班分班的时候，五十个同学分成三个班，因为我的英语考试分数不错，就被分到了A班，但是一个月以后，我就被调到了C班。C班叫作"语音语调及听力障碍班"。（笑声）

也记得自己进北大以前连《红楼梦》都没有读过，所以看到同学们一本一本地在读书，我拼命地追赶。结果我在大学差不多读了八百多本书，用了五年时间（掌声），但是依然没有赶超我那些同学。我记得我的班长王强是一个书痴，现在他也在新东方，是新东方教育研究院的院长。他每次买书我就跟着他去，当时北大给我们每个月发二十多元钱生活费，王强有个癖好，就是把生活费一分为二，一半用来买书，一半用来买饭菜票。买书的钱绝不动用来买饭菜。如果他没有饭菜票了就到处借，借不到就到处偷。（笑声）后来我发现他这个习惯很好，我也把我的生活费一分为二，一半用来买书，一半用来买饭菜票，饭票吃完了我就偷他的。（笑声掌声）

毫不夸张地说，我们班的同学当时在北大，真是属于读书最多的班之一。而且我们班当时非常的活跃，光诗人就出了好几个。后来挺有名的一个诗人叫西川，真名叫刘军，就是我们班的。（掌声）我还记得我们班开风气之先，当时是北大的优秀集体，但是有一个晚上大家玩得高兴了，结果跳起了贴面舞，第二个星期被教育部通报批评了。那个时候跳舞是必须跳得很正规的，男女生稍微靠近一点就认为违反风纪。所以你们现在比我们当初要更加幸福一点。不光可以跳舞，而且可以手拉手地在校园里面走，我们如果当时男女生手拉手在校园里面走，一定会被扔到未名湖里，所以一般都是晚上十二点以后再在校园里面走。（笑声掌声）

我也记得我们班五十个同学，刚好是二十五个男生二十五个女生，我听到这个比例以后当时就非常的兴奋（笑声），我觉得大家就应该是一个配一个。没想到女生们都看上了那些外表英俊潇洒、风流倜傥的男生。像我这样外表不怎么样、内心充满丰富感情、未来有巨大发展潜力的，女生一般都看不上。（笑声掌声）

我记得我奋斗了整整两年，希望能在成绩上赶上我的同学，但是就像刚才吕植老师说的，你尽管在中学高考可能考得很好，是第一名，但是北大精英人才太多了，你的前后左右可能都是智商极高的同学，也是各个省的状元或者说第二名。所以，在北大追赶同学是一个非常艰苦的过程，尽管我每天几乎都要比别的同学多学一两个小时，但是到了大学二年级结束的时候我的成绩依然排在班内最后几名。非常勤奋又非常郁闷；也没有女生来爱我安慰我。（笑声）这导致的结果是，我在大学三年级的时候得了一场重病，这个病叫作传染性肺结核。当时我就晕了，因为当时我正在读《红楼梦》，正好读到林黛玉因为肺结核吐血而亡的那一章，（笑声）我还以为我的生命从此结束，后来北大医院的医生告诉我现在这种病能够治好，但是需要在医院里住一年。我在医院里住了一年，苦闷了一年，读了很多书，也写了六百多首诗歌，可惜一首诗歌都没有出版过。从此以后我就跟写诗结上了缘，但是我这个人有丰富的情感，但是没有优美的文笔，所以终于没有成为诗人。后来我感到非常的庆幸，因为我发现真正成为诗人的人后来都出事了。我们跟当时还不太出名的诗人海子在一起写过诗，后来他写过一首优美的诗歌，叫作《面朝大海，春暖花开》，我们每一个同学大概都能背。后来当我听说他卧轨自杀的时候，号啕大哭了整整一天。从此以后，我放下笔，再也不写诗了。（掌声）

记得我在北大的时候，到大学四年级毕业时，我的成绩依然排在全班最后几名。但是，当时我已经有了一个良好的心态。我知道我在聪明上比不过我的同学，但是我有一种能力，就是持续不断地努力。所以在我们班的毕业典礼上我说了这么一段话，到现在我的同学还能记得，我说："大家都获得了优异的成绩，我是我们班的落后同学。但是我想让同学们放心，我决不放弃。你们五年干成的事情我干十年，你们十年干成的我干二十年，你们二十年干成的我干四十年。"（掌声）我对他们说："如果实在不行，我会保持心情愉快、身体健康，到八十岁以后把你们送走了我再走。"（笑声掌声）

有一个故事说，能够到达金字塔顶端的只有两种动物，一是雄鹰，靠自己的天赋和翅膀飞了上去。我们这儿有很多雄鹰式的人物，很多同学学习不需要太努力就能达到高峰。很多同学后来可能很轻松地就能在北大毕业以后进入哈佛、耶鲁、牛津、剑桥这样的名牌大学继续深造。有很多同学身上充满了天赋，不需要学习就有这样的才能，比如说我刚才提到的我的班长王强，他的模仿能力就是超群的，到任何一个地方，听任何一句话，听一遍模仿出来的绝对不会两样。所以他在北大广播站当播音员当了整整四年。我每天听着他的声音，心头咬牙切齿充满仇恨。（笑声）所以，有天赋的人就像雄鹰。但是，大家也都知道，有另外一种动物，也到了金字塔的顶端。那就是蜗牛。蜗牛肯定只能是爬上去。从底下爬到上面可能要一个月、两个月，甚至一年、两年。在金字塔顶端，人们确实找到了蜗牛的痕迹。我相信蜗牛绝对不会一帆风顺地爬上去，一定会掉下来、再爬、掉下来、再爬。但是，同学们所要知道的是，蜗牛只要爬到金字塔顶端，它眼中所看到的世界，它收获的成就，跟雄鹰是一模一样的。（掌声）所以，也许我们在座的同学有的是雄鹰，有的是蜗牛。我在北大的时候，包括到今天为止，我一直认为我是一只蜗牛。但是我一直在爬，也许还没有爬到金字塔的顶端。但是只要你在爬，就足以给自己留下令生命感动的日子。（掌声）

我常常跟同学们说，如果我们的生命不为自己留下一些让自己热泪盈眶的日子，你的生命就是白过的。我们很多同学凭着优异的成绩进入了北大，但是北大绝不是你们学习的终点，而是你们生命的起点。在一岁到十八岁的岁月中间，你听老师的话、听父母的话，现在你真正开始了自己的独立生活。我们必须为自己创造一些让自己感动的日子，你才能够感动别人。我们这儿有富裕家庭来的，也有贫困家庭来的，我们生命的起点由不得你选择出生在富裕家庭还是贫困家庭，如果你生在贫困家庭，你不能说老爸给我收回去，我不想在这里待着。但是我们生命的终点是由我们自己选择的。我们所有在座的同学过去都走得很好，已经在十八岁的年龄走到了很多中国孩子的前面去，因为北大是中国的骄傲，也可以说是世界的骄傲。但是，到北大并不意味着你从此大功告成，并不意味着你未来的路也能走好，后面的五十年、六十年，甚至一百年你该怎么走，成为每一个同学都要思考的问题。就本人而言，我觉得只要有两样东西在心中，我们就能成就自己的人生。

第一样叫作理想。我从小就有一种感觉，希望穿越地平线走向远方，我把它叫作"穿越地平线的渴望"。也正是因为这种强烈的渴望，使我有勇气不断地高考。当然，我生命中也有榜样。比如我有一个邻居，非常的有名，是我终生的榜样，他的名字叫徐霞客。当然，是五百年前的邻居。但是他确实是我的邻居，江苏江阴的，我也是江苏江阴的。因为崇拜徐霞客，直接导致我在高考的时候地理成绩考了97分。（掌声）也是徐霞客给我带来了穿越地平线的这种感觉，所以我也下定决心，如果徐霞客走遍了中国，我就要走遍世界。而我现在正在实现自己这一梦想。所以，只要你心中有理想，有志向，同学们，你终将走向成功。你所要做到的就是在这个过程中要有艰苦奋斗、忍受挫折和失败的能力，要不断地把自己的心胸扩大，才能够把事情做得更好。

第二样东西叫良心。什么叫良心呢？就是要做好事，要做对得起自己对得起别人的事情，要有和别人分享的姿态，要有愿意为别人服务的精神。有良心的人会从你具体的生活中间做的事情体现出来，而且你所做的事情一定对你未来的生命产生影响。我来讲两个小故事，讲完我就结束我的讲话，已经占用了很长的时间。

第一个小故事。有一个企业家和我讲起他大学时候的一个故事，他们班有一个同学，家庭比较富有，每个星期都会带六个苹果到学校来。宿舍里的同学以为是一人一个，结果他是自己一天吃一个。尽管苹果是他的，不给你也不能抢，但是从此同学留下一个印象，就是这个孩子太自私。后来这个企业家做成功了事情，而那个吃苹果的同学还没有取得成功，就希望加入这个企业家的队伍里来。但后来大家一商量，说不能让他加盟，原因很简单，因为在大学的时候他从来没有体现过分享精神。所以，对同学们来说在大学时代的第一个要点，你得跟同学们分享你所拥有的东西，感情、思想、财富，哪怕是一个苹果也可以分成六瓣大家一起吃。（掌声）因为你要知道，这样做你将来能得到更多，你的付出永远不会是白白付出的。

我再来讲一下我自己的故事。在北大当学生的时候，我一直比较具备为同学服务的精神。我这个人成绩一直不怎么样，但我从小就热爱劳动，我希望通过勤奋的劳动来引起老师和同学们的注意，所以我从小学一年级就一直打扫教室卫生。到了北大以后我养成了一个良好的习惯，每天为宿舍打扫卫生，这一打扫就打扫了四年。所以我们宿舍从来没排过卫生值日表。另外，我每天都拎着宿舍的水壶去给同学打水，把它当作一种体育锻炼。大家看我打水习惯了，最后还产生这样一种情况，有的时候我忘了打水，同学就说"俞敏洪怎么还不去打水"。（笑声）但是我并不觉得打水是一件多么吃亏的事情。因为大家一起都是同学，互相帮助是理所当然的。同学们一定认为我这件事情白做了。又过了十年，到了1995年年底的时候新东方做到了一定规模，我希望找合作者，结果就跑到了美国和加拿大去寻找我的那些同学，他们在大学的时候都是我生命的榜样，包括刚才讲到的王强老师等。我为了诱惑他们回来还带了一大把美元，每天在美国非常大方地花钱，想让他们知道在中国也能赚钱。我想大概这样就能让他们回来。后来他们回来了，但是给了我一个十分意外的理由。他们说："俞敏洪，我们回去是冲着你过去为我们打了四年水。"（掌声）他们说："我们知道，你有这样的一种精神，所以你有饭吃肯定不会给我们粥喝，所以让我们一起回中国，共同干新东方吧。"才有了新东方的今天。（掌声）

人的一生是奋斗的一生，但是有的人一生过得很伟大，有的人一生过得很琐碎。如果我们有一个伟大的理想，有一颗善良的心，我们一定能把很多琐碎的日子堆砌起来，变成一个伟大的生命。但是如果你每天庸庸碌碌，没有理想，从此停止进步，那未来你一辈子的日子堆积起来将永远是一堆琐碎。所以，我希望所有的同学能把自己每天平凡的日子堆砌成伟大的人生。（掌声）

最后，我代表全体老校友向在座的三千多位新生表一个心意，我代表全体老校友和新东方把两百万人民币捐给许校长，为在座同学们的学习、活动和成长提供一点帮助。（掌声）

第二节　职业语文能力的养成

一、职业语文能力的内涵

职业语文能力是指人们从事某一职业所应具备的以汉语为基础的语言运用能力，是运用语言认识事物、与人共处、处理信息与展开思维的能力。

人的社会性决定了做任何一项工作都离不开沟通交际，离不开交流表达，离不开思维活动。因此，职业语文能力既是从事任何一种职业都必须具备的一种通用能力，也是人的能力集合中一个关键性的核心能力。提高职业语文能力，不仅可以提高一个人的职场就业竞争力、从业选择能力以及潜在的发展能力，还可以提高与他人和谐相处、团结协作的能力，增强环境适应力。

职业语文能力具体涵盖了以下几种能力：

1. 准确获取和解读语言信息的能力

职业语文能力中，获取和解读语言信息是首要的最基本的能力。职场活动从一定意义上讲，就是信息获取和传播活动。各种各样的信息，通过不同的渠道，以口语或书面语的形式，或直陈，或婉叙，或坦言，或隐讳地作用于信息接收者。这些信息中既含有有效成分，又存冗余内容；既有正面信息，又有负面信息；既有完整的信息，又有零散的信息。面对大量繁杂的信息，职场从业人员是否具备准确获取和解读语言信息的能力，就成为其能否顺利开展工作的前提。职业语文能力强的人，善于处理信息，能根据信息传播的社会背景和交流沟通的具体语境，结合信息中传播者的情感、语调、表情、态势，去冗弃芜，读破表意信息，理解真实意图，并经过梳理整合，得到自己需要的、有价值的语言信息。像本文导入案例中从巧克力之父弗斯贝里公司应聘大军中胜出的那位优秀毕业生，其出色的信息获取、解读能力和良好的语言表达能力助其跃上了一个良好的职业平台。

2. 准确地驾驭语言素材，形成正确判断和严密思路的思维能力

职业语文能力中，准确地驾驭语言素材，形成正确判断和严密思路的思维能力，是直接影响决策的关键性能力。职场上的业务往来会生成各种文本，人际交往会使用各样的话语，由此形成的错综复杂的职场语言环境，会干扰职场从业者的判断，影响其决策行为。具备良好职业语文能力的从业者，能够挥洒自如地应对复杂的职场语言环境，在阅读文本和解读话语时，会根据对方表达的背景，分析出整体表达与个别话语的关系，建立起历史和现实资料间的联系，能结合前言后语，钩玄提要，对已知事实做出合乎逻辑的联想；可凭借已知事实，对未做明确表达的意思进行正确推理，得出合乎逻辑的结论，最终做出切合实际的，反映事物本质和规律的决断，并予以缜密的表达。这种由语言的逻辑推理、分析概括能力而衍生出来的复杂思维能力是职业语文能力中最具个性化也是最有价值的能力。

3. 准确传情达意的语言表达能力

职业语文能力中，能借助语言准确进行传情达意的语言表达能力，是职场交流中实现有效沟通的重要能力。语言表达能力包括在与人交谈中以恰当的语气、语调，准确表达自己的思想和情感的能力；运用语言素材正确、清楚、得体地表达自己的思想与情感的能力和借助于各种修辞手法，巧妙地表达自己思想与情感的能力。

语言表达包括口语表达和书面表达。职场交际中，无论是口语交流还是书面表达，要想准确地表情达意，都要求做到意图明确，态度明朗，重点突出，语义清晰，语法正确，语脉连贯，语流通畅，语言精练，语体妥帖，逻辑严密。在口语表达中，要使用规范的普通话，并注意语音要准确，语速要适度。说话的声音大小、语调的高低、语气的强弱，都要根据表达内容、交际场合和交流对象而定。在书面表达中，必须使用规范的简化汉字，除特别需要外，不得随意使用繁体字，不准任意简化汉字。文字的书写要正确，杜绝错别字。文中标点符号和数字的使用要符合国家规定的标准，文面要合乎规范。上述要求，都是职业语言环境下对语言表达能力的具体要求。

4. 熟练处理职场文书的写作能力

职业语文能力还体现为能高质量地撰写本职工作中所涉及的各种职场文书。职场文书，指的是以职场活动为使用对象，依据特定的程序，按照固定的格式撰写与应用各种正式或非正式的职场公务、事务及个人文书，包括颁布法规、部署工作、传递信息、沟通情况和商洽工作等。

职场文书写作是种综合性很强的精神劳动，它是职场从业者复杂思维能力和写作能力的综合体现。复杂思维能力是人们认识客观事物并运用已掌握的知识解决问题的能力。复杂思维能力在职场文书写作活动中主要体现为认知能力、运思能力和专业知识能力。而写作能力则体现为信息采集能力和行文能力等。要提高职场文书写作能力，既需要职场从业者来自生

活、思想、知识、技巧及语言等方面的综合素养，也有赖于职场从业者的观察、想象、判断、理解等复杂思维能力。因此，职场文书是职场从业者知识与能力的综合性反映和真实写照。要写好职场文书，就要做综合的历练。正如曹雪芹在《红楼梦》中所说的那样——世事洞明皆学问，人情练达即文章。历练，是提升职场文书写作能力的金科玉律。

职业汉语能力养成（上）

二、职业语文能力的养成

职业语文是应对职业活动而进行的语言应用。因此，职业语文能力的养成除了在校期间加强语言能力训练，做好职业演练外，更多的是要靠职场从业者在日常的工作语境中体悟，从社会这另一所大学的磨炼中获得。

1. 提高语文素养

职业语文能力的养成，首先有赖于职场从业者的文化素养。文化素养的内涵十分丰富，包括语文素养、文化品位、知识视野、审美情趣、思想观念、道德修养等多方面内容，这些素养都会直接影响着从业者的职业语文能力的高低，这其中又以语文素养为最。

语文素养的养成离不开听、说、读、写这四项语言活动。听、说、读、写能力是个体最基本的能力，也是从业者进入职场后工作、学习和发展的基础。但听、说、读、写不仅仅是一种活动或能力，其实质上也是个体生命参与的过程。钱理群先生认为，听、说、读、写，是人的一种生命运动。听、说、读、写的学习过程，恰好体现着人的素质形成的过程。听和读是个体由外向内接受信息，使其由自然人变成有文化的人；说和写是由内向外的交流，使其由个体的人变成社会的人。因此，人们学习语文的过程，也经历着与之相应的文化熏陶的成人过程。此外，由于语文训练是个体对一切文明符号的理解力和创新力，提高语文素养有助于人们更好地认识事物、与人共处、处理信息与展开思维，从而提升职业语文能力。

2. 注意平时积累

职业语文能力的养成，还要依靠平时的积累。职业语文能力的提高，不是一蹴而就的事，要有"积跬步以至千里"的信心和毅力，从日积月累的学习中获得。职业语文能力，是个体综合素质的体现，因此，职业语文能力的积累，涵盖了时政积累、业务积累、生活积累和文化积累等几个方面。

首先是时政积累。职场即社会，职业语文能力就是在特定的社会语境中应对具体事物的能力。了解社会的大语境，是职业语文运用的前提，也是职业语文能力培养的着眼点。因此，要求职场从业者要关心国内外的时事动态、国计民生，关注党和国家的大政方针、政策法规，做到家事、国事、天下事，事事关心，努力从"小我"走向"大我"。职场从业者关注国事、天下事的过程，也是个体心智逐渐成熟的过程，有利于提升个体的判断、分析能力，促进复杂思维的形成。

其次是业务积累。职业语文是应对职业活动的语言，具有较明显的行业特性。因此职业语言除了社会共同语外,还会形成本行业特有的职业术语和行帮隐语(即行业黑话)。因此,要想在职场实现无障碍沟通交流,还需要在业务上提升自己。熟谙业务,精通行业语言,才能正确把握职场语境,进行有效的解读、沟通、表达和写作,从而提升职业语文能力。

再次是生活积累。生活是语言的源泉,现实生活中充满了生机勃勃、极富表现力的鲜活语言。特别是当代随着网络的普及与发展,语言的发展更显丰富与灵动。新鲜的词汇、新颖的表达方式,随着社会的发展和民众的实践,不断涌现出来并广为民众所接受。如"神马、浮云、给力、有木有"这些网络语言被广为引用;如"淘宝体""私奔体"等表达方式被广为模仿;如"×××,你妈喊你回家吃饭"成为某特定情境的指代。不了解这些语言产生的生活背景,就很难准确解读这些语言背后隐藏的意味,从而产生语言障碍。因此,良好的职业语文能力离不开生活的积累。

最后是文化积累。俗话说,"腹有诗书气自华",大凡在职场上具有出色表达能力和老到文笔的人,多是文化积淀深厚、人文素质甚佳的人。文化积累不仅可以改变人的气质,陶冶人的品格,铸造人的精神,还可赋予语言灵魂,使职场从业者在职场活动中具备融会贯通的底蕴与挥洒自如的气势。

3. 坚持职场历练

"读万卷书,行万里路"是个体成长互为印证的两方面。职业语文能力的养成,除了提升语文素养,注重平时积累外,最重要的还是靠职场历练。正所谓纸上得来终觉浅,尽信书不如无书。叶圣陶先生说过,语言能力是一种心智技能,凡技能都需要"反复历练"。职业语文是职场上的应用语言,只有加强职场中的语言实践,职业语文能力才能得到真正提高。在实际应用中历练,要做到"六多"——多及、多听、多讲、多写、多问、多思。

第一是多及。实际接触,多参与职场语言运用的工作。职场新人初涉职场,难免经验不足。在职业语言应用中,难免会出现不尽如人意的地方。此时关键是不要因此失去信心,要知难而进,主动为自己创造锻炼的机会,在不断探索和语言运用的实践中,提高职业语文能力,尽快从职场新人转变为职场达人。

第二是多听。学会倾听,是职场从业者增强职业语文能力的有效学习方式。沟通交流是职场上非常重要的一项能力。职场从业者无论是作为交谈的一方,还是作为旁听者,都要注意在倾听中品味对方或他人的话语应答,学会"察言观色",能准确领会对方话里话外的意思。

第三是多讲。开口去说,是提高职业语文表达能力最直接的方法。要想在职场上能说会道,只能通过职场真枪实弹的语言交流去历练。敢开口,多开口,在历练中学会掌握说话的技巧、说话的时机和方式,提高个体说话的水平,做个"会"说话的人。

第四是多写。动笔写,是提高职业语文写作能力的唯一途径。正如古人所云:"文章硬涩由于不熟,不熟由于不做。"因此,要想提高写作能力,多写多练是唯一正途。职场文书大多具有写作格式规范、写作思路框架约定俗成的特点。从这一点上看,多加训练是非常有必要,也是非常有效的。写得多了,自然就能掌握职场文书写作规律,面对各种体裁的职场文书,都能做到技法娴熟、驾轻就熟了。

第五是多问。躬身求教,是借助他人智慧提高自己职业语文能力的好办法。职场新人,不要惧怕在职场活动中露怯现绌,这时暴露出来的不足,正好可以向他人请教。不耻下问,不仅可以迅速找到问题的解决办法,还可以在他人眼中树立起好学、谦虚的好印象,有利于建立良好的职场人际关系。

第六是多思。见贤思齐，善于反思也是提高职业语文能力的重要途径。职业语文能力的形成和提高，是循序渐进的过程。在这个过程中，及时分析实践中的成败得失，认真总结经验教训，并注意借鉴别人好的做法，以他山之石，攻己之玉，使个体的职业语文能力在学习中、在积累中、在历练中逐渐养成。

"世事洞明皆学问，人情练达即文章"，此话道出了职业语文学习的真谛。

职业汉语能力养成（下）

1. 阅读下列经典营销案例，分析问题。

请阅读《把梳子卖给和尚》，并从职业语文能力（沟通能力和复杂思维等）角度分析是什么导致了甲、乙、丙三个人实践成果迥异并直接影响到他们不同的职业生涯走向。

某公司招聘销售人员，应征者众。

公司出的考题是——把梳子卖给和尚。

几乎所有的人都表示怀疑：把梳子卖给和尚？这怎么可能呢？搞错没有？许多人都打了退堂鼓，但还是有甲、乙、丙三个人勇敢地接受了挑战……一个星期的期限到了，三人回公司汇报各自销售实践成果，甲先生仅仅只卖出一把，乙先生卖出10把，丙先生居然卖出了1 000把。同样的条件，为什么结果会有这么大的差异呢？公司请他们谈谈各自的销售经过。

甲先生说，他跑了三座寺院，受到了无数次和尚的臭骂和追打，但仍然不屈不挠，终于感动了一个小和尚，买了一把梳子。

乙先生去了一座名山古寺，由于山高风大，把前来进香的善男信女的头发都吹乱了。乙先生找到住持，说："蓬头垢面对佛是不敬的，应在每座香案前放把木梳，供善男信女梳头。"住持认为有理。那庙共有10座香案，于是买下10把梳子。

丙先生来到一座颇负盛名、香火极旺的深山宝刹，对方丈说："凡来进香者，多有一颗虔诚之心，宝刹应有回赠，保佑平安吉祥，鼓励多行善事。我有一批梳子，您的书法超群，可刻上'积善梳'三字，然后作为赠品。"方丈听罢大喜，立刻买下1 000把梳子。

更令人振奋的是，丙先生的"积善梳"一出，一传十，十传百，朝拜者更多，香火更旺。于是，方丈再次向丙先生订货。这样，丙先生不但一次卖出1 000把梳子，而且获得长期订货。

公司认为，甲先生具有吃苦耐劳、锲而不舍、真诚感人的优点，适合做基层的推销人员；乙先生具有善于观察事物和推理判断的能力，能够大胆设想、因势利导地实现销售，可以胜任营销部门主管；丙先生呢，他通过对目标人群的分析研究，大胆创意，有效策划，开发了一种新的市场需求。由于丙先生过人的智慧，公司决定聘请他为市场部经理。

2. 请用修改符号修改下列病句：

（1）科学的永恒性在于坚持不懈的寻求之中，科学就其容量而言，是不枯竭的，就其目标而言是永远不可企及的。

（2）他在某杂志生活栏目上发表的那篇关于饮食习惯与健康的文章，批评的人很多。

（3）哺乳期妇女如果仅仅靠服用补品中的含碘量，就有可能缺碘，若不及时添加含碘食品，则有可能导致婴儿脑神经损伤或智力低下。

（4）生物入侵就是指那些本来不属于某一生态系统，但通过某种方式被引入到这一生态系统，然后定居、扩散、暴发危害的物种。

（5）七彩瀑布群，位于群山深处的香格里拉县尼汝村，一条名为"尼汝河"的高原融雪河流和陡峭的山峰造就了这一旷世奇观。

（6）如果我所管的"闲"事能给群众带来哪怕一点点的幸福和快乐时，我也很幸福，很快乐。

（7）祁爱群看见组织部新来的援藏干部很高兴，于是两人亲切地交谈起来。

（8）她因不堪忍受雇主的歧视和侮辱，便投诉《人间指南》编辑部，要求编辑部帮她伸张正义，编辑部对此十分重视。

第二章 倾 听

学习目标规划

■ **基本了解**

了解倾听的概念、作用、所应具备的能力等相关知识。

■ **重点掌握**

掌握倾听障碍的克服及如何有效倾听等相关知识。

■ **熟练应用**

通过训练使学生具有听记（复述）、听辨、听懂的倾听能力。

课前热身

■ **记忆引擎**

1. 课堂上你能专心听讲吗？能掌握教学内容的80%吗？
2. 在现实生活中你能听懂弦外之音、话外之意吗？

■ **头脑风暴**

1. 什么是倾听？
2. 倾听的主要障碍是什么？如何克服？
3. 高效倾听应从几方面入手？
4. 试着解读你感兴趣的一则时政新闻。

案例导入

"听"来的钢盔

第二次世界大战期间，一位叫亚德里安的美国将军利用战斗的间隙到战地医院探望伤员。他毫不张扬地走进病房，静静地坐在病床边，倾听每一位伤员讲述自己"死里逃生"的经历。其中一位炊事员说：他听到炮弹呼啸而来，就不假思索地把一口锅扣在自己的头上，虽然弹片横飞，战友倒下了一大片，他却幸免一死。听到这里，亚德里安将军略有所悟地点了点头，走到这位炊事员床前同他握手，脸上露出赞赏的微笑。后来，他下了一道命令：让每个战士都戴上一口"铁锅"——于是，在人类战争史上，"钢盔"这个重要发明，就因为一位将军有耐心、有雅量倾听一个炊事员的"唠叨"而诞生了，它使7万余名美军在第二次世界大战中免于战死。

第二章 倾　听

第一节　做生活的倾听者

> 知识点

一、生活中离不开倾听

美国传播学家查理德把普通人一天的传播活动按比例进行了划分，如图 2-1 所示。

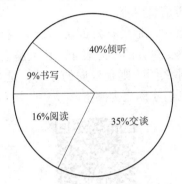

图 2-1　普通人一天的传播活动比例

与人打交道，要会说，而会说的前提则是会听，正确意会交谈对象的语言，才能使交流真正有效。

成功的社交者，首先应该是一个优秀的听众。

"给予说话人恰当的颂扬，并尽量倾听说话人嘴中说得最多的话，而不加以反驳。"马克·吐温认为这是人际交往中获得知己朋友最有效的方法。

跨界沟通专家、商界心理权威、年度最优秀的精神科医师马克·郭士顿（Mark Goulston）认为：绝大多数人在跟别人沟通的时候，挂的是高速挡。他们说服、鼓励，他们争论、敦促。在这个过程中，他们让对方产生了抗拒心理。但使用我的方法时，与你的做法正好相反——你倾听、提问、体察对方的情绪，把你听到的话如实反馈给对方。当你这样做的时候，他们会感觉到你的关注和理解，知道你与他们感同身受。而这意料之外的"低速挡"，会把他们拉向你。一个健谈的高手，是只会把话说得流畅，能够随心所欲，天马行空吗？不，一个真正的谈话高手是要能够专心地听对方说话。我们往往在滔滔不绝的同时，忘了别人的感受，或者在对方说话时，我们往往很不专心，只知道想自己等会儿应该要说什么，而忽略了那正在说得起兴的对方。

艾科卡：我只盼望能找到一所能够教导人们怎样听别人说话的学院。假如你要发动人们为你工作，你就一定要好好听别人讲话。作为一名管理者，使我最感满足的莫过于看到某个企业内被公认为一般或平庸的人，因为管理者倾听了他遇到的问题而使他发挥了应有的作用。

玛丽·凯：一位优秀的管理人员应该多听少讲，也许这就是上天为何赐予我们两只耳朵、一张嘴巴的缘故吧。

让我们在生活中学会做个善于倾听的人吧。

二、什么是倾听

一个人只要听觉器官正常就生来会听,但就听的效果而言却大相径庭。听大致可以分为五个层次:

(1) 听而不闻。即对信息内容充耳不闻的无知觉状态。

(2) 假装聆听。即出于礼貌或畏惧而装出的聆听的姿态,实际并不用心听。

(3) 选择性地听。即根据主观评价和好恶对信息内容进行选择而使听处于间断的不良状态。

(4) 专注地听。即认真地听信息内容。

(5) 倾听。即听的第五个层次,是最有效的听。指不仅用耳朵去听,还要用眼睛去观察对方的行为和表情,用心去感受对方的喜怒哀乐,用大脑去思考反馈信息内容。如果说专注地听还是单向地吸收信息,那么倾听则是双向的互动,是对信息的思考和评判。这种耳到、眼到、心到、脑到地听,我们才称之为倾听。

倾听(上)

【示例1】

我们来请请诗人白居易自己"谈谈"对琵琶乐曲的倾听吧:

"我闻琵琶已叹息,又闻此语重唧唧。同是天涯沦落人,相逢何必曾相识……

今夜闻君琵琶语,如听仙乐耳暂明。莫辞更坐弹一曲,为君翻作琵琶行。

感我此言良久立,却坐促弦弦转急。凄凄不似向前声,满座重闻皆掩泣。

座中泣下谁最多,江州司马青衫湿。"

【评析】《琵琶行》江州司马白居易在倾听琵琶女的演奏中听其音,观其形,染其情,感同身受,发出了"同是天涯沦落人,相逢何必曾相识"的千古叹息,泪湿青衫。这就是倾听的最高境界。

三、倾听的意义

(1) 倾听能使对方感觉受到尊重,从而消除误会,平息不必要的感情冲动。

(2) 倾听是洞察人们心扉的手段,可以增多对他人的了解,获得友谊和信任。

(3) 倾听是集思广益,获取更多信息的保证。俗话说:"兼听则明,偏听则暗。"

(4) 倾听还可提高说话的兴致,鼓励对方更好地把话讲下去,使你源源不断地获得各种信息。

(5) 倾听是走向善说的捷径,是人们掌握口才表达艺术最重要的一项基本功。

课堂导练

倾听技能测试表

做一做下面的测试表，看一看你是不是一位善于倾听的人：

（几乎都是—5 分，常常—4 分，偶尔—3 分，很少—2 分，几乎从不—1 分）

态　　度
1. 你喜欢听别人说话吗？
2. 你会鼓励别人说话吗？
3. 你不喜欢的人在说话时，你也注意听吗？
4. 无论说话人是男是女，年长年幼，你都注意听吗？
5. 朋友、熟人、陌生人说话时，你都注意听吗？
行　　为
6. 你是否会目中无人或心不在焉？
7. 你是否注视说话者？
8. 你是否忽略了足以使你分心的事物？
9. 你是否微笑、点头以及使用不同的方法鼓励他人说话？
10. 你是否深入考虑说话者所说的话？
11. 你是否试着指出说话者所说的意思？
12. 你是否试着思考他为何说那些话？
13. 你是否让说话者说完他（她）的话？
14. 当说话者在犹豫时，你是否鼓励他继续下去？
15. 你是否重述他的话，弄清楚后再发问？
16. 在说话者讲完之前，你是否避免批评他？
17. 无论说话者的态度与用词如何，你都注意听吗？
18. 若你预先知道说话者要说什么，你也注意听吗？
19. 你是否询问说话者有关他所用字词的意思？
20. 为了请他更完整解释他的意见，你是否询问？

将所得分加起来：

90～100 分，你是一个优秀的倾听者；

80～89 分，是一个很好的倾听者；

65～79 分，你是一个勇于改进、尚算良好的倾听者；

50～64 分，在有效倾听方面，你确实需要再训练；

50 分以下，你注意倾听吗？

四、倾听所需的三个能力

1. 注意力

有效的倾听第一个需要具备的特性就是要认真，这是听者听清信息、理解内容的基础。听者聚精会神的状态，能让说话者感受到台下专注的目光，会更加投入，形成听、说的良性互动。

倾听者如果不认真，不细心，那么他很有可能利用思维能力快的特性去走神，很有可能记不住对方的言语，更严重的是造成误听、误解，导致事与愿违，根本达不到倾听的效果。所以我们说倾听所需的第一个能力是注意力。

【示例2】

(中新网2011年8月29日电）综合我国台湾媒体消息，台湾大学医学院附设医院（台大医院）发生创院以来最严重的医疗疏失。台湾《联合晚报》指出，一位邱姓男子23日不慎在家中坠楼，送到新竹南门医院被判定脑死，24日家属同意捐赠器官。台大协调师出差到新竹，和台大医院检验部电话联系，一方讲 reactive（阳性），另一方却听成 non-reactive（阴性），结果出错，误将艾滋病患者器官移植给5名患者。相关人员担忧感染病患，提起民事诉讼，要求巨额赔偿金。

【评析】一次误听反将救人变成害人！据悉器官移植的艾滋病感染率是100%，参与手术的医护人员可能也未能幸免。这个真实而极端的事例告诉我们倾听时的认真、仔细是多么重要，可见注意力是首要的。

2. 记忆力

在倾听的过程中，当我们具备了注意力以后，我们还需要记住对方所说的话，这点是很重要的，一个再有耐心的说话者，也无法忍受你让他一遍又一遍地重复他的话语，所以我们说倾听所需的第二个能力是记忆力。它是理解的基础。

每个人都有记忆的能力，只不过这个能力有强有弱，好的记忆力可以通过反复的复述、诵读、背诵等有效训练得以实现。

【示例3】

《红楼梦》第二十七回写到丫头小红（红玉）向王熙凤传话的情节：

红玉道："平姐姐说：我们奶奶问这里奶奶好。原是我们二爷不在家，虽然迟了两天，只管请奶奶放心。等五奶奶好些，我们奶奶还会了五奶奶来瞧奶奶呢。五奶奶前儿打发了人来说，舅奶奶带了信来了，问奶奶好，还要和这里的姑奶奶寻两丸延年神验万全丹。若有了，奶奶打发人来，只管送在我们奶奶这里。明儿有人去，就顺路给那边舅奶奶带去的。"

【评析】小红答凤姐的话，什么奶奶爷爷的一大堆话，连李纨都不清楚明白这样四五门子的复杂关系，但小红却干净利落，这固然得益于小红有一张巧嘴，但如果没有她听话时足够的注意力和超强的记忆力，纵然巧舌如簧也无济于事。更不可能一次传话就"恰获凤姐的心了"，从此跟了王熙凤，飞上枝头成凤凰了。

3. 理解力

在智力竞赛、快速抢答中，总有一些人脱颖而出，第一个按抢答器，这说明他们对问题有了一个很好的认识,从而快速地得到了答案。每个人对事务都有一定的认知能力,这种能力帮助他分析每一个外界发来的信息,从而帮助他做出判断,指挥他下一步的行动。这就要考验我们对事务的认知能力了。所以我们说倾听所需的第三个能力是理解力。正如"示例3"中的小红,因为聪明伶俐,有很强的理解力,才能准确传话,连边上的李纨也叹服:"哎哟哟!这些话我就不懂了。什么'奶奶''爷爷'的一大堆。"同时赢得凤姐的赞许"好孩子,难为你说的齐全。"当然首先要理解得正确才能说得对、说得全。

五、倾听的六项原则

1. 判断说话者的意图

在沟通的过程中试着找出对方希望您了解什么、思考什么,或采取什么行动。判断说话者的意图能够为你提供倾听的架构。

2. 摘要重点

倾听的同时需要把握重点、关键词和语句,来协助组织信息。

3. 听出言外之意

说话时的声调、速度及音量、脸部表情、手势、姿势及其他的肢体语言,都是告诉你说话者感受的线索。当你知道对方的感受,可以更有效率地做出响应,同时会让对方感受到他们可以对你敞开心胸,建立信任感。

4. 运用重要的思考技巧

分辨所听到的信息是事实或只是个人的意见,以避免被扭曲或不实的陈述所左右。

5. 认清以及减低障碍

注意并减低会影响有效倾听的环境上、情绪上以及言语上的障碍。

6. 当一个积极的倾听者

妥善运用三种积极倾听工具——探索、引导与摘要,可以获得更多信息,避免沟通偏离主题,并且确认是否了解对方说话的内容。

除此之外,你应随时做好倾听的准备,并且通过一些动作来表示你对说话者所说的话感兴趣,例如眼神接触、面向说话者、点头等。

随堂选练

1. 举例说明听和倾听的区别。
2. 每个宿舍选取一个感兴趣的话题,开个"卧谈会",下节课派一位代表复述其中精彩内容,由其他舍友评判其倾听的注意力、记忆力和理解力。

倾听(下)

第二节　倾听障碍的克服

知识点

一、倾听中的障碍

1. 环境障碍

表2-1列出了不同环境中障碍源的对比。

表2-1　环境类型特征及倾听障碍源对比

环境类型	封闭性	氛围	对应关系	主要障碍源
办公室	封闭	严肃、认真	一对一，一对多	不平等造成的心理负担，紧张，他人或电话打扰
会议室	一般	严肃、认真	一对多	对在场他人的顾忌，时间障碍
现场	开放	可松可紧、较认真	一对多	外界干扰，事前准备不足
谈判	封闭	紧张、投入	多对多	对抗心理，说服对方的愿望太强烈
讨论会	封闭	轻松，友好积极投入	多对多，一对多	缺乏从大量散乱信息中发现闪光点的洞察力
非正式场合	开放	轻松，舒适散漫	一对一，一对多	外界干扰，易走题

2. 倾听者常见障碍

（1）对说话者的心理定式。现实生活中，与人交往存在一个先入为主的问题。即行为学上的"首因效应"。如果臆断某人或愚蠢或伪善或无能或疯狂，就会觉得他的话不值得一听，从而产生排斥的心理。这是倾听最大的障碍。

【示例4】

马谡失街亭，是个妇孺皆知的故事。当时马谡要在山上扎寨，企图利用地势一鼓作气杀退敌人。但是老将王平考虑的是在山上扎寨，粮草和水源将被切断等一些非常务实的问题。不过马谡自负熟习兵法，被诸葛亮重用。刚愎自用的他就是不理会王平提出的在山下安营扎寨的建议，结果被魏军切断水源，大败，不但丢了街亭，还丢了性命。

【评析】马谡自作聪明，排斥他人中肯建议，最终身首异处，为天下笑，可悲！

（2）对谈话主题的异议。有些人喜欢听和自己意见一致人的话，偏心于和自己观点相同的人。这种拒绝倾听不同意见的人，不仅拒绝了许多通过交流获得信息的机会，而且在倾听的过程中就不可能将注意力集中在讲逆耳之言的人身上，也不可能和任何人都交谈得愉快。

如果说话人的观点与听话人的看法不尽相同或大相径庭，这些人可能带着情绪去听，往往曲解说话人的意思，产生倾听的障碍。

（3）受说话者表达特点和风格的影响。不同阶层、不同文化、不同地域的人们在口语表达上有各自的特点。单从口音上就有南腔北调的普通话，如果不耐心细致地去适应说话者的风格，必然会造成倾听上的障碍。

（4）敏感字眼造成的心理影响。有许多字句会引起人们某种特殊的联想，而妨碍了有效的倾听，当我们听到某些字眼或词句，立刻会被以往的印象所影响，这可能是由于过去听到这些字句时，曾经产生某种情绪或感受，使我们不自觉地赋予它们某些特殊意义，有时候听者因为一些字或词，而产生的强烈反应，会令他无法再继续有效地倾听，如铁公鸡、交际花、母老虎、娘娘腔、小白脸、墙头草等。

（5）不专心或情绪懈怠。如果你关注说话人的腔调或习惯动作，而不是信息本身，如果被机器、电话、别人的谈话等噪声分心，说明你出现了倾听障碍。如果你对说话主题毫无兴趣甚至对说话者不耐烦或在听讲时你做着"白日梦"，想着别的事情，同样说明你倾听产生了障碍。

（6）急于发言。人们都有喜欢自己发言的倾向。发言被视为主动的行为，而倾听则是被动的。美国前参议员 S. I. Hayakawa 曾说："我们都倾向于把他人的讲话视为打乱我们思维的烦人的东西。"在这种思维习惯下，人们容易在他人还未说完的时候，就迫不及待地打断对方，或者心里早已不耐烦了，往往不可能把对方的意思听懂、听全。

二、倾听障碍的克服

1. 自觉集中注意力，进入倾听准备状态

（1）需要与别人谈话时，应选择一个能让你集中注意力的时间和场合。

（2）与别人谈话时，把眼前那些可能会让你分心的东西都拿走。

（3）如果必须完成某件事，请谈话者稍等片刻再开始，然后给予谈话者高度专注。

（4）打电话时，提醒自己在没有肢体语言等视觉暗示的情况下，要完全理解对方谈话内容可能会更难。如果你觉得自己走神，要尽量把注意力重新集中到对话上。

2. 克服先入为主的心理定式，客观、理性对待听到的信息

（1）如果某个特定的词或话题引起了你的负面情绪反应，应考虑到谈话者可能不是有意要冒犯你或让你不安。

（2）等谈话者结束谈话后再留些时间做出反应，不要插话或猛烈抨击对方。

（3）在心里记住那些引起你的强烈反应的话题或词语。

（4）应意识到自己对谈话者的尊敬程度。尽量关注谈话内容本身，而不是谈话者。

（5）允许别人在谈到某些能引起强烈反应的话题时变得很情绪化。对方的情绪实际上能提供有关信息的重要内容。

【示例5】

曾是央视《实话实说》栏目著名主持人的崔永元，作为政协委员他表示不但联合国前秘书长安南的话值得倾听，街道老大妈的话同样值得倾听。2012年他公开了自己的博客和邮箱广泛听取民众的心声。

【评析】越来越多的政府官员开始把网络作为倾听民意、了解民生的重要途径，这样可以听到更多各阶层真实的声音，体现了政府执政为民的可喜进步。

3. 耐心倾听，不急于控制话语权

当你感到自己急于表达、想影响别人或与别人争论的时候，应告诫自己并有意识地防止

这些因素影响你的倾听水平。

（1）避免打断别人的谈话，即使是出于帮忙的好意。

（2）避免为了满足自己的计划而控制对话。

（3）避免为了提供自己的建议或意见而打断谈话者，相反，应该让谈话者把话说完。

（4）不要把直率的对话误以为是辩论或争吵。

4. 避免打断对方的话，可在话题告一段落时做出回应以增强倾听效果

（1）打断别人的谈话会让人觉得你不在乎对方说的话。

（2）如果打断别人的谈话，可能会错过一些意料之外的有价值的信息。

（3）不要自以为是地去猜测谈话者可能会说什么，结果可能会令你惊讶。

（4）等谈话者说完之后再做出回应，可核实倾听的正确性，可对不甚理解之处提出质疑，以利于沟通及下一步倾听。

5. 有效利用速度差

大多数人说话的速率是每分钟 150～200 字，但是人脑吸收及处理信息的速度却比说话快，这就出现了速度差，这使你有一段空白的时间。

（1）有效的倾听者利用空白的时间来整理刚才谈话的内容及目的，并进一步发展出一套帮助记忆和理解的架构。

（2）倾听一个较慢的谈话者说话时，应该利用这段时间在心里复述他的话，并确保你理解了信息。

（3）利用速度差记住谈话者的语调、肢体语言、眼神交流和措辞，以了解他们以后可能会说的话。

（4）如果你觉得自己走神了，应该立即停止走神并重新专注于对话。

【示例6】

1977 年两架波音 747 飞机在特拉维夫机场地面相撞，两名飞行员其实都接收到了调度指示。KLM 的飞行员接到的指令是："滑行至跑道末端，掉转机头，然后等待起飞准许命令。"但飞行员并没把指令中"等待"一事当作必须执行的部分。另一架飞机 Pan Am 的飞行员被令转到第三交叉口暂避，但他将"第三交叉口"理解为"第三畅通交叉口"，因而没将第一个被阻塞的交叉口计算在内，就在他停在主跑道上的时候，KLM 飞机以 186 英里[①]的速度与之相撞。飞机爆炸了，576 人遇难。这起不幸的事故就是由飞行员对信息的误解造成的。

【评析】

造成飞行员解码过程错误的主要障碍是"误解"。因此要克服误解障碍，可从以下几点着手：

（1）不要自作主张地将认为不重要的信息忽略，最好与信息发出者核对一下，看看指令有无道理，是否准确无误。

（2）消除成见，克服思维定式的影响，客观地理解信息。

（3）考虑对方的背景和经历，想想他为什么要这么说？有没有什么特定的含义？

---

① 1 英里 = 1.609 千米。

(4) 简要复述一下他的内容，让对方有机会更正你理解错误之处。

1. 案例分析。

迟到的倾听

在一家大食品公司，许玲所负责的部门支持销售部的工作。许玲的部门新来了一位应届大学毕业生张林，他给许玲留下了聪明、诚实、积极、进取的良好印象。许玲对他寄予厚望，她改变了对新成员培训的方法。以往，团队有新员工加入时，许玲会给予2周的适应期。在此期间，给他们看一些与工作相关的资料，并且花一定的时间与他们交流，让他们在正式工作前对工作环境、工作内容、工作职责、工作流程有大概的了解，以便较快熟悉业务。但这种培训方式表现出了不理想的效果。因为两周纸上谈兵式的学习并不能完全适应复杂的工作状况，因为与之合作的同事会认为他不善于学习和适应能力差而不愿与之合作，从而使员工不能通过试用期，只好重新招人，开始新一轮的训练。

鉴于这个原因，以及工作上急需人手，许玲这次只用半天的时间让张林了解公司的有关制度、工作职责、工作流程，就安排他上岗。此外再加上承诺：工作上遇到任何问题都可以随时来找她，她一定会给予必要的帮助。许玲认为这种新的培训方式可以让张林更容易发现问题，提高适应能力，可以降低同事对张林的要求，更乐于帮助和谅解他。

但许玲忽视了这种放任培训方法可能会带来的不良后果，许玲没有想到张林产生了不被关心、不受重视、被遗弃的感觉。没有想到他不愿意把这种感受告诉仅比他大一岁且作为女性的她，没有想到他出于自尊，宁愿尽量自己去想办法，找答案。许玲只看到张林出色的学习和适应能力及工作被同事们一致认同。许玲对这平静表面留下的危机根本看不到，没有产生要去倾听他的想法。

在张林熟悉工作之后，许玲又给他设计了一个新的学习机会，把其他同事的一些业务转交给他，以表示对他能力的认可和信任。她想不到张林产生了许玲偏袒其他同事和其他同事欺骗他的感觉。她只以为他会更开心、更努力地工作。她没有想到在做出这种非常安排之前或之后，应与他进行正式或非正式的沟通，她没有想到她又犯了一次错误。

此后，在非正式场合，许玲和张林之间也有过一些交流。比如下班了，同事都收拾好东西走人了，他还在加班。许玲去问原因，他开玩笑地说："因为你偏心，把工作都交给我做，我来不及，只好加班了。"许玲也开玩笑地回答："那是因为你还没上手，效率太低。"比如，午间休息时，他抱怨工作太多，其他同事都太舒服了。许玲只是开玩笑地说："你是男生，不要老是抱怨。团队里都是女孩，你要多担待一些。"其他人也都帮着这样进行不合理的解释。张林也就不辩解了。由于是非正式场合，而且人在工作不顺利时也常常会抱怨，因此，许玲并没有认真对待这些抱怨，也忽视了这些抱怨后面的潜台词，没有与他做更深的交流，这让他很失望。不善于倾听使许玲又犯下一次错误。

张林顺利地通过了试用期的考核，成了一名正式的员工，他认为许玲应该对他前一段的工作做一个评价，提出对他今后的期望，了解他对自己职业的设计，帮助他认识他在公司里的发展前景，在他们之间作一次深入的沟通。可是许玲再次忽略了他，再次失去了沟通的良机。

就在许玲对团队的工作效率和人员稳定感到高兴时,张林提出要离职。许玲感到惊讶万分。他们终于做了一次深入的沟通,许玲做了一次真正的倾听,才了解到张林真正的想法。许玲为自己的过失向他做了深刻的检讨。可是为时已晚,他已决心去另一家公司工作。许玲为自己团队失去了一个优秀的成员感到遗憾,并为自己的所作所为感到懊悔。

案例讨论

(1) 许玲几次错过了与张林的沟通?每次不能去倾听或未能形成有效倾听的原因是什么?

(2) 一些人认为自己很开明,与下属的关系也相当融洽,非正式沟通非常流畅。因此认为下属有问题会主动来与自己沟通,自己无须与下属主动沟通。你认为这种想法对吗?为什么?

(3) 一种观点认为:应当重视非正式沟通中的信息——在非正式场合,下属能抛开心理压力,畅所欲言,不怕说错,相信容易得到谅解;因此,非正式沟通中传递的信息有时会更真实地表达他们的想法。一种观点认为:不应当重视非正式沟通中的信息——它产生于非正式场合和随意的表达方式之中,你认为哪种观点是对的,为什么?

(4) 为什么说平静的环境对管理者提出了更高的要求?(提示:平静掩盖问题,冲突中的人敏锐,平静中的人迟钝)在平静的环境中管理人员应当怎么做?(提示:保持沟通,发现问题)

2. 为了了解自己是否存在倾听障碍,请进行一次自我测试(回答是或否)。

懒惰
你是否回避听一些复杂困难的主题?( )( )
你是否不愿听一些费时的内容?( )( )

封闭思维
你拒绝维持一种轻松、赞许的谈话气氛吗?( )( )
你拒绝与他人观点发生关联或从中受益吗?( )( )

固执己见
你是否在表面上或者内心里与发言者发生争执?( )( )
当发言者的观点与你有分歧时,你是否表现得情绪化?( )( )

缺乏诚意
你在听讲时是否避免眼神接触?( )( )
你是否更多地关注说话人的内容而不是他的感情?( )( )

厌烦情绪
你是否对说话主题毫无兴趣?( )( )
你是否总对说话者不耐烦?( )( )
在听讲时你是否做着"白日梦",或者想着别的事情?( )( )

用心不专
你是否关注说话人的腔调或习惯动作,而不是信息本身?( )( )
你是否被机器、电话、别人的谈话等噪声分心?( )( )

思维狭窄
你是否专注于某些细节或事实?( )( )

你是否拼命想理出个大纲来?（ ）（ ）

重温一下你回答"是"的项，那就是你倾听的主要障碍。

第三节　高效倾听的实施

> 知识点

一、高效倾听的准备

1. 搞清前提

我们所谈及的"倾听"，是在相互交谈中的倾听。双方是在交流思想和观点，联系情感，而不是辩论。基于辩论的对话与基于联系的对话在很多基本点上有本质区别。例如，在辩论中，倾听是为了反驳、为了分清正误、为了压倒对手；在交流中，倾听是为了理解、为了求同存异、为了帮助对手。搞错了前提就难以进行正确的倾听。

2. 建立信任

信任是双方交流的前提。真诚的谈话可以唤起对方的兴趣，激发对方的积极性及参与的主动性，因此，在交谈过程中有意的甚至无意的撒谎，都有可能使对方觉得你是在欺骗他而使交谈中断或效果不佳。

3. 积极投入

1）进入集中精力的精神状态

随时提醒自己交谈到底要解决什么问题。听话时应保持与谈话者的眼神接触，但对时间长短应适当把握，如果没有语言上的呼应，只是长时间盯着对方，那会使双方都感到局促不安。另外，要努力保持警觉，保持警觉有助于使大脑处于兴奋状态，专心地倾听不仅要求健康的体质，而且要使躯干、四肢和头处于适当的位置，比如有的人习惯把头稍偏一点有助于集中精神。全神贯注，意味着不仅用耳朵，而且用整个身体去听对方说话。

2）采取开放式姿势

人的身体姿势会暗示出他对谈话的态度。自然开放性的姿态，代表着接受、容纳、兴趣与信任。根据达尔文的观察，交叉双臂是日常生活中普遍的姿势之一，一般表现出优雅、富于感染力，使人自信十足。但这常常自然地转变为防卫姿势，当倾听意见的人采取此势，大多是持保留的态度。既然开放式姿态可以传达出接纳、信任与尊重的信息，而"倾听"的本意是"向前倾着听"，也就是说，向前倾的姿势是集中注意力、愿意听倾诉的表现。所以二者是相容的。交叉双臂跷起二郎腿也许是很舒服的姿势，但往往让人感觉这是种封闭性的姿势，容易让人误以为不耐烦、抗拒或高傲。

开放式态度还意味着控制自身偏见和情绪，克服心理定式，在开始谈话前培养自己对对方的感受和意见感兴趣，做好准备积极适应对方的思路，去理解对方的话，并给予及时的回应。

倾听应是热诚的，不可抱着冷漠的优越感或批判的态度听人说话。热诚的倾听与口头敷衍有很大区别。"没必要那么担心，事情会好起来的"之类的话于事无益，甚至会使对方产生挫折感：原来自己的担心是没价值的。热诚的倾听则给人更多的关怀与启迪，并在必要时给予鼓励。

3）采取开放的兴趣观与心态

"如果他们讲得没有兴趣,他们就不能指望我听"这是在讲座或讲话之后常常听到的话。记住——听者同样有责任。要从中寻找可能与你、与你的工作、与你的兴趣有关的信息。任何信息都可能是有关的。要提出下面这样的问题:我可以利用他们说的哪些话?我如何利用这些信息提供更好的服务、提高士气、提高效率、了解有关自己或他人的事?

你要对讲话者表示出兴趣,毕竟没有人想对空墙讲话。把你放在讲话者的地位,想想你会感觉怎样。

开放的心态是指要意识到自己的成见,或者意识到你会将不符合自己思想观念的信息加以调整。对于与你的信念、态度、想法和价值观相矛盾的信息不要觉得是威胁、侮辱或者有抵触。

开放的心态也意味着尽量不要注意讲话者的外表和举止。不要因为你不喜欢他们的外观就排斥他们的想法。如果你清楚自己的成见,你就更可能注意这点和加以控制。

永远不要过早地对讲话者的人格、主要观点和你自己的反应下结论。你可能会出错,并且如果你过快地做出决定,你会错过听到真理的每一个机会。换句话说,慢作评论。

4)明确倾听目的

你对你要倾听的目的越明确,就越能够掌握它。事先为谈话进行大量的准备,这样可以促使我们对谈话可能的问题或意外有个解决的思路。同时可以围绕主题进行讨论,你的记忆将会更加深刻,感受更加丰富。这就是目的越明确,效果越显著。

总而言之,积极投入就是要贯穿这样一个指导思想:处在倾听或者接收信息的过程中也不能是被动的,而应是主动的——光用耳朵不行,还要用心去理解;光理解还不行,还要做出各种反应,以合乎礼仪,调节谈话内容和洽谈气氛,促进谈话顺利进行。

倾听

二、高效倾听的实施策略

1. 听清:全面倾听,建立理解的基础

全面倾听包括三个方面的内容——听取讲话的内容,注意语调和重音,注意肢体语言的变化。"倾听"对方的身体语言往往被大家忽略,其实身体语言更诚实可信,学会"倾听"身体语言是探测对方心灵的有力手段。

倾听时注意识别对方的表情大有助益。

(1)僵硬型表情。脸上肌肉麻木,面无表情,往往充满憎恶与敌意,他们试图以此种表情来掩盖自己的真实情绪。

(2)厌烦型表情。主要包括叹气、伸懒腰、打哈欠、东张西望、看时间、表情无奈等。

(3)焦虑型表情。比如手指不断敲打桌面、双手互捏、小腿抖动、坐立难安,等等。若厌烦型表情没有得到理解,烦躁的情绪积累下去,很可能发展为焦虑。

(4)兴奋型表情。表现为瞳孔放大、面颊泛红、搓手、轻松地跳跃,等等。

（5）欺骗型表情。当对方喋喋不休地诉说，语义却不连贯，尤其他平时沉默寡言时，他多半想隐瞒什么。另外，下意识地摸下巴、摆弄衣角，或将手藏在背后，都是说谎的征兆。

（6）高傲型表情。眼睛眯起、头向后仰、俯视对方，或者双手抱胸、斜视、手叉腰、歪着头等。这都表示自负、盛气凌人，对你的话不屑一顾。

只有三者结合才能完整听清说话者的意愿和情绪。

2. 听记：全面关注，提高理解的效率

平常人们对刚听过的信息记忆率只有50%，提高记忆的效率的确是件势在必行的事。这里提供了一些简单的技巧：

（1）重复听到的信息。在心里复述、默记对方的话加深记忆。

（2）认清说话的模式。若你能总结出对方说话的惯用模式，或者记住其中的典型事例，对其谈话内容重新整理组合，可以帮助记忆。

（3）采用某些记忆法。

（4）记笔记。快速地在纸上记录一些关键词，或自我设计的代表特定含义的符号，在事后再浏览一遍，印象会深刻许多。

我们首先要应用上述技巧帮助我们听清全部信息，不要听到一半就心不在焉，更不要匆忙下结论。很多单独无法理解的词句放到整体语境当中就容易领会了，而且听对方说完也是礼貌和尊重的表现。

其次注意整理出一些关键点和细节，并时时加以回顾。提一些问题，比如"它们都意义清楚吗？""这些观点有事实依据吗？"如果有疑点，应听完以后提问。

课堂导练

复述一则你认为近期最重要的新闻，请抓住新闻的六要素。

3. 听辨：悟出言外之意，分析背景，避免误解

听出"言外之意"也十分重要。要透过对方话语的表象，发掘他真实的动机。一般来说对方隐瞒真情是出于以下"背景"因素：

（1）持有不同观点又不便直说；

（2）持有不满情绪又不愿表达；

（3）因个性或面子不愿直说；

（4）由于特定环境而不能直说。

分析"背景"因素是做出恰当回馈的关键。

此外也要听出对方的感情色彩。言语本身可能带有不同色彩，只有深刻体会到说者的潜在感情色彩，才能完全领悟其话语之含意。

【示例7】京剧《沙家浜——智斗》选段

刁德一：（白）阿庆嫂，
（唱）适才听得司令讲，阿庆嫂真是不寻常。我佩服你沉着机灵有胆量，竟敢在鬼子面前耍花枪。若无有抗日救国的好思想，焉能够舍己救人不慌张！

阿庆嫂：（接唱）参谋长休要谬夸奖，舍己救人不敢当。开茶馆，盼兴旺，江湖义气第一桩。司令常来又常往，我有心背靠大树好乘凉。也是司令洪福广，

　　　　　　方能遇难又呈祥。

刁德一：（唱）新四军久在沙家浜，这棵大树有荫凉。你与他们常来往，想必是安排照
　　　　　　应更周详。

阿庆嫂：（唱）垒起七星灶，铜壶煮三江。摆开八仙桌，招待十六方。来的都是客，全凭
　　　　　　嘴一张。相逢开口笑，过后不思量。人一走，茶就凉。有什么周详不
　　　　　　周详。

胡传魁：（笑）哈哈哈哈

刁德一：（笑）嘿嘿嘿嘿
　　　　　（白）阿庆嫂真不愧是个开茶馆的，说出话来滴水不漏。佩服，佩服。

【评析】刁德一的弦外之音是：出于抗日救国的思想救了胡传魁，是抗日分子；阿庆嫂的意思是：我救司令是出于江湖义气，是有心靠着司令这个靠山，以求生意兴隆。

　　4. 听懂：弄懂说话内容的内涵和外延，学会"内外辨析"

　　要在辨听说话内容的基础上去进一步深入理解，听懂对方的真实意图，抓主旨，抓关键词语，对言谈中的正话反说、寓意深远的语句，能体会其"弦外之音"。

　　1）倾听要学会听懂话中有话和言外之意

　　（1）话中有话。口语交际中，说话人不想把自己的真实意图直言相告而采取含沙射影或顾左右而言他的表达方式。这要求听话者要能听懂其真正的意图和目的，做出正确的反应。

【示例8】

　　《红楼梦》第八回写到，宝玉与黛玉在薛姨妈处。宝玉要吃冷酒，宝钗劝阻说冷酒伤身，宝玉于是就改口要吃热酒。此时紫鹃叫小丫鬟雪雁给黛玉送来御寒的手炉，黛玉借机说道："也亏你倒听她的话。我平日和你说的，全当耳旁风；怎么她说了你就依她，比圣旨还快些！"宝玉听了，心里知道黛玉在奚落他，不好意思地笑了。宝钗也听出来了，却不动声色。

　　【评析】黛玉的这番指桑骂槐的话中话宝玉和宝钗都是了然于心的，但因知林妹妹"爱使小性"就不予回应，而采取"只按话语表面意思理解"的方式予以回避。这一情节，生动地刻画了人物性格。

　　（2）言外之意。当话语中含有"言外之意"时，言内之意往往较"虚"，多为表象，甚至是假象；而言外之意往往较"实"表达了说话人的真实目的。

【示例9】

　　《红楼梦》第二十四回写到，贾芸为给王熙凤送见面礼，想向开药铺的舅舅卜世仁赊一些药材。不料遭到一顿数落，临走听到舅舅和舅妈这样对话：卜世仁道："怎么急得这样，吃了饭再去吧。"只听他娘子道："你又糊涂了，说着没有米，这里买了半斤面来下给你吃，这会子还装胖呢。留下外甥挨饿不成？"卜世仁道："再买半斤来添上就是了。"他娘子便叫女孩儿："银姐，往对门王奶奶家去问，有钱借二三十个，明儿就送过去。"贾芸连说："不用费事"，快快离去。

　　【评析】夫妻二人一唱一和的"言外之意"充分暴露了他们薄情寡义、悭吝刻薄的伪善嘴脸。

　　2）倾听要学会听懂正话反说和反话正说

口语交流的目的大致可分为信息交流和情感交流。当人们觉得"正话正说、反话反说"不足以充分表达自己的情感时，就会出现"正话反说、反话正说"的现象。

（1）正话反说。一般多用于关系比较密切，感情比较深厚的交际双方，往往具有调侃、逗趣，甚至表达亲昵的目的。如现实生活中就常有把自己的爱人称为"冤家""死鬼""挨千刀的""讨债鬼"等例子。

（2）反话正说。常用于比较对立的交际双方，往往具有讽刺、嘲弄、批判的意思。听话者要还原说话人的原意，理解后再做出应对，否则难免落下笑柄。

【示例10】

钱钟书《围城》第五部分写一行五人到内地的三间大学任教途中，大家对李梅亭一人高的大铁箱很好奇。终于在他检查物品是否损坏时，有机会看到了其中的"包罗万象"。赵辛楣笑道："有了上半箱的卡片，中国书烧完了，李先生一个人可以教中国文学；有了下半箱的药，中国人全病死了，李先生还可以活着。"

【评析】赵辛楣表面夸赞实则贬损。表现了他对李梅亭之流自命不凡却自私、阴毒、无耻的斯文败类的否定。

3）倾听要学会听懂违心话

在有些场合人们出于某种目的，或是为了身份、面子，或是为了窥探对方心意，常常会说一些违背意愿的话。我们要读懂违心话的真实意图。

【示例11】

《红楼梦》第十九回写到，袭人一本正经地向宝玉说自己就要走了："我今儿听见我妈和哥哥商议，教我再耐烦一年，明年他们上来，就赎我出去的呢。"宝玉一听忙说不放。袭人道："我去了，仍旧有好的来，不是没了我就不成事……如今无故凭空留下我，与你又无益，反叫我们骨肉分离，这件事，老太太、太太断不肯的。"

【评析】熟悉《红楼梦》的读者都知道袭人是铁了心跟定宝玉的。事实上，因家境好转，家人确实想赎她，但当场就被她一场"死也不回"的哭闹给打消了。可一转身，她就利用这件事对宝玉进行了一次成功的试探。不仅知道宝玉不放自己走，还以自己可以不走为条件，给宝玉立下了"约法三章"。宝玉却上当了。

三、高效倾听的职场实践

1. 对下属的倾听

1）通过倾听获得下属尊重

用认真倾听来显示自己的个人魅力，获得下属尊重，从而真实地了解下属传达的信息是倾听员工的第一要点。

管理者要认识到：对管理者而言，做个好听众比做个好演说家更难；认真倾听是必须而且能够掌握的沟通技能。为此，应当掌握美国著名管理学家罗宾斯提出的四个方法。

（1）专注。要精力集中地听下属讲话，打消分散注意力的念头，积极概括所听到的信息，并留意需要反馈的信息。

（2）移情。要把自己放到下属的位置，努力理解下属表达的含义，而不是自己想要理解的意思，对信息的认知要符合下属的本意。

（3）接受。要客观耐心地倾听下属讲话，不要即刻做出判断，应该首先在听完后才考虑是否接受对方。

（4）要有对完整性负责的意愿。少摆架子，让下属吐露真情；有诚意，倾听下属情感。只有这样，才能获得真实完整的信息。

为此，你应注意以下一些细节：如与下属交流目光，适当做一些点头及手势动作；放松，不时表示"哦""嗯"等语气词；穿插简短的插话和提问；找出下属没有清楚表达出来的意思；不要急于下结论。

2）对下属的倾听障碍克服要点

（1）打消畏缩情绪。例如，可以告诉下属："我只听你的意见，没有记住你是谁。"有时反过来需要平静下属的激烈情绪。例如，可以告诉下属："小伙子，别那么激动，事情总会有解决办法的。"

（2）克服主观障碍。这些障碍主要有：以自我为中心，个人偏见，先入为主。

（3）善于提出问题。弄清问题和解决问题必须善于提出问题，以便引导说清全部问题，引导其换个角度想，自我解决问题或者找出关键，便于领导出面解决问题。

• 要提出引导性问题，引起下属思想的问题，与下属意见紧密联系的问题。不要提出表达自己不同观点的问题。

• 要多用一般疑问句，少用反问疑问句。

• 提问要在下属的话告一段落时，要事先征询："对不起，我提个问题好吗？"要尽量使用商量的语气。

【示例12】

认真倾听员工的实例

实例1：芬兰诺基亚集团自1995年年初决定让250名员工参与战略审核以来，在蓬勃发展的电信业中一直以70%的年增长率迅速发展。公司高层管理班子每月按照战略日程碰一次面，战略制定已从过去以年度为周期，变为经理人员日常工作的一部分，而且广泛吸纳了更多基层人员的智慧。

实例2：罗森勃路斯旅游公司不定期地寄给员工们一包东西，里面有建筑用纸和一匣颜色笔，让他们画图描述公司在他们心目中的形象。许多员工设计出积极振奋的图，体现出对公司共同远景的理解，有时却反映出深深隐藏的心中不满。

实例3：柯达公司在创业初期便设立了"建议箱"制度，公司内任何人都可以对某方面或全局性的问题提出改进意见。公司指派一位副经理专职处理建议箱里的建议，收效甚大。第一个提建议被采纳的是一位普通工人，他建议软片仓库应该常有人做清洁，以切实保证产品质量，公司为此奖励了他20美元，公司共为采纳这些建议付出了400万美元，但也因此获利2 000万美元。

2. 对顾客的倾听

重要的不是你口若悬河的天分，重要的是洗耳恭听的本领；鼓励、欢迎顾客投诉，抱怨的顾客——顾客的抱怨经常是反败为胜的良机，处理顾客的抱怨常常是建立了顾客更深一层的关系；有的放矢，对顾客了如指掌，随机应变留心顾客的真正需求——从倾听中发现、唤起以至创造顾客对产品和服务的需要，以实现成功的销售。

【示例13】倾听顾客的实例

一家仓储服务公司的经理陪同一位有意向的客户参观公司的仓储库房。这位客户即将有一大批设备要暂存，她对该公司的存储设施感到满意。就在经理觉得大功即将告成之时，女客户突然说："我们要求将货物按不同生产日期分别堆放。"经理有些惊愕，因为无论按技术要求，还是取货便利，都是按货物型号种类储存更好。但他随即回答："好的，我们会努力提供给客户一切便利。"女客户满意地点点头说："那就这么定了。非常感谢你们的理解，我已经联系过五个别的仓储公司，可他们无一例外地想劝说我们按货物型号分类，说这样可节省不少空间和时间。"

3. 对上级的倾听

人们都学会了在上级谈话时洗耳恭听。事实上，上级经常要对我们发布命令、征询意见，或者只是随便聊聊，有很多时候都需要倾听上级说话。但是如果你想得到上级的赏识，甚至能对他施加影响，仅仅在他说话时保持沉默是做不到的，你必须学会做一个"积极的倾听者"。这里面有很多学问。你首先要表现得让上级觉得你在认真听取，然后要敏锐地听出其话外之音，最后，还要对他的话做出简洁、及时、切中精华的回应。

乔治·伯克利在《怎样管理你的上级》一书中介绍了如何有效倾听上级谈话的妙方，总结起来大致有以下几条：

（1）克服下属常有的"不安全感"。不要热衷于从上级的话里判断对自己是肯定还是否定，不要急于为自己辩护或证明自己的价值，应冷静地抓住上级谈话中真正的意图。

（2）集中精力用眼神与他交流。在他说完后不要迫不及待地做出反应，而是稍作停顿，让他觉得你的确仔细听了，且努力记在了脑海里。

（3）用简短的一两句话或一两个词复述他的谈话内容，让他相信你已听懂，不需他费事地重复。

（4）简短、及时地记录关键词。既可迫使你认真听，又可表示你很重视他的信息。

（5）注意一些细节。如专门用语、语气、身体语言等改变所透露出的暗藏信息。

（6）在上级与他人交谈时，或者在非正式场合随意聊天时，你也应积极倾听，捕捉其中有意义的信息。

（7）要注意分辨上级真正的命令和一时快语。上级，尤其是暴躁的上级常常发布一些气头上的命令，事后甚至自己也回心转意了。所以，为了上级，也为了你自己，在特殊的场合，即使对一些明确的命令，你最好也别去执行。

随堂选练

1. 听辨练习。

有一次，出身于贵族家庭的苏联第一任外交部部长莫洛托夫，去参加国际会议，英国一位工党议员挑衅性地对他说："先生，你出身贵族，我出生是工人，咱俩到底谁能更代表无产阶级的利益？"莫洛托夫站起来，指着自己的胸部平静地说："咱俩都成了叛徒。"全场掌声雷动。

第一个问题：英国议员的论点是什么？论据是什么？

第二个问题：莫洛托夫是如何反驳的？

2. 尝试向同学们介绍你近期阅读的一本好书,重点说说它的情节内容。
3. 这是一张倾听技能检测表,请进行自我检测。
（1）你选择某个位置以使你能听得更清楚吗?
（2）你是听主要的看法和事实吗?
（3）你是不注意讲话者的外表而只关注他讲的观点吗?
（4）你"注意到"你既在看讲话者也在听他所说的话吗?
（5）你是以自己的好恶和感情来评价讲话者的话吗?
（6）你是一直把注意力集中在主题上并领悟讲话者所表达的思想吗?
（7）你是在努力深入地思考讲话者所说内容的逻辑和理性吗?
（8）当你认为所听到的内容有错误时,你是在克制自己(你没有插话或"不听")吗?
（9）讨论时,你愿意让其他人做出最后的结论吗?
（10）在你评论、回答或不同意其他人的观点之前,能尽量做到用心思考吗?

在这些问题中,如果有7项或7项以上你都是答"是",说明你是一个良好的倾听者,但是如果答"是"的个数在7以下,说明在有效倾听方面,你还需要再训练。

第三章
交 谈

学习目标规划

■ 基本了解

了解什么是交谈，交谈的种类、特点和基本要求。

■ 重点掌握

重点掌握交谈的艺术及语言运用技巧。

■ 熟练应用

将交谈的基本理论知识融入现实情境中，熟练应用在不同场合下的交谈技巧。

课前热身

■ 记忆引擎

1. 在生活中你试过与陌生人交谈吗？
2. 你有过和同你意见不合者交谈的经历吗？你是怎么打破僵局的？
3. 你通常是在什么情况下结束交谈的？

■ 头脑风暴

1. 交谈的特点是什么？
2. 交谈的基本要求有哪些？
3. 交谈的语言技巧有哪些？

 案例导入

墨子巧劝楚惠王

墨子是战国时期的思想家，他为了劝说楚惠王不要攻打宋国，首先对楚惠王发问说："听说有这样一个人，自己华美的车子不坐，却要偷窃别人的破车坐；自己有绫罗绸缎不穿，却穿着偷来的破衣裳；自己有鸡鸭鱼肉不吃，却偷吃邻居的糟糠烂菜。你说这算是一种什么人呢？"楚惠王听后感到很好笑，说："这个人必定有偷窃的癖好。"墨子急忙紧接着分析了楚宋两国的差距，并提出了若楚国攻打宋国，世人也认为大王和偷窃者有共同的癖好这一结论。听了墨子的话，楚惠王最终放弃了攻打宋国的想法。

第一节　什么是交谈

> 知识点

一、交谈的含义

交谈是由两人或多人共同参加，围绕一个共同关心的话题交替发言，相互承接，双向反馈，以交流彼此看法，达成共识或愉悦心情为目的的口语表达方式。它是人们在社会活动中为了满足某种需要而进行信息传递、思想交流，以求彼此了解、相互合作的一种社会活动。

二、交谈的特征

在现实生活中，交谈是人际间最基本的交往方式，其特征主要表现在以下四个方面：

1. 互动性

交谈并非"单口相声"，贵在一个"交"字。正如美国语言心理学家多罗西·萨尔诺夫所说："交流是双行道。"交际的双方自始至终既是说话者，又是聆听者，交谈是说与听的统一体。无论是谁，在阐述自己的观点或思想后，都希望得到别人的积极回应，只有得到这种回应，他才能根据不同的反应采取不同的方式和态度继续自己的话题，交谈才能得以继续。

2. 平等性

交谈是发言人或两人以上共同参与的，所有参与者都有同等的发言机会，无论在人格上还是机会上都是平等的，没有主次之分，没有尊卑之别。平等性决定了参与交谈的各方必须有正确的态度和立场，不将自己社会地位和等级带入谈话现场，只有做到：在人格上充分尊重对方，礼貌待人；在交谈中不以势压人，谦和礼让，这样才能使谈话更加深入，从而最终实现交谈的目的。

3. 灵活性

交谈是一项较为轻松、自由的交际方式，它既不像谈判那样庄重，也不像辩论那样紧张，交谈广泛存在于社会生活的各个方面，小到吃穿用住，大到国际风云，不同职业、不同年龄、不同文化程度、不同性别的人都能找到自己的交谈空间。可见，交谈具有灵活的特性，它的灵活性主要体现在：

一是话题灵活。由于交谈处于动态语境之中，即兴性很强，各方不仅有充分展开话题的机会，而且随着双方或多方思路的变化，话题常常会灵活转变。

二是表达方式灵活。根据交谈对象和场合情境的不同，交谈的表达方式也是多种多样的，在不同的语境下，就要视不同的情况而及时调整自己的表达方式，因此，交谈在表达方式上是灵活多样的。

4. 共享性

当人们把某种知识、某种意识或认识传递出去，并让他人接受的时候，这种意识或知识就成了信息，在谈话中，信息不断输出，谈话双方积极地聆听与交谈，这也就实现了信息共享。

【示例1】

小王是苏南皮革厂的一位推销员，有一日出差住在一家旅店，推开门见一位先他而住的客人已悠闲地躺在床上欣赏电视节目，见状小王立刻笑脸相迎问道："师傅来了好久啊？"

这位客人也笑道："不，不，比你早来一刻。"

"听您口音不像是苏北人啊。"

"噢，我是山东枣庄人。"

"啊，枣庄是个好地方啊！我在读小学时就在《铁道游击队》里知道啦，三年前还去玩了一趟呢。"

听了这话，那位枣庄的客人马上来了兴致，二人从枣庄和铁道游击队谈开了，那亲热劲儿不知底细的人还以为他们是一道来的呢。接着就是互赠名片，一起进餐，离开前双方居然还在身边带来的合同上签了字：枣庄客人订了苏南客人造革厂的一批风桶；苏南客人从枣庄客人那订到了一批价格合理的议价煤。

【简析】在这个例子中，住在同一个房间里的两位陌生人的相识、交谈以致最后商业上的合作成功，就在于他们掌握了交谈技巧，找到了"枣庄"和"铁道游击队"这双方都熟悉的共同话题点，然后随着交谈内容的深入，共同话题就越来越多，越谈越投机，直至双方高兴地签订了合作协议。

课堂导练

1. 结合［示例1］，思考一下交谈的特征具体体现在哪里？
2. 谈谈当你和陌生人交谈时，你会怎么做？

三、交谈的基本要求

1. 注意切人、切旨

在现实生活中，每个人都在扮演着不同的角色，根据角色的不同，人们交谈的方式和方法也就有所不同。

所谓"切人"，指的是要切合自己的身份，要切合对方的心理需要。不要说不合适身份和场合的话，以免引起尴尬。

所谓"切旨"，就是要能够切合交谈目的的需要，避免进行一些与目的无关的泛泛之谈。所以交谈时必须了解对方，总结交谈对象的特点，根据对象的特点选择恰当的语言表达方式。

【示例2】

一秀才买柴，向卖柴的人说道："荷薪者过来。"卖柴者没念过书，但因"过来"二字明白，于是把柴担到他面前。秀才又问："其价几何？"卖柴者因"价"字明白，于是说了价钱。秀才接着说："外实而内虚，烟多而焰少，请损之。"卖柴者终因为不明白秀才说什么而荷柴离去。

【简析】

这则笑话所讲的是一个买卖过程中的交谈，而这位秀才，不看具体交际对象的特点，只按自己的角色语言进行沟通，结果买卖没做成，交谈目的没有实现。

2. 注意交谈的态度

在交谈中，人们的态度往往直接影响谈话的效果，成功的交谈需要感情的沟通，良好的交谈态度能调动对方交谈的积极性，创造良好的交谈氛围。

【示例3】

美国近代有名的女作家玛格利特·契尔，有一次被邀请去参加世界笔会。有位匈牙利作家坐在她的旁边，却不知这位衣着朴素、态度谦虚的女士是谁。因而他以一种居高临下的态度同玛格利特·契尔进行了这样一场对话：

"小姐，你是职业作家吗？"

"是的，先生！"

"那么，有些什么大作，可否见告一两部？"

"谈不上什么大作，我只是偶尔写写小说而已。"

"噢，你也写小说。那么，我们可以算是真正的同行了。我已经出版了39本小说，那就是……你写过多少部呢？小姐。"

"我只写过一部，它的名字是：《飘》。"

话音未落，这位匈牙利作家已目瞪口呆了！

【简析】

这位匈牙利作家在谈话中以一种高高在上的架势炫耀自己，最终没能使交谈有效进行，影响了交谈的效果，反而让自己陷入尴尬的境地。

课堂导练

请看下面这个案例思考一下，文中的女主人违反了交谈的什么要求？你从中学到了什么？

一家女主人正在宴请宾客，她丈夫下班回家，与在座的朋友寒暄之后，便去换拖鞋，女主人一看急忙高声说道："快去洗你的尼龙袜子和汗脚，别污染了空气！"当着这么多客人的面，丈夫感到十分尴尬，脸不由地红了。但他灵机一动随即"嘘"了一声，故作神秘地说："小声点，脚臭不可外扬！"本来有些窘迫的客人顿时哈哈大笑起来。

3. 实事求是，不言过其实

实事求是是交谈时应该具备的最基本的态度，言过其实常常在两种情况下发生：一是称赞自己喜欢的事或人时易言过其实；二是在谈到自己不喜欢甚至是讨厌的事或人时也容易言过其实。只有真诚的态度才能缩短交谈双方的距离，才能创造一个健康向上的谈话氛围，实事求是的交谈态度是交谈有效展开的前提和基础。

【示例4】

一个法国人、一个英国人和一个美国人在一起谈论他们国家的火车是如何如何的快。法国人说："在我们国家，火车快极了，路旁的电线杆就像花园里的栅栏一样。"英国人忙接着说："我们国家的火车真是太快了！得往车轮上不断泼水，不然的话车轮变得白热化，就全熔化了。""那有什么了不起的？"美国人不以为然地说："有一次，我在国内旅行，我女儿到车站送我。我刚坐好，车就开动了。我连忙把身子探出窗口和我女儿吻别，却不料吻到了六英里外的一个满脸脏乎乎的农村老太婆！"

【简析】

例文中的三个人的说话都显然太过于言过其实，使交谈失去了现实意义，无法达到交谈的目的。

随堂选练

1. 案例分析。

在公司举办的一次聚会上，企划部的小蔚和小萱联袂合唱《友谊地久天长》。两人都打扮得很漂亮，在台上的举止也落落大方，可没唱几句，小蔚就跟不上词了，在小萱的提示下，词接上了，却又跑了调。就这样，两人辛辛苦苦排练了一个星期的节目，草草收了场。下台后，小萱责怪小蔚说："我们练了这么久你怎么还忘词啊？忘词也就算了，这么简单的歌你怎么还会跑调呢？别人听了还不笑话死！"小蔚听了也气鼓鼓地说："我是故意的吗？别人要笑话，就让他们笑去吧！"于是两人不欢而散。

同学们请思考一下案例中的两个交谈者为什么会不欢而散？他们有没有违反交谈的基本要求呢？如果是你你会怎么做？

2. 分组练习。

假设一个与陌生人交谈的情境，让同学们扮演不同的角色展开交谈训练。

第二节　交谈的一般过程及技巧

哈佛大学前校长伊立特曾说："在造就一个有修养的人的教育中，有一种训练必不可少，那就是优美、高雅的谈吐。"我们要获得与人交谈的成功就要运用交谈的语言艺术。

我们按交谈的一般顺序，将交谈的过程分为：寻找话题—展开话题—转移话题—结束话题四个阶段。

一、抓住契机，寻找话题

俗话说："万事开头难"，交谈也是一样，很多人在面对交谈对象，特别是面对陌生人时不知道从何谈起。如何打开话题就成为人们交谈的一个突破口。那么到底要如何引发话题呢？下面我们介绍几个技巧来帮助你找到话题：

1. 从对方的职业谈起

美国前总统罗斯福以知识渊博而闻名，无论是牛仔或骑士，政治家或外交官，他都能热烈地与之交谈。其原因就在于，他在接待某个人时，事先就翻阅这个人的有关资料，研究对方身份和职业，以提出让对方感兴趣的话题。我们在交谈时可以以对方的职业或身份作为谈话突破口，根据对方的身份、职业、知识层次、专业领域来选择话题，如跟农民谈农耕，跟教师谈学生，跟作家谈创作等，和对方能有话可谈，那么展开话题、推进深层次的交谈就更加容易了。

交谈技巧之寻找话题

【示例5】

美国女记者芭芭拉·华特初遇美国航空业界巨头亚里士多德·欧纳西斯时，见他正与同行们讨论着货运价格、航线、新的航空构想等问题，芭芭拉没法插上一句话。在共进午餐时，芭芭拉灵机一动，趁大家在谈论业务的间隙赶紧提问："欧纳西斯先生，你在海运和空运方面都取得了伟大成就，这是令人震惊的。你是怎样开始的？当初你的职业是什么呢？"这个话题立刻叩动了欧纳西斯的心弦，他立即同芭芭拉侃侃而谈起来，动情地回顾了自己的奋斗史。

【简析】

芭芭拉之所以成功地展开和欧纳西斯先生的交谈，其秘诀就在于她懂得以职业为角度，在对方身上寻找谈话的共同点，引起对方交谈的兴趣，这是进行一次成功交谈的基础。

2. 从对方的外貌体态上谈起

衣着打扮、容貌化妆、思想行为等都能引起谈兴，如果你能从对方的身上寻找谈话的契机，对于展开话题是最为有效的。因此，面对面的"察言观色"就显得尤为重要，这里我们介绍几个观察的技巧：

（1）细看。看表情，分析其心情；看服饰，猜度其个性；看陈设，琢磨其爱好。

（2）巧问。用侧面或正面询问的方式，了解他人的爱好和感兴趣的话题。

（3）细听。应特别注意对方谈话开头的几句话，你也许能听出有关他兴趣或性格方面的线索。若有人介绍相识，应留意从介绍人的话里寻找话题。

3. 从眼前的事物谈起

眼前的事物可以有很多，如人、物、景都是话题，从眼前的事物谈起可以扩展我们的话题面。假如，你在码头碰见了一个熟人，可以从眼前双方都能看到、听到或感觉到的事物中找出几件来谈，码头的广告、船舶、水质、马路、行人等都可以成为你们的话题；假如，你到了别人的家中，那么老人的健康、孩子、花卉盆景、装潢布置、家电食物等都可以成为你们的话题。总之，眼前、身边的事物，日常生活中的人或事，都是人们愿意谈、能够谈的，也更能够活跃谈话的气氛。

此外，我们还可以从社会新闻或热门话题、从联想的事物、从天气或自然现象等找到和对方话题的共同点，从而打开局面、展开进一步的交谈。

二、把握时机，展开话题

选择了恰当的话题后，要努力将话题展开，以使交谈不断深入。在日常交谈中，问与答作为一种交谈序列存在于各种类型的交谈中。下面介绍几种提问与回答的技巧。

1. 提问

提问是交谈的引线。一个善于提问的人，不但能掌握会话的进程，控制交谈的方向，而且能开启对方的心扉，建立感情，增进友谊。

1）提问的原则

职场中的语言运用技巧（上）

【示例6】

有一位秀才想要到高庄去，于是他找一位路边的老大爷询问：

"老头，到高庄有多远？"

老大爷听了显然有点生气："一百五十丈。"

"一百五十丈？"秀才听了大感不解："老头，路论里不论丈啊？！"

这时，老大爷才抬起头正色说道："论理，论理你该叫我叫大爷！"

【简析】

提问要讲究一定的原则和技巧，同样的问题用不同的话来询问，收到的效果是不一样的，示例中的年轻人不尊重长辈，违反了提问的原则，所以才提问失败。可见，提问时要把握住一定的原则。

除了不过问别人的隐私、不过问国家机密、不过问别人忌讳的事，在提问时应该遵循以下原则：

（1）要因人设问。提问应因人而异，人不仅有长幼之分、男女之别，而且在身份、地位、性格、修养等方面也各有不同，因此，提问时应根据交谈对象的年龄、身份、知识水平、性格特征等选择不同的问题和不同的提问方式。如对女性不宜问年龄、婚姻等；对领导不宜问对同事的看法或其失败的经历等。

（2）要适时而问。提问要因时制宜，把握交谈过程中的时境特点，抓住发问时机。例如，在对方很忙或正在处理急事时，不宜提无关紧要的问题；当对方伤心失意时，不宜提太复杂、太生硬的问题。

（3）要适度得体提问。提问要深浅适度，措辞审慎，不唐突提问，使人难堪。同时也要注意不刨根问底，令人生厌。一般说来，我们应把握的原则是：问工作而不问生活，问普遍的事物而不问特殊的事物，问别人熟知的事物而不问别人陌生的事物，问别人的长处而不问别人的短处。

（4）要尊重对方，委婉表意。提问要在尊重他人的基础上进行。一方面要注意语态和语气，营造"问者谦虚，言者诺诺"的气氛，另一方面要体谅对方，考虑怎样提问才便于对方愉快回答。这就要求提问要具体明确，先后有序，以赞扬肯定为主，循循善诱。

【示例7】

一位老师做家访，本意是想让家长一起帮助孩子改掉学习中的坏习惯，但她并没有直接问家长："你们孩子缺点太多了，你们能不能配合我帮助孩子改掉坏习惯呢？"而是对家长说："你们的儿子很聪明，将来必定大有所为。"家长听了很高兴。老师接着说："就是有几次成绩考差了，不敢把考卷拿回家，便模仿你们的笔迹自己签字。上课时还不太专心，老是搞点小动作。只要把这些缺点改掉，孩子将来必成大器。"家长听完很重视，主动提出要配合老师帮助孩子改掉坏习惯。

【简析】

心理学研究成果表明，一般人都比较容易接受赞美而非批评，这位教师家访并未直接告状，而是在笑谈中提醒家长多关心孩子的学习情况，由于老师的委婉表意，家访在轻松愉快的气氛中达到了预期的目的。

课堂导练

小明新买的圆珠笔不见了，在书包里翻了半天也没有找到，他回忆起同桌的小刚好像借用过，可是又记不清到底是不是这样，他很想去问问小刚，又怕伤了小刚的自尊心。他该如何发问呢？请遵循提问的原则设计一个提问的方式。

2）提问的技巧

（1）开门见山式提问。开门见山式提问并不仅仅只是为了达到目的而直截了当地提出问题，更重要的是要针对对方的主要倾听动机，让问题引起对方的交谈兴趣。

【示例8】

门铃响了，一个衣冠楚楚的人站在大门的台阶上，当主人把门打开时，这个人问道："先生您好，请问您家里有高级的食物搅拌器吗？"主人怔住了，他很好奇这个陌生人问这个干吗呢，在好奇心的驱使下，他回答对方说："我们家是有一个食品搅拌器，不过不是特别高级的，请问您是想……"这时站在门外的客人才回答说："我这儿可有一个高级的，您想不想看一看呢？"说着，他从手提包里拿出一个新型的食品搅拌器，接着开始介绍它的功能，不言而喻，主人接受了他的推销。假如这个推销员改一下说话方式，一开口就说："我是某某公司的推销员，我来是想问你一下是否愿意购买一个新型的食品搅拌器。"那么结果估计就不会是这样了。

【简析】

例文中的推销员以对方的好奇心为契机，抓住顾客追求高层次的心理，开门见山地向其提出问题，让其"措手不及"，接着"乘虚而入"，对新产品进行详细解析和说服，最终达到了交谈的目的。

（2）曲径通幽式提问。与"开门见山"式的提问不同，这种提问方式常常以其他事项作为发问的主题，引起对话者兴趣后再逐渐转移到正题上。

【示例9】

一次，作家刘绍棠在南开大学做报告，当他讲到文学创作要坚持党性原则时，说："每一个阶级的作家都是有所为，有所不为的……即使是真实的东西，也是有所写有所不写的，无产阶级的文学更是如此。"这时，一位学生从台下传递上来一张纸条："刘老师，您说作家要有所为有所不为，我觉得不应该这样。既然是真实的，就是存在着的；存在着的，就应该给予表现，就可以写。"刘绍棠拿着这个条子问是哪位同学写的。台下站起来一位女同学说是她写的。刘绍棠见是个女孩子，就开玩笑说："你把你的学生证拿给我看看好吗？"这个女同学说："你要看我的学生证干什么？"刘绍棠说："我看看你的学生证是不是贴着脸上长疮的照片。"女同学说："我干吗要把长疮的照片贴在学生证上呢？"刘绍棠说："长疮时你为什么不拍个照片呢？""长疮时谁拍照片呀，怪寒碜。"刘绍棠听到这里，借机发挥："你不在长疮时拍照片，更不会把长疮的照片贴在学生证上，说明你对自己是看本质的。因为你是漂亮的，长疮时不漂亮是暂时的，它不是你最真实的面目。所以你不想照相留念，更不想把这样的照片贴在学生证上。共产党有缺点是需要批评的，但有些事情却是有特殊原因的，是涉及许多方面问题的，应由党内采取措施去改正。可你非要把它揭露出来，这岂不是要共产党把长疮的照片贴在共产党的工作证上吗？为什么你对自己是这样的公正，对共产党却不是这样公平呢？"女同学无言可答。听众从刘绍棠幽默的应变中受到教育。

【简析】

在例文中，刘绍棠就运用了"曲径通幽"式提问，用一种迂回的方式提出问题并引申到谈话的主题上去。

（3）限制式提问。这是一种给定对方回答范围的提问方式，有意识、有目的地让对方在所限制的范围里做出回答。在进行这种类型的提问时，提问者往往把问题设计得让对方只能回答"是"或"不是"，"可以"或"不可以"，"对"或"不对"，或者是只能从提问者的问句中选择答案，从而减少了对方说出拒绝的或提问者不想要的答案的概率。

【示例10】

一位顾客来到一家专卖帽子的店，营业员马上微笑地迎上来，问道："请问您想要进口的帽子还是国产的帽子呢？"顾客回答："进口的。"

【简析】

这个示例中，营业员用一种二选一式的提问，让对方在限制的范围里面做出回答，这就是一种限制式提问，用这种提问方式，无论哪一种的回答都能满足这位营业员的需要，都能达到他所希望的结果。

（4）借口式提问。当问题不方便直接提出时，可以采用另一种借口来提问，以达到提问的目的。

【示例11】

秘书小李和总经理在南京进行一场商务谈判，可是与对方一连谈了六天都没有结果。小李想知道总经理是不是想放弃，可是又不方便直言相问，于是他这样问道："总经理，刚刚酒店服务台小姐打来电话，说他们也有预订机票的服务，还能打折，问我们是否需要。我们要不要答复他们呢？"总经理想了一下，说："问问能不能订后天的吧。"于是，小李开始做好返程的准备。

【简析】

小李在询问总经理谈判是否会以失败而告终时，并没有直接提到关于谈判的任何问题，而是以另一种借口发问，从而达到提问的目的。这种借口式提问在一些不方便就本问题发问的情况下，是一种很好的解决方式。

（5）协商式提问。协商式提问是先提出一个主观意见，再用商量的口气向对方提出行不行、好不好之类的问题，运用这种方式的提问，容易营造一种较为和谐的气氛。

【示例12】

小王和小李同是一个部门的员工，有一天总经理要他们一起承办一场职工晚会，关于晚会举办的时间一直没定下来，于是小王找到小李问道："晚会的时间你觉得定在什么时候比较好呢？我想了一下，12月25日既是圣诞节又是我们公司职工委员会成立的纪念日，我们以此为契机来举办晚会岂不两全其美，你看如何呢？"小李欣然同意了。

【简析】

小王用协商式的提问方式询问小李晚会举办的时间，不仅解决了问题，而且让对方觉得自己被充分尊重，增强了同事的友谊。

课堂导练

请联系提问的原则和技巧，评述下面两个例子中的提问方式：

（1）有一个人到朋友家里去走访，朋友的孩子来开门，他问道："请问令尊令堂在家吗？"孩子瞪着眼挠了挠脑袋，半天才说："我是吃过许多糖，不过不知道什么是令糖。"

（2）莉莲·卡特是美国前总统吉米·卡特的母亲。一天，莉莲·卡特正在家里料理家务，忽然门铃响了，进来的是一位记者。尽管她对于记者的频繁来访十分厌烦，但出于礼貌她还是表示高兴地接待了他。

这位记者向她询问："您的儿子在全国演讲，告诉人们如果他曾经对他们撒过谎，就不要选他。您能否诚实地告诉我，您的儿子真的是从来没撒过谎吗？"

莉莲·卡特说："可能有时也撒些无恶意的谎吧。"

"那么无恶意的谎言和其他谎言有什么区别？"记者接着问，"您能不能给我下个定义？"

"我不知道能不能下这个定义，"莉莲·卡特说，"但有个例子，你还记得几分钟前我对您说，您看起来多精神，我多高兴见到您吗？"

2. 回答

回答是对提问的反馈，是交谈的核心，双方有问有答，才有可能使交谈顺利进行。回答有以下技巧：

（1）提纲挈领，直言作答。用简练的语言直接回答对方，不仅会给人留下深刻的印象，而且可以帮助双方更好地理解、沟通。

【示例13】

范徐丽泰任香港临时立法会主席时，一次记者问她："你从政这么多年，感受最深的体会和经验是什么？"范徐丽泰答道："我从政多年，有起有落，有人赞同我，有人批评我，还有人有意抹黑我。可是对我来说，这都是我人生的一种经历。我之所以参加社会服务，并非为了个人名利，而是有一种责任感和使命感在驱使我，我觉得最重要的就是我已尽了我的能力，尽了我的责任，承担了一个生活在香港的中国人应该承担的责任。"

【简析】

范徐丽泰的对答直接针对记者的问题，直言作答，给人留下了真实的印象。

（2）回避话锋，曲径通幽。面对有的问题，回答者不直接回答对方，而是采用一种迂回的方式，用另一个问题来回答，有时能让发问者更容易理解和接受。

【示例14】

美国总统罗斯福就任总统前在海军任职，一次他朋友问他关于工作的计划，而罗斯福的工作计划都是带有保密性的，罗斯福想了想回应他说："你能保密吗？"朋友答道："能。"罗斯福接着说："你能保密，那我也能。"

【简析】

示例中罗斯福的回答巧妙而又不失礼貌，面对对方提出的难以作答的问题，不回答显得有失礼仪，回答了则有失道义，所以罗斯福回避了问题的要害，以对方的话堵住对方的口，既彬彬有礼地回答了对方，又把机密守住了，实在是一个明智之举。

（3）突破控制，机智问答。一般说来，提问在交谈中处于主动地位，提问人总是用疑问词句来对被问人的回答进行控制。因此，妙答的实质就在于积极突破这种限制，掌握说话的主动权。

【示例15】

美国代表团访华时，曾有一名官员当着周总理的面说："中国人很喜欢低着头走路，而我们美国人却总是抬着头走路。"此语一出，话惊四座。周总理不慌不忙，脸带微笑地说："这并不奇怪。因为我们中国人喜欢走上坡路，而你们美国人喜欢走下坡路。"

【简析】

美国官员的话里显然包含着对中国人的极大侮辱。但在外交场合若强烈斥责对方的无礼则显得我们没有气度，可如果忍气吞声，听任对方的羞辱，那么国威何在？在这样两难的情况下，周总理的回答让美国人领教了什么叫作机智，最终尴尬、窘迫的是美国人自己。

（4）承接问话，巧妙对答。接过问话，然后将它的词语、句式稍加改动，造成与问句词语结构相近而内容却利于自己的效果。

【示例16】

在一次访谈中，有一位记者问一位党委书记："请问您是怎样一下子成为党委书记的？"这位书记答道："我是先成为共产党员，然后成为党委书记的，不是一下子，而是两下子。"

【简析】

这位党委书记的对答机智幽默，既摆脱了尴尬被动的局面，也告诉大家，成为党委书记不是一天两天的事，是多么的不易。

（5）李代桃僵，避而不答。选择一个与所提问题相临近的话题作答。

【示例17】

周总理去世前在病床上接见的最后一位外国客人是泰国前总理克立，克立问总理："为什么您将'为人民服务'纪念章换成了毛主席的像章？"周总理答道："看来，克立先生对中国的像章很有兴趣。我知道您想要我这枚像章，我把它送给您好了。"

【简析】

周总理的答话实际上也是婉言拒答的一种方式，答非所问，避免了尴尬局面。

（6）避实就虚，反问为答。面对对方的尖锐提问，若一时不便回答时，采用反问为答的方式，既可避免尴尬，又可在谈话中争取主动。

【示例18】

物理学家法拉第在一次公众面前的电磁学实验表演中，现场有人问道："先生，请问这有什么用呢？"法拉第反问道："请问，新生婴儿有什么用呢？"

【简析】

法拉第的对答反客为主，变守为攻，在交谈中争取了自己的主动权。

课堂导练

模拟训练：如果你是记者，你如何去采访一位事业有成的校友呢？请设计一个采访的问答过程。

三、控制局面，转移话题

在交谈过程中，一个话题往往不会一谈到底，我们一方面应注意观察交谈对象的反应，另一方面要注意根据双方所处环境的变化，适时地调整转移话题。

一般而言，我们可以通过对方的表情、动作、体态等判断目前的话题是否恰当。当以下几种情况发生时，就是在提醒我们可以转移话题了：当原话题充分展开后，话说已尽，而双方谈兴仍浓，可引入新的话题使交谈继续进行；当一方对提出的话题不便回答或不愿谈论时，应在话题展开前，委婉地岔开话题；在有特定目的的交谈中，若引入的话题与交谈的目的相差甚远，就要求在话语铺垫中尽快切入正题。

以下几种转移话题的技巧供大家参考。

1. 岔开式

这种转移话题的方式就是把原谈论的话题先搁置一边，先谈与其有一定联系的其他问题，将问题转移到其他方面去。

【示例19】

1984年美国总统里根访华前夕，根据顾问们设计的步骤，他先与一名在美国学习的中国留学生通电话，告诉该留学生他将访问中国的消息，并询问有什么话要带回祖国。然而这位留学生在无准备的情况下突然听到总统的问话，顿时意乱，紧张的一句话也说不出来。里根一看"此路不通"，立即调转话题，亲切地问道："你来美国多长时间了？生活还习惯吗？……"对方顺着里根的话从小事谈起，心情渐渐平静下来，里根趁势又将话题转回原状，这位留学生也很高兴地请总统转告他对祖国人民和对母校的问候，交谈终于取得了预想的效果。

【简析】

当交谈受阻时，里根总统没有一味地抓住原话题不放，而是岔开了话题，用适时转移话题的方式引导对方再度展开交谈，并达到了预定的交谈目的。

2. 转话法

转话法也就是借题发挥，暗示新的话题，使交谈对象遗忘在此之前已经被提出的话题，以掌握谈话的主动权。如在一场求职面试中，当对方提出的问题内容尖刻或意向不明时，你可以反过来询问对方的意见，如"您能否告诉我贵公司选人的具体标准？"

3. 假言式

当对方提出的话题是非此即彼且难以抉择时，可用假言应答。例如，在一次集体面试会上，考官问道："当事业和家庭发生矛盾时，你是选择事业，还是选择家庭呢？"大家都议论纷纷，众说纷纭。这时一位男生站起来回答："谁重要，我就选择谁。"用这种假言式的转移话题方式，可以帮助谈话者回避矛盾，找到新话题的出路。

职场中的语言运用技巧（下）

课堂导练

课堂讨论：有位同学想参加"大学语文"自学考试，另一位同学嘲笑他：大专语文都没学好还想学大学语文。这位同学很生气，两个人争论起来了。如果恰巧你在场，你怎么化解？

四、见好就收，结束话题

一次成功的交谈，不仅要有好的开头，而且要懂得适时结束，以给人留下深刻的印象，获得良好的效果。以下是应结束话题的几种情况：

（1）当话锋已钝，话题已尽时，应结束话题。不要勉强把话题延长，这样会给对方留下语言无味的印象。

（2）当对方有所暗示时，应结束话题。当对方失去交谈兴趣时，可能会用"身体语言"作为暗示，如频繁改变坐姿、游目四顾、低头看表等，此时谈话者最好知趣地结束话题。

（3）当客观情况需要中止交谈时，应结束话题。如当两个人交谈私人话题时，有第三人介入，或者有客人突然来访，或者交谈中的一方有急事处理时，要及时结束谈话。

【示例20】

一个阳光明媚的早上，小马把自家的被子拿到阳台上晒，可没想到楼上小张家湿衣服的水滴滴到了被子上，被子湿了一大片。小马一看非常恼火，急忙跑上楼敲开小张家的门，说道："你们家怎么搞的？没看到楼下晒被子吗？"小张见状忙跑到阳台朝下望了一下，接着把湿衣服全收进来，并向小马道歉，小马气还没消："你晒衣服也该往下面看一下啊，再说你怎么晒衣服也不拧干呀？"小张说："是的是的，都怪我急着做事，把这茬给忘了。"小马说："哎，也不能全怪你，这阵子总没好天，好不容易出了太阳，家家都想着晾晒呢。"小张说："还是怪我粗心大意。"小马说："你该买台洗衣机了，洗衣机甩干后衣服就不会滴水了，还容易干。"小张笑笑："你说得对啊，是该买了。进来坐坐吧。"小马见状说："不用不用，我得下去了，你也还有事要忙呢，有空再聊吧。"

【简析】

很明显，小马与小张交谈的话题明显已是该结束的时候了，小张又以"进门坐坐"为暗示，于是小马知趣地结束话题，保证了交谈的质量。

阅读下面的事例，结合本节学习的内容，思考该大学生到底失误在哪里？

据《扬子晚报》报道，为了体现政府的关怀，某区民政局对所有长期独居的老人发放了一些个人情况和意向的问卷，并请来一些在校大学生负责调查。

一位大学生带着问卷向某社区不识字的74岁张老太做调查，当问到"是否愿意再婚"时，张老太大惊失色道："你们的意思是不是叫我嫁人?!"

"儿女是否赡养你？"

"我不要他们赡养，我自己有退休金。"

大学生善意地告诉她："如果不赡养，你有权利告他们。"

老人愤怒了，连说："你们为什么挑拨我们母子关系？"

考虑到张老太独居了20年，大学生提醒她："如果身体不好，子女又不经常在身边，可以考虑把房子出租或卖掉，然后到敬老院养老。"

张老太吓得脸色骤变说："你们连房子也不给我住了，要赶我走?!"

连续几天张老太寝食难安，上楼梯时摔了一跤，把腿和脸都摔破了，几个儿女愤怒地找到社区，并把房产证、户口簿等全部交到社区说："以后你们来管我们的妈吧！"

第三节 职场交谈的原则和方法

在工作和生活中，职场上的交谈必不可少。常言道："七分做人，三分做事"，职场中的交谈方式直接影响你的人际关系，甚至是事业前程。

一、上下级交流

上下级关系也就是领导与被领导的关系。处理好上下级关系，有利于团结稳定，提高工作效率，促进事业发展。领导者与被领导者在地位上是平等的，没有尊卑贵贱之分，只有分工的不同。上下级交流要注意尊重体谅，讲原则也要重情谊。

1. 领导语言

领导语言的运用十分广泛，归结起来可以分为谈心语言和激励语言。

1）谈心时应遵循的方法和原则

谈心是人们传递信息和情感、增进彼此友谊的一种方式，特别适用于管理者和员工之间，定期的谈心有助于领导赢得员工们的认可和推崇。

【示例21】

两个中学生因为早恋被班主任叫去谈话。两位学生自知有错，任凭班主任怎么做工作就是一声不吭，班主任气得直拍桌子。旁边的一位老师见说："别生气了，吃个苹果，今天我刚买了二斤青苹果。"班主任说："青苹果又酸又涩谁吃呀？"这位老师说："你不喜欢也许有人喜欢呢？"他转身对两位学生说："你们喜欢吧？"学生都摇头说苹果没熟，不好吃。这时这位老师才语重心长地说："这果子就和早恋一样，恋爱婚姻每个人都会经历，太早不好，太晚了也不好，聪明的人是在它成熟的时候摘下来，那才又香又甜。"两个学生听了才似有所悟，终于开口说出早恋的原因来。

为什么班主任没有做通的思想工作，这位老师却能成功地实现？可见在谈心时需要讲究一些方式、方法，遵循一些既定的原则。

（1）要平等坦诚，以诚相待。无论是上级对下级，还是家长对孩子，老师对学生，既然是"谈心"，就是彼此坦诚，地位高的一方要放下架子，以消除对方的拘束感。在谈话中，语气、用词也要平等，不搞"一言堂"，也不能"徐庶进曹营，一言不发"，这种只顾自己说，不给他人开口的机会，或只听别人说，自己不予以回应的做法，都不可能形成思想和情感的交流，也就失去了交谈的意义。

（2）要有的放矢，知己知彼。谈心与聊天不同，它往往是相约进行的，所以要有所准备，尤其要深入了解对方的想法和心态，找到打开对方心扉的钥匙，这样的谈心才能更有针对性，取得预期的效果。

（3）要讲究方式，因势利导。谈心尤其是在对方情绪对立，缺乏诚意，或者固执己见，态度消沉时，需要交谈者用感情去感化，用实际事例去引导，这种因势利导的方法就极为有效。具体做法可以有以下几种：

① 换位思考。用恰当的语言诱导对方换一个角度去思考，从而对问题做出新的评价。

② 现身说法。用自己的亲身经历去劝解说服对方。

③ 曲径通幽。这是一种迂回的谈话方式，暂时撇开正题，以闲聊的形式寻找能产生共鸣的话题，以缩小情感上的距离，最终达到既定的目的。

④ 对比映衬。在生活中，看到别人比自己更伤心、更失落时，自己的感伤会减轻，甚至会反过来同情安慰他人，或者通过对比看到自己的有利现状，从而鼓起自己奋发向上的勇气。有些时候，巧妙运用这样一种比差心理效应，更容易达到沟通交流的目的。

2）激励时应遵循的方法和原则

激励是指心理上的驱动力，就是通过某些内部或外部刺激，使人兴奋起来，去实现特定的目标。在管理过程中，领导者常常通过设计一定的中间因素，从外部施加推动力和吸引力，增强员工通过高水平的努力实现组织目标的意愿。

在激励员工时可采用以下两种激励方法。

（1）认可激励法。认可的方式可以是多种多样的，包括奖金、晋升、度假、表扬，也包括提高个人威信、得到同事的信任、看到自己的工作成效等。对员工进行认可时，在语言表达上应注意以下几个方面：

① 讲明褒奖的原因。讲明原因可以进一步体现管理人员对下属的关心、表扬和诚意，例如："老王，你今天上午的事处理得很恰当。我对你的表现很满意，因为你能极具耐心地接纳顾客的投诉、委婉地解释、调查顾客的意见并及时采取补救措施。"用这样的说法比只说"你做得好！"效果要好得多。

② 褒奖要具体。领导者在褒奖员工时，若能进一步称赞下属为工作所花费的心血和精力，则能从个人体恤的角度出发，让下属感受温暖和体贴，进一步打动下属的心。例如："小张，你这份报告写得很好，所包含的内容全面，而且角度很新，看得出你花费了不少心血。我听说你昨晚加班到凌晨两点啊，真是辛苦你了。"

③ 褒奖要诚恳。应避免空洞、刻板的公式化夸奖，或不带感情的机械式话语，令人有言不由衷之感。

④ 褒奖要及时。在管理员工时，不能一味地要求员工做贡献，而组织机构却没有相应的回报，时间一长员工的积极性就会消退。作为一名理性的领导者，应注意及时对员工给予褒奖，因为迟到的褒奖会失去原有的味道，再不能令人兴奋和激动。

⑤恰当运用对比。俗话说："不怕货比货，就怕人比人。"有时候运用对比可以使表扬更有说服力。例如："小王，你的书法真比以前进步多了！"

（2）批评激励法。"良药苦口，忠言逆耳"对于旁人的劝告，一般人总是感觉难以接受，一个英明的领导者应尽可能找到适当的批评方法，使忠言不逆耳，以避免被批评者产生不愉快的情绪。

① 糖衣式批评。领导者在批评之前，先给对方一些安慰，也就是先扬后抑。用这种糖衣式的批评方法，被批评方一般比较容易接受。

【示例22】

小王是一名推销员，虽然很努力，可是由于天性胆小害羞，业绩一直不好，直接拖累了他们部门的整体业绩。部门张经理很想提醒一下小王，于是有一天张经理找到小王说："小王，工作了几个月适应了吧？"小王红着脸说："慢慢适应了，就是总拉不到大客户……"张经理笑了笑："慢慢来。我知道你一向很努力，也很勤快。不过你可以注意一下你和客人交流的方式，要变被动为主动，不能总等着客人上门，这样当然拉不到客人啦。"小王听了说："谢谢张经理，我记住了，下次一定注意。"

【简析】

张经理用的就是一种先扬后抑的批评方式，先肯定小王的优点，再指出他的不足，让小王感到自己的领导犹如师长般给自己以帮助和教诲，用这样的批评方式不但能使下属诚心地接受了批评，而且也能拉近领导和员工间的关系。

② 自我示范式批评。也就是在批评员工前先做自我批评，领导带头自我检讨，能带动员工进行集体反思，从而达到领导者批评的目的。

【示例23】

某公司主管对职员小李经常出现的数字差错非常不满。在一次办公会议上，主管说："今天我要向一位职员道歉。"大家听得面面相觑，只听主管又说道："我这个人粗心大意，经常犯一些小问题的错误，这次就把我们一位同事的奖金标错了一个小数点，以后你们一定要帮助监督我呀，你说是不是啊，小李？"小李听出了话中话，脸红了。主管又说道："奖金少了我可以补，可是大家有没有想过，如果是合同协议上的价目标错了那该由谁来补？有时候小小的粗心会铸成大错，请大家一定要铭记在心。"

【简析】

示例中领导以一种自我批评的态度开场，不但强化了批评的作用，而且能让下属更加信服你。

③ 劝导式批评。劝导式批评重在一个"诚"字，面对一些带有情绪群体，领导者要更加突出情感因素，以劝导的方式以诚感人、以情动人、以理晓人，有时候情感可以成为交谈成功的推动力。

【示例24】

某学生冲到辅导员办公室说："老师，我要退学杂费，我不念了。"辅导员问："为什么呢？"他说："同学们说我学习差。"辅导员又说："你最差的一门考几分？""五十八分。"

辅导员说:"你读自己的书为什么要在意别人的看法呢?而且我觉得你一点也不差,才差两分不就及格了?我曾教过一名学生,平均每门都才三四十,可是他不气馁,不停努力,走入社会后还不停学习,现在他可是我们市有名的创业精英呢。"学生听完又坚定了学习的信念。

【简析】

辅导员在面对带有情绪的同学时,没有直言批评,而是以劝导的方式进行情感沟通,达到了最终的交谈目的。

④ 暗示式批评。这是一种采用声东击西的批评方式,让对方慢慢领会自己的过失。如用别人的例子来警示对方,或借用第三者的口吻来表述自己的批评意见等。

2. 下属语言

在组织机构中,少不了上传下达,除了领导应讲究语言运用方式外,作为下属也应探究与上司的沟通方法。下属在与上司交谈时应注意:

1)善于领会领导意图

【示例25】

刘主任性格严谨,说话慢条斯理,特别注意细节。在他主持的一次招聘中,有一位应聘者是一所名校的MBA,具有丰富的工作经验,刘主任本来很看好他,可是面谈时这位应聘者口若悬河、侃侃而谈,刘主任几次暗示其简短而谈,他都没有注意,继续表现他的宏图大志,结果这位应聘者被拒绝。

【简析】

示例中应聘者由于不知领会领导意图,而最终被拒之门外。可见,被领导者要善于领会领导想要什么、想知道什么,或不想要什么、不想知道什么,这才有助于沟通了解,展开工作。

2)语气委婉,措辞恰当

在向领导提意见或建议时,要注意自己的语气和措辞,若能运用适当的语气和措辞,你的建议就会显得更加中肯,易于被接受。否则,会让领导有嘲讽、犯上之感,或被误认为心怀不满、另有所图。因此,在向领导提意见时最好不要运用一些直接否定的词句,如:"经理,您刚才说的观点完全是错的,我认为……"或"你的做法我不敢苟同,我觉得应当……"而应当运用缓和的口气,显示自己的诚恳和尊敬,特别是要使领导明确认识到,你的所作所为都是从工作的角度出发,是出于对工作的负责,是为领导设身处地地着想的。

3)把握时机,注意场合

在向领导提出意见或建议前,要把握好时机,最好能打听一下他的心情如何,如果他心情不佳或是事务繁忙,那就另觅他时再找他交谈,以免达不到预期的目的。

同时应注意在提意见或建议时,最好能在私下的场合进行,而不宜选择在公开场合或是有他人在场的情况下进行。因为在私下里,即使你对领导有所触犯,若言之有理,领导可能也会接受,而在公开的场合,碍于尊严和权威,多数领导往往情绪压过理智,面子高于道理,这对于下属无疑是自找麻烦。

4)借助他人,回避矛盾

有时候，下属面对领导直接说出自己的不同意见比较困难，此时，可以借助同类型的、对方也熟悉的、已经明确了的事例来代替自己的意见。比如可以这样说："您看，张三他们也有碰到过类似的问题，他们是这样处理的，效果还是很不错的，我们是不是可以借鉴一下？"这种借助法，实际上也就是用事实说话。

课堂导练

学生小D因聚众设赌受到处分，学校要求班主任李老师通知家长来校面谈。小D的父母曾是李老师的中学老师，他们对小D要求很严格，多次嘱托李老师严加管教，使其成才。李老师设计了几种谈话开头都觉不妥，请为李老师设计这次艰难的谈话。

二、同事交流

同事之间既是天然的"盟友"，渴望相互间的协作，又是潜在竞争对手，担心对方超越自己，这就形成了一种微妙的人际关系。这正是这种同事间时时存在的利益关系，极易造成误会，甚至会形成私人矛盾。要协调好同事关系，关键在于消除戒备心理，培养信任感。通常可把同事间的交谈分为闲聊式交谈和工作交谈。

1. 闲聊式交谈的注意事项

（1）气氛轻松愉快。交谈者若无尊卑上下之分，地位相对平等，那么就易于形成融洽和谐的气氛。在这样的气氛里，双方无拘无束，谈问自由，交谈者不仅愉悦了性情，也获得了精神上的满足。如今网上聊天兴盛，很大程度上正源于此，因此聊天时，如果话题严肃沉重，方式机械呆板，或是一方盛气凌人，言语刻薄，那是"聊"不起来的。

（2）内容丰富有趣。闲聊一般并未事先确定内容，也无须就某个问题得出结论或达成协议。因此，参与者的发言常常是即兴的，具有随意性，生活中所见、所闻、所感都可成为谈话内容，丰富有趣的谈话内容能引起谈话者的共鸣，形成谈笑风生、热闹非凡的谈话场景。

（3）形散而神不散。在形式上，聊天宽松自由，不需要谁发出正式的邀请，大家自愿凑在一起即可。在内容上，聊天的跳跃性强，但是善聊者往往能机敏地捕捉和调节话题，聊出知识和品位，而非为了打发时光而人云亦云，抑或是不知所云。

（4）格调积极向上。聊天时，切忌谈论一些格调低下、捕风捉影的话题，而搬弄是非、贬损他人的话语更不可取，以免降低自己的身份和格调。

2. 工作交谈的注意事项

（1）语气委婉，但不毕恭毕敬。在与同事的交往中，生硬的语言容易使对方产生反感，而委婉柔和的语言就像一股强大的电磁波，能给对方留下美好的印象。可是，委婉并不意味卑微，同事之间的交谈基础是平等，不卑不亢的交谈方式和处事态度才会得到同事的尊重和喜爱。

（2）亲密但不无间。在同事的交谈中，保持友好亲密是必需的，但是同事之间毕竟存在着竞争，也就是说有利益冲突，那就不能"无间"，也就是该说的说，不该说的不能说，比如在同事面前开口骂领导，抱怨工作太多，待遇又差等，这样做不仅最终得不到同事们的认可，而且还极有可能传到领导的耳朵里。

（3）谦和而不自诩。在与同事交谈时，适当地表现一下自己并不为过，但要态度谦和，讲究技巧，最好是表现自己的同时也能让对方脸上增光，如："说真的，这次我的文章获奖还真的不容易，全公司就我一个呢，不过这还得多亏了你的帮助啊，要不是你帮我搜集了那么多资料，我根本没法写出这么切实的文章来。"

（4）换位思考理解同事。

【示例 26】

一天中午，小刘正在办公室打电话，同一个办公室小张想午休一下，小张由于被领导骂了心情不好，觉得小刘打电话吵了她，就冲她嚷道："大中午的还让不让人休息啊？"小刘也不甘示弱："你要受不了可以出去啊！"于是两人大吵了起来。

【简析】

例文中的小张和小刘就是没能用换位思考的方式理解对方，才造成了最后的争执。

同事间的交流很有艺术，太随便了容易得罪人，太客气了又容易产生疏远感，在交谈时若常站在别人的立场上想一想，往往能够让对方感受到同事间的关爱，让同事间的情感更加深一步。

（5）宽容大度化解分歧。

【示例 27】

某公司职员小陈长得不怎么样，而且穿着也不受欢迎，有一天她的一个同事不怀好意地说："哎呀，小陈，你今天怎么把桌椅布穿到了身上了？"引来了周围同事的哄笑。小陈笑了笑说："是呀，你要上来坐坐吗？"那个同事反而不好意思地说："我开玩笑呢，你别在意呀。"

【简析】

例文中小陈用一种宽容的态度面对同事的恶意挑衅，让同事反而无地自容。以宽容的态度与同事相处交流有利于同事和谐相处，获得真正的朋友。

课堂导练

某班上的同学对班干部有误会，以为当学生干部就是拍老师马屁，假如你是这个班的班长，你将怎么做？

三、对外交流

在工作中，我们除了要和单位内部的领导同事交流外，还经常需要和外单位的工作人员进行交流，那么在与外单位人员交流时应当注意什么呢？

1. 注意委婉隐晦

【示例 28】

优秀营业员李盼盼是一位卖菜女工，她在面对故意将菜叶摘剥下来的顾客时说："同志，请小心，别把菜叶碰下来。"

【简析】

例子中李盼盼用了"碰"这个字，将蓄意行为表意为无意行为，用这样的方法提醒顾客不要有意摘剥菜叶，既达到了提醒的目的，又避免了矛盾的激化。可见，有时曲语式委婉法比直接表达更有力。

2. 注意勇于承认错误

【示例29】

某超市卖出一批已发霉洋葱，顾客前来退货，连电台记者都闻风赶到，值班经理见状说道："这件事情是我们员工进货不当造成的，是我们的责任，我在这里代表超市向大家道歉。此事我们一定严肃处理，所有不合格洋葱马上下架，我们还会赔偿大家的损失，真是对不起大家了！"几句话说得顾客怨气全无，同时还通过电台，为超市做了一次广告。

【简析】

很多时候勇敢地承认错误会让对方更容易谅解你，案例中的这位经理在面对失误时并没有推诿和狡辩，而是以真诚的态度承认错误，并提出合理的处理方法，使得事态停止扩大，成功地安抚了公众的不满，圆满地完成了一次危机公关。

3. 注意保守商业机密

【示例30】

1960年，中国打下了美国U-2型高空无人驾驶侦察机，一个外国记者在记者招待会上问陈毅总理："请问中国是用什么方法打下美方的飞机？"陈毅总理笑着说："记者先生，我们好像是用竹竿把它捅下来的！"记者们听后哄堂大笑。

【简析】

在对外交流中，可能会有碰到涉及商业或行业机密的情况，在这种情况下，说话人一定要厘清思路，不能中了对方的话语圈套，注意保守机密。在这个案例中记者提的问题显然涉及中国的军事机密，答话者只能回避，陈毅总理用一句玩笑话巧妙地回避了对方的提问，是一个极好的保守机密的方法。

4. 注意回避不易回答的提问

【示例31】

2005年外交部部长李肇星在答记者问时，一外国记者问关于朝鲜核问题："假如朝鲜仍不愿意参加有关解决核问题的对话，中国将会采取什么样的步骤使朝鲜重回谈判桌前？"李肇星回答："你刚才提出的是一个假设问题，我一般不回答假设性的问题。"

【简析】

在对外场合中，对于一些难以回答或是有可能答错的问题，我们可以采取不回答或回避回答的方式来应对，以减少出错的可能。

5. 注意巧用激将法

【示例32】

《三国演义》中有这样一段描述，诸葛亮想联合东吴抗曹，于是向周瑜讲起曹操的小儿子曹植曾写一篇《铜雀台赋》，其中有一句"揽'二乔'于东南兮，乐朝夕与之共"引起周瑜大怒，骂道："老贼欺人太甚！"诸葛亮忙劝阻说："当年汉皇曾以公主和亲，今日为了退敌，这民间两个女子又有何可惜？"周瑜道："先生有所不知，大乔是孙伯符（孙策）之妇，小乔乃周瑜之妻。"诸葛亮佯装惶恐："我确不知此事，失言乱说，死罪死罪!"周瑜道:"我与老贼誓不两立,望先生助我一臂之力。"于是二人遂订下联合抗曹的大计。

【简析】

在职场中,有些时候巧妙应用激将法,可以帮助你更快地达到目标。

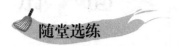

随堂选练

1. 阅读案例,回答问题。

传说,朱元璋做了皇帝,他从前相交的一班穷朋友,有些还是照旧过着很穷的日子。有一天,其中一个从乡下赶来皇宫想谋求一个官位。见面的时候,他说:"我主万岁!当年微臣随驾扫荡庐州府,打破罐州城,汤元帅在逃,拿住豆将军,红孩儿当关,多亏菜将军。"

朱元璋听他说得好听,心里很高兴。回想起来,也隐约记得他的话里像是包含了一些从前的事情,所以,就立刻封他做了御林军总管。

这个消息让另外一个穷朋友听到了,他也想去讨个一官半职。

一见面,他就直通通地说:"我主万岁!还记得吗?从前,你我都替人家看牛,有一天,我们在芦花荡里,把偷来的豆子放在瓦罐里煮着。还没等煮熟,大家就抢着吃,把罐子都打破了,撒下一地的豆子,汤都泼在泥地里。你只顾从地下满把的抓豆子吃,却不小心连红草叶子也送进嘴里。叶子哽在喉咙口,苦得你哭笑不得。还是我出的主意,叫你用青菜叶子带下肚子里去了……"

朱元璋嫌他太不顾全体面,等不得听完就连声大叫:"推出去斩了!推出去斩了!"

请运用本节所学知识分析一下,为什么两人说的内容相同,可结果却截然不同?

2. 如果你是一家首饰店的营销员,有一位顾客在柜台前试了好多款式,思考再三、犹豫不决,你将如何做能让她尽快购买?

3. 你是一名班干部,负责将同学的成绩通知到本人,一位同学没考好,而你却名列前茅,如果他询问你的考试情况,你如何在不伤其自尊的情况回答他?

第四章 面 试

学习目标规划

■ **基本了解**

基本了解面试的概念、形式、特点等相关知识。

■ **重点掌握**

重点掌握面试的注意事项和面试的答题技巧。

■ **熟练应用**

熟练应用知识点中的方法与技巧，提高口头表达能力及面试反应能力，顺利跨越面试关。

课前热身

■ **记忆引擎**

1. 在生活中你或你的朋友、同学是否进行过面试？
2. 哪一次面试令你印象最深？

■ **头脑风暴**

1. 什么是面试？面试具有哪些形式？
2. 面试需要注意哪些事项？
3. 如何在面试中对答如流？

案例导入

面试说了谎，后果很严重

作为美国环球广告代理公司的中国办事处，雅利安公司因为业务需要正准备在中国招聘4位高级职员。竞争是激烈的，凭着良好的资历和优秀的考试成绩，×先生荣幸地成为10名复试者之一。最后的面试由贝克先生主持。贝克先生是全球闻名的大企业家，从一个报童成长为美国最大的广告代理公司董事长、总经理，他的经历充满了传奇色彩。×先生一连几天，从英语口语、广告业务及穿戴方面都做了精心准备，以便向贝克先生顺利"推销自己"。

复试是单独面试。×先生一走进小会客厅，坐在正中沙发上的一位老外便站起来，正是贝克先生。戏剧性的一幕发生了："是你？你是×。"贝克先生用流利的中文叫出了×，并且快步走上前来。"我找了你好长时间了。"贝克先生一脸的惊奇，并激动地对在座的另外几位老外嚷道："先生们，向你们介绍一下，这位就是救我女儿的那位年轻人。"

震惊之余，×先生的心开始狂跳，脑子高速运转着。贝克先生继续热情洋溢："很抱歉，那天我光顾着女儿了，没来得及向你道谢。"

×先生回过神来了，抑制着狂跳的心，说道："很抱歉，贝克先生，我想您是认错人了，我没有救过您女儿。"

贝克先生继续说："肯定是你，我记得你脸上有颗痣，年轻人，你骗不了我。"

"贝克先生，我想肯定是您弄错了。我没有救过您女儿。"×站起来，肯定地说。

看×说得坚决，贝克先生愣住了。忽然，他又笑了："年轻人，我很欣赏你的诚实。现在你被录取了。"

几天后，×先生与新同事聊天，问起贝克先生女儿的救命恩人是否找到。

同事一愣，随即说："哦，有七个人因为贝克先生的女儿被淘汰了，可是，贝克先生根本没有女儿。"

第一节　面试的注意事项

知识点

一、面试的含义

面试是通过当面交谈问答对求职应试者进行考核的一种方式，是用人单位选拔人才的常用方式之一。

面试是以考官对考生的面对面交谈与观察为主要手段，由表及里测评考生的知识、能力、经验等有关素质的一种考试活动，是公司挑选职工的一种重要方法。面试给用人单位和求职者提供了进行双向交流的机会，能使用人单位和求职者之间相互了解，从而双方都可更准确做出聘用与否、受聘与否的决定。

二、面试的内容

从理论上讲，面试只要精心设计、时间充足、手段得当，可以准确地测评出应试者的任何素质。

1. 专业素质测试

专业素质测试是了解求职者掌握专业知识的深度和广度，其专业知识是否符合所要录用职位的要求，作为对专业知识笔试的补充。面试对专业知识的考察更具灵活性和深度，所提问题也更接近空缺岗位对专业知识的需求。

2. 心理测试

心理测验是用人单位选拔安置人才的一个重要手段，是选拔合格人才，并做到人尽其才的重要保证。所谓心理测验，是指通过一系列的科学方法测试个体的智力水平和个性差异的一种科学方法。用人单位经常用心理测试来检验求职者，帮助他们更了解你的个性，和融入该职位的能力。

3. 品德测试

个人品德由道德认识、道德情感、道德意志和道德行为等因素所构成。用人单位都希望找到具有优良品德及诚信的人，有调查显示，用人单位对求职者"品德"的要求远远高于

"专业技能""社会经历""学校名气"和"学历"等。

【示例1】

北京某大学的刘舒颜应聘的第一家单位是美国一家保健品企业。那时，公司只招聘客服助理一人。复试时，刘舒颜特意找件整洁的衣服穿上，"穿衣问题虽是小节，却体现了对他人的尊重"。她还特地提前半小时到达，"守约不是大事，却能给人严谨的好印象"。复试由总经理亲自主持，是一对一的交谈，刘舒颜刚开始也很紧张，因为与她一起前来应聘的同学相比她的优势并不特别突出。当主考官要求她"介绍下你自己有什么特点"时，刘舒颜冷静下来。她用实例回答考官：大三下学期，一边准备六级英语和期末考试，一边每天抽两小时到社团工作，由于合理安排工作和学习时间，在完成工作的同时，英语六级考试也顺利通过。面试完毕时，她把椅子轻轻搬回原位。这时，主持面试的总经理脸上产生了微妙的变化，并热情地说再见。因为这个细节，她成为唯一被录用的应届毕业生。招聘经理后来告诉她，面试时，考官都会观察应聘者是否迟到。那天她不但没有迟到，还是应聘人员中唯一一个把椅子搬回原位的应聘者。这个小小的举动决定了她最后的胜出。

【评析】

细节决定成败，刘舒颜的守时与搬椅子的一个小动作让她顺利地应聘成功，在面试时，你的一举一动都被考官看在眼里，以小窥大，一个小细节可以折射出一个人的品质。

4. 解决问题能力测试

在面试中，考察一个求职者解决问题的能力同样是用人单位不可忽视的要求之一。这是因为在企业的运转过程中，肯定会遇到一些出乎意料的障碍和挫折，当问题接踵而至的时候，员工的处理方式及速度是影响工作效率的原因之一。

三、面试的形式

面试的具体方式很多，常见的一般有四种类型。

1. **主导式，也称提问交谈测试法**

面试时，用人单位由一人或多人组成考察组，事先准备各种问题。当应试者进入考场时，由考官提问，二者面对面地对话；也可以通过抽签方法来确定问题，提问的形式也灵活多样；当应试者回答问题后，考官可能突然插入新的问题，还可能从不同角度重新提问，直到获得足够的信息为止，然后进行评分。这种方法有两个特点：其一，它具有一定的弹性，在提问的结构、内容、时间及深入程度上，由考官视求职者的回答情况自由确定；其二，它是双向沟通，考官通过看和听，对求职者的能力素质有直观的了解。求职者也可以向用人单位提问有关单位的情况，这种方式比较常见。

2. **答辩式，也称知识测试法**

用人单位由多人组成考察组同时与一个求职者对话，他们事先根据工作岗位的具体要求，编成试题，现场进行口答或笔答。这种面试方式的主要目的是考察求职者对该工作岗位的知识掌握程度，以及对提问的反应程度，分析、理解、判断、解决问题的能力。专业性比较强的单位常常采用此种方式。

3. **观察式，也称情景模拟测试法**

用人单位根据拟任岗位的需要，设计出与今后工作内容和情景极为相似的特定环境，然后让应试者扮演"角色"。例如，招聘教师，可让应试者现场试讲，招聘管理、文秘人员可根据有关内容现场处理，如对内、外文件的整理、归类；如让应试者接一个又一个电话，进行现场处理；考官可根据应试者的实际操作情况，考察其工作经验、综合能力、应变能力及适应程度等。

4. 集体讨论式，也称无领导小组讨论法

由用人单位与众多的求职者就预先拟出的问题展开讨论，有时由招聘方主持讨论，有时请求职者轮流当主持人。讨论的问题可以是某种任务或某项活动的决策，或是研究某个专题，同时提出要求、标准和时间限制，然后让应试者们围绕任务和各种条件，自行开展讨论、研究和处理。在此集体活动的过程中，考官可以观察到求职者各自不同的智力发挥、能力表现、性格表现、解决问题和完成任务的自信和毅力、社会交往中的控制能力等，并且可以比较各位应试者之间的优劣高低。经过讨论，总会有一个能力最强、办法最多的人成为整个集体讨论的中心，考官将此人作为聘用的最佳人员。

> **课堂导练**

杨燕收到一个面试通知，两天后即将到某单位进行面试，假设你是她，请你在其他同学的帮助下分别用不同的面试形式模拟演练一遍。

四、面试前的准备

1. 带齐相关的材料

（1）简历。简历是对个人学历、经历、特长、爱好及其他有关情况所做的简明扼要的书面介绍。简历是个人形象，包括资历与能力的书面表述，对于求职者而言，是必不可少的一份材料。

（2）笔和纸。面试时最好带上笔和纸，方便临时记录一些内容，例如题目大意或者回答的提纲等，特别是在面试时心慌意乱的情况下，动笔能够让你迅速厘清思路，从容答题。

（3）学历证明及其他能力证明。面试时还应该带上你的毕业证和学位证，能够证明你能力的其他证书也一并带上，特别是与你应聘的职位有关的证书。

2. 了解应聘单位和应聘岗位

面试前要尽可能多了解应聘单位的情况，可查阅相关资料或者向周围的亲朋好友询问，还应充分了解自己应聘的职位，如果你熟悉职务的性质，你将成为该职位强有力的申请人。

3. 预测考题，事先演练

面试前预测下考官的问题，准备好答案，有条件的可以事先演练一遍。

五、面试的注意事项

1. 仪表风度要注意

仪表风度包括了求职者的体型、外貌、气色、衣着举止、精神状态等，仪表端正、衣着整洁、举止文明的人，一般做事有规律，注意自我约束，责任心强。

（1）要争取良好的第一印象。求职面试，自我介绍是第一步。自然大方的自我介绍，既能使主试人迅速而全面地了解你的具体情况，又能使主试人对你产生良好的第一印象。自我介绍主要包括了自己的概况，如姓名、所学专业等，以及你求职的愿望、打算和所具备的条件等。自我介绍时避免报流水账，应围绕自身的优势，扬长避短，把自己经历中的辉煌部分展示给对方,让对方了解你的能力、知识、水平、特长、优势所在。

(2) 穿着要得体。就服饰而言,应聘者在去求职面试前,必须精心选择自己的服饰。服饰要与自己的身材、身份相符,表现出朴实、大方、明快、稳健的风格。在面试时,着装应该符合时代、季节、场所、收入的程度,并且要与自己应聘的职业相协调,能体现自己的个性和职业特点。

女性的装束以朴实、庄重为好,男性则以整洁、干练为好。另外,装束打扮应与自己的兴趣、爱好、个性、习惯相符合,一个平时着装随便的人,突然间让他衣冠楚楚,他会感到拘谨、不自在。

【示例2】

小杨是工科名校毕业生,专业对路、成绩优良,在厚厚的应聘材料中脱颖而出,入列预选名单。但她面试时,穿着过于新潮:鲜艳的短上衣、破旧的低腰裤,很夸张地戴着热带风情的大耳环,一进门就让由高级工程师组成的考官们一愣,考官们没问几个问题,就结束了面试,结果当然是她被淘汰出局。

【评析】

小杨的问题在于她的穿着上,无论是哪种职位的面试,衣着都不能过于鲜艳新潮,面试是很严谨严肃的事情,在如此正式的场合穿着休闲服饰出席,在面试官看来,此种装扮是对面试这件事情不重视的表现,所以,选择稍微正式的服饰出席才是上上之选。

(3) 动作举止要大方得体。面试时应先敲门,得到允许后再进去。开关门动作要轻,以从容、自然为好。在对方没有请你坐下时,切勿急于坐下,用人单位请你坐下时,应说声"谢谢",坐下后要保持良好的坐姿,切勿又是挠头皮、抠鼻孔、又是挖耳朵,或跷起二郎腿乱抖。

说话时做些手势,加大对某个问题的形容和力度,是很自然的,可手势太多也会分散人的注意力,需要时适度配合表达。不要有太多小动作,这是不成熟的表现,更切忌抓耳挠腮、用手捂嘴说话。

(4) 神态要自然放松。在面部表情方面,最能使人愉快的面部表情便是微笑。当你向接待人员报到的时候要微笑,当见到面试者的时候要微笑,当离开公司的时候要微笑。由始至终的微笑,给人一种自信、有礼貌的感觉。

眼睛是心灵的窗户,恰当的眼神能体现出智慧、自信以及对用人单位的向往和热情。注意眼神的交流,这不仅是相互尊重的表示,也可以更好地获取一些资讯,与考官的动作达成默契。正确的眼神表达应该是:礼貌地正视对方,注视的部位最好是考官的鼻眼三角区;目光平和而有神,专注而不呆板;如果有几个面试官在场,说话的时候要适当用目光扫视一下其他人,以示尊重;回答问题前,可以把视线投在对方背面墙上,约两三秒钟做思考,不宜过长,开口回答问题时,应该把视线收回来。

2. 要稳定情绪

面试成功与否关系到求职者的前途,所以大学生面试时往往容易产生紧张情绪,有的大学生可能还由于过度紧张导致面试失败。紧张是应聘者在考官面前精神过度集中的一种心理状态,初次参加面试的人都会有紧张的感觉,慌慌张张、粗心大意、说东忘西、词不达意的情况是常见的。那么怎样才能在面试时克服、消除紧张的感觉呢?

(1) 要保持"平常心"。在竞争面前,人人都会紧张,这是一个普遍的规律,面试时你紧张，别人也会紧张，这是客观存在的，要接受这一客观事实。面试前可翻阅一本轻松活泼、有趣的杂志书籍。这时阅读书刊可以转移注意力，调整情绪，克服面试时的怯场心理，避免等待时紧张、焦虑情绪的产生。同时要进行自我暗示，提醒自己镇静下来，常用的方法有：大声讲话，把面对的考官当熟人对待；或掌握讲话的节奏，"慢慢道来"；或握紧双拳、闭目片刻，先听后讲；或调侃两三句等，都有助于消除紧张。

（2）不要把成败看得太重。"胜败乃兵家常事"。要这样提醒自己，如果这次不成，还有下一次机会；这个单位不聘用，还有下一个单位面试的机会等着自己；即使求职不成，也不是说你一无所获，你可以在分析这次面试过程中的失败，总结经验，得出宝贵的面试经验，以新的姿态迎接下一次的面试。在面试时不要老想着面试结果，要把注意力放在谈话和回答问题上，这样就会大大消除你的紧张感。

（3）不要把考官看得过于神秘。并非所有的考官都是经验丰富的专业人才，可能在陌生人面前也会紧张，认识到这一点就用不着对考官过于畏惧，精神也会自然放松下来。

（4）要准备充分。实践证明，面试时准备得越充分，紧张程度就越小。考官提出的问题你都会，自然不会紧张。"知识就是力量"，知识也会增加胆量。面试前除了进行道德、知识、技能、心理准备外，还要了解和熟悉求职的常识、技巧、基本礼节，必要时同学之间可模拟考场，事先多次演练，互相指出不足、相互帮助、相互模仿，到面试时紧张程度就会减少。

（5）要增强自信心。面试时应聘者往往要接受多方的提问，迎接多方的目光，这是造成紧张的客观原因之一。这时你不妨将目光盯住主考官的额头，用余光注视周围，既可增强自信心又能消除紧张感；在面试过程中，考官们可能交头接耳，小声议论，这是很正常的，不要把这当成精神负担，而应作为提高面试能力的动力，你可以想象他们的议论是对你的关注，这样你就可以增加信心，提高面试的成功率；面试中考官可能提示你回答问题时的不足甚至错误，这也没有必要紧张，因为每个人都难免出点差错，能及时纠正就纠正，是事实就坦率承认，不合事实还可婉言争辩，关键要看你对问题的理解程度和你敢于和主考官争辩真伪的自信程度。

【示例3】

陈琪到一家公司应聘，顺利地通过了初试，在面试这一环节中，遇到了麻烦。性格腼腆的陈琪，每次去应聘，都是输在面试上，每次回来都懊恼不已，自惭形秽。见了面试官，如履薄冰，手脚不知往哪儿放，头不敢抬，眼睛也不看人，低着头在那儿等过关，本来平时都能回答的问题，面试的时候脑子一片空白，还出现答非所问的现象。越是这样，就越是影响到她下一次面试的心态，随着面试失败次数的增多，陈琪不知不觉就产生了自卑心理，慢慢失去了信心，甚至不敢再投简历。

【评析】

自卑心理是大敌。陈琪的问题是心理问题，属于自卑畏怯、信心不足。信心不足产生的原因很多，有生理的、环境的、家庭的或社会的原因，但主要还是心理因素造成的。自卑心理使得自己缺乏竞争勇气，缺乏自信心，走进招聘会就心里发怵。参加招聘面试，心里就会忐忑不安，过分退缩。求职者一旦中途受到挫折，更缺乏心理上的承受能力，甚至觉得自己确实不行，很没自信。在激烈的竞争中，这种心理障碍是走向成功的大敌。

3. 要谦虚谨慎

面试和面谈的区别之一就是面试时对方往往是多数人，其中不乏专家、学者，求职者在回答一些比较有深度的问题时，切不可不懂装懂，不明白的地方就要虚心请教或坦白说不懂，这样才会给用人单位留下诚实的好印象。

面试时切不可恃才自傲，你的学识和经历可以成为你择业成功的优势和资本，但如果因此而傲慢自负，缺乏对招聘考官应有的尊重，甚至把自身的资本当作与对方讨价还价的筹码，这样的应聘者，即使再优秀也不会赢得考官的高分。

4. 要遵守时间

遵守时间是现代交际时效观的一种重要原则，是作为一个社会人要遵守的最起码的礼仪。面试中，最忌的首先就是不守时，因为等待会使人产生焦急烦躁的情绪，从而使面谈的气氛不够融洽。因此，面试时，千万不能迟到，而且最好能够提前十分钟到达面试地点，以有充分的时间调整好自己紧张的情绪，也表示求职的诚意，有条件的同学最好能提前去一趟，以免因一时找不到地方或途中延误而迟到。假如依照约定的时间匆匆前往，对方也许已在等候你，那样就显得你欠礼貌、欠诚意，同时还容易使你情绪紧张而影响面试效果。

遵守时间有时还会有这样一种含义，即要遵守事先约定的面试时限。有时招聘者主动提出只能谈多长时间，有时需要你主动问可以谈多长时间，无论何种情况，求职者都一定要把握好时间，以体现你的时间观念和办事效率。

5. 回答要把握技巧

在语言的表达上，一要准确，要掌握答题的思维技巧，遣词造句要能准确表情达意，如实反映自己的思想。切忌故弄玄虚、华而不实和生造词语。二要精练，要言不烦，言简意赅，适当运用成语、谚语和简短明快的短句。力戒空话套话、口头禅和重复累赘之语。三要平易，面试答题应尽量通俗易懂，多用口语化的语言和明快的短句，多用自己的语言。四要生动，要掌握语言技巧，不能用呆板的念稿子似的语调来回答问题，那样只会降低吸引力。

面试时应吐字清晰，嗓音响亮悦耳，圆润柔和，富有情感。要注意语调，说话时应掌握语法重音和逻辑重音，根据语义、语法及思想感情表达的需要而使语音显出高低、抑扬、快慢、轻重和停顿等变化。语速上勿说得太急，特别是在紧张的情绪下，求职者会不自觉地加快语速，这不利于进行情感交流；此外，粗俗的语言，毫不修饰的语言习惯会令人难堪、厌烦。最重要的是，说话要动之以情，处处表现情真意切，实实在在。不要海阔天空、华而不实，更不能虚情假意。

6. 离开时要稳重

有些求职者当回答完全部的问题，开始离开办公室时，误以为面试已经全部完成，开始全面放松自己。殊不知，此时此刻，仍然有眼睛在观察着你。所以，当离开办公室时，依然要保持稳重的状态。别遗忘东西，要有礼貌地道谢，甚至可以表达一句：希望下个月我们能再见。

7. 要保持安静

在等候面试时，不要到处走动，更不能擅自到考场外面张望，求职者之间的交谈也应尽可能地降低音量，面试结束后更不应该大声喧哗，避免影响他人应试或思考。无论是等候还是面试时都需将手机铃声关闭，这不仅是对其他面试者和考官的尊重，也是让自己思绪集中，积极做好应试准备的关键。

【示例4】

毕业生李铭参加了一个面试，当时参加面试的一共有三十几人，但最后录取的只有4

个。李铭在参加第二轮面试时，两位主考官负责面试，另一个接待人员则在另一个房间打"骚扰电话"，很多应聘者在和考官谈得正高兴时，却突然听到手机响起，考官当然不介意应试者去接听电话，但凡是面试过程中手机响的应聘者都被淘汰了。李铭幸运地通过了这次测试，她面试前将手机关机了，正是她的这一举动，将她送进了公司的大门。

【评析】接听一通手机，错失一个工作岗位。

面试时要特别留意，不要因细节问题使机遇白白溜走，面试过程中电话响了或者接听电话的举动，会让用人单位认为应聘者对面试不够重视，甚至认为应聘者会因为个人私事而严重影响工作。

8. 面试结束后要回访

面试前的准备和面试的过程非常重要，但是面试后的工作同样不容忽视。面试后积极主动的行动有时可以扭转求职者的不利局面，可以使求职者在困境中重新获得生机。

（1）主动与用人单位保持联系。面试结束后，求职者一定要积极主动地与用人单位及时联系，通常可以在面试结束后的一两天内，打电话咨询面试结果，也可以给用人单位招聘负责人发一封简短而诚恳的邮件。

（2）去用人单位实地考察。如果求职者对所应聘岗位非常向往，除了通过写信、打电话的方式与用人单位联系外，还可以主动创造机会，争取去用人单位实地考察。

面试后与用人单位联系的方法有很多种，但是，不管采取何种方式，求职者应遵循的一个重要原则就是设法让自己"引人注目"，让对方在难以取舍时能关注你、重视你、记住你，把面试时没有准备到的信息、资料、个人情况加以补充说明。向对方反复强调对你有利的信息，消除用人单位对你可能有的疑虑，挽回面试时的失误。要明确向对方表示，若你得到这份工作，会怎样加倍珍惜，努力干好工作。

面试的注意事项

1. 阅读下面文章，分析主人公面试失败的原因。

● 李娜，女，24岁，法律本科专业

都说现在工作难找，招聘信息铺天盖地，好岗位却是大海捞针，所以我一开始就把目标定得很低，没想到这也会失败。大学读的是法律，又有两年医药工作的经验，应该说我的资本还是有一点的，去应聘一个文秘的岗位，总觉得是十拿九稳的事情，也就没把别的竞争者放在心上。

面试当天我把自己的简历熟悉了一遍，也没怎么准备就去了。到了现场一看，已经有几个应聘者在了，看样子都经过一番细心打扮，一个个嘴里念念有词，显然是在温习。看他们那个认真劲儿，我有了竞争的真实感。面试官有两位，看上去都非常严肃，被他们眼睛一盯，我就慌了神，头不由自主地低了下去，事先准备的说辞全忘了，脑子里一片空白。这时候比较年长的面试官让我做自我介绍，我几乎把自己的简历记得的都背了一遍，语调就像一根直线，声音也发虚，手又习惯性地去摸头发，一说完我就知道，这回完了。

另一个面试官问我，应聘这个岗位的优势在哪里。这本来是个好机会，只要我把自己的特长、经验说清楚，胜出的概率还是很大的。可偏偏一紧张，平时的那些小动作全出来了，一会儿摸摸头发、一会儿摸摸耳朵，擦鼻子……我都不知道手该往哪儿摆，两位面试官看着我直皱眉头，问了两个问题就叫我出去了。

- 许天明，男，23岁，国际贸易专业

招聘单位打电话通知我去面试的时候，我正和好朋友在逛街。在N多的招聘会上，"多投简历"战术让我早就回忆不起来什么时候投了这个简历。

回到学校，我向一个宁波本地的同学打听了一下。原来，这是一个私人的英语培训学校。当时，我很"自负"地想，就凭我多次到大公司面试的经历和扎实的基本功，这种小场面应该不在话下。

我如约来到招聘单位，和人力资源部主任聊了一会才知道这是一份初中英语教员的职位。主任简单地问了我一些英语方面的问题，我自信地对答如流。心里暗想，这么简单的东东还来考我，想想我六级的英语水平教高中生都不在话下。看起来主任对我还是比较满意，他把我带到一个坐满了学生的教室，让我围绕"春天"给同学们上一堂课。接过粉笔，我有模有样地上起课来。当我正自我陶醉在"传道授业解惑"的满足感中时，主任示意我可以结束讲课了。

回到刚才那个办公室，他和我闲聊了起来。他问："你对我们学校了解吗？""知道一点，你们是私人的外语培训学校。"我回答。他又问："你知道来我们这里培训的都是什么人吗？我们学校的特色和授课风格你了解吗？"我无语。他说："你恐怕对我们不大了解，从起先的谈话中我感觉你对英语教员这个职位好像也没做好准备。"我心里一惊，刚刚还以为瞒天过海之术施展得很好，原来早就被明眼人识破。

他接着说："我们的学生很多都是需要加强的，而他们本身对英语又没什么兴趣。刚才听了你的讲课，你的专业水平可能达到了我们的要求，但在教学上，你根本没有与学生互动，不能吸引他们学英语。我恐怕你不大适应……"我听出了他话中的意思，起身告辞了。

2. 某公司要招聘一位销售人员，请一位同学扮演求职者，五位同学扮演考官，并根据本节求职的注意事项对求职者的表现打分。

第二节　面试题的答题技巧

> 知识点

一、未雨绸缪

面试前应尽可能地了解你的未来雇主，并且多方面地了解考官的风格，事先把自己要告诉对方的内容整理好，预测一下面试中可能被问到的问题，考虑好如何回答对方可能提出的问题，也准备好如何向对方发问，做到心中有数。

二、面试答题的步骤

回答面试问题的基本步骤是：倾听考官问完后，沉思片刻再清晰作答。要明白考官提问的意思并整理自己的回答思路后再回答，做到条理清晰。可以用"第一、第二、第三"或者"首先、其次"等作为开头，回答完毕可以谦虚地表示"不知道这样的回答是否正确"，如果是团体面试，应当表示"我的回答完毕，谢谢"。

三、应聘面试中回答问题的策略

语言是门艺术，而掌握这门艺术离不开策略与技巧。那么，一个应聘者在面谈中到底应该掌握什么样的策略与技巧来对答招聘者的提问呢？

1. 具体实例法

为了向招聘者描述一个"与众不同"的你，进而获得应聘成功，你必须记住：不要概述，要展示——用事实来说明你所具有的能力、素质、技能，你的信仰、优缺点、好恶，以及你如何处理人际关系，如何解决问题，如何胜任新工作等。你可以通过"事实""相关的细节""举例""轶事""具体做法陈述"等，让对方了解你。

2. 突出个性法

现代人普遍认为：有特色的东西，最具吸引力。应聘回答亦如此，"山不在高，有仙则名；水不在深，有龙则灵"，"个性鲜明"的回答往往容易给人留下深刻的印象。

要想突出个性，首先要实事求是，怎么想就怎么说（当然，除了一些敏感性问题需有适度的分寸外）。

【示例5】

"你喜欢出差吗？"陈晨在面试中的回答是这样的："坦率地说，我不喜欢。因为从一地到另一地去推销商品并不是一件惬意的事。但我知道，出差是商业活动中的一个重要部分，也是推销员的主要工作之一。所以说，我不会在意出差的艰辛，反而会以此为荣。因为我非常喜欢推销工作。我想这一点更重要。"

【评析】

陈晨的回答坦白而又诚恳，一方面如实地表达了自己的态度，但随即话锋一转表达了自己的大局意识与牺牲奉献精神，最大程度上获得了考官的认可。

【示例6】

王扬的主考官问他："如果我们接受你，你会干多久呢？"他回答："没有人愿意把一生中最为宝贵而有限的时光花在不停地寻找工作当中；也不会有人甘愿把他所喜爱的东西轻易放弃。就拿这份工作来说，如果它能使我学以致用，更多地发挥我的潜力，而我也能从中获取到更多的新知识与技能，并且也能得到相应的回报；那么我没有理由不专心致志地对待我所热爱的工作。"

【评析】

王扬的回答非常巧妙，并没有明确地回答出具体的时间段，而是表达了在这份工作如果能够使自己有所提升的前提下，自己会对工作表现出热爱与忠诚，这样的回答所表现出的机敏、坦诚与个性一定是招聘者最为欣赏的。

3. 审时度势法

面试中的审时度势法主要表现在以下两个方面：

（1）掌握好回答问题的时间，做到心中有数，有的放矢。在有限的面谈时间里，要得体、有效地"展示"自己，不要漫无边际或反复陈述——过多地拖延时间。

（2）读懂对方：一种无奈的眼神、一个会意的微笑，一种下意识的看表动作，演绎出的则是招聘者不同的心态。所以在对答中要学会破译出对方的心理，从而迅速而准确地调整自己的对策。必要时"投其所好"或"草草收场"，都不失为一种应急之策。

4. 扬长避短法

再成熟的应聘者，由于其学历、知识、见识与经历等方面的原因，总会有所不知或根本不能。这就要求面谈中的你要勇敢地承认："我不会"，同时做出必要而合理的解释。尽管你没有"扬长避短"，但是你的诚实、坦率却能为你扬短为"长"。

【示例7】

在某公司应聘部门经理的面谈中曾有这样一段对话。

问："你不认为自己做这项工作年轻了些吗？"

答："下个月我就23周岁了。尽管我没有相关的工作经历，但我却有整整两年的领导校学生会的工作经验，2008年年初，我被推选为该年度的校学生会主席，之后又连任一届。你们可以想象，管理组织3 000多名学生，并非易事，没有一定的管理才能和领导艺术，是无法胜任的。所以，我认为，年龄固然能说明一定的问题，但个人的素质和能力更为重要。因为这正是一个部门经理所不可缺少的。"

【评析】

这是一种典型的扬长避短式的回答。答者极力宣扬个人的长处，并把自己的长处同应聘的工作有机地结合起来，意在变不利为有利。

5. 补白运用法

所谓"补白"，就是用一个或一些没有实际意义，但又必不可少的词、短语或句子，来连接上下文——继续你的回答。例如："噢""好""不错""我想""我认为""我相信"；有时"这个问题很有趣""这个问题本身就极富挑战性"等。

在面谈中，常常会出现这样的情况：招聘者提出了一个你意料之外的问题，由于问题来得突然，往往会使你措手不及，陷入尴尬。你会因此而变得词不达意、结结巴巴。原本"胜利在望"现在却面临着"功亏一篑"。

其实，在这种情况下，有"补白法"能帮你缓解紧张与调整思路，利用"补白"的时间做缓冲，迅速地调动思维，整理出问题的答案。

面试的应聘技巧

6. 虚实并用法

现代应聘有如用兵，"谋"定方能百战百胜。而"谋"中的一个重要策略便是"虚实并用法"。尽管面谈中的问答并非敌我斗智，但是，有效而适度地运用"虚"与"实"，常常会起到强化自身"资格"和取悦对方的作用。

面谈是求职应聘中的一个重要环节。而在面谈中招聘者最希望看到的是一个"真实"而"全面"的"你"。显然，"诚实是最好的策略"。所以说，"虚"在现实中一定要运用得当：虚要虚得合理，而且虚中有实。切不可乱用"虚"招，否则会弄巧成拙。

【示例8】

罗岩被问到"你的工作动力是什么？"她是这样回答的："我的动力主要来自以下几个方面：首先是工作本身，即我是否对该工作感兴趣，是否能发挥自己的特长，是否能胜任，是否能学到新知识与技能，以及是否能得到进一步的自我发展。其次是自我价值的认可问题，即我是否能得到别人的相信与尊重，是否有进一步晋升的机会。再次是结果，即我是否能得到较高的工资和待遇等。"

【评析】

运用虚实结合法时，必须拿捏好分寸，切不可过分虚无，罗岩回答中的"虚"是以"实"为基础的，"虚"并非空洞乏味，而是可以转化成"实"，这样的虚实结合才是能够取悦对方的回答。

7. 适度激将法

为了争取主动，应聘者在回答问题时有时还可以采取适度激将法，即，先人为主，"刺激"对方，给对方造成一定的"压力"，从而达到个人预期的目的。

【示例9】

"请谈谈你想要的月薪好吗？"这一类关键性的问题，你可以用"适度激将法"来回答。

回答一："我知道贵公司是一家赢利较多的大公司，它一定会善待一位优秀的秘书，所以我想，我的最低月薪大概不会少于1 800元人民币吧！"

回答二："我认为自己各方面的条件都符合所聘部门经理的要求，而且据我了解，该业务部门是贵公司的主要支柱之一，而作为该部的领导者无疑将肩负重任。所以我想从4 800元人民币起薪。"

【评析】

从上面两个例子中，我们不难发现，运用激将法一定要适度，抓住"火候"——针对对方的特点及其客观条件；同时语言一定要委婉缓和，不能太露太直，只有这样才能达到妙用的理想效果。

上述7个方法虽分别罗列，却"你中有我，我中有你"，互相衬托，互相作用。因此这就要求应聘者在实际面谈中要根据不同的客观情况，灵活运用。

面试的回答技巧

四、回答问题的原则

(1) 把握重点，简洁明了，条理清楚，有理有据。一般情况下回答问题要结论在先，议论在后，先将自己的中心意思表达清晰，然后再做叙述和论证。否则，长篇大论会让人不得要领。面试时间有限，如果多余的话太多，容易走题，反倒会将主题冲淡或漏掉。这一点在面试自我介绍的时候尤其需要注意。

(2) 讲清原委，避免抽象。用人单位提问总是想了解一些应试者的具体情况，切不可简单地仅以"是"和"否"作答。应针对所提问题的不同，有的需要解释原因，有的需要说明程度。不讲原委，过于抽象的回答，往往不会给考官留下具体的印象。

(3) 确认提问内容，切忌答非所问。面试中，如果对用人单位提出的问题，一时摸不到边际，以致不知从何答起或难以理解对方问题的含义时，可将问题复述一遍，并先谈自己对这一问题的理解，请教对方以确认内容。对不太明确的问题，一定要搞清楚，这样才会有的放矢，不致答非所问。

(4) 有个人见解，有个人特色。用人单位有时接待求职者若干名，相同的问题问若干遍，类似的回答也要听若干遍。因此，用人单位会有乏味、枯燥之感。只有具有独到的个人见解和个人特色的回答，才会引起对方的兴趣和注意。

(5) 知之为知之，不知为不知。面试遇到自己不知、不懂、不会的问题时，回避闪烁、默不作声、牵强附会、不懂装懂的做法均不足取，诚恳坦率地承认自己的不足之处，反倒会赢得考官的信任和好感。

(6) 讲错话要补救。面试是一个令人紧张的场合，所以讲错话是在所难免的。如讲错的话会影响考官的评分，你便要及时做出更正，重申你认为正确的答案。例如："不好意思，我刚才所讲的意思应该是……"在讲错话之后，亦不要放弃，必须重新振作，继续回答其他问题。

五、语言的运用

(1) 口齿清晰，语言流利，文雅大方。交谈时要注意发音准确，吐字清晰。还要注意控制说话的速度，以免磕磕绊绊，影响语言的流畅。忌用口头禅，更不能有不文明的语言。

(2) 语气平和，语调恰当，音量适中。面试时要注意语言、语调、语气的正确运用。打招呼时宜用上语调，加重语气并带拖音，以引起对方的注意。自我介绍时，最好多用平缓的陈述语气，不宜使用感叹语气或祈使句。

(3) 声音大小适中，音量的大小要根据面试现场的情况而定。声音过大令人厌烦，声音过小则难以听清。声音大小以每个考官都能听清你的讲话为原则。

六、面试常见问题及回答

1. 请自我介绍一下你自己

回答提示：一般人回答这个问题过于平常，只说姓名、年龄、爱好、工作经验，这些在简历上都有。其实，用人单位最希望知道的是求职者能否胜任工作，包括：最强的技能、最深入研究的知识领域、个性中最积极的部分、做过的最成功的事，主要成就等，这些都可以和学习无关，也可以和学习有关，但要突出积极的个性和做事的能力，说得合情合理用人单位才会相信。用人单位很重视一个人的礼貌,求职者要尊重考官,在回答每个问题之后都说一句"谢谢",企业喜欢有礼貌的求职者。

2. 你觉得你个性上最大的优点是什么

回答提示:沉着冷静、条理清楚、立场坚定、顽强向上、乐于助人和关心他人、适应能力和幽默感、乐观和友爱。我经过专业严格的教育,加上实习工作,使我适合这份工作。

3. 说说你最大的缺点

回答提示:这个问题企业问的概率很大,提问者通常不希望听到直接回答的缺点是什么,如果求职者说自己小心眼、爱忌妒人、非常懒、脾气大、工作效率低,企业肯定不会录用你。绝对不要自作聪明地回答"我最大的缺点是过于追求完美",有的人以为这样回答会显得自己比较出色,但事实上,他已经岌岌可危了。企业喜欢求职者从自己的优点说起,中间加一些小缺点,最后再把问题转回到优点上,突出优点的部分,企业喜欢聪明的求职者。

4. 你对薪资的要求

回答提示:如果你对薪酬的要求太低,那显然贬低自己的能力;如果你对薪酬的要求太高,那又会显得你分量过重,公司受用不起。一些雇主通常都事先对求聘的职位定下开支预算,因而他们第一次提出的价钱往往是他们所能给予的最高价钱,他们问你只不过想证实一下这笔钱是否足以引起你对该工作的兴趣。

回答样本一:我对工资没有硬性要求,我相信贵公司在处理我的问题上会友善合理。我注重的是找对工作机会,所以只要条件公平,我不会计较太多。

回答样本二:我受过系统的软件编程的训练,不需要进行大量的培训,而且我本人也对编程特别感兴趣。因此,我希望公司能根据我的情况和市场标准的水平,给我合理的薪水。

回答样本三:如果你必须自己说出具体数目,请不要说一个宽泛的范围,那样你将只能得到最低限度的数字。最好给出一个具体的数字,这样表明你已经对当今的人才市场作了调查,知道像自己这样学历的雇员有什么样的价值。

5. 对工作的期望与目标何在

回答提示:这是招聘者用来评断求职者是否对自己有一定程度的期望、对这份工作是否了解的问题。有明确学习目标的人通常学习较快,对于新工作自然较容易进入状态,这时最好针对工作的性质找出一个确定的答案,如对业务员的工作可以这样回答:"我的目标是能成为一个超级业务员,将公司的产品广泛地推销出去,达到最好的业绩成效;为了达到这个目标,我一定会努力学习,而我相信以我认真负责的态度,一定可以达到这个目标。"其他类的工作也可以比照这个方式来回答,只要在目标方面稍微修改一下即可。

6. 请说出你选择这份工作的动机

回答提示:这是想知道面试者对这份工作的热忱及理解度,并筛选因一时兴起而来应试的人,如果是无经验者,可以强调"就算职种不同,也希望有机会发挥之前的经验"。

7. 你能为我们公司带来什么呢

回答提示:企业很想知道未来的员工能为企业做什么,求职者应再次重复自己的优势,然后说:"就我的能力,我可以做一个优秀的员工,在组织中发挥自己的作用,给组织带来更高的效率和更多的收益。"企业喜欢求职者就申请的职位表明自己的能力,比如申请营销之类的职位,可以说:"我可以开发大量的新客户,同时,对老客户做更全面周到的服务,并开发老客户的新需求和消费。"等等。

8. 为什么要离职

回答提示：回答这个问题时一定要小心，就算在前一个工作受到再大的委屈，对公司有多少的怨言，都千万不要表现出来，尤其要避免对公司本身主管的批评，避免面试官的负面情绪及印象。建议此时最好的回答方式是将问题归咎在自己身上，例如觉得原来的工作没有学习发展的空间，自己想在面试工作的相关产业中多加学习，或是前一份工作与自己的生涯规划不合等，回答的答案最好是积极正面的："我希望能获得一份更好的工作，如果机会来临，我会抓住。""我觉得目前的工作，已经达到顶峰，即没有升迁机会。"

除非是薪资太低，否则不要用薪资作为理由。"求发展"也被考官听得太多，离职理由要根据每个人的真实离职理由来设计，但是在回答时一定要表现得真诚。

9. 在五年的时间内，你的职业规划是什么

回答提示：这是每一个应聘者都不希望被问到的问题，但是几乎每个人都会被问到，比较多的答案是"管理者"。但是近几年来，许多公司都已经建立了专门的技术途径。这些工作地位往往被称作"顾问""参议技师"或"高级软件工程师"等。当然，说出其他一些你感兴趣的职位也是可以的，比如产品销售部经理、生产部经理等一些与你的专业有相关背景的工作。要知道，考官总是喜欢有进取心的应聘者，此时如果说"不知道"，或许就会使你丧失一个好机会。最普通的回答应该是"我准备在技术领域有所作为"或"我希望能按照公司的管理思路发展"。

10. 你还有什么问题要问吗

回答提示：企业的这个问题看上去可有可无，其实这个问题却很关键，企业不喜欢说"没问题"的人，因为企业都很注重员工的个性和创新能力。企业不喜欢求职者问个人福利之类的问题，如果有人这样问：贵公司对新入公司的员工有没有什么培训项目，我可以参加吗？或者说贵公司的晋升机制是什么样的？企业将很欢迎，因为这样的问题会体现出你对学习的热情和对公司的忠诚度以及你的上进心。

纵观现代谋职，竞争激烈，强手如云。应聘早已不是传统意义上的"面试"了，而是应聘者智慧与实力的较量。在这个较量过程中，灵活地运用"谋略"，无疑会为你的谋职成功添上有力的砝码。

随堂选练

1. 针对自己的工作方向，结合自己的专业特长，做一个面试的自我介绍。

2. 李红是一名即将毕业的学生，在前不久的毕业生供需见面会上投了几份简历，这两天收到了一个面试通知，假设你是她，请在同学们的帮助下模拟一个面试场景，组织一场面试。

第五章
演 讲

学习目标规划

■ **基本了解**

基本了解演讲的概念、特点、分类等相关知识。

■ **重点掌握**

重点掌握演讲的常用技法和演讲的策略。

■ **熟练应用**

熟练应用知识点中的方法与技巧，能够独立撰写格式正确、内容新颖的演讲稿，并且能完成一次大方得体、富有感染力的演讲。

课前热身

■ **记忆引擎**

1. 在生活中你或你的朋友、同学是否进行过演讲？
2. 哪一类型的演讲最能吸引你？

■ **头脑风暴**

1. 演讲具有哪些独特的特点？
2. 演讲常用的策略有哪些？
3. 如何写出一篇内容新颖、技巧高超的演讲稿？
4. 完成一次高效而有感染力的演讲要求有哪些？

林语堂的演讲

  幽默大师林语堂对演讲特别重视。首先，他认为演讲，尤其是对群众演讲，必须像女孩子穿的迷你裙一样，越短越好。其次，他认为，一篇成功的演讲，必须在事前有充分的准备，但在演讲时又让人觉察不到有准备的工夫。因此，林语堂最反对令人措手不及的临时演讲。

  有一次，林语堂到一所大学参观。参观之后，校长陪同他到大餐厅和同学们共进午餐，校长深感机会难逢，临时请他对学生讲几句话。林语堂十分为难却又推无可推，于是即景生情地讲了一个笑话。他说："罗马时代，皇帝残害人民，时常把人投到斗兽场中，活生生地被野兽吃掉，这实在是一种残忍不堪的事。有一次，皇帝又把一个人投进斗兽场里，让狮子去吃。岂料此人浑身是胆，只见他慢腾腾地走到狮子身旁，在它耳边讲了几句话，那狮子掉头就走，并不吃他。皇帝看在眼里，倍感诧异，于是再放一只老虎进去，那人依然无所畏惧地走近老虎身旁，同样和它耳语一番，那只老虎也悄悄走开了，照旧不吃他。皇帝百思不解，就把那人叫出来盘问：'你到底对狮子和老虎说了些什么，竟使它们不吃你而掉头就走呢？'那人答道：'简单得很。我只是提醒它们，吃我很容易，不过吃了以后，你得演讲一番。'"讲罢，博得满堂喝彩，然而，那位校长却被弄得啼笑皆非，显得十分尴尬。

另有一次，纽约某林氏宗亲会邀请林语堂演讲。希望借此宣扬林氏祖先的光荣事迹。他深知这种演讲是背儿媳过河——费力不讨好。因为不说些称颂祖先的话，同宗会大失所望；倘若过于吹嘘，又有失学人风范。于是他认真思索，策划了一篇短小精悍的讲稿。他说："我们姓林的始祖，据说有商朝的比干丞相。这在《封神榜》里提到过；英勇的有《水浒传》里的林冲；旅行家有《镜花缘》里的林之洋；才女有《红楼梦》里的林黛玉。此外，还有美国大总统林肯，独自驾机飞越大西洋的林白，可谓人才辈出。"林语堂这段简单而精彩的演讲，令台下宗亲雀跃不已，禁不住鼓掌叫好。然而，当我们仔细回味他的话时，就会发现他所谈的不是小说中虚构的人物，就是与林氏毫不相干的海外名人，并未对祖先歌功颂德。

第一节 演讲的特点与类型

知识点

一、演讲的含义

演讲又叫讲演或演说，是指在公众场所，以有声语言为主要手段，以体态语言为辅助手段，针对某个具体问题，鲜明、完整地发表自己的见解和主张，阐明事理或抒发情感，进行宣传鼓动的一种语言交际活动。一句话，演讲就是在公众面前就某一问题发表自己见解的口头语言活动。

二、演讲的特点

演讲是一种独特的语言表达形式，这种独特的语言表达形式具有以下七个特点：

1. 社会性

演讲总是在特定的环境中，以个人面对听众的形式直抒己见。演讲是在人与人之间进行的，它是一个社会成员对其他社会成员进行宣传鼓动活动的口语表达形式。因此，演讲不只是个体行为，还具有很强的社会性。

2. 现实性

所谓现实性，是指演讲的主题、材料都要有很强的现实性，要围绕听众关心、关注的话题进行演讲，演讲要为现实生活而服务。

3. 艺术性

演讲要求演讲者去除一般讲话中的杂乱、松散、平板的因素，以一种集中、凝练、富有创造色彩的面貌出现。演讲是需要既"讲"又"演"的。"讲"，即陈述，通过有声语言，把经过组织的思想内容有条不紊地表达出来;"演",指辅助语言表达的表情、动作和姿态等态势语言,二者艺术性地相结合,以此达到晓之以理、动之以情、感之以德、导之以行的目的。

4. 逻辑性

演讲者思维要缜密,语言应有条理,层次分明,结构清楚。通过使用缜密的逻辑、严谨的论证,使听众由衷地叹服、口服、心服、信服。

5. 针对性

演讲的目的是为了打动听众、征服听众,就必须要有现实的针对性。所谓针对性,首先是作者提出的问题是听众所关心的问题,要懂得听众有不同的对象和不同的层次,写作时要根据不同场合和不同对象,为听众设计不同的演讲内容。其次是要根据听众的年龄、身份、文化程度等的不同,而采用不同的语言表达方式,评论和论辩要有雄辩的逻辑力量,要能为听众所接受并心悦诚服。这样,才能产生应有的社会效果。

6. 感染性

演讲者要善于用流畅生动、深刻风趣的语言和恰当的修辞打动听众,他要用自己真诚炽热的情感使听众心灵受到震撼,产生共鸣,这是一种引起强烈精神感应和情绪渗透的感情力量。

7. 鼓动性

鼓动性是演讲成功与否的一个标志。一次演讲,要么为了让听众接受某种主张、观点,要么为了让听众得到某种新知识、新信息,要么为了打动听众,使听众激动、感奋。要达到这些目的,从演讲的内容到演讲的语言都应当有较强的宣传鼓动性。没有鼓动性,就不成为演讲,政治演讲也好,学术演讲也好,都必须具备强烈的鼓动性。

【示例1】

一位学生会主席的就职演讲稿

尊敬的老师,亲爱的同学们:

大家好!

我是樊斌。我很荣幸能够当选信息管理系学生会主席,非常感谢系领导、老师以及在座各位同学对我工作能力和工作成绩的肯定!我经常用这样一句话来自勉:"既然是花,我就要开放;既然是树,我就要成为栋梁;既然是石头,我就要铺成大路。"那么现在,既然我作为一名学生会主席,我就要成为一名出色的领航员!

我们信息管理系学生会是在系团总支老师的指导下独立开展工作的学生组织,是为全系同学服务的组织。我竞选的时候就说过加入主席团是一种荣誉,更是种责任。如今我已经当选学生会主席,我将做好本职工作,在系领导、老师的指导下,"求真、务实、开拓、创优"努力提高本系学生会成员的整体素质,将学生会工作做"小"、做"细"。作为新上任的学生会主席,我深知肩膀上的责任比我以前想的要大,但我将会以百分百的工作热情去扛起这份重任,去克服各项挑战。在此我也希望我们学生会的每一个成员均以开荒牛的精神自勉,努力做好各项工作。

下面,请允许我代表学生会全体成员向大家作一下工作设想:

首先:我们将做好学生会自身的建设(略)

其次：我们将做好内部协调工作（略）
再次：做好联系工作（略）
最后：活动开展方面（略）

对于那次已经结束的竞选，我至今记忆尤深。在竞选时，那么多的同学在为我加油，在支持我。还记得在竞选后，我经过我们系选手间旁的时候，我听到一个同学在那里说，我就选了樊斌一个人，我真的好感动。当我们竞选结束后，我们上任主席对我说："樊斌，你的票数是最高的。"我再一次感动，真的很感动。因为每一张票就是代表着各位对我的一份支持、一份信任与一份期望。现在我当选了，我想我还有什么理由不努力做好呢！

俗话说："没有最好，只有更好。我相信在老师的指导，现任主席团、各部部长、干事的辅助，以及同学们的大力支持和自我努力下会使信息管理系学生会的工作将更上一层楼！"

【评析】这是一次典型的学生干部就职演讲，这篇演讲紧紧围绕如何做一名称职的学生会主席而展开，重点在于自己的工作设想，在内容上具有现实性。在情感上直抒胸臆，表达自己的感激之情，有着很强的感染力。同时全篇演讲采用口语化的表达方式，显得平易近人，拉近了与听众的距离。

课堂导练

下面是两道命题演讲参考题。请任选一题，拟定演讲提纲。
（1）大学生的气质。
（2）谈诚信。

三、演讲的类型

演讲的类型是根据演讲内容、风格或形式等不同标准所划分的演讲类别。演讲的分类标准不同，就可以有不同的分类。根据演讲活动的性质和特点，可以把演讲分成如下类型：

（1）从演讲的主题及内容上分，主要有政治演讲、生活演讲、法律演讲、学术演讲、教育演讲、军事演讲、公共关系演讲、宗教演讲和外交演讲等，这是对演讲最基本的分类；

（2）从演讲目的上分，有说服性演讲、鼓动性演讲、传授性演讲、娱乐性演讲等；

（3）从演讲活动方式上分，有命题演讲、即兴演讲和论辩演讲等；

（4）从演讲表达方式上分，有陈述式演讲、议论式演讲、说明式演讲、抒情式演讲等；

（5）从演讲表现风格上分，有慷慨激昂型演讲、情感深沉型演讲、哲理严谨型演讲、明快活泼型演讲等；

（6）从演讲场合上分，有集合演讲、课堂演讲、法庭演讲、教堂演讲、战地演讲、广播演讲和电视演讲等。

【示例2】

命题演讲《妈妈，我爱您》

尊敬的老师们、亲爱的同学们：

今天我给大家演讲的题目是"妈妈，我爱您"。在开始我的演讲前，我想考大家两个问题：

第一个问题："世上只有妈妈好，有妈的孩子是个宝"，请问，这首歌的名字叫什么？

对，这首歌的名字叫《世上只有妈妈好》。

第二个问题：我们一定都知道 6 月 1 日是（儿童节），那么你知道哪一天是母亲节吗？

请同学们永远都要记住这个节日，5 月份的第二个星期天，就是世界上最伟大的母亲节了！从小到大，母亲一直是我们身边最亲最爱的人，嘘寒问暖，知冷知热。还记得汶川大地震中那些感人的母亲吗？正在吃饭的母亲，在地震袭来的瞬间，用自己的身体护住了一旁的女儿，连手中的筷子都没来得及丢掉。在死亡的最后一刻，母亲依旧保护着她的女儿……还有一位母亲用自己的双手支撑着废墟救了自己的孩子，母亲死了，孩子活了下来。母亲的最后一条短信是这样写的："亲爱的宝贝，如果你能活着，一定要记住，我爱你。"这就是母亲，这就是伟大的母爱。当我们还没有能力保护自己的时候，妈妈义无反顾地为我们遮风挡雨；甚至是牺牲，母亲为我们做得已太多太多，我们又为母亲做过些什么呢？难道我们就这样心安理得地接受着母亲无偿的爱吗？

对于每一个爱着母亲的孩子来说，生活中的每一天都是母亲节，让我们怀着最温柔的心情，拥抱母亲；让我们用最朴实的行动告诉母亲："我爱您！"（转载自第一范文网）

【评析】这是母亲节的命题演讲，演讲者以母亲对孩子无私的爱为出发点，表达了自己对于母亲深切的爱，紧扣主题，非常感人。

【示例 3】

说服性演讲《尊重他人和自己的生命》

生活中无处不存在安全，生活中无处不需要安全。

安全是一种爱。安全的爱是父母对外出儿女永远的牵挂，是朋友寄来贺卡上的眷眷祝福，是同事带着微笑的一声问候，是陌生人邂逅时的彼此关照，安全更是一种以人为本的社会制度奏出的爱之歌。

安全是一种美。安全的美体现于维系安全的行为过程之中。一种规范娴熟的安全行为是美，对安全知识的熟练掌握并在实际工作中运用自如是美，在异常情况下能够运用在平常的日子里培养出的正常心态和应变能力潇洒应对突变更是美。安全的美的本质就在于能够预防灾害并将灾害的后果降到最低，进而给社会带来前进的希望和力量，并能净化人类的灵魂，增强人类的智能。

安全是一种情。（略）

安全是一种理。（略）

安全是一种法。（略）

（转载自第一范文网）

【评析】这篇演讲的目的在于通过对安全的阐释，从不同方面说明安全的重要性，从而说服听众要学会尊重他人和自己的生命，将安全放在第一位。

演讲的含义及主题的选择

课堂导练

阅读下面这篇演讲稿,然后思考以下几个问题:
1. 从主题及内容上看,这篇演讲属于哪种类型的?
2. 从表达方式上看,这篇演讲采用了哪些表达方式?
3. 从表现风格上看,这篇演讲又能被归为哪一类型呢?

回眸历史　振我中华

敬爱的老师、亲爱的同学:

大家好!今天我演讲的题目是《回眸历史　振我中华》。

历史的风,吹翻起六十八年前的那一页。在我的眼前,历历浮现出,那冰雪覆盖的1935年,那悲痛岁月里的冷飕飕的日子。日本帝国主义大肆张开它的魔爪,伸向了我中华的心脏——华北大地,中华民族陷于内忧外困之中。

在这样的时刻,我们总是默默企盼:企盼奇迹发生;在这样的时刻,我们总是默默祈祷:祈祷我们的民族,能够转危为安,能够走出泥泞与困境,驱散开这漫漫的黑云。而让我,让我们所有中国人最感骄傲的事情是:我们从来没有失望过。在备受屈辱的民族的背后,总有我们中华的优秀儿女挺身而起。1935年12月9日,在中国共产党的领导下,6 000名愤怒的北平人走上街头,高举着正义的旗帜,奔走呼告,勇敢地向卑鄙的暴虐者宣战,向怯弱的卖国贼宣战。

我为你们感到骄傲,我们优秀的中华儿女,你是我们民族的灵魂,我们民族的脊梁;如果,如果我们的民族,没有你,它的生命将是如何的暗淡,它将会走向何等可怕的深渊啊!你以你坚毅不挠的行动,告诉所有居心可怕的人们:中国人是不可辱的,中华民族是不可辱的。中国人将为国而战,甚至为国而死。

我也知道了,中国因你而精彩。你使我想起了,志在维新、视死如归的谭嗣同;你使我想起了,抛妻别子、不惮前驱的林觉民;你使我想起了,东渡扶桑、救国救民的秋瑾;你使我想起了,弃医从文、疗救民心的鲁迅;你使我想起了所有为我们中华的独立崛起,探索着、痛苦着并奉献着的人们。使我想起了,陈毅元帅如是说:"南国烽烟正十年,此头须向国门悬,后死诸君多努力,捷报飞来当纸钱。"从鸦片战争、中法战争到甲午中日战争,从《南京条约》《中法新约》到《马关条约》,重重苦海的苦难,漫漫修远的长路,没有使东方巨人从此消亡的缘故,正是因为有你们啊,我们民族最可爱的人,正是你们这些以天下事为己任的仁人志士,组成浴血奋战洪流,搅起狂澜,吹响起我们民族历史的新纪元。(转载自第一范文网)

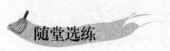

随堂选练

1. 阅读下面这篇演讲稿,回答问题。

信念是一种精神力量

亲爱的老师、同学们:

大家好!

2011年的秋天,在××大学最美的时候,我来到了××大学。我相信每一个刚进入大学的同学都心潮澎湃，壮志凌云。因为，从此我们踏上了一段追梦的旅程。在这样的一段旅程中，我想会有一种力量，它可以使我们在迷茫中找到方向，在失败中不放弃奋斗，在挫折中不忘却梦想。这种力量，便是信念。

　　这个世界上没有谁能使你倒下，如果你的信念还没倒的话。追寻梦想的过程中我们会有迷茫。我想对于进入大学校园的每一位同学来说都会经历这样一段时期。迷茫中有人会放弃自我，但我想能够守候心中信念的人一定能够找到前进的方向。偶尔会听到有些同学在问：大学我们能学到什么，university，不过是由你玩四年而已。而那些能够坚守心中的信念而不断追寻那最初的梦想的同学，他们对大学却有着另一种理解：大学，就是大大的学。一种深陷于迷茫的困境，一种执着于梦想的追求。信念的力量产生如此截然不同的两种精神风貌。

　　追寻梦想的过程中，总会有特别坎坷难走的一段路。就像是在长跑的时候，要有一段特别难熬的时期。记得有一次我在看《非诚勿扰》的时候，有一位女嘉宾问台上的男嘉宾：你现在怎么还在小职员的位子上啊？很多像你这个年纪的人都已经是经理之类的了。这时主持人孟非立即接过去说：世界上很多伟人在30多岁的时候都是默默无闻的。我对这句话印象非常深刻。记得世界上有这样一个小人物。36岁前他默默无闻，36岁后他站在舞台上用歌声感动世界；36岁前他是平凡的，36岁后他是非凡的；36年来不变的是他对音乐的热爱和对梦想的孜孜以求。他就是《英国达人》冠军得主保罗·帕兹。一个三十多岁的手机业务员能站在世界舞台上表演歌剧并获得如此佳绩，这是个震撼世界的奇迹。平凡人物的梦想，足以震撼世界，只要每个人都坚守信念，倔强地走，也可以有创造奇迹的机会，也可以迸发出比钻石还璀璨的光芒。

　　信念是一种精神力量，是一个梦想被100%地相信并不间断的，高纯度的坚守。我相信每个人都有梦想。但并不是每个人都能实现自己的梦想。有一种植物叫蒲公英，我很喜欢。蒲公英虽然是世间最平凡无奇的植物，却有着最令人称奇的梦想。而且它善于坚守自己的梦想。它从不满足于待在偏僻的角落，最喜欢到外面的世界去闯荡。

　　我愿意做一株坚守梦想的蒲公英，在蓝天下带着自己的梦想随风飘扬，寻找那片能够实现梦想的沃土。

　　这篇演讲体现了演讲的哪些特点？

　　2. 请看以下这篇命题演讲的开头部分，完成后面的要求。

做地球的小主人

　　地球是迄今为止人类所知道的宇宙中唯一可以承载人类生命的星球。人类在地球上生活已有几百万年的历史。在这漫长的岁月中，人类就是依靠地球上的资源（空气、水分、阳光）生存、繁衍、发展的，所以，地球是人类的母亲。

　　请你试着完成剩余的部分，并在大家面前将这篇演讲完整地表述出来好吗？

第二节　演讲的常用技法和策略

> 知识点

一、演讲论证的常用技法和策略

演讲是在公众场合就某个问题或某次事件发表自己见解的一种口语形式，其借助有声语言和态势语言，面对广大听众说明事理、发表意见、抒发感情。而不论是哪种类型的演讲，都必须要有一个完整的论证过程，才能向听众证明什么，从而达到说服听众、感召听众的目的。

演讲中的论证主要由三个要素构成：论点、论据、论证。论点，就是演讲者在演讲中表明的主张或观点；论据，就是演讲者用来证明自己论点的理由和事实，是立论的基础；论证，则是用论据来说明论点的过程。

1. 演讲中论证的要求

（1）论点要正确、新颖。论点是演讲者对所论述的问题提出的主张、看法及态度，是演讲的根本所在，也是论证的出发点和落脚点。这就要求演讲者在提出论点的时候，要做到立场鲜明，或赞成，或反对，不可含糊其词。正确，是指符合客观实际，合乎情理，针对当前社会热点问题，提出自己的观点，切忌主观片面。同时，论点还应新颖，要有自己的看法，不要总是重复别人的观点。

（2）论据要真实、典型。论据用来证明论点，可以是现实事例、历史史实或是统计数据等，这是事实论据，也可以是那些来源于实践，并且已被长期实践证明和检验过，断定为正确的观点。它包括经典性的著作和权威性的言论（如名人名言等），以及自然科学的原理、定律、公式等，这些是理论论据。无论是事实还是理论，都必须真实，不可虚构或臆造，建立在虚假论据上的论点是站不住脚的。论据必须是典型的，只有那些最能反映事物本质的论据，才能起到以小见大的效果。同时，论据还要紧紧围绕论点，为论点而服务，做到观点与材料相统一。

（3）论证要合乎逻辑。论证是用论据来证明论点的方法。演讲中，论证要合乎逻辑，要从论点这个根本点出发，合理安排论证结构，并采用不同的论证方式或方法。

2. 演讲论证的常用技法和策略

（1）例证法。例证法就是用事实为例子来证明论点的方法，例证法在演讲中用得最多最广，也是卓有成效的一种论证方法。因为任何观点不能孤立存在，而事实胜于雄辩，用确凿、典型的事实来证明观点，会增强观点的说服力。

【示例4】

歌德用了差不多半生的精力学画无成，面对人生的不断碰壁，及时调整了人生目标，在文学道路上做出一番成就。孙中山青年时悬壶行医，最后发现治一人并不能救社会，于是转而投身革命，终于成就了令世人敬佩的伟业。无数成功的例子告诉我们，成功者是在不断的实践中发现了成功的道路，并不是一开始就站到了正确的起点上。因此，我们不要盲目地相信自己的兴趣，不要绝对依赖自己的感觉，而要尽可能多地尝试各种各样的发展道路，与时俱进地调整自己的努力方向。

【评析】这里使用了举例论证法（例证法）。演讲者使用该事例论证了成功者是在不断实践的过程中发现成功的道路的，因此我们要在实践中学会尝试各种发展道路，并与时俱进地调整自己的努力方向。

（2）引证法。引证法，全称为引用论证法，是通过引用经典语录、约定俗成的市井言论、生活常识等作为论证论据来证明论点的一种论证方法。引证法用权威性的话语，使说理更加深刻、透彻，更具有说服力，能体现理论的深度和文章的思想深度。

【示例5】

古人说："尽信书，不如无书。"读书的终极目的，是要把"死"书读活，让书发挥作用。"死""活"之间，相互为用，相互补充。我们强调读"死"书，但又不拘泥于读"死"书。"死"与"活"，都是对人而言的。人要书"死"，书就"死"；人要书"活"，书就"活"。这就叫"运用之妙，存乎一心"。善读书者，手中都有一把打开书籍奥秘的金钥匙。书籍是死的，金钥匙却是活的。"死"与"活"的关系，大概有如书籍与金钥匙的关系，我们先要有书籍，然后金钥匙才能发挥作用。只有漂亮的金钥匙，又有什么用处？因此，谈读书，就得先读书。

【评析】本语段使用了引用论证法，即古人说："尽信书，不如无书"。阐明了"死"，"活"之间，不是绝对孤立的，有相互为用，相互补充的关系。

（3）对比法。对比法是将两组性质相反或相异的事物进行比照，从而揭示需要论证的论点的本质的论证方法。对比论证方式的运用范围很广，可以是两个对象之间的比较，如《赞公仆精神》一文，用两个事例做对比：1994年11月，孔繁森同志不幸殉职，他留下的遗物是8元6角人民币和发展阿里经济的12条建议；原北京市副市长王宝森任职期间，利用人民给他的权力，大肆贪污受贿，造成了严重的损失和极其恶劣的影响。这样一比，孰清廉孰贪婪，泾渭分明，有力地凸显了作者的观点，称为横向比较。也可以是同一对象自身前后不同阶段之间的比较，如用八旗子弟前期能征善战、建功立业与后期纵情享乐而丧权误国对比，可用来证明"创业而不守业就会有亡国之灾"的道理，称为纵向比较。

【示例6】

每个人都有自己的生活方式，各有千秋，各具特色，不可强求统一，但这形形色色的生活方式确有高下优劣之分。醉生梦死，花天酒地，是生活方式，忘我工作，无私奉献，也是生活方式；无所事事，浑浑噩噩，是生活方式，自强不息，锐意进取，也是生活方式；未老先衰，坐吃山空，是生活方式，老而弥坚，与时俱进，也是生活方式。无疑，李政道的"生活方式"，是积极的，高尚的，令人敬佩的，也是值得效仿的。

【评析】此段运用了对比论证，突出了"李政道的生活方式，是积极的，高尚的，令人敬佩的，也是值得效仿的"。

（4）喻证法。喻证法，也叫比喻论证法，是指用人们熟知的事物来作比喻证明观点的一种论证方法。使用比喻论证法，可以使文章深入浅出，生动形象地证明观点，使观点更为清晰，人们更易理解。

【示例7】

一个人开始大手大脚花钱,他总是有条界线的,这就是限于自己的劳动所得。但是,由俭入奢易,由奢入俭难,大手大脚花惯了,那条劳动所得的防线也不见得就是马其诺防线,即使是马其诺防线,也是可以被自己的贪欲攻破的。

【评析】"马其诺防线"是第二次世界大战前,法国为了防御德国进攻,在从瑞士到比利时之间的东部国境上所修的坚固防线。1940年德军绕过这道防线攻入法国,使防线失去作用。文章中把人贪婪的界限比喻成"二战"中的马其诺防线,形象生动。

此外,还有类比法、归谬法等常见的论证方法。需要说明的是,在实际论证过程中,各种论证方法并不是截然分开,单独使用的,往往是几种论证方法结合起来同时使用,这样可以便于从不同角度不同层次进行多方论证,从而使得整篇演讲更丰富,更有说服力和感染力。

课堂导练

请指出以下这几篇演讲的片段分别使用了什么样的论证方法。

(1) 人生什么事最苦呢?贫吗?不是。失意吗?不是。老吗?死吗?都不是。我说人生最苦的事,莫若身上背着一种未了的责任。人若能知足,虽贫不苦;若能安分(不多作分外希望),虽失意不苦;老、死乃是人生难免的事,达观的人看得很平常,也不算什么苦。独是凡人生在世间一天,便有应该做的事。该做的事没有做完,便像是有几千斤重担压在肩头,再苦是没有的了。为什么呢?因为受那良心责备不过,要逃躲也没处逃躲呀!

(2) 邓小平同志曾经说过,改革也是一场革命。这一论断显示了马克思主义的理论精髓。正如列宁所说:"马克思认为他的理论的全部价值在于这个理论'按其本质来说,它是批判的和革命的'。"马克思主义的经典作家对人类社会的历史运动从来都是用一种变化和发展的眼光加以考察,从批判旧的事物中开辟自己前进的道路,因而,马克思主义者应该是也必须是改革家,和思想僵化、行动保守毫无共同之处。我们所进行的改革是社会主义制度的自我完善。社会主义制度就其本质来讲也是不断发展的,不会停滞。这是因为社会主义也必须不断地克服自身矛盾,调整乃至破除阻碍其发展和完善的旧的关系。

(3) 顽固派,他们总有一套计划,其计划是如何损人利己以及如何装两面派之类。但是顽固派所得的结果,总是和他们的愿望相反。他们总是以损人开始,以害己告终。……张伯伦过去一心一意想搬起希特勒这块石头,去打苏联人民的脚,但从德国和英法的战争爆发的那天起,张伯伦手上的石头打在他自己的脚上了。而且直到目前,这块石头还在打张伯伦。袁世凯想打老百姓的脚,结果打了他自己,做了几个月皇帝就死了。段祺瑞、徐世昌、曹锟、吴佩孚等,他们都想镇压人民,但结果被人民推翻了。

(4) 商纣王自高自大,一意孤行,最后落得个葬身火海的下场;唐太宗虚心纳谏,开创了"贞观盛世";楚怀王闭目塞听,弃屈子的诤谏于不顾,落得个客死他乡的后果;齐威王善于纳谏,门庭若市,赢得诸侯朝拜。这样的事例不胜枚举,同是帝王,为何结局如此不同?由此可见,要想治理好国家,"从谏如流",势在必行!

(5) 人总是要死的,但死的意义有不同。中国古时候有个文学家叫作司马迁的说过:"人固有一死,或重于泰山,或轻于鸿毛。"为人民利益而死,就比泰山还重;替法西斯卖力，替剥削人民和压迫人民的人去死，就比鸿毛还轻。张思德同志是为人民利益而死的，他的死是比泰山还要重的。

二、演讲语言表达的常用技法和策略

演讲是一种公开地发表自己见解的口头语言活动，要在一个有限的时间段内，完全借助于语言、手势等向听众讲明一个问题或道理，使听众接受演讲者的观点或建议，这就需要演讲有着一定的感染力和说服力。而演讲更多的是使用有声语言使演讲者与听众之间产生情感的共鸣，这样才能打动听众，收到演讲应有的效果。可见，演讲语言运用得好与坏，将直接影响着演讲的社会效果。所以要想提高演讲的质量，就必须研究和掌握演讲的语言特点，并运用好语言这一表达情感、传递信息的工具。

1. 演讲语言表达的基本要求

（1）准确朴实。演讲使用的语言一定要确切、清晰地表现出所要讲述的事实和思想，揭示出它们的本质和联系。只有准确的语言才具有科学性，才能逼真地反映出现实面貌和思想实际，才能为听众接受，达到宣传、教育、影响听众的目的。

演讲者要想使演讲语言准确、恰当，最基本的口语表达要求是发音准确，吐字清楚。必须占有和掌握丰富的词汇。为了准确地概括事物，就需要在大量的、丰富的词汇里，筛选出最能反映这一事物、概念的词语来。要注意区别词语的感情色彩，词的感情色彩是非常鲜明而细微的，对同一件事物，可以用不同的词语来表达，虽然都是同一个意思，但其感情色彩却是截然不同的，需要仔细地推敲、体味和比较。有时可以恰到好处地使用一些有生命力的文言词语，增强语言的表现力。当然，不管使用哪类词语，都要注意词语的正确搭配，避免出现语法错误。

（2）简短有力。演讲属于论说文体，总要阐明自己的主张、见解与态度，或者申诉，或者解说，或者动员，或者鼓励，或者阐明，是一种用口语面对面的说理方式，因此，不能像书面语那样写几万字乃至几十万字，或者采用一些论证严密，附加成分多的长句子。句子太长，听众的听力跟不上，不太容易连起来理解、掌握句子的整个意思。演讲就是要以最少的语言表达出最多的内容，力求做到精益求精，一字不多，一字不易。

（3）生动形象。好的演讲稿，语言应该是生动形象的。语言生动形象，才能打动听众，激发他们的联想和想象，唤起他们对于客观事物真切的感受。如恩格斯的《在马克思墓前的讲话》，把马克思的"逝世"改成"睡着了"，这样不仅形象地写出马克思逝世从容、安详的神态，而且也饱含了作者内心无限悲痛的心情。

（4）通俗易懂。通俗易懂，是演讲语言的一个特点，即用听众熟悉，能马上理解的语言，把要讲述的内容，用浅显明白的话语表达出来。避免采用生涩、艰深、奥僻的词语，避免引用不好理解的古文和诗词，避免过多使用专业术语和学术名词。总之，语言要明朗化、浅易化、大众化。

【示例8】

在一场以节约水资源为主题的演讲中，有同学这样说道：我们人类拥有的水很多吗？看看下面这组数据吧。地球表面的70%被水覆盖，但淡水资源仅占所有水资源的2.5%，近70%的淡水固定在南极和格陵兰的冰层中，其余多为土壤水分或深层地下水，不能被人类利用。地球上只有不到1%的淡水或约0.007%的水可为人类直接利用，而中国人均淡水资源只占世界人均淡水资源的1/4！

【评析】通过通俗易懂的语言，向听众解释了地球水资源的现状。

（5）情深意切。演讲要能说服听众接受你的看法，首先就是要能感染人，打动人。要使听众听了你的演讲产生激动、兴奋、共鸣。不仅心服，而且心动；不仅认识有所提高，而且还愿意拿出行动。只有演讲的语言情真意切，才能做到。情真，是演讲的内容和表达都有真挚的感情；意切，是表达的旨意切合内容、切合时代、切合听众的接受要求。

【示例9】

在我爱祖国的主题演讲中，有篇演讲是这么说的：记得小时候，妈妈指着几面国旗问我："你最爱哪一面？"我自豪地回答："当然是中国的五星红旗了！"妈妈又问为什么呢？我说："因为中国的红旗最鲜艳，因为我是中国人，因为我身上流淌着在中华民族的血液，因为我是中华儿女。"千百年来我的祖国饱经风霜，历尽风雨。今天，在世界的地平线上终于迈上了国际化的道路。如今的中国，已不是任人宰割的弱国，如今的中国，拥有光辉灿烂的文化，创造着让全世界都刮目相看的伟绩。你看，神舟飞船一飞冲天；嫦娥一号遨游月空；伟大的祖国申奥成功，都在向世界昭示：中国正在与世界接轨，正在与时俱进，正在飞速发展。作为一个中国人，我怎能不骄傲自豪？

【评析】演讲者的言语之间这种强烈的爱国之情深深地打动了在座的每一个人，激发了大家的民族自尊心和自豪感。

2. 演讲语言表达的常用技法和策略

（1）口语化技巧。演讲是一种语言的艺术，好的演讲必须是内容和形式的统一，演讲时的语言必须是口语化的，要让人讲起来顺口，听起来顺耳。否则，演讲的内容再好，可讲起来不顺口，听众自然不会听得顺耳，更谈不上顺心了。实现语言表达的口语化，要注意：一是句子宜短不宜长，可以把一些内容复杂的长句改成几个短句，讲着省力，也便于听众的理解；二是适当使用双音节或多音节词，双音节和多音节的词语比单音节的词语容易上口，而且也好听，更容易让听众听明白，如"我要从学校毕业时"就不如"当我要从学校毕业的时候"好听；三是语速得当，语气合适。就整体而言，语速不可过快，也不可过慢，要以内容为转移，要根据思想情感表达的需要，当快则快，当慢则慢，有所变化，讲究节奏适宜。

【示例10】

如《改造我们的学习》中的一段：这两种人都凭主观，忽视客观实际事物的存在。或作讲演，则甲乙丙丁、一二三四的一大串；或作文章，则夸夸其谈的一大篇。无实事求是之意，有哗众取宠之心。华而不实，脆而不坚。

【评析】这样的演讲稿读起来朗朗上口，听起来铿锵悦耳，很有吸引力。

（2）情感化技巧。演讲的语言不是光口语化就可以了，还要做到以情感人。当你的演讲充满了感情，才能从心底打动听众，使他们接受你，认可你，进而支持你。如何做到语言的情感化呢？其一是要使用一些富有感情色彩的词语，其二是要极力倾注演讲者的真情，将真情融于字里行间，感觉自然大不一样。

【示例11】

一位幼儿教师在师德演讲中这样说道：孩子，面对你灵动的心，我竟如此迟钝，当你天赋异禀，用自己的"语言"讲述着你的思想，我竟难以体味。孩子，是你教会了我如何走进你们的心灵，了解你们的天性。

在你们纯洁的童心的指引下，我发现，这个世界是多么的美妙！我的孩子们，和你们度过的点滴岁月让我难以忘怀：当你听着动听的故事渐渐停止哭泣，瞪大眼睛注视着，我发现你是多么好学；当你面对新奇的玩具不断尝试探索，最终学会了怎么玩，我发现你是多么执着；当你拉着我的手扬起小脸告诉我，你要送我一架小飞机，我发现你是多么纯真……

我的孩子们，是你们让我充满活力、充满激情、充满灵动！

【评析】这篇演讲形象地描述了从事幼教工作的体会，表达了对于幼教工作的热爱，很有感染力。

（3）通俗化技巧。老舍先生曾说过："耳朵不像眼睛那么有耐性，听到一个不爱听的字或一句不易懂的话，马上就不耐烦。"可见，演讲的语言必须做到通俗易懂，如果演讲的语言不通俗，听众听不懂，就要影响演讲的效果。无论要表达什么，都应选择浅显明白的语言，只有这样，听众才易于接受，乐于接受。

【示例12】

一位演讲者在演讲中谈到为人处世时说：吾日三省吾身：为人谋而不忠乎？与朋友交而不信乎？传不习乎？

另一位演讲者则是这么说的：我每天多次地反省自己：替别人出谋划策是否尽心尽力了呢？跟朋友交往是否真诚相待了呢？老师传授的知识是否时常复习了呢？

【评析】第一位演讲者想向听众说明为人处世的道理，引用了孔子《论语》中的句子，但不熟悉《论语》的听众却听得云里雾里，而第二位演讲者讲的是同一句话，表达的是同一个意思，却将晦涩难懂的文言文用浅显明白的现代文加以解释，听众一下就明白了。

演讲的基本技巧及语言艺术（上）

演讲的基本技巧及语言艺术（下）

课堂导练

这是一次毕业典礼上教师的演讲致辞：

青春万岁

同学们：

在这一年一度的毕业典礼上，我想起了一首古诗："家在闽山东复东，其中岁岁有花红，而今再到花红处，花在旧时红处红。"它歌颂了花的坚忍，也反衬出"年年岁岁花相似,岁岁年年人不同"的伤时情怀。亲爱的同学们,这复沓回荡、音律优美的诗句,拨动着古往今来多少人的心弦!是啊,时光流逝的确无情,岁月的沧桑将带走我们的青春美貌,生活的艰辛将销蚀我们的少年豪情。用不了多久,在一阵阵落花吹过后,面对满目落英,我们蓦然会有"夜来风雨声,花落知多少"的惊心。当我们不再是红颜美少年时,我们看花,它还在"人面不知何处去,桃花依旧笑春风"——花有多么长的青春哟!

难道我们就不能将人生的花季一直延续下来?难道我们就不能让自己的青春也"年年岁岁花相似"?能的,一定能的。

不知同学们是否听到过这样一个故事:古希腊哲学家苏格拉底曾要求他的弟子每天做若干个甩手动作,一直坚持下去。许多年以后,坚持下来的只有一个人,他就是柏拉图——成就和他的老师一样伟大的哲学家。这件事给我们一个什么启示呢?那就是:一切成功,都是源于坚持的。

为了年轻永驻,为了青春万岁,我们坚持什么呢?坚持我们年轻时的理想和信念,坚持我们对生活的热爱和向往!一位70多岁的老人曾说:"年轻,不是人生旅程的一段时光,也不是红颜、朱唇和轻快的脚步,它是心灵中的一种状态,是头脑中的一个意念,是理性思维中的一段勃勃生机,是使人生春意盎然的源泉。"只要心灵不老,我们都将永远年轻,我们都将青春万岁!

亲爱的同学们,你们即将踏上人生的新征程,自己将要面对各种各样的新挑战。作为老师,我对你们的将来充满信心。在此,我代表母校的老师给你们布置最后一次作业,那就是:莫让青春付水流。但愿将来我们相逢时,我们每个人身上都荡漾着青春的活力,都有源于青春的成功。

最后祝同学们:一路顺风!

(本篇文章来源于学习啦网站)

当你听完了这篇演讲,你有何感受?这篇演讲的语言都有什么样的特点,为何能打动你?

随堂选练

1. 阅读下面这篇演讲稿,回答问题。

好习惯益终生

尊敬的老师们,亲爱的同学们:

大家早上好,今天我讲话的题目是"好习惯益终生"。

英国学者培根曾经说过:"习惯是人生的主宰,人们应该努力地追求好习惯。"的确,行为习惯就像我们身上的指南针,指引着每一个人的行动。

纵观历史,大凡获得成功的人,都有一些良好行为长期坚持,养成习惯,形成自然。鲁迅先生从小就养成不迟到的习惯,他要求自己抓紧时间,时时刻刻地叮嘱自己凡事都要早做,这样长时间地坚持下去,就养成了习惯。这位以"小跑走完一生"的作家,在中国以至世界文学史上留下了辉煌的业绩。可见,行为习惯对一个人各方面的素质起了决定性的作用,对我们学生来讲,尤为重要。

就拿与我们密切相关的学习来说吧。我们经常看到这样的现象,有些同学平时不刻苦、不用功，作业总是马虎潦草，没有养成踏实认真的学习习惯，成绩总是不好；我们也看到，有些同学双休日只顾玩，把作业压到星期日晚上才去做，开了夜车还做不好。其实，这完全是学习习惯和方法的问题。大家都知道，一个好的、科学的学习习惯和方法，能使我们既学得有效率，又学得轻松自在。而如果你不能养成好的习惯，上课不注意听讲，不踊跃发言，不钻研难题，这样不但不能提高效率，而且对你的身心发展也会造成不利的影响。因此，我们在学习时，最重要的是养成一个良好的学习习惯。它会使你终身受益。

昨日的习惯，已经造就了今日的我们；今日的习惯决定明天的我们。让我们从现在做起，从今天做起，养成良好的行为习惯，做一个优秀的学生，共同创造辉煌的未来！

谢谢大家！

（本文来自中国教育文摘）

请问，这篇演讲运用了哪些论证方法，试举例说明。

2. 阅读下面这篇演讲稿，回答问题。

王国权高考励志演讲稿

有同学说：王老师，我学习只能学三天，学了三天就没动力了，想堕落了。

动力来自哪里？

动力来自对未来生活美好的想象与憧憬。

有个少年作家叫蒋方舟，17岁，已经写了很多书，她最大的梦想是做个演员，获得戛纳金像奖。有时她也很累不想学时，她把自己关在浴室里，拿一瓶沐浴露当话筒，想象一下站在领奖台上的感觉：亲爱的观众朋友们，我很爱你们，我今天能够站在这里，首先我要感谢我的爸爸妈妈。两分钟后心情很能够好出来继续学习了。

嵊州中学有个学生去年考上了浙大。这学生很有意思："王老师，我对中国的教育体制深恶痛绝，我对学习没有兴趣。""那你怎么考上浙大的？""强迫自己吧。有时不想学时，我就闭上眼睛，想象一下美好的生活蓝图：2004年的10月1日，我漫步在浙大的校园里，昏暗的灯光投射出柔和浪漫的色彩，迎面走来一个俄罗斯少女，对我说：能教我中文吗？啊，没问题。一想到这里我就有动力学习了。"为什么，因为不好好读书就考不上浙大，考不上浙大就碰不到俄罗斯少女了，这家伙有俄罗斯情结。

还有一学生成绩不太好，但与父母签了一份君子协定：假如高考成功，父母答应他一个要求，送他到意大利玩一次。去年高考他考了643分。为什么。他把协议书天天放在口袋时，只要不想读了，拿出来看一眼，意大利，干了，因为他有意大利的憧憬。

还有同学说：我是个住校生，一回到家里就管不住自己，想看电视上网，浪费时间怎么办？

我有个朋友在下沙开发区工作，今年37岁，戴副眼镜，英俊潇洒，在一个合资企业做人事部经理，年薪十五万，不错吧。去年找我了，王老师，帮我介绍个对象。我在想他的要求太高了。他说没什么要求。一共两条：一是想找个内向点的，纯朴点的，漂亮点的。没问题，有的是。二是自己工作比较忙，又比较含蓄，要求女孩子主动去追他。主动追男孩子的女孩也有，两条加在一起呢？没有了，内向的人会追你吗？追你的人还内向。我说你真的想结婚吗？他说真的。那你就付出一点代价。什么代价。两个条件去掉一个。他想了半天，一个都不能去掉。注定单身。

高考成功是需要付出代价的。

中国文明上下五千年，只总结了一句话：

天下没有免费的午餐。

为高考成功付出一点代价是值得的，那会让自己的人生没有遗憾。

有人问：万一我努力拼了最后几天没有变化，那不是很吃亏吗？

付出一定会有回报，只是回报的早晚不同而已。

我高中语文是最好的，可高考只考了 54 分，失败了是吧。没关系，现在都回报给我了，我的语言特别丰富、流畅，就是因为高中阶段大量阅读世界名著打下的基础。

付出一定会有回报，只是回报的早晚不同，要有耐心。

还有同学说：高考临近了，我的生活都乱套了。以前十点半准时睡觉，现在睡不着了，当我想睡觉，马上会想到旁边的敌人都在努力地学习，我就睡不着了。我的同桌，他爸爸与我爸爸关系不错，一起做生意的，他们总在一起讨论我们。他要考 600 分，我只能考 500 分，每次我爸总是拿他来跟我比，我恨不得把他杀了。

我在杭高读书时，我们有三个人关系特别好，一个叫陈某某，一个叫王国权，一个叫陶某某。我们三个人很努力地干了三年。陈某某考上浙大，去德国留学，在那工作了。王国权考上普通大学，当医生不成功，做自由演说家。陶某某，拿到成绩单，眼睛都直了，第五批。现在陶某某已经是临安市人民政府的一个书记了，很年轻，才 34 岁，公务员。假如今天把陈某某请回来给你们演讲，他两句话都说不出来，特内向。假如让我去临安当那个书记，三天就被他们干掉了。

每个人都有不同的人生路要走，你们同意吗？同意。

每个人性格不一样，特长不一样，这是社会分工的需要。工作没有贵贱之分，适合你的就是最好的。

人生下来的就一个勇气是什么？

两个接受：一接受自己，二接受现实。

什么叫接受自己呢？

所有的男人，只要是正常的男人，都希望自己高大英俊。大学以后我就接受自己了，反正长不高了，我就告诉自己：长得还可以。

什么叫接受现实呢？

3 月 10 号，我到温州泰顺做演讲，讲完课后准备去瓯海中学演讲。我自己开车，开的速度不快，只有 74 迈，笔直的一条公路，没有一个行人。在不显眼的地方，有个限速标志：30 迈。有人在拍照，前面有四名警察在等我。抓进去了，罚款 1 500 元，扣六分，有这么黑暗的地方，没办法，干不过他们，乖乖地交钱，还要说：谢谢你，再见。再也不见了。

在你们今后的人生中，你们会碰到很多诸如此类不公平无奈的事，但这是现实，你必须接受它。

你现在二模考试 300 分，400 分，500 分，600 分都不重要，重要的这是事实，你必须接受它。只要你敢于接受你的 300 分，400 分，500 分，600 分，你就敢于制定 350 分，450 分，550 分，650 分的目标，你能不能达到 550 分并不重要，重要的是你从 500 分到 550 分这个拼搏的过程。因为在这个过程中你培养了很多成功者必须要具备的素质和能力。这才是你一生最重要的财富，各位明白吗？明白。

有同学问：我成绩不太好，可不可以不高考。不行，你高考考什么学校并不重要，重要的是假如你放弃了高考，你就会养成一种放弃的习惯，以后碰到什么困难你都会轻易地放弃。

英国有个钢丝大师瓦伦达，走钢丝很优美，飘逸，从来不失误。但在五十年代的最后一次表演中，竟然当着观念的面摔下来死掉了。他太太说我已经有预感要出事了：我先生以前走钢丝的时候从来不想结果，他只在走，所以走得很成功。最后一次上台前跟我说：亲爱的，这是我生命中最后一次表演了，我必须给观众一个美好的印象与回忆，只许成功不许失败，掉下来了，为什么，因为注意力分散了。

有很多同学还没高考就开始想：万一高考失败怎么办？万一考上第三批家里没钱读怎么办？

各位，不要去想，那永远不会发生，你只须面对的是今天。你只须告诉自己：

今天我必须成功。那么你必将拥有一个美好的未来。中国有句古话叫：车到山前必有路。

西方有个哲学家说过：人活着有两大痛苦。一是得不到你想得到的东西，二是得到了你想得到的东西。你知道什么意思吗？

他告诉你们：结果只是一瞬间的事，成功了喜悦一下结束了，失败了痛苦一阵结束了，都会过去的。人生最重要的是那个美妙的过程。

最后我以一个故事结束我今天的演讲。

以色列这个国家，有一种植物很美，植物的名字叫沙漠玫瑰。你一看这玫瑰根本不像玫瑰，它就像枯草。以色列朋友跟你说：不要着急，把它带回到你们中国大陆，放在水里，连续观察它八天，你一定会发现它是最美的玫瑰。你不信。第一天早上起来，发现枯草中间一个嫩芽爆发出来了。有点生命力但不美。第二天早上，最里面一个花瓣打开了，第三天第二个花瓣打开了，第四天第三个花瓣打开了，你发现它有点美了，到第八天所有的花瓣依次打开了，你发现它真的很美。假如有个邻居在第八天到了你家里，你很兴奋地跟他说，多美的玫瑰，请问他有没有感觉？没有？为什么？因为他只看到了一个结果。

朋友们，在你们一生的奋斗过程中，你们的父母老师同学，所有的其他人看到最多的只是你的一个结果，而且是阶段性的结果。所以不要太在乎别人怎么看你，怎么议论你因为那不重要，只有你自己始终陪伴着你自己，默默地忍受所有的属于你的压力，你的痛苦，你的烦恼，你的人生。只要你自己问心无愧，对得起自己，每天很努力，每天很快乐，每天很成功，那么你们必将是最美的玫瑰。朋友们，祝你们高考成功！

（本文来自中国教育文摘）

假如这篇演讲打动了你，那么请你分析一下它的语言特色，好在哪里？

第三节　演讲的准备和演讲稿写作

知识点

一、演讲的准备

无论我们做什么工作，事先都应做好准备。"兵马未动，粮草先行"，说的是战争的前期准备工作的重要性。而演讲，也可以看作是一场没有硝烟的战争，要想讲得好，使听众接受你、支持你，达到预期的效果，准备工作必不可少。那么，应该从哪些方面去着手准备呢？

1. 了解听众

在演讲的准备过程中，我们首先要做的是进行听众分析。听众是演讲活动中必不可少的重要方面，演讲是为了说服听众并使他们按照演讲者的意图去行动，而听众虽是演讲活动中的客体，但并非完全被动，而是具有主观能动性的参与者。如果听众对演讲的内容感兴趣，就会采取热情、积极的合作态度。反之，则会采取冷漠甚至是敌对的态度。因此，做好听众分析是演讲成功的基础。

（1）年龄。听众的年龄有多大？他们的生活经历大概是怎样的？对着20世纪70年代出生的人和对着"90后"进行演讲，他们对你演讲主题的熟悉与理解程度绝不相同。

（2）教育。听众受教育的程度如何？这决定了你的演讲的内容，包括主题和词汇，都要与他们受教育的程度和类型相适应。

（3）职业。听众从事的是什么样的工作？是在校生还是全职人员？了解了他们的职业，你就会了解他们的教育背景和日常事务，也就进一步知道了他们的兴趣和动力所在。

（4）性别。当你说服别人或是提出建议时，男性与女性的反应态度是不一样的。所以，当你了解了听众是男性还是女性时，可以采用不同的说话方式，那样更易得到你想要的反应。

（5）对主题的态度。比听众的年龄、教育、职业及性别更重要的是，他们对于你要演讲的主题的态度如何。作为一个演讲者，一定要预期听众对你所讲主题和内容在情感方面的反应如何。越是听众关心的话题，越是不能摆出一副以自我为中心的架势来演讲，否则观众接受你的程度越小。

2. 熟悉主题和内容

一场好的演讲，离不开好的主题。选择主题，首先应选择自己熟悉的内容。只有熟悉，才能有切身的体会，才能拥有大量的素材，才能谈得深入、透彻。选择主题还要考虑到听众的兴趣，做到有的放矢。要秉持鲜明的立场，阐述正确的观点。要尽快地确定自己演讲的题目，收集整理材料列纲成文。

3. 搜集素材和资料

在做了以上各项工作后，就应该着手收集素材，组织材料了。生活中也许有很多的素材，但是要注意，不要因为害怕素材不够而去准备太多的素材，最后导致演讲时耽误自己太多的时间。要准备的素材其实可以分为三种：一是核心素材，也就是演讲时所必须提出的素材；二是可任意处理的素材，比如演讲时间不足，而省略掉这些素材，也不会对整场演讲造成伤害；三是辅助素材，如果时间足够的话就不妨把这类素材发表出来，这样做一定是有益无害，或者是在回答别人问题时也可以运用这些素材，增强你的说服力。

4. 准备演讲稿

收集完素材，就要开始撰写讲稿了。一篇好的讲稿，是演讲系统性、完整性、有效性的必备要素。演讲稿的基本结构一般由称谓、开头、正文和结尾四个部分构成：

（1）称谓。演讲的对象不同、场合不同，称谓也就不同。常见的称谓有"女生们""先生们""朋友们""同学们"等，有时也在称谓前加上"敬爱的""尊敬的"等词语，表示友好与尊重。

（2）开头。演讲稿的开头也叫开场白。开头的方式有许多种，但无论用哪种方式开头，都要力求有新意，给人耳目一新之感，这样才能像磁石一样紧紧抓住听众的心。

（3）正文。正文是一篇演讲稿的主体，要做到内容充实，紧扣主题，要围绕中心论点，处理好论点与论据的关系，合乎逻辑地逐层展开论述。结构清楚，富于变化，过渡自然，使演讲者与听众之间产生情感上的共鸣。

（4）结尾。演讲稿的结尾要做到简洁有力，余音绕梁，这样的结尾能使听众精神振奋，并不断进行思考和回味。演讲稿的结尾并没有固定的格式，或对全文内容进行言简意赅的小结，或以鼓动性、号召性的话语收尾，还可以借用一些诗词名言或是幽默风趣的话语，总之以能给听众留下深刻印象为原则。

5. 做适当的演练

演讲表达的主要特点是"讲"，对演讲者来说，写好了演讲稿，不一定就讲得好。因此，应该在演讲正式开始前，多做几次演练，从演讲的身体姿态、面部表情、声音腔调，以及语速方面进行调整，这样才能使讲话"艺术化"起来，从而产生一种特殊的艺术魅力。

二、演讲稿的写作

1. 演讲稿的含义

演讲稿又叫演说词，是在大会上或其他公开场合发表个人的观点、见解和主张的文稿。演讲稿是一种实用性较强的文体，是为演讲准备的书面材料。

在重要的演讲前准备好演讲稿，可以通过对思路的精心梳理，对材料的精心组织，使演讲内容更加深刻和富有条理。而且，可帮助演讲者消除临场紧张、恐惧的心理，增强演讲者的自信心。

2. 演讲稿的特点

演讲稿是一种带有宣传性和鼓动性的应用文体，专为演讲而服务，具有其他文体不同的特点：

（1）内容上的现实性。演讲稿在内容上必须具有现实性和针对性。演讲者提出的问题是听众所关心的问题，评论和论辩要有雄辩的逻辑力量，要能为听众所接受并心悦诚服，这样，才能起到应有的社会效果。因此，演讲稿无论是主题的选择还是材料的收集，都要与听众的心理需求相一致。

（2）情感上的说服性。演讲是演讲者在现场与听众双向交流信息，不仅仅是表达自己的思想和情感、情绪，更重要的是要将这种思想、情感和情绪传递给听众，好的演讲要具有一种激发听众情绪、赢得好感的鼓动性，要富有感染力，才能收到好的效果。

（3）语言上的口语性。语言上的口语性是演讲稿区别于其他书面表达文章的重要方面。演讲主要是通过口头语言讲给人听的，因此，演讲稿必须讲究"上口"和"入耳"，也就是讲起来通达流利，听起来非常顺畅，没有什么语言障碍，不会发生曲解，使听众和演讲者在思想情感上产生共鸣。

3. 演讲稿的写作

（1）标题。演讲稿的标题是演讲稿不可缺少的有机组成部分，可以说是一篇演讲稿的眼睛。标题拟定得好，不仅可以吸引听众的注意力，而且还能起到概括演讲稿的思想内容，突出演讲中心论题的作用。标题可以提示演讲的核心内容，如《珍惜时间》；可以运用象征或比喻的手法，深入浅出地概括演讲的主题，如《扬起生命的风帆》；可以通过提问，提示演讲的主要内容，如《吃亏是福吗？》；还可以抒发情感，以情感人，如《我爱我的祖国，我爱我的学校》等。

（2）称谓。演讲稿的称谓也就是对听众的称呼语。演讲要根据对象和场合的不同，采用不同的称谓。常见的有"各位领导""各位来宾""女士们、先生们""同志们""朋友们""同学们"等，称呼得当，能给听众留下良好的印象，拉近与听众的心理距离。

（3）开头。开头也叫开场白，是演讲稿的导入部分。开头写得别致、有新意，能牢牢抓住听众的心，引人入胜，调动听众的情绪，为正文内容的展开打下基础。常见的开头方式有这样几种：

① 揭题式开头。开门见山，直接揭示演讲的主题。这种开头方式的特点是干净利落，简洁明了，一目了然。

【示例13】

《社会公益与我同行》的开头：今天我与大家分享的话题就是：企业社会责任。

【评析】这个开头把要向听众揭示的论点摆出来，使听众一听就知道讲的中心是什么，注意力马上集中起来。

②描述式开头。以叙述这样的表达方式开头，或者讲述一个故事，吸引听众的注意，或者展示某种画面，激起听众的联想和想象。

【示例14】

《梦想在现实中起舞》的开头：阮籍目睹世间的浑噩不堪和好友的身首异处，借醉酒逃避现实。他的一生一直在逃避、逃避、逃避，却终因一篇《为郑冲对晋王笺》被人唾弃。嵇康则完全生活在现实之中，不肯向生活做出任何妥协，最终一曲《广陵散》成为绝响。其实人生由阮籍的醉酒向前一步便是嵇康的《广陵散》，人生由嵇康的《广陵散》向后退一步便是阮籍的醉酒，殊途同归的境遇竟是如此迥异。若是两人各向中间迈出一步，将幻想与现实稍加中和，也许就不会落得生者隐入迷幻，死者融入苍穹，只留给后人无尽的怅惘。

【评析】开头描述了阮籍和嵇康的人生际遇，在听众面前营造了一个特定的历史画面，引起听众对梦想与现实的思考。

③ 提问式开头。直接提出一些激发听众思考的问题，以引起听众的兴趣，或是一个人们普遍关注的、急切需要解决而一时难以解答的问题，紧接着予以回答，构成"提问式"开头。

【示例15】

《竞争是一种精神》的开头：没有了对手和较量，没有了危机和竞争，这个世界将会怎样？如果真是那样，任何事物都会因松懈而倦息，从而走向颓废甚至灭亡。

【评析】开头向听众提出一个问题，立即引导听众进入共同的思维空间，接着讲出自己的意见，自然使听众的注意力集中在你身上。

④ 抒情式开头。运用抒情的表达方式，寓理于情，象征性地表现个人内心情感，使听众受到强烈的震撼和感染。

【示例16】

《无字碑歌》的开头：好一块无字碑，好一个武则天，她在那片白上描绘出了一个女子的广阔胸襟与明智。她知道自己得到了太多，多得让每一个人都忌妒；她也失去了太多，多得中华五千年的文明都无法承载她的悲哀。一切尽在不言中，留一点空白，让后世子孙揣摩她内心的骄傲与哀伤。

【评析】 开头即以一种诗意化的语言方式，表达了演讲者的情思，抒发了演讲者的情感，并能传递给在场的每一个人。

开头的方式还有其他几种，不再一一列举。总之无论采用什么形式的开头，都要做到先声夺人，富于吸引力。

课堂导练

请说出下面几篇演讲稿的开头，分别采用了什么样的方式。

1. 朋友，你有信念吗？我问过许多同学。一年级的不置可否，嫣然一笑；二年级的则头昂然，声铿锵道："当然！"三年级的，将满头乱发一甩："不知道！"乃匆匆而去，文化衫背后写着："别理我，烦着呢！"也有人问过我，我只能做出一副高深莫测的样子告诉他："难说！"

2. 当我在父母的希冀中成长，优秀便成了一种习惯。他们无法容忍平庸，所以我不得不走向牢笼。他们安排着我的世界，不留一点空白给我。爸爸说，你一定是最棒的，可是他不知道，我不要做最棒的，我不想在奥数之中徜徉，也不想在字母里面徘徊。我只要，我只要一条缝隙，只构筑我的世界；我只愿，我只愿有一点空白，让我自己涂鸦。

3. 张允和先生亦是一位智慧的老人，她一生经历了大富大贵，也经历了战火纷飞、十年浩劫，而她却永远保有一副悲天悯人的情怀、一颗永不衰老的童心。她那悲天悯人的情怀使她正视现实并战胜现实，而她那颗永不衰老的童心则使他在任何艰难的情况下都不放弃幻想和权利。

4. 每一滴水都折射出一个多彩的世界，每一双眼睛都嵌进一个多彩的世界，每一条泛着清丽的旋律的小溪都闪烁着美的光辉。不要空叹人世的无奈，且用美丽的心情来看待人世的繁华多彩，细细品味那无处不在的美吧！

5. 孤独的树枝，像母亲在门口等待的身影，一身的严寒，驱不散母亲双手的温暖。冬天的冰冷，无法冻伤我的心，因为我有母亲编织的爱为我驱寒送暖，但是洁白的雪，可不可以不要染白我母亲柔顺的乌丝？那是我童年最美的梦啊！

(4) 正文。正文是演讲稿的主体和核心部分，就像演讲稿的躯干。正文能否写好，直接关系到演讲的质量和效果，安排好正文的结构和内容就显得至关重要。主体部分的结构层次主要有以下几种类型：

① 平行并列式。这种结构的特点就是围绕演讲稿的中心论点，从不同角度、不同侧面对中心所涉及的几个主要问题进行阐述，其结构形态呈放射状四面展开，而每一侧面都直接面向中心论点，证明中心论点，每个层次之间的关系是并列的。

② 正反对比式。这种结构层次是将段落与段落之间、每个分论点之间形成一正一反的对照，使听众从两种事物的不同或对立中明辨是非，认识中心论点的正确性。

③ 层层递进式。这种结构是指从表面、浅层入手，采取步步深入、层层推进的方法，

最终揭示深刻的主题，每层之间必须有严密的逻辑关系，先讲什么，后讲什么，顺序不能随意变动。用这种方法来安排演讲稿的结构层次，能使事物得到由表及里的深入阐述和证明。

④ 并列递进结合式。这种结构，或是在并列中包含递进，或是在递进中包含并列。

这些是演讲稿正文部分结构安排常用的几种方法，在实际运用中，这些方法并不是截然分开，彼此孤立的，而常常是综合使用，这样可以使演讲的内容更富于变化，更好地表现主题。

（5）结尾。演讲稿的结尾，是主体内容发展的必然结果，关键是要做到言简意赅，留有余味。演讲稿的结尾一般有以下几种方式：

① 总结式。以总结归纳的方式结尾。这种结尾用精练的语言，对演讲内容和思想观点加以概括和强调，起到强化主题，首尾呼应的作用，给听众留下深刻的印象。

【示例17】

《好奇心》的结尾：我想，所谓爱，便是如此。就是我所爱的人，我惦念的人，必得在我看得见的地方，我手够得到的地方，我能够走到的地方，好好地存在着。

我庆幸我拥有好奇心，才得以知晓奶奶一辈的关心、温情与爱。我知道了，那声声呼唤是在说，有你在，整个世界，都在。

【评析】这个结尾呼应主题，得出"爱，无处不在"的结论，字里行间流露出对亲人的眷恋之情，有着画龙点睛的作用。

② 号召式。这种结尾是以慷慨激昂的语言，对听众进行呼唤，提出希望、发出号召，以激起听众感情的波涛，使听众产生一种蓬勃向上的力量。

【示例18】

《杯中窥人生》的结尾：生活是由苦乐、美丑交织而成的经纬网，它穿越时空而光芒犹在。需要我们不断探索和思考人生，只要我们能够在思考之中不断添加沙子、水和石头，人生就变得充实。

让我们一起来做好和充实我们的人生之杯吧！

【评析】演讲者在结尾部分用深刻的认识和独到的见解向听众提出希望，发出号召，促使听众振奋精神，具有动人情、促人行的作用。

③ 点题式。在演讲的结尾再次点明论题，加深听众对演讲的印象，使听众产生强烈的共鸣。

【示例19】

《我的杯中需要沙》的结尾：花落无痕，但它曾经美丽过。虽然没有结果，但它享受过汗水和青春。虽然我不能拥抱第一志愿，但我会在第二志愿里创造出最美的澎湃，让这里成为我飞越梦想，步入艺术的殿堂！

我的杯中需要沙！

【评析】结尾表达了主题的需要，同时再一次地让听众感受到了演讲者那种自强不息的奋斗精神。

④ 名言式。引用哲理名言、诗句等作结尾,能使语言表达得精练、生动、富有节奏和韵律,使听众具有耳目一新之感,对听众具有较强的启发性和感染力。

【示例20】

《坚守心中的道德律》的结尾:"不论是黄昏,还是晨曦初露,茉莉花,总是洁白的。"正如希腊诗人乔治·赛福斯的这首小诗所说,我们青少年要想有所成就,就一定要坚守住自己的洁白,坚守住自己的芳香,坚守住自己心中的道德律!

【评析】结尾部分引用的这句小诗,使整场演讲显得优美而含蓄,具有较强的说服力和鼓舞作用。

⑤ 抒情式。以抒发情怀,具有诗情画意的语言方式结尾,最易激起听众心中感情的浪花。

【示例21】

《感受乡村》的结尾:是的,我爱乡村。爱她金灿灿的油菜花,也爱她的泥泞和肮脏;爱她的青石街道、粉墙黛瓦,也爱她臭烘烘的猪圈;爱她"肯与邻翁相对饮,隔篱呼取尽余杯"的热情与豁达,也爱她物质的匮乏。

我把双脚踩进爷爷的稻田里,那是种下去并且可以长出来的感觉——我愿意做一根稻草,只要乡村,是我的土地……

【评析】这个结尾,感慨万千,诗意浓浓,情真意切,将演讲者心中对乡村那份深切、真挚的爱表露无遗,令人动容。

⑥ 余味式。以留余味、泛余波的方式结尾,语尽而意不尽,让听众流连忘返,久久回味。

【示例22】

《滴水之恩,以何报?》的结尾:啊!只要人人都献出一点爱,世界将变成美好的人间。啊!只要人人怀着一颗感恩的心我们就将知道滴水之恩,以何报。

——"滴水之恩,以何报?"

——"滴水之恩,以心报!"

【评析】这个结尾采取提问的手法,听后令人深思,发人深省,给听众留下了哲理性的思索和回味。

结尾的方式有很多种,要根据演讲的内容采用适当的结尾方式,切忌画蛇添足、冗长拖拉、千篇一律、废话连篇。

演讲的小技巧

课堂导练

下面这几段话，各属于哪种类型的结尾？试分析其语言上的特点：

1. 回归母语，我们将传承文化，提升灵魂，紧随时代！拨开浮躁的乌云，母语将展现一片明朗的天空！

2. 我们的雷锋，在他短暂平凡的人生中，创造出了巨大的人生价值，给我们留下了无与伦比的精神财富，那么，亲爱的朋友们，在漫长而又短暂的人生之路上，我们将做些什么？创造些什么？留下些什么呢？

3. 带着感动出发，每一天都会将行囊充实，无论是喜还是忧。我都会觉得那是自己阅历上的一个个字码。

4. 风吹过窗台，有花落的痕迹，但愿别再有花落的迹象。因为我已委托明月的清辉轻轻告诉花儿：不要轻易说"不"。

5. 《哈姆雷特》中有言："身处果壳之中，也自以为无限宇宙之王。"也许，正因为有了真的"好奇心"在，我们才能以更有力的声音爆发出这样的呐喊。

更何况，因为有了好奇的心，我们的世界远比果壳广阔得多。

6. 爱心也许是那天上缥缈的云，虽然我们看不到它，摸不着它，但他却时时刻刻在我们的身边，给我们诉说着一个个伟大的故事。

爱的心田是我们心中那永远洁白无瑕，自由而充满欢笑的相互帮助，使人与人之间架起了一座桥，是它让我们更能相互了解沟通。

我们的整个世界充满着爱，让我们的爱充满整个世界。

随堂选练

1. 以下是几道命题演讲的题目，请任选一题，完成演讲稿，于课堂上进行脱稿演讲。
我不是一张牌
大学生的气质
幸福的距离
我的大学，我的梦
人们叫我们"90后"

2. 请以三种不同的开头方式，为下面的演讲稿写三个不同风格的开头。
对迟到说"不"
文明离我们还有多远
我的家乡
守住大学生的良知

3. 请分析下面这篇演讲稿开场白的特点。
蓝天因为有了白云的依偎才不会寂寞；高山因为有了山花的依恋才不会孤独；碧海因为有了鱼儿在她心里嬉戏，才会这样生机盎然；而我，因为有了你们，可爱的孩子们，才真正拥有了最美丽、最可宝贵的人生。

没错，我是你们的老师，我给你们传授着知识，我教会了你们思考，而你们，又何尝不是我的老师呢？很多时候，你们不经意的表达，却带给了我无穷的乐趣，给了我深深的启迪，给了我最质朴而又最可宝贵的智慧。

4. 下面这段结束语是属于哪种类型的？你能换一种方式结尾吗？

怀抱一颗感恩的心，让我们将爱传递。将别人无私的帮助，深深铭记，并将之传递，这世界因感恩而美丽。

人世间没有不绝的风暴，感恩却有其不老的风情。幸福之花，开在感恩枝头，灼灼其华。

第六章
职场书面表达

■ 学习目标规划

■ 基本了解

了解书面表达的概念、特点等基础知识。

■ 重点掌握

掌握书面表达的几种常用方法。

■ 熟练应用

能应用所学的书面表达技巧，熟练地写作各种职场文书。

■ 课前热身

■ 记忆引擎

1. 高中阶段，写过哪些应用文？哪些与职场文书有关？
2. 哪些文体写得好？哪些文体写得不理想？

■ 头脑风暴

1. 书面表达与口头表达的区别是什么？
2. 书面表达的特点有哪些？
3. 书面表达的方法有哪些？

案例导入

孙中山青年时代曾去拜访湖广总督张之洞，名帖上写着"学者孙文求见之洞兄"。张之洞获知孙中山是一位名不见经传的儒生，便叫门人送上一纸条，上书："持三字帖，见一品官，儒生妄想称兄弟。"孙中山读完此条，当即写了一下联："行千里路，读万卷书，布衣亦可傲王侯。"张之洞看到此帖，顿时肃然起敬，赶紧开门相迎。

孙中山凭借一副对联充分展现了自己的才华与抱负，让原先倨傲的总督大人为之刮目相看，这就是职场书面表达能力的强大功力。

第一节　职场书面表达能力

> 知识点

一、职场书面表达的含义

职场书面表达，指的是职场从业人员在职业活动中以文字的形式来交流思想、传递信息、表述意愿。

二、职场书面表达的特点

职场书面表达的内容都与工作内容有关，其重要性不言而喻。相比口语表达，它具有独特之处。

1. 表达严密

表达不够严密，就容易产生理解偏差，甚至歧解，给工作带来影响。

【示例1】

现在人们认识到，激光一方面与地球高空大气和地磁场的大规模相互作用有关，另一方面又与太阳喷发出来的高速带电粒子流有关，这种粒子流通常称太阳风。由此可见，形成激光必不可少的条件是大气、磁场和太阳风，缺一不可。具备这三个条件的太阳系其他行星，如木星和水星周围，也会产生激光，这已被实际观察的事实所证明。

【简析】

文章先说明激光的形成与两个方面的作用有关，再论述了激光形成的必要条件，又加以木星和水星佐证，最后用"这已被实际观察的事实所证明。"作为论证的有力依据。同时运用"大气""磁场""太阳风""激光"等专业术语，使表达严密，语义确切没有漏洞。

2. 语体庄重

政府机关的公文具有法定的权威性；企业的规章制度具体较强的约束性。语体庄重严肃，才能引起职场员工的高度重视并严格遵守。

【示例2】

城市房屋拆迁管理条例

（经2001年6月6日国务院第40次常务会议通过，自2001年11月1日起执行）

第一章　总　　则

第一条　为了加强对城市房屋拆迁的管理，维护拆迁当事人的合法权益，保障建设项目顺利进行，制定本条例。

第二条　……

第三条　……

第四条 拆迁人应当依据本条例的规定，对被拆迁人给予补偿、安置；被拆迁人应当在搬迁期限内完成搬迁。

……

第二章 拆迁管理

第六条 拆迁单位取得拆迁许可证后，方可实施拆迁。

……

第三章 拆迁补偿与安置

第二十二条 拆迁人应当依照本条例规定，对被拆迁人给予补偿。

拆除违章建筑和超过批准期限的临时建筑，不予补偿；拆除未超过批准期限的临时建筑，应当给予适当补偿。

……

第四章 罚　则

第三十四条 违反本条例规定，未取得房屋拆迁许可证，擅自实施拆迁的，由房屋拆迁管理部门责令停止拆迁，给予警告，并处已经拆迁房屋建筑面积每平方米20元以上50元以下的罚款。

……

第三十八条 县以上地方人民政府房屋拆迁管理部门违反本条例规定核发房屋拆迁许可证以及其他批准文件的，核发房屋拆迁许可证以及其他批准文件后不履行监督管理职责的，或者对违法行为不予查处的，对直接负责的主管人员和其他直接责任人员依法给予行政处分；情节严重，致使公共财产、国家和人民利益遭受重大损失，构成犯罪的，依法追究刑事责任。

……

【简析】文章对制定该条例的目的、执行范围、适用条件以及拆迁过程中可能出现的情况的处理，一一做了规范，特别是对违反条例规定行为的处罚做了详尽的说明，语气严肃，语体庄重。

3. 形式固定

完美的表达必然是内容和形式的有机结合，在长期的工作过程中，人们逐渐形成为广大群众认同的表达形式，并将其固定下来，统一成格式。特别是公务文书，从纸张、行数、每行字数，到字号、字体都有严格的规定。

【示例3】

公文的排版规格与印制装订要求：

1. 排版规格：正文用3号仿宋体字，一般每面排22行，每行排28个字。

2. 制版要求：版面干净无底灰，字迹清楚无断画，尺寸标准，版心不斜，误差不超过1 mm。

3. 印刷要求：双面印刷，页面套正，两面误差不超过2 mm。黑色油墨应达到色谱所标 BI.100%。红色油墨达到色谱所标 Y80%、M80%。印品着墨实、均匀。字面不花，不白无断画。

4. 用纸要求：公文用纸采用 A4 型，幅面尺寸为 210 mm×297 mm。

5. 装订要求：公文应左侧装订，不掉页。包本公文的封面与书心不脱落，页面页码之间误差不超过 4 mm。

公文式样如图（略）

【简析】文章对公文的排版规格与印制装订要求各方面都做了细致严格的规定，提高了公文的权威性和约束性。

三、提高职场书面表达能力的方法

书面表达能力，说白了也就是写作能力，是一个人语文基础知识、文化素质、道德修养多方面能力的综合体现。

提高职场书面表达能力的方法很多，也因人而异。这里主要从书面表达中人们常犯的一些错误归纳出的四个方法，也是最基础的方法。

1. 使用规范的现代汉语

新中国成立后，国家有关部门多次对汉语进行规范，目的就是让广大群众用统一的语言文字进行交流。因此，我们写作文章时，就必须使用规范化的现代汉语。

（1）使用简化字。前人（包括现在中国的港、澳、台地区）习惯用繁体字，诸如"廠"（厂）、"門"（门）、"關"（关），当代人已基本不用，写出来很多人不认识，容易造成阅读困难。

（2）使用书面语言。口头语言和书面语言不同，如"爷爷、奶奶""爸爸、妈妈"是口头语言，"祖父、祖母""父亲、母亲"是书面语言；"商量、生日、没几天"是口头语言，"商榷、诞辰、不日"是书面表达语言。书面表达较之口头语言在词义上更加严谨、周密、不易产生歧义。

（3）使用规范的词汇。近几年来，出现了很多新的词汇。其中大部分是网络用语。如"极客""机男机女""酷抠族""杯具"，并非人人都懂其意，有些甚至是大部分人都不懂。如小林将一张 DOS 下运行的软件软盘递给你时说道："把它 dir 一下，run 那个 but 就成了。"不知有几个能看懂？

【示例4】

前几年，北京一位赵姓公民给儿子取名"赵 C"。报户口时遭到有关部门的拒绝，他向法院告状，法院经审理，判其败诉，理由是中国公民在境内必须使用汉语姓名。"C"不是汉语。

【简析】不规范的词汇不仅影响交流，而且缺乏职场文书的严谨和庄重。

2. 选用含义明确而限定的词语

词汇的信息容量与信息的确定性成反比，如果一个词语的信息量太大，就容易使人们对词语所含内容认识模糊，从而影响对职场文书的正确理解。如我们经常在报纸上看某工程或某工作"已基本完成"，这"基本完成"到底是完成了多少呢？70% 还是 90%。70%～90% 的差距是很大的。

【示例 5】

达通公司招聘启事

　　抚州市通海商城，地处解放路繁华闹市，是个大型批发商场。今为拓展，招收女营业员若干名。具备条件：女性，年龄 25 岁左右，身高 1.60 米左右，身体健康。有工作经验者优先。

　　报名时间：2012 年 2 月

　　地点：商场人事部

抚州市通海商城
2012 年 2 月

　　【简析】公司在招聘员工的启事书上对所招聘员工的要求"年龄 25 岁左右，身高 1.60 米左右"。这个"左右"就很模糊，20 岁呢？30 岁呢？1.50 米行吗？1.70 米行吗？另外，报名时间也不够确切。

　　3. 使用专业术语、专业用语

　　职场文书应事而发，多为一定的专业写作，涉及专业内容，不用专业术语，无论你水平多高，也写不出规范的职场文书。比如：

　　(1) 经济类：贷款、结算、招标、营销、津贴、补助。

　　(2) 教育类：教学、教材、职业教育。

　　(3) 工程类：预算、监理、施工。

　　另外，在长期的职场文书写作中，一些使用频率较高的词语被逐渐固定下来，形成专门用语：

　　(1) 称谓语："本""我""贵""你""该"

　　(2) 领叙词：是用以引出文书撰写的根据，理由或内容的词，如："根据""按照""为了""接……""敬悉""惊悉"等。

　　(3) 祈请词："希""请"

　　(4) 受事词："蒙""承蒙"

　　(5) 商洽词："是否可行""妥否""是否同意"。

　　(6) 结尾词："特此报告""特此证明""此致""谨此""……为盼""……为荷"。

这些专门用语，能使文书在表达上更加简洁，准确。

【示例 6】

介　绍　信

××福利院：

　　兹介绍我院××系××专业××班团支书×××同学前往贵院联系"学雷锋，送爱心"联谊活动，望接洽为荷。

此致

敬礼

××职业学院

2012年3月5日

【简析】

文章中用了"兹""我""贵""望""为荷"五个专门词语,使语句简洁流畅,达到了言简意赅的境界。

四、牢固掌握汉语基础知识,多看多写

提高职场文书表达能力,必须牢固掌握现代汉语基础知识,主要有以下方面:

1. 用词准确恰当

词汇是语言里所有的词和固定短语的总汇,是语言的重要组成部分。人们平常使用语言交际,就是运用语法规则把词汇有机结合成句子来表达自己的思想。

汉语词汇丰富发达、数量众多,古语词、外来词、方言词及固定短语、兼收并蓄;构词类型多,复合、附加是主要的构词方式,词义丰富容量大;在为人们提供广阔的选择空间的同时,也给我们运用它带来一定的选择困难,诸如同义词,关联词以及标点符号,是经常出现错误的地方。

【示例7】

我们轻视霸权主义。

【简析】"轻视"和"蔑视"都有"看不起"的意义,但后者比前者含义重,"轻视"给人一种战术上不重视的印象。所以要改为"蔑视"。

只有不断进取,就能有所成就。

【简析】"只有"与"才"的关联词搭配表示的是一种可能性,"就"表示的是一种必然性,存在逻辑错误。"就"应该为"才"。

2. 语句通顺流畅

除了刚学说话的孩子之外,人们不再是一个词,一个词地说话,而是把词语联成一个句子来表达。因此,语句通顺流畅是表达的关键。不通顺不流畅就可以称病句,病句就会给交流产生障碍。

3. 结构完整、严谨

职场文书大都不是几句简短的话就能表达清楚的,而是一篇篇的文章。文章应当言之有序,这个"序"就是结构。结构是对职场文书内容进行组织安排,构建出观点与材料、内容与形式有机结合的骨架,一般包括:标题、开头和结尾、层次和段落、过渡和照应四个方面。要求完整严谨,层次分明,段落清晰,要避免松散与重复。

【示例8】

中国共产党中央委员会
中华人民共和国全国人民代表大会常务委员会 讣告
中华人民共和国国务院

(1981年5月29日)

中国共产党中央委员会、中华人民共和国全国人民代表大会常务委员会、中华人民共和国国务院,以极其沉痛的心情宣告:我国爱国主义、民主主义、国际主义和共产主义的伟大战士,杰出的国际政治活动家,卓越的国家领导人,中华人民共和国名誉主席,中华人民共和国全国人民代表大会常务委员会副委员长宋庆龄同志因患慢性淋巴细胞性白血病,于1981年5月29日20时18分在北京逝世,终年90岁。

宋庆龄同志的逝世,是我们国家和全国人民的巨大损失,决定为宋庆龄同志举行国葬,以表达我国各族人民的沉痛悼念。

宋庆龄同志治丧委员会已经成立,我国爱国主义、民主主义、国际主义和共产主义的伟大战士,卓越的国家领导人宋庆龄同志永垂不朽!

【评析】这篇公告标题是"发文机关+文种式",三大机关联合行文。结构是多层式。第一层向全国、全世界人民告知了宋庆龄同志逝世的沉痛消息;第二层写宋庆龄同志是国家和人民的巨大损失,宣布为她举行国葬的决定;第三层告知宋庆龄同志治丧委员会已经成立,并向她表示深切的哀悼。段落之间过渡自然紧密,结构完整严谨。

1)层次

层次是文章思想内容表现的次序,层次前后有序,条理清楚,要具有相对的完整性。

【示例9】

校园畸形消费应引起高度重视

校园消费是广大家长、老师和社会及有关人士十分关注的话题。据××省城镇居民生活消费调查资料显示,近年来××市大、中、小学生的消费支出(除去学杂费)正以19.6%的速度上升。针对这个问题,调查机构对市属大中专院校、中小学生和家长进行了一次专题调查。调查结果表明:校园畸形消费问题严重,应引起社会各界高度重视。

一、请客送礼成了部分学生的"社交方式"(略)

二、谈恋爱的花费占开支的很大部分(略)

三、追求时髦和享乐成了校园靓丽的"风景"(略)

四、网吧、电游室让青少年开阔了视野,但也培养了一批"顽童"(略)

五、走出校园消费误区,引导学生健康消费

针对社会和学生家长对待学生认识上存在的误区,全社会应共同努力,加强对青少年培养和教育。首先是社会和家长应正确认识青少年时期所处的地位和面临的学习任务。其次是引导青少年学生树立正确的人生观和价值观,促进其顺利成长。

【评析】这是一篇放映情况的调查报告。采用总分式结构。第一层概括了调查的目的、对象和范围,补充说明了全文主旨。第二层从四个方面分析、归纳了校园畸形消费问题严重。第三层提出希望。结构严谨,层次分明。

2)段落

段落,这里指自然段,即文章中能够表达一个完整意思而又相对独立的基本构成单位,是在行文中,由于转折、间歇及强调等情况而自然形成的分隔、停顿。在形式上具有"换行"的明显标志。应做好段落与段落之间的衔接,过渡和照应。

【示例10】

关于对少数地方和单位违反国家规定集资问题的通报

各省、自治区、直辖市人民政府,国务院各部委、各直属机构:

关于稳定金融秩序,坚决制止乱集资和确保完成今年国库券发行任务问题,国务院及有关部门曾三令五申,并多次发出通知。今年2月27日,《国务院办公厅转发财政部、国家计委、中国人民银行关于1993年国债发行工作请示的通知》中规定:要"继续贯彻国债优先发行的原则。在国库券发行期内,除国家投资外债外,其他各种证券一律不得发行……"但少数地方和单位有令不行、屡禁不止,仍然我行我素,违反有关规定,在未完成国库券认购任务的情况下,利用发行债券、股票等多种形式进行集资。这种做法,不仅影响国库券发行任务的完成,而且,严重扰乱金融秩序,对改革开放和经济建设危害极大。根据国务院领导的指示精神,现将有关情况通报如下:

今年4月18日,新疆维吾尔自治区在完成国库券认购任务之前,不按规定的程序审批,擅自决定新疆宏源信托投资有限公司公开向社会募集3 215万个人股,并向社会发售认购证,引起群众上街排队抢购以及炒买炒卖认购证的现象。4月,山东省济南创建实业公司违反有关规定,擅自向社会公开发行变相股票"'不夜城'主题大厦建筑产权"。2月,福建省中联产业投资开发有限公司……

上述地区和单位违反有关规定的集资行为是错误的,经国务院同意,现通报批评,并做如下处理:

一、由新疆维吾尔自治区人民政府立即制止新疆宏源信托投资有限公司向社会募集个人股活动,对有关责任人给予严肃处理。在此事处理完毕前,暂不批准自治区公开发行股票。

二、由山东省人民政府立即制止济南创建实业公司发行变相股票的集资活动,对有关责任人给予严肃处理。在此事处理完毕前,暂不批准山东省公开发行股票。

……

【评析】

通报的第一段在说明国务院三令五申发出制止集资通知后,用了过渡词"但",其后行文内容发生转折,指出不少地区有令不行,屡禁不止,我行我素的违规行为。基本情况概述后,用过渡句"现将有关情况通报如下",起到了由总到分的过渡作用。第二自然段通报了几个省相关单位的违纪行为后,使用的自然段即"上述地区和单位……做如下处理",是个典型的过渡段,既承上归纳总结了"上述地区和单位违反有关规定的集资行为是错误的"又启下"经国务院同意,现通报批评,并做如下处理",引出了对相关地区和单位的处理意见，这两部分内容紧密衔接，前后连贯，文气贯通。

3）开头与结尾

文章的开头一般写明发文的背景、依据、目的、原因、意义或重要性等，要用简明扼要的文句概述有关的基本情况，阐明论点。结尾一般与开头相呼应，再次强调行文目的，点明深化全文主题，或发出号召，寄托希望。是对全文的收束，应做到简明概括、言尽意止。

【示例11】

2006年1月29日14时15分，××省××市××镇梨林花炮有限公司库房发生爆炸，导致附近的老君庙等房屋倒塌，造成16人当场死亡，在清理现场和受伤人员救治过程中又有20人死亡。截至目前已造成36人死亡、8人重伤、40人轻伤。爆炸原因正在调查中……

【评析】文章开头概括、简要说明了事件发生的时间、地点和伤亡情况等基本内容。给人以总体印象，然后再做具体分析。

4）主题鲜明、深刻

主题又称主旨，是作者通过文章的具体材料所表达的中心思想或基本观点。主题是文章的灵魂，决定着文章的质量。对主题的要求是鲜明、深刻。

① 鲜明。即文章所要表达的思想感情，立场态度要鲜明。肯定什么，反对什么，应表述清楚，决不可模棱两可或含糊其词。

② 深刻。即文章应揭示事物的本质及其内部规律，要提出对社会发展有益的见解，不应停留在表面，流于肤浅。

【示例12】

《关于加强市区犬类管理的通知》（开头部分）

为预防和控制狂犬病，保障人民群众的人身安全，保证市区清洁卫生，根据创建卫生城市标准和《××省犬类管理规定》，经市人民政府研究，现就加强市区犬类管理工作通知如下：……

【评析】

行文开头就点明主旨，统领全文，使读者开篇即能了解这个通知的基本精神和行文的主要意图。

要提高书面表达能力，平时要多看一些优秀的职场文书，汲取经验；要多练习职场文书的写作，通过练习提高表达能力。

随堂选练

一、什么是职场书面表达，它的特点有哪些？

二、提高职场表达能力的方法有哪些？

三、选择填空

1）依次填入下列横线处最恰当的一组词语是（　　）

① 为了搞清楚事故的原因，公关部门决定立案_____。

② 上级多次派人来_____这家工厂的财务工作。

③ 煤炭和石油都是现代工业所_____的燃料。
④ 助人为乐，尊老爱幼及人之所_____。

A. 侦察　检查　必需　必须　　　　　B. 侦查　检查　必需　必须
C. 侦察　检查　必须　必需　　　　　D. 侦查　检察　必需　必须

2）下列各项词语意思相近的一项是（　　）

A. 大吹大擂　大言不惭　大摇大摆　夸大其事
B. 言外之意　弦外之音　话中有话　意在言外
C. 颠倒黑白　混淆是非　指鹿为马　指桑骂槐
D. 人山人海　水泄不通　挨肩擦背　人多势众

3）依次填入下列句子横线处最恰当的一组关联词是（　　）

① _____做哪种学问，总不外乎"摆事实，讲道理"六个字。
② 一个人做学问不可能没有一些看法，_____当你进入观察或实验的时候，一定要把你那些看法暂时忘掉。
③ 观察语言现象，_____听人说话以外，还有书面材料，就是用文字写出来的。
④ 进行调查也要注意不给调查对象任何暗示，_____不自觉的。

A. 不管　但是　除了　哪怕　　　　　B. 无论　但是　不仅　哪怕
C. 不管　如果　除了　即使　　　　　D. 无论　如果　不仅　即使

4）辨析病句

① 下列句子中没有语病的一句是（　　）

A. 要提高教学质量，必须不断提高师资水平和教学设备。
B. 注射剂十分灵验，药水立刻止住了病人的疼痛。恢复了神智。
C. 当然不是说不要引人家的话，而是说不要处处盲目地引。
D. 这些花朵象征着坚忍、纯洁和品质高贵。

② 下列句子中句意明确的一句是（　　）

A. 一对夫妇特意赶在结婚纪念日这天来到捐助中心，一人捐了1 000元钱。
B. 世界已进入 21 世纪，窗外的世界一天一个样。有着强烈求知欲的大学生们该如何呢？
C. 好的牛肉必须是专门饲养用做肉用的，牛肉也呈现出大理石花纹。
D. 调低保送生比例后，一批体育、艺术特长的学生正为不能按原计划升入相关的大学而奔走。

第二节　职场书面表达方法

> **知识点**

职场书面表达方法指撰写文章所采用的具体表现方法和形式，表达方法有五种：记述、描写、说明、议论、抒情。

一、记述

记述是以记载与叙述人物、事件、管理的动态和发展过程来表述思想的一种表达方法。

叙述的方法有很多，常用种类有顺叙、倒叙、概叙和夹叙夹议。事件、地点、人物、事件、原因、结果是记述的六要素。

【示例13】

国务院关于对王仪轩机组的嘉奖令

中国民航沈阳管理局第十飞行大队王仪轩机组，1983年5月5日驾驶三叉戟296号机，执行沈阳至上海航班任务，在飞临渤海上空遭到六名武装暴徒劫持后，表现得很勇敢、很机智，确保了旅客安全，捍卫了祖国的尊严。当出现严重危害旅客安全的险情时，机组及时采取措施，多次化险为夷。在暴徒以武力威胁而又与地面失去联系等十分危急的情况下，为了避免机毁人亡，机组人员沉着冷静，以高超的技术，使飞机安全降落在不适宜大型飞机的韩国春川机场。飞机降落后，机组人员面对各种复杂情况，立场坚定，组织团结奋斗，争取返回祖国。在这次事件中，机组表现出热爱党、热爱人民、热爱社会主义祖国的高尚品质和革命气节，表现出一心确保旅客安全的职业道德，以实际行动为人民立了功。

为了表彰王仪轩机组的英雄事迹，国务院决定：授予王仪轩机组"中国民航英雄机组"称号；授予机长王仪轩"中国民航英雄机长"称号；给机长王仪轩、领航员王培富、空勤通信员王永昌各记特等功一次，各晋升两级；给领航员冯玉武、空勤机械员林国荣、乘务员程梅、姜发项、李霞各记大功一次，各晋升一级；并对王仪轩机组九名同志分别给予资金奖励。

【评析】

这篇嘉奖令的第一段运用概括叙述方法，用简洁的语言分析了王仪轩机组的主要事迹，即发生的时间、地点、事件、结果和遭到六名武装暴徒劫持后的勇敢表现，没有对事件的经过、发展做详细具体的叙述、渲染，而是平铺直叙，简明扼要。

二、说明

说明即以简明的文字，将对象的动态、性质、特征、构造、成因、关系及功能等解说清楚，让人们认识了解某个对象。说明的方法主要有：定义说明、诠释说明、举例说明、比较说明、分类说明、数字说明，根据文章需要采用适当的说明方法。

【示例14】

××大酒楼第三季度财务成果分析

第三季度，酒楼营业收入继续回升，毛利亦有增加，但因费用支出增加幅度大，并正在步步升高，故企业经济效益接连下降的趋势仍未扭转过来。具体如下表所示（略）。

第三季度，酒楼营业收入继续回升。同前两个季度一样，营业收入仍在继续增多，达到201.2万元，比第二季度增长6.4%，比去年同期上升10%。增加的原因主要是酒楼添设了办喜事的专用设施，收费也比较合理，所以承办结婚宴席的桌次相应增加；高级餐厅的高档菜肴，因经济形势好转和外国客人增多，上座率也有所上升。

毛利有增无减，毛利率略有下降。本季酒楼毛利额共实现88.1万元，比第二季度增长

6.3%，比去年同期上升 27%。而毛利率因高、中、低档菜肴营业额构成发生变化，本季却比第二季度和去年同期分别下降 0.05% 与 0.93%。

【评析】

例文在说明"酒楼营业收入继续回升"时，将第三季度的营业收入与第二季度和去年同期收入做纵向比较；接着将"毛利有增无减"与"毛利率略有下降"做横向比较，通过比较来说明事物的变化。典型的事实、准确的数据和清晰的比较说明给人印象深刻。

三、议论

议论是应用概念、判断、推理的逻辑关系，结合材料，来反映客观事物，描述事物的内在联系、本质与规律，并阐明作者主张的一种表达方式。在职场写作中，议论是运用较多的表达方式。

【示例15】

万丈高楼平地起，但大家知道，只有在坚固的基础上才能筑起万丈高楼，在沙地上是建不起高楼的。可见，打好基础对做好事情是多么重要。达·芬奇的老师开始不是教他创作什么作品，而是要他画蛋，实际上就是要他严格训练用眼细致地观察形象，用手准确地描绘形象，手眼一致，不论画什么就能得心应手了。正是因为达·芬奇经过了严格的基础训练，终于创作出许多不朽的名画，成为一代宗师。

【评析】这段话运用的是议论表达方法中常用的演绎推理法。第一句是用一个比喻推出了一个一般性的道理（论点）：要做好事情，就必须打好基础。在演绎推理中，这就叫大前提。第二句说达·芬奇在老师的指导下进行了严格的训练，这就叫小前提。第三句自然而然地得到结论：达·芬奇之所以取得艺术成就，是因为他经过了严格训练。这样的逻辑推理是令人信服的。

四、描写

描写就是描绘、摹写人物、事件及景物的状态与特征的一种表达方式，多用于新闻通讯、广告等。

【示例16】

梦中花园——丽江古城

兼山乡之容、水乡之貌

一座依顺自然的山水之城

一座亲和自然的田园之城

丽江古城

载纳西民俗风情

深层历史文化

一个以人为本的世外桃源

一个天人合一的梦中家园

滇西北雪域大江中

在熙攘浮躁的当今世界，这座古城已成了

难得一闻的一曲远山清音，红尘牧歌

【评析】 这是一则丽江古城的旅游宣传广告。运用描写手法勾勒出丽江古城的自然之美、古朴之美、人文之美，使自然与人、历史与文化、仙境与人间，水乳交融，引发人们的悠然神往之情。

五、抒情

抒情，即抒发感情，职场文书中除海报、简报、演讲稿、广告等少数文种使用外，大部分文种一般不用。

1. 职场书面表达的方法有哪些？
2. 下面一段文章各采用了哪种表达方法？

（1）机器人（robot）一词来源于捷克作家 Karel Capel 1920 年的幻想剧《罗萨姆的万能机器人》，捷克语是劳动的意思。虽然真正意义上的工业机器人的出现迄今不过五十年，但我们却可以将机器人的历史追溯到公元前 3 世纪。那时，我国西周的工匠偃师就已经造出了会歌舞的偶人，堪称人类记载的最早的机器人。诸葛亮制造的木牛流马以及 18 世纪瑞士钟表匠杰克父子制造的各种会书写、绘画、弹琴的偶人，也都是早期的机器人。

（2）于是轮到涂色料的工作了，他们管这个工作叫作点蓝。涂上的色料有好多种，不只是一种蓝色料，为什么单叫点蓝呢？原来这种制作方法开头的时候多用蓝色料，当时叫点点蓝，就此叫开了。这种制品从明朝景泰年间（1450—1456 年）开始流行，因而总名叫景泰蓝。

第七章

职场文本解读

学习目标规划

■ **基本了解**
了解职场文本阅读常见误区及职场文本阅读的类型。

■ **重点掌握**
掌握职场文本阅读的方法、技巧。

■ **熟练应用**
能运用文本阅读的相关技巧，较好地完成相应的职场文本解读任务。

课前热身

■ **记忆引擎**
1. 在中学阶段，你的阅读水平怎样？能读懂大部分文章并掌握其中心意思吗？
2. 你喜欢写作吗？在写作过程中能熟练运用词语吗？

■ **头脑风暴**
1. 常见的应用文文体有哪些？
2. 怎样在文体写作中有效运用词语？
3. 培养高效阅读应从哪几方面入手？

案 例导入

明明说话爱用修饰语，可是却不管这些词语用得是否恰当。有天，妈妈让明明给远在美国工作的爸爸写信，明明拿起笔，很快就写好了一封信。

我最亲如骨肉的爸爸：

您好！近来身体是否健壮如牛？工作是否风调雨顺？收入是否见钱眼开？现在我正奋不顾身地学习，老师表扬了我的丰功伟绩，我听了感到沾沾自喜。在家的时候，您总是苦口婆心地批评我滥用词语，您放心吧，我是个虚怀若谷的人，我一定会浪子回头的。

收到我的信，您一定会感激涕零的。我和妈妈盼着您早日回来。

祝爸爸万古长存！

您的儿子：明明
2016 年 5 月 24 日

明明在这封信里用了很多成语，可是全然不顾这些成语的实际含义和感情色彩，而且有些成语是谦词，只能对己，有些成语是敬词，只能对人，他还犯了谦敬错位的错误，读了令人哭笑不得。

第一节 职场文本解读常见误区

知识点

一、正确书写汉字

在人们日常的学习、工作和生活中，有些字经常很容易被写错，这都是由于近似字的干扰造成的，或形似，或音同，或音近，而字义又往往相关，若不辨析清楚，难免张冠李戴，使人理解错误。常犯的书写错误有以下几种：

1. 字形相近，读音、字义不同

【示例1】祟 崇

【评析】崇：形声字，声旁是"宗"，意思是像山一样又高又大。祟：会意字，"示"是鬼神的意思，所以"作祟""鬼鬼祟祟"等都必须写"祟"。

【示例2】暴 瀑 爆 曝

【评析】"暴""瀑""爆""曝"字形相似，字义不同，应注意加以区别。"暴"多作形容词，"瀑"只能作名词，"爆""曝"都可作动词。

2. 读音相同，字形、字义不同

【示例3】长 常

【评析】长：指距离、长度或是时间长久，如"长年累月""长治久安""长此以往"。常：指经常、时常、常常，如"常备不懈""常胜将军""冬夏常青"。

【示例4】辨 辩

【评析】辨：分清、识别，如"分辨""辨别""明辨是非"。辩：用理由和根据说明真伪、是非，如"辩论""辩护""答辩"。

3. 读音、字形相近，字义不同

【示例5】度 渡

【评析】"度""渡"都可作动词，表示"过"的意思。但"度"用于时间，指经过一段时间；"渡"用于空间，指通过一片水域，从此岸到达彼岸，常用于比喻通过困难时间。

二、容易写错的字（括号里是正确的字）

1. 安祥（详）　　　　2. 重迭（叠）　　　　3. 粗旷（犷）
4. 蜂涌（拥）　　　　5. 甘败（拜）下风　　6. 渡（度）假村
7. 针贬（砭）　　　　8. 复（覆）盖　　　　9. 三步（部）曲

10. 防（妨）碍
11. 震憾（撼）
12. 复（覆）灭
13. 食不裹（果）腹
14. 幅（辐）射
15. 凑和（合）
16. 松驰（弛）
17. 泊（舶）来品
18. 一幅（副）对联
19. 脉博（搏）
20. 家俱（具）
21. 按步（部）就班
22. 天翻地复（覆）
23. 迫不急（及）待
24. 欣尝（赏）
25. 指手划（画）脚
26. 言简意骇（赅）
27. 既（即）使
28. 迷（谜）团
29. 一愁（筹）莫展
30. 气慨（概）
31. 追朔（溯）
32. 精萃（粹）
33. 穿（川）流不息
34. 一股（鼓）作气
35. 草管（菅）人命
36. 偶而（尔）
37. 哈蜜（密）瓜
38. 悬梁刺骨（股）
39. 矫柔（揉）造作
40. 善（擅）长
41. 挖墙角（脚）
42. 再接再励（厉）
43. 萎靡（糜）不振
44. 迁徒（徙）
45. 一诺千斤（金）
46. 老俩（两）口
47. 沉缅（湎）
48. 打腊（蜡）
49. 不径（胫）而走
50. 黄粱（粱）美梦
51. 名（明）信片
52. 蒜苔（薹）
53. 做（坐）月子
54. 了（瞭）望
55. 默（墨）守成规
56. 颂（诵）读
57. 不落巢（窠）臼
58. 爱（艾）滋病
59. 大姆（拇）指
60. 人材（才）
61. 烩（脍）炙人口
62. 杀戳（戮）
63. 沤（呕）心沥血
64. 座（坐）落
65. 洁白无暇（瑕）
66. 痉孪（挛）
67. 凭（平）添
68. 雾淞（凇）
69. 死皮癞（赖）脸
70. 美仑（轮）美奂
71. 出奇（其）不意
72. 精减（简）
73. 兰（蓝）天白云
74. 罗（啰）唆
75. 修茸（葺）
76. 一股（鼓）作气
77. 鼎立（力）相助
78. 蛛丝蚂（马）迹
79. 亲（青）睐
80. 趟（蹚）水
81. 磬（罄）竹难书
82. 一如继（既）往
83. 弦（旋）律
84. 装祯（帧）
85. 入场卷（券）
86. 鬼鬼崇崇（祟祟）
87. 膺（赝）品
88. 发韧（轫）
89. 声名雀（鹊）起
90. 金榜提（题）名
91. 渲（宣）泄
92. 夜霄（宵）
93. 笑咪咪（眯眯）
94. 走头（投）无路
95. 寒喧（暄）
96. 元霄（宵）
97. 常（长）年累月
98. 趋之若骛（鹜）
99. 竭泽而鱼（渔）
100. 九宵（霄）
101. 公诸（之）于众
102. 终身（生）事业
103. 既往开来（继）
104. 萤（荧）光
105. 谈笑风声（生）
106. 终生（身）受益
107. 世外桃园（源）
108. 急燥（躁）
109. 人情事（世）故
110. 名不符（副）实
111. 脏（赃）款
112. 坐阵（镇）
113. 有持（恃）无恐
114. 不能自己（已）
115. 回（迥）然不同
116. 就序（绪）
117. 额首（手）称庆
118. 姿（恣）意妄为
119. 弹（殚）精竭虑
120. 九洲（州）
121. 旁证（征）博引
122. 雄奇俊（峻）拔
123. 张惶（皇）失措
124. 俏（悄）然
125. 饮鸩（鸩）止渴
126. 身体姿式（势）

127. 滥芋（竽）充数　　128. 峻（竣）工　　129. 打破记（纪）录
130. 了了（寥寥）无几　131. 床第（笫）之私　132. 编篡（纂）
133. 名符（副）其实　　134. 尤（犹）如猛虎下山　135. 老声（生）常谈
136. 格（恪）守　　　　137. 灸（炙）手可热　138. 维（惟）妙维（惟）肖
139. 开天劈（辟）地　　140. 蜇（蛰）伏　　141. 宁缺勿（毋）滥
142. 可望不可及（即）　143. 一杯（抔）黄土　144. 表帅（率）

课堂导练

下列词语中没有错别字的是（　　）
A. 自抱自弃　按部就班　黄粱美梦　　B. 变本加厉　甘败下风　美轮美奂
C. 一筹莫展　水乳交融　蛛丝蚂迹　　D. 川流不息　萎靡不振　要言不烦

三、正确使用词语

（一）常见的词语误用情况

1. 近义混用：有些词语看似意思相同，实则有细微差别。

【示例6】"包管"和"保管"

【评析】二者都是动词，都有保证、负责之意。"包管"多用于对某事有信心，表示愿意承担应有的责任（如：这东西，不出一两天，包管生效）；"保管"除此意义外，还有"保存管理"之意（如：一定要把仓库里的粮食保管好，不要发生事故）。

2. 形近误用：有些词语字形相似或者具有某些共同的语素，在使用时产生混淆。

【示例7】"事半功倍"和"事倍功半"

【评析】"事半功倍"指形容做事得到正确方法，不浪费精力；"事倍功半"指用成倍的力，只收到一半的功效，指工作费力大，收效小。这两个词由于语素位置不同产生的含义完全相反，不注意就容易误用。

3. 搭配不当：每个词语都要和句中其他词语搭配使用，因此要注意在语法及含义上不能发生矛盾。

【示例8】"必须"和"必需"

【评析】两个词都有"一定要"的意思。"必须"是助动词，一般用于动词之前，作状语（如：要让成绩上去，你必须努力认真）；"必需"一般作谓语或定语（如：日常生活的必需品；我们应当拥有必需的学习工具书）。

4. 词义轻重失当：词语在表意程度上有轻有重，运用不当也会造成误用。

【示例9】"窜改"和"篡改"

【评析】都是动词，都有"改动"的意思。"窜改"仅指文字上的改动（如：窜改原文）；"篡改"指用作伪的手段改动或曲解经典、理论、政策等（如：日本总有一些人安图篡改侵华历史）。

5. 感情色彩不当：有的词语具有感情色彩，在运用时要注意与全句以至全文的内容和谐一致，否则也会造成误用。

【示例10】"毕命"和"毙命"

【评析】都是动词，都有"死亡"的意思，"毕命"指结束生命，多指横死（如：毕命于车祸）；"毙命"指丧命，含贬义（如：在我军的英勇还击下，敌人全部毙命）。

此外，还有主客谦称错位、望文生义、适用范围不当等误用情况，在用词时一定要多加注意。

（二）易混词的分辨

1. 引见（引荐）	2. 审订（审定）	3. 界限（界线）	4. 包含（包涵）
5. 淡泊（淡薄）	6. 心律（心率）	7. 原形（原型）	8. 化妆（化装）
9. 推脱（推托）	10. 切记（切忌）	11. 简洁（简捷）	12. 清净（清静）
13. 委曲（委屈）	14. 搜剿（搜缴）	15. 尖厉（尖利）	16. 分辨（分辩）
17. 隐讳（隐晦）	18. 交代（交待）	19. 墙角（墙脚）	20. 自制（自治）
21. 处世（处事）	22. 法治（法制）	23. 变幻（变换）	24. 反映（反应）
25. 启示（启事）	26. 学历（学力）	27. 传颂（传诵）	28. 降伏（降服）
29. 回还（回环）	30. 面世（面市）	31. 总览（总揽）	32. 神志（神智）
33. 不齿（不耻）	34. 凡事（凡是）	35. 无名（无明）	36. 制订（制定）
37. 现时（现实）	38. 专诚（专程）	39. 同事（国是）	40. 大义（大意）
41. 悲痛（悲恸）	42. 品味（品位）	43. 增值（增殖）	44. 预定（预订）
45. 检查（检察）	46. 侦察（侦查）	47. 权利（权力）	48. 必须（必需）
49. 考查（考察）	50. 大事（大肆）	51. 退化（蜕化）	52. 功效（工效）
53. 做客（作客）	54. 质疑（置疑）	55. 融解（溶解）	56. 乞求（企求）
57. 休整（修整）	58. 经心（精心）	59. 中止（终止）	60. 习用（袭用）
61. 巨变（剧变）	62. 察访（查访）	63. 流传（留传）	64. 因缘（姻缘）
65. 诈取（榨取）	66. 受权（授权）	67. 邻近（临近）	68. 纯美（醇美）
69. 会合（汇合）	70. 考问（拷问）	71. 义气（意气）	72. 盈利（营利）
73. 合计（核计）	74. 篡改（窜改）	75. 度过（渡过）	76. 贯注（灌注）
77. 修养（休养）	78. 振荡（震荡）	79. 启用（起用）	80. 披阅（批阅）
81. 牟取（谋取）	82. 受命（授命）	83. 灿然（粲然）	84. 幽美（优美）
85. 协调（谐调）	86. 勾通（沟通）	87. 附议（复议）	88. 合约（和约）
89. 枉然（惘然）	90. 涣然（焕然）	91. 驱除（祛除）	92. 默然（漠然）
93. 俟机（伺机）	94. 衍化（演化）	95. 结余（节余）	96. 豁然（霍然）
97. 淹没（湮没）	98. 行迹（形迹）	99. 悠远（幽远）	100. 贡奉（供奉）

课堂导练

从感情色彩的角度看，下列句子中画横线的词语运用恰当的一项是（　　）

A. 这本书<u>肤浅</u>易懂，深受读者欢迎。

B. 这项实验终于成功了，他多年的<u>梦想</u>变成了现实。

C. 班主任<u>鼓动</u>大家要多做好事。

D. 发现敌人来了，他一边<u>故作</u>镇静地扫地，一边向屋里发了信号。

三、病错句辨析

（一）语序不当

1. 名词修饰语

多项定语与中心语的正确次序一般是：表领属性的或时间、处所的→指称或数量的短语→动词或动词短语→形容词或形容词短语→名词或名词短语。

另外，带"的"的定语放在不带"的"的定语前。

【示例11】

病句：她是一位优秀的有20多年教学经验的一位国家队的篮球女教练。

【评析】正确次序：她是国家队的（领属性的）一位（数量）有20多年教学经验的（动词短语）优秀的（形容）篮球（名词）女教练。

2. 动词修饰语

多项状语次序比较复杂，必须特别注意的是：

①先时间后处所；

②先介词结构后情态动词、形容词；

③表示对象的介词结构一般紧靠中心语；

④不要弄错修饰对象。

【示例12】

①在这片神奇的土地上上一世纪曾发生过一场血战。（"上一世纪"应放在"这片神奇的土地上"前。）

②我们再也不是任意被列强欺侮的国家。（"被列强"应放在"任意"前。）

③科学家急于对兰花在最有异域色彩的热带物种标本完全消失之前进行研究。（"急于对兰花"应放在"进行"前。）

④国际15个州禁止黑人在娱乐场所与白人享有平等的地位。（"与白人"应修饰"平等"。）

3. 关联词语的位置

一般来说，两个分句同一个主语时，关联词语在主语后边；不同主语时，关联词语在主语前边。

【示例13】

①他如果不能实事求是，事业就会受到损失。（"他"应移到"如果"后面。）

②要是一篇作品里的思想有问题，那么文字即使很不错，也是要不得的。（"即使"应移到"文字"前。）

（二）搭配不当

1. 主谓搭配不当

【示例14】

①我国棉花的生产，过去不能自给。（不能自给的是"棉花"而不是"生产"。）

2. 动词和宾语搭配不当

【示例 15】

①纪念三八节的到来。("纪念"的只能是"三八节"而不是"到来"。)

3. 一面与两面搭配不当

【示例 16】

艺人们过去一贯遭白眼,如今却受到人们的热切的青睐,就在这白眼与青睐之间,他们体味着人间的温暖。("白眼"和"青睐"指相反的两面,但后面的"温暖"只适用于一面。)

(三) 成分残缺或赘余

一是成分残缺:

1. 缺主语

【示例 17】

由于他这样好的成绩,得到了老师和同学们的赞扬。("得到"的主语什么?应改为"由于这样好的成绩,他得到了……")

2. 缺谓语

【示例 18】

①可见对工人阶级的关心负责的态度到何等的薄弱程度。("到"在这里不能做谓语的主要成分,只能将"薄弱"提上来,可"态度"是不能薄弱的,句子应改为"……的关心和负责薄弱到何种程度"。)

②最近又发动了全面的质量大检查运动,要在这个运动中建立与加强技术管理制度等一系列的工作。("一系列的工作"是哪个动词的宾语呢?也许是"建立与加强"的?"建立与加强工作"又讲不通,在"建立"前少个谓语"完成"。)

3. 缺宾语

【示例 19】

①虽然每天工作很忙,但还是抓紧和同学研究或自己看书。("抓紧"什么?"时间"一词不能省。)

②我们要尽一切力量使我国农业走上机械化、集体化。("走上"要求有一个名词做它的宾语,"机械化""集体化"都是动词,句子应是"走上……的道路"。)

二是成分赘余:

1. 重复

【示例 20】

①一年来,妇女工作已打下了相当的工作基础,获得了一定的工作经验。(第二、第三个"工作"应删。)

②其实这是过虑的想法。("虑"就是想，应删去"的想法"。)
2. 可有可无

【示例21】

①不知不觉就走了十里路左右的距离。(应删去"的距离"。)
②父亲逝世离现在已整整九年了。(应删去"离现在"。)

(四) 结构混乱

1. 藕断丝连
一句话的结构已经完整，却把它的最后一部分用做另一句的开头。

【示例22】

①我们向政府提意见是人民的责任。(把"我们向政府提意见"和"向政府提意见是人民的责任"凑在一块儿，应该删去"我们")
②你可知道，要出版一本译作是要经过多少人的努力以后，才能与读者见面的。(把"要出版……的努力"和"一本译作……见面的"凑在一块儿，用哪一句都可以)

2. 中途易辙
一句话说了一半，忽然另起炉灶，重来一句。

【示例23】

①杜重远以《闲话天皇》这篇文章，认为是冒犯了日本皇帝，置之于狱，就是例子。(应该改作"因为杜重远写了……文章，就认为他是……"。原句使不知道这件事始末的人误认为杜重远把别人送进监牢，非常不妥)
②中国人民自从接受了马列主义思想之后，中国的革命就在毛泽东同志领导下大大改了样子。("中国人民……马列主义思想之后"就怎么样？作者不接下去说，却用"中国革命"另起一句。应该改为"自从中国人民……之后")

3. 反客为主
是指把上半句主语以外的成分用来做下半句的主语，因此而纠缠。

【示例24】

①因此，当匪徒们偷袭游击队的时候，被游击队反包围，歼灭了无数匪军。("被游击队反包围"的主语是"匪军"，但"歼灭了无数匪军"的主语只能是游击队，作者却把它一气呵成，不加交代。应该把末一分句改作"歼灭了一大部分"或"不计其数"；这样"歼灭"是接着"被游击队"下来的，就连贯了)
②反革命分子的阴谋活动是应当加以揭露，而且能够把它揭露的。(就上半句说，谁"加以揭露"，当然是"我们"，但这个词隐而未现，正式主语应当是受揭露的"反革命分子的阴谋活动"。可是下半句的"能够把它揭露的"主语就不可能还是"反革命分子的阴谋活动"，而只能是"我们"。这一句应该在"是应当"前加"我们")

（五）表意不明

1. 指代不明

【示例 25】

有人主张接受，有人反对，他同意这种主张。（"这种主张"指代不明）

2. 有歧义

【示例 26】

①他请几个营的干部参加座谈会。（"几个"修饰"营"还是"干部"？）

②介绍菲律宾的一种权威著作。（可以解释为"介绍——菲律宾的一种权威著作"，也可以解释为"介绍菲律宾的——一种权威著作"。如果作者意思是后者，就不如把"一种"提到头上）

（六）不合逻辑

1. 自相矛盾

【示例 27】

①他是多少个死难者中幸免的一个。（既然"幸免"，自然是没有死，怎么能说是"死难者中的一个"呢？应改为"多少人死难了，他是幸免的一个。"）

②这增强了中国人民与侵略者斗争的无比力量。（既然已经"无比"，如何还能"增强"？应删去"无比"）

2. 主客倒置

【示例 28】

①在那个时候，报纸和我接触的机会是很少的。（应该是"我和报纸接触"）

②去年的学习成绩和今年比较起来大不相同。（我们比较一先一后两件事，一般总是以后者为主体，应是"今年的学习成绩和去年……"）

（七）句式杂糅：即为两句混杂。既用这种说法，又用那种说法

【示例 29】

在旧社会，他利用开当铺进行残酷地高利贷剥削人民。（这里把"利用开当铺进行残酷地高利贷剥削"和"利用开当铺残酷地剥削人民"两种说法混杂在一起）

随堂选练

1. 下列各句中，没有错别字的一句是（　　）。

A. 不可狂妄自大，也不要枉自菲薄。

B. 经过长途跋涉，他风尘仆仆赶到这里。

C. 他自顾不遐，哪里还能顾及他人。

D. 他城府很深，有话从不直截了当地说。

2. 下列各句中，没有错别字的一句是（　　）。

A. 此事的处理要恰如其分，当心过犹不及。
B. 诗歌最忌娇揉造作，无病呻吟。
C. 老陈仍在犹疑，不肯将计划合盘托出。
D. 超女大赛风靡一时，有些人却嗤之以鼻。

3. 填入下列横线上的词语，最恰当的一组是（　　）。

①我国大型深水港——山东石臼港建设进展顺利，____九月中旬，已完成年施工计划的90%。

②为了迅速扭转逐年亏损的局面，厂党委决定____精通业务、有决策能力的退休科技人员。

③她一连几次挑起话头，想和女儿谈谈，可是女儿的____却很冷淡。

A. 截止　启用　反应　　　　B. 截至　起用　反应
C. 截止　起用　反映　　　　D. 截至　启用　反映

4. 下列各句中，没有语病的一句是（　　）。

A. 这次网络短训班的学员除北大本校人员外，还有来自清华大学等15所高校的教师、学生和科技工作者也参加了学习。

B. 我们的报刊、杂志、电视和一切出版物，更有责任作出表率，杜绝用字不规范的现象，增强使用语言文字的规范意识。

C. 在新的千年里，中华民族这条巨龙一定会昂首腾飞于无垠的天际，创造出令世界惊异的奇迹来。

D. 这家工厂虽然不大，但曾两次荣获省科学大会奖，三次被授予省优质产品称号，产品远销全国各地和东南亚地区。

5. 下列各句中，没有语病的一句是（　　）。

A. 2003年，福建省计划实现全省自考考籍的电子化管理，同时加强网站建设，为自学考试者提供方便快捷的"一站式"信息服务。

B. 2月5日，美国国务卿鲍威尔向联合国安理会提供了伊拉克特委会如何按萨达姆的指示监视联合国武器核查人员。

C. 一片新生的松林围着一间护林人小屋，它们就坐落在美丽的金鸡山南坡。

D. 红庙岭垃圾堆放场建垃圾发电厂一事，日前专家已通过了可行性论证。

第二节　职场文本阅读

知识点

一、阅读的方式

阅读的方式直接影响着阅读的效果，针对不同的文本，选择合适的阅读方式不仅可以提高阅读效率，更可以感受更好的阅读体验。常见的阅读方式有：泛读、精读、通读、跳读等。

1. 泛读

泛读也指浏览，即粗略阅读，它有利于学习者在较短的时间内获得较多的信息。

2. 精读

精读是区别于泛读而言的概念，指深入细致地研读。一个人要积累知识，就必须读书。对重要的文章和书籍，要认真读反复读，要逐字逐句地深入钻研，对重要的语句和章节所表达的思想内容还要做到透彻理解，这就是精读。

3. 通读

通读，指把书籍或文章从头到尾阅读一遍。

4. 跳读

跳读是在阅读中，有意识地跳过一些无关紧要的句段或篇章而抓住读物的关键性材料的阅读方法。跳读是通过省略次要信息来加快大脑对文字的反应速度，使阅读速度与思维过程同步进行。

5. 寻读

寻读是一种为了查找文章中的某些信息而采取的目的性很强的阅读方法。通常寻读的关键词汇是人物、时间、地名、数字、某个主题词等。

6. 朗读

朗读，是把文字转化为有声语言的一种创造性活动，是一种出声的阅读方式。

7. 默读

默读，是读的一种重要方式，由于省去了发音的动作，所以速度快，不互相影响，保证环境的安静，便于更集中地思考、理解读物的内容，并且不易疲劳，易于持久。

课堂导练

请用寻读的方式阅读下面这条新闻，然后谈谈你对 CPI 的理解。

前天，国家统计局发布了 8 月份的 CPI，同比上涨了 6.5%，这一增幅达到了最近十年来的最高。

消费者物价指数（Consumer Price Index，CPI）反映与居民生活有关的产品及劳务价格统计出来的物价变动指标。CPI 是衡量宏观经济问题的一个重要指标，经济学界有观点认为，它在 3% 以下比较正常，大于 5% 通常认为是严重的通货膨胀。

国家统计局总经济师姚景源却认为 CPI 是判定通货膨胀的一个重要指标，但不是唯一指标。我国目前 CPI 上涨不是全面上涨，而是结构性上涨，更重要的要看宏观经济中总供给和总需求是否严重失衡。

国际上判定通货膨胀更重要的是看核心 CPI 指标。所谓核心 CPI 是扣除食品和能源消费后消费品和服务的价格上涨情况。目前我国的核心 CPI 是 0.8%，说明我们现在尚未进入全面通胀状态。

二、阅读能力的提高

阅读是有目的地获取书面信息的交际行为。读者在阅读活动的全过程中，通过对书面信息的加工、理解和吸收，在获取知识或事实的同时体验作者的思想、观点、情感、态度。既然阅读在我们学习中的地位如此重要，那么，提升阅读能力，对于我们的自学能力、思维能力、表达能力和创造能力有关键的促进作用。但是，阅读不仅仅是对词语和句子的理解，它还需要读者对阅读过程积极主动的参与，需要读者善于利用自己的知识和经验，以加深对文章的理解。这样就需要掌握阅读策略。

1. 预测策略

预测策略指的是阅读全文之前，先掠读文章大、小标题、特殊字体（斜体、加黑、加粗等）、特殊符号、插图、图表，以获取文章线索，对作者要说什么"话题"有个大概了解，并积极调动我们头脑中已有的、关于这个话题的相关知识和经验，以提高我们的理解水平。

2. 辨读策略

辨读策略指的是通过阅读，明确文章的要点，了解作者围绕文章"话题"所表述的若干主要观点。

3. 猜测策略

猜测策略指的是通过文章上下文提供的语境线索和构词知识来解读生词词意。

4. 推断策略

推断策略就是利用文章中提供的信息，得出文章字里行间的暗含意义，或推断作者或文章中某些人物的观点、情感、态度以及人物或事物（事件）发展的走向、结局等。

5. 设问策略

设问策略指的是阅读过程中，对材料所供信息有意设问，提升阅读敏感，如时间、地点、人物、过程、结果……好像同作者直接对话。

6. 推论策略

推论策略指的是阅读完毕后，对文章中的信息进行过滤，排除无关信息，根据相关信息推断结论，如情节发展结论、人物个性结论、作者意见结论、读者获益结论等。

7. 概要策略

概要策略指的是阅读完材料后，将所阅材料浓缩、摘要，书面或口头做出所阅材料的梗概。

三、阅读的技巧

（一）理解阅读材料中重要概念或句子的含义

1. 重要概念或句子的概念

所谓"重要概念"，指的是那些与文段的整体内容或要传达的主要信息密切相关的概念。对于这些重要概念的理解是理解整个文段内容的基础。

文中的重要概念包括：

（1）与写作对象或文段主旨密切相关的概念；

（2）在文中被临时赋予特殊含义或深层意义的概念；

（3）反映具体语境的概念。

所谓"重要句子"，指的是那些对文意表达起重要作用的关键性语句。文中的重要句子包括：

（1）能点明主旨或能显示文章脉络层次的关键性语句；

（2）在文中起重要作用的中心句、总结句、过渡句或对文脉的推进与转接有关键作用的语句；

（3）内涵较为丰富而且具有提示性或引导性的语句；

（4）比较含蓄的有深层含义的语句。

【示例30】

在整个世界经济一片衰退之际，中国经济的"一枝独秀"让我们出了名。但是，善于思考的人们还会发现一个让我们清醒的话外音——"一枝独秀不是春"。如今，整个世界经济的严冬对我们这个一枝独秀的温暖角落产生了些许影响。

对这段文字概括最准确的是：
（A）我国经济增长面临着挑战
（B）中国经济与世界经济对比鲜明
（C）世界经济状况陷入不良循环之中
（D）当前中国经济形势喜人，不断增长

【评析】这段文字关键的地方在于"一枝独秀不是春"，同时，文中还说明了世界经济形势不好对中国的影响，A 最为恰当。这段文字并没有对比中国经济与世界经济，故 B 不正确；而文中只是说明了世界经济状况不好，没有说明处于不良循环之中，故 C 也不正确；D 虽然在文中提到，但这段文字重要的是说明"世界经济对中国的影响"，故 D 也不正确。

【示例 2】

尽管人人向往单纯，感觉在复杂的世态人生里活着很累，说到某个蓝色的眼睛纯净而透明时也很羡慕。但是，通向简单的路很远。在复杂就是合法，简单就有悖"公理"的惯性之下，那一座面朝大海的房子，总只是在理想中。

"那一座面朝大海的房子"的含义是：
（A）纯净的眼睛
（B）轻松的生活
（C）单纯的生活状态
（D）简单的人际关系

【评析】这段话要讲的是：人们向往简单、单纯的生活状态，但是在现实世界中，这种理想难以实现。"纯净而透明"的"蓝色的眼睛"，暗示着人心灵的单纯，但是与题目中所问的"那一座面朝大海的房子"并不等同，所以 A 不正确；B 选项强调生活的"轻松"，与这段文字所说的"单纯"不同；D 选项强调"人际关系"的简单，这只是整个生活的一个方面，故也不正确。唯有 C 选项方是"那一座面朝大海的房子"所暗示的意义。

（二）筛选并整合阅读材料中的主要信息及重要细节

1. 筛选并整合信息的概念

筛选信息，就是根据一定的目的要求，经过辨别把相关的信息提取出来；所谓整合信息，就是根据一定的目的要求，将文中相关的而又分散的信息集中起来，并加以处理。这"整合信息"和"归纳内容要点""概括作者的观点态度"等要求之间是交叉关系，而不是并列关系。"信息筛选与整合"是指按照命题者所给出的语言文字或图表数据等材料，在理解的基础上，对材料中相关的信息进行筛选、整合，最后概括归纳为符合命题者要求的语言。

2. 解题技巧

（1）打枝削叶，巧提主干。

材料中有些语段的信息是由文段中的过渡句、提纲挈领的句子、文章或文段的中心句、总结性的句子等组成的，我们筛选、整合时，只需将这些句子摘录出来，然后根据要求将多余的枝叶删除即可。

（2）删繁就简，去伪存真。

在迅速浏览材料时，可略过无关紧要的信息，快速抓住关键信息。有些语段，很多内容都是对某个关键信息的阐释、说明、补充，甚或是拓展、引申，如举例、描写等，实际上，这些内容都不是实在的，而是"虚"或"伪"的，只是为了让大家便于理解关键信息。我们要对材料进行筛选整合，去伪存真，然后再将"真意"概括表述出来。

（3）合并同类，列举异义。

通过快速浏览，找到语段中符合题干要求的若干信息后，看看相关信息、相同信息、不同信息各是什么，都是从哪几个方面传达的，然后将相同信息进行大合并，相关信息进行小合并，不同信息并列到一起。

（三）分析文章结构，把握文章思路

1. 结构和思路的概念

结构是就文章的表现形式来说的，是思路的归宿，表现为文章的骨架。我们常说的段落、层次、开头、结尾、统领（总领）、收束（总结）、伏笔（铺垫）、过渡、照应（呼应）等，就是文章结构的内容。分析文章结构，便于透彻理解文章。

思路是在写作过程中，作者思维活动的轨迹。通常有一个从发散到集合、从模糊到清晰、从杂乱到有序的过程。思路是以客观事物为基础的，而客观事物之间的关系不外乎三种：时间关系、空间关系和逻辑关系。思路又是作者头脑反应的产物，因为客观事物本身总是多侧面的，不同的人往往会有不同的认识结果，因此形成的思路也就不同。把握作者思路，便于快速整体把握文章。

文章的结构和作者的思路关系密切：结构是外显的思路，思路是内化的结构。思路是谋篇，结构是布局；思路是内隐的，结构是外显的。

从文章的结构来看，有如下6种类型：并列关系、承接关系、递进关系、转折关系、因果关系、解证关系。从思路上看，都有如下三种类型：时间型、空间型、逻辑型。时间型的主要反映时间顺序，如先后、早晚等；空间型的主要反映空间顺序，如上下、内外等；逻辑型的主要反映逻辑顺序，如正反、主次、类比、归纳、证明、阐释、叙议等。

2. 解题技巧

（1）分析文章结构的技巧。

①看文体特征。不同文体，结构不同。如新闻结构五要素、记叙文的记叙顺序、说明文的说明顺序、议论文的论证结构、散文的线索、小说以及戏剧的情节结构等，都可以帮助我们从文章的体裁上快速找到分析结构的依据，进而弄清作者行文的思路。

②看关键句子。一是中心句。段落的中心句是该段的总纲，文章的中心句直接就是文章的主旨。如果文章或段落有中心句，首先必须抓住、找准中心句。这样就等于抓住了段落或篇章的"纲"。二是体现文章思路或结构的重要语句。分两种：一种是总领或总结性的，分别位于段落或篇章的首尾，作用是或领起（总领）下文，或收束（总结）上文。另一种是起承接过渡作用的，或紧承上文、开启下文，或与上下文的某一句或某一段遥相呼应。对下文来说是伏笔，是铺垫；对上文来说是照应，是呼应。

③看重点词语。一是标志性词语。这些词能表明文章中句与句、层与层之间的基本关系，比如"于是""从而"表承接关系。"但是""然而""不过""其实""与此相反"表

转折关系,"首先、其次""一方面……另一方面""同样"表并列关系,等等。二是解说性词语。科技文中,解说新信息、介绍新情况时,往往采用解说、举例的形式,分析层次时就要注意提示解说内容的词语,如"意思是说""比如""例如""即是""也就是说"等。

(2)把握文章思路的技巧。

①抓题目。题目或是写作对象,或揭示了文章线索,或隐含了写作顺序。是写作对象的,看哪些地方是直接写该对象的,哪些地方是从侧面写的,这样能大致厘清思路;是文章线索和写作顺序的,则直接以此探寻文章的思路。

②抓中心句。中心句往往在段首(首括句)、段中(过渡句)或段尾(总结句),抓住中心句就抓住了段落核心和文章主旨,理解文章整体思路就很容易了。

③抓中心话题。如果中心句不明显,则直接去抓中心话题,哪些段落讲述的是同一话题就划分为一个层次,这样也能很快理清思路。

(四)归纳内容要点,概括中心意思

材料的内容要点,就是指材料的主要内容,或者说是材料内容的精要之处。

1. 找出相关的概括性语句

在具体的材料中,概括性的语句与具体的叙述描写或阐述是相互依存、相互作用的,因此寻找概括性语句来概括内容要点是最重要的途径。材料中局部内容要点的归纳,一般说来,也可以运用这一方法。

2. 分析相关文字的层次

为了防止内容要点的遗漏,应对相关文字做大致的层次分析。

3. 提取精要,独立归纳

有的文章,虽然有概括力强的语句,但与试题要求归纳的角度并不一致;也有一些文学作品并没有相应的概括语句。遇到这样的情况,就要求我们根据要求,认定范围、提取精要,用自己的语言独立概括。

【示例3】

我国花卉业近年取得了巨大的成就,已成花卉大国。到 2004 年,全国花卉种植面积达到 63.6 万公顷,产值达 430.6 亿元。我国花卉业发展具有植物资源丰富、气候条件多样、劳动力与土地价格低等优势;但还存在着产业结构不合理、面积增长过快、生产技术落后等问题。另一方面,我国花卉标准和认证工作还比较落后,必须尽快建立起符合我国花卉产业发展实际的花卉标准体系和认证认可体系。

这段文字主要说的是我国:

(A)花卉业发展的前景

(B)成为花卉大国的原因

(C)花卉业发展过程中的优势与劣势

(D)花卉业发展过程中亟须解决的问题

【评析】这段文字比较长,但我们仔细阅读后会发现它的层次非常简单,可以分为三层:第一层简单介绍我国花卉业目前的情况;第二层说明我国花卉业发展所具有的有利条件;第三层说明我国花卉业发展所遇到的阻碍。从中不难看出,这段文字主要想说明的是我国花卉业发展中的有利和不利条件。A项在文中没有提到。B项并不是这段文字的主要内容。文中只提到了我国花卉业面临的一些问题,但没有说是亟须解决的,所以 D 项也是错误的,只有选项 C 很好地概括了这段文字的内容。所以本题正确答案是 C。

(五) 分析概括作者在文中的观点态度

作者在文中的观点态度,是文章思想内容的核心,也就是文章的意旨。"分析概括作者在文中的观点态度"这一能力点,是在归纳文章内容要点的基础上提出来的进一步要求。

1. 什么是作者的观点态度

所谓观点,就是作者对事物所持的看法;所谓态度,就是指作者在文中所表现的思想倾向和感情倾向,包括肯定与否定、爱与憎、褒与贬,以及某种程度的保留等。

作者的观点态度,在不同类型的文章中有不同的表现形态。一般说来,论述性的文字是明朗的、直说的,文学作品则比较含蓄。论述性的文章中,中心论点、分论点以及某些论述,就是作者在文中的主要观点。叙述性的文学作品,一般以写人、叙事、写景见长,观点态度等不直接说出,但是,也是可以捕捉到的。

2. 解题技巧

(1) 从概括性强的句子入手。

有的文章的观点是直接表述的,抓住了概括性强而又表达某种看法的句子,就抓住了作者的观点态度。

(2) 从文中运用的材料入手。

文中运用的材料,不论是事实还是文献资料,总是要表达一定的观点的。因此,从分析材料入手,是分析概括作者观点态度的重要途径。

(3) 从作者的评述入手。

有时候,作者把自己的观点态度隐含在具体的评述之中而不直接说出。这就要求从分析具体的评述入手,提出精要,做出概括。

【示例 4】

大学作为精神文化中心,必须相对独立于世俗社会之外,不以流俗的是非为是非,更不以流俗的价值标准取代自身的精神价值追求,有所不为才能有所为,才能作为社会的最后一个精神堡垒,影响社会,而不是被浮躁、喧嚣、功利的社会所同化。

这段话的作者认为大学应该:

(A) 与流俗社会泾渭分明

(B) 保持独立的价值取向

(C) 培养学生独立的价值观念

(D) 与社会上的不正之风作斗争

【评析】这段文字主要说的是大学不应该被浮躁、喧嚣、功利的社会所同化,所以 B 是作者的主张。"泾渭分明"比喻界限清楚或是非分明,文章谈的主要是精神层面的东西,A 选项是对原文的过度引申,故不正确。这段话并没有谈到培养学生的问题,所以 C 选项不对。文章中只提到大学不能被流俗社会的价值标准所同化,而应当尽量"影响社会",但并没有提到什么态度对待不正之风,故 D 选项也不正确。

(六) 根据上下文合理推断阅读材料中的隐含信息

1. 什么是推断

根据上下文进行合理推断,是阅读材料之后的一种发挥和再创造过程,是一种根据已知的事实或前提进行逻辑推理得出新判断的能力。它必须遵循"原文"至上的原则。任何推断都不是空穴来风，都必须从材料本身出发，从材料具体内容出发，是材料的生发与拓展。

原材料中需要"推断"的内容，主要有以下情况：
（1）材料没有直接给出现成的结论。
（2）作者在材料中对某一方面事物的发展暗示了一种倾向。
（3）材料包括的内容是多方面的，对这些材料的综合可以推测出某一方面的发展。
（4）作者对某些观点或现象的个人看法，或对某些事物的评价态度。
（5）结合现实社会生活或科技发展等有关常识，可推测某一新的发现、认识的前景。

2. 解题技巧
（1）对材料整体内容的全面理解，对基本信息的准确提炼

首先应在整体阅读的前提下，把握全文的基本思想倾向、观点态度，筛选出文中的有关重要信息，注意不同观点之间的区别及作者对它们的评论或看法。

（2）抓住文章中的隐含信息

挖掘有关材料或信息中的隐含信息，是一个难点，也是一个重点。或者是材料对某一方面的问题没有明确的说法，或者是作者对问题的发展做了一定的暗示，或者是命题者对某一问题变换了一个角度，或者在材料的分析总结中临时借用了某方面的材料、观点，或者是时间、地点等因素的变换，等等。

【示例5】

下一个千年，我们将不再谈论天气，而是主动地去调理天气。我们将逐渐学会预测人类活动给地球、气候以及生态系统带来的影响。拥有了这些知识，人们将越来越愿意用它来管理我们这个星球的活动。

由这段文字我们可以知道：
（A）人类管理星球的能力将越来越强
（B）到下一个千年，人类就能自主决定天气变化了
（C）人类要真正主管地球至少还需要一千年的时间
（D）人类给地球、气候以及生态系统带来的影响将越来越小

【评析】从文中提到的"主动地去调理天气""拥有了这些知识，人们将越来越愿意用它来管理我们这个星球的活动"可以判断选项A是正确的。选项B错误在于"自主决定"，这从文中是推不出来的。文种提到"人们逐渐学会预测人类活动给地球、气候以及生态系统带来的影响"，但不意味着"人类给地球、气候以及生态系统带来的影响将越来越小"，所以D也是不对的。

职场阅读的方法与技巧

课堂导练

阅读下列短文,完成题目。

江南小镇历来有藏龙卧虎的本事,你看就这么些小河小桥竟安顿过一个富可敌国的财神!沈万山的致富门径是值得经济学家们再仔细研究一阵的,不管怎么说,他算得上那个时代既精于田产管理,又善于开发商业资本的经贸实践家。有人说他主要得力于贸易,包括与海外贸易,虽还没有极为充分的材料佐证,我却是比较相信的。周庄虽小,却是贴近运河、长江和黄浦江,从这里出发的船只可以毫无阻碍地借运河而通南北,借长江而通东西,就近又可席卷富裕的杭嘉湖地区和苏锡一带,然后从长江口或杭州湾直通东南亚或更远的地方,后来郑和下西洋的出发地浏河口就与它十分靠近。处在这样一个优越的地理位置,出现个把沈万山是合乎情理的。这大体也就是江南小镇的秉性所在了,它的厉害不在于它的排场,而在于充分利用它的便利而悄然自重,自重了还不露声色,使得我们今天还闹不清沈万山的底细。

系好船缆,拾级上岸,才抬头,却已进了沈厅大门。一层层走去,600多年前居家礼仪如在目前。这儿是门厅,这儿是宾客随从人员伫留地,这儿是客厅,这儿是内宅,这儿是私家膳室……全部建筑呈纵深型推进状,结果,一个相当狭小的市井门洞竟衍伸出长长一串景深,既显现出江南商人藏愚守拙的谨慎,又铺张了家庭礼仪的空间规程。但是,就整体宅院论,还是算俭朴的,我想一个资产只及沈万山一个零头的朝廷退职官员的宅第也许会比它神气一些。商人的盘算和官僚的想法判然有别,尤其是在封建官僚机器的缝隙中求发展的元明之际的商人更是如此,躲在江南小镇的一个小门庭里做着纵横四海的大生意,正是他们的"大门槛"。可以想见,当年沈宅门前大小船只的往来是极其频繁的,各种信息、报告、决断、指令、银票都从这里大进大出,但往来人丁大多神色隐秘、缄口不言、行色匆匆。这里也许是见不到贸易货物的,真正的大贸易家不会把宅院当作仓库和转运站,货物的贮存地和交割地很难打听得到,再有钱也是一介商人而已,没有兵丁卫护,没有官府庇荫,哪能大大咧咧地去张扬?

1. 不能解释沈万山致富可能得益于贸易的是:
（A）周庄靠近富裕的杭嘉湖地区和苏锡一带
（B）江南小镇多富商,易互通往来相互借鉴
（C）周庄贴近运河、长江和黄浦江,可通东西
（D）周庄所处地理位置可从长江口或杭州湾直通东南亚

2. 对沈厅的描述主要是为了说明:
（A）沈厅的建筑风格简单朴素
（B）沈厅的排场不及朝廷退职官员
（C）江南小镇曾有过一个富可敌国的商人
（D）当年江南商人已相当富庶但又十分精明谨慎

3. 文中的"大门槛"是指:
（A）沈厅当年是不轻易让外人进的人家
（B）沈厅在当年的江南小镇是最富庶的人家
（C）沈厅当年门前有着络绎不绝的人丁船只
（D）沈家当年隐藏在这个小镇做的却是大贸易

4. 文章的最后一句话主要说明了：
（A）官府对商业贸易的严格管制
（B）贸易的往来历来有很大风险
（C）商人的地位低下导致贸易难做
（D）商人的真实地位及其谨慎心态

四、阅读的延伸——缩写

（一）什么是缩写

缩写，是指将内容较多、篇幅较长的文章，在中心思想和主要内容不变的情况下，按一定的要求写成较短的文章，缩写不能改变原文的体裁。

缩写不同于修改和摘录，而是要根据不同的目的和要求，缩成所需要的文章。练习缩写一方面可以进行记忆能力的训练，强化知识；另一方面，可以训练有序、有节、有理的书写能力。学会缩写，能帮助我们更好地理解课文内容，培养我们的阅读能力、概括能力以及分析综合的能力，进而提高语言表达能力。

（二）缩写的要求

一般说来，缩写有以下三个方面的要求：

1. 要忠实于原文的中心意思，不可偏离题旨。缩写不允许改变原文的中心思想，不能改变原文的体裁、结构，甚至连人称也不能变。要保持原文的主要事件，保持原文人物的基本特点，还有段落顺序，表达方法也都要维持原样。

2. 要抓住重点，去粗取精。在总体把握原材料的基础上，抓住重点内容进行缩写。在缩写中，原文字材料的重要语句必须保留，而次要的材料、过渡性的段落等可以舍去，对于推动事物发展的时间、地点、人物、起因等因素不能遗漏。

3. 语言要精练，前后衔接自然，首尾贯通，使全文成为一个有机的整体，做到小而不乱。

总之，缩写后的文章要做到结构完整、中心明确、语言流畅。

【示例6】

将下面这篇文章缩写出来，字数控制在200字以内。

最后的影像

孙三病危，给独生女芳芳留下遗嘱：让她每月一号到邮局，给一个姓林的老人写封信。

孙三死了。一号到了。芳芳走进邮局。

邮局大厅靠门的墙角，摆着一张白漆小桌。芳芳认得，这是她爸爸的。爸爸就在这代人写信，写了四十年。写一封信，或一毛，或两毛。她就靠爸爸这点收入，读了小学，读了中学。

"你是芳芳吧？"一个苍老的声音挨近她。

"我叫林大志。孩子，代我写吧。"老人递给她一个信封，一张纸。

"孩子她娘，你搭错了船，去了台湾，我不怪你。我们的女儿平平，走时不满一百天，如今，该一窝拉孩子了吧？我仍住在东坡村……那天，你忘了给孩子穿'百日鞋'，那双小鞋，我一直带在身边……"

下个月一号，再下个月一号，芳芳连着两个月，去了三次邮局，均未见到那个姓林的老人。

芳芳知道老人的住址，便骑车去了。老人的门锁着。邻人说，他去给一位老朋友上坟去了。

提到上坟，芳芳想到爸爸。爸爸一个人，孤零零地躺在郊外……芳芳决定，先去看看爸爸。

远远地，芳芳看到，爸爸的坟前，一团一团黑色的纸花在飞。一个老人伏在那儿，样子很伤心。

"老孙啊，只有你知，知了也不说。这些年，你明知这些信，封封回我'查无此人'，你还帮我写……老孙啊老孙！"

芳芳哭了，她看到爸爸的坟前，堆着一堆信，在那堆信的旁边，放着一双暗红色的婴儿小鞋……

缩写后的文章：孙三病危，临终交代女儿芳芳每月一号去邮局为一位林姓老人写信。父亲去世，芳芳去邮局，一位老人说他叫林大志，请芳芳写信。"孩子娘你搭错船去了台湾，孩子离开时不满百日，她的百日鞋我都带着，我还住在老地方。"

之后两个月，芳芳都没见到老人。她去老人家，邻居说老人上坟去了。芳芳决定去看看爸爸。发现老人在坟前哭泣："老孙，你知道我的信都没人收，不告诉我，还帮我写。"

芳芳哭了，看到父亲坟前一堆信，还有双婴儿鞋。

【评析】对原文做缩写，要把原文的主要内容表述出来。首先要对原文从词语、句式、句间关系以至整体结构进行理解，然后根据自己的语言习惯进行缩写。由于每个人的语言风格不同，缩写而成的文章也会有所差异，但不得与原文相差太远。

（三）缩写的方法与技巧

缩写是一项综合性训练，富有创造性，能把记忆、思考、书面表达三者有机结合起来，使之融为一体。通过练习缩写，不仅可以检查自己对文字材料的重点语句、语段及中心理解得是否深刻，而且有利于发展想象力和创造力，有助于提高自身驾驭语言的能力。

1. 缩写的准备工作

（1）理解材料

读材料时，先把各段落读懂、读通顺、读熟练，能够掌握材料完整信息和内容，在此基础上把握各段各层次间的联系和材料中心。接着对材料内容进行综合、概括，适当取舍，认真选词，组织安排材料。

理解不仅包括对材料中每个句子、每个词的正确理解和正确运用，而且包括对材料和段落整体结构的正确分析。快速记住材料里的一些重要词语、材料结构层次和材料的具体内容。缩写之前，再理一理材料的思路。要注意，缩写时的内容顺序、段落层次、重点部分以及情节发展应与原文一致。

（2）编制提纲

在缩写前可以先列个简单提纲，通过编制缩写提纲，可以进一步理解材料，对材料进行分析、整理和概括后能够较好地掌握材料的写作思路、段落结构，这样，缩写时才能做到有条理。

提纲的编制可根据材料的特点而定，提纲没有固定的形式，可以是各段意的概括，也可以是关键词，只要能有效地唤起对材料内容的记忆就行。

2. 缩写的具体做法

（1）摘录法：抓住原文的中心和要点，以摘录原文重要语句为主，适当增加衔接语言，连缀成文。

缩写记叙文可摘录有关时间、地点、人物、事情的起因、经过、结果等重要语句。缩写议论文可摘录原文的中心论点和分论点，保留主要论据。次要的事例、引文等，有的可以略去，有的可以从中做些摘录。缩写说明文，可把最能说明事物主要特征的部分较多地摘录下来，而文中的枝节问题、与事物本质特征关系不大的部分，可少量摘录或不录。

【示例7】

屈原是战国时期楚国著名的诗人，还是一个很有名望的官员。他忠诚爱国，很有才干。在他的辅佐下，楚国实行了一系列改革，国家渐渐强盛起来，人民的生活也得到了改善，百姓对他十分爱戴。但是，朝中有些权贵对他提出的改革措施非常不满，他们想方设法诬陷屈原，无中生有地在楚王面前说他的坏话。楚王听信了谗言，逐渐疏远了屈原，不再听他变法图强的正确建议，最后把他流放到南方去了。但是，屈原依然热爱自己的祖国，关注人民的疾苦。他写了很多爱国诗歌，并被人们广泛传颂。（节选自《端午节的由来》第三自然段）

【评析】先把段落读通顺、读熟练，在此基础上摘录段落主要内容。缩写之前，先理一理这段文章的思路：屈原是个怎样的人——他对国对民的贡献——遭到权贵诬陷，被楚王流放——流放时依然爱国爱民。最后抓住重点词语作为缩写的"路标"，比如：忠诚爱国、很有才干、非常不满、流放到南方、依然热爱、关注人民等。

（2）删除法：删除次要部分，保留主要部分。

可缩写句子，单句删除添加成分，保留主要成分。复句删除从属的分句，保留强调的分句。段落缩写可以抓住段中主句，其余的字句适当保留。

记叙文，可删除次要人物、次要情节、非关键性的细节，以及一些描写和渲染性的语言等。说明文可删除部分重复的例证、描写、议论性的文字，删除那些不直接影响说明对象的修饰性语言、叙述和次要细节，保留事物特征和本质的部分。议论文可删除重复的分析、次要的例子以及非论证的部分。

【示例8】

景 阳 冈

武松在路上行了几日，来到阳谷县地面，离县城还远。正是晌午时候，武松走得肚中饥渴，望见前面有一家酒店，门前挑着一面旗，上头写着五个字："三碗不过冈。"

武松走进店里坐下，把哨棒靠在一边，叫道："主人家，快拿酒来吃。"只见店家拿了三只碗，一双筷子，一盘熟菜，放在武松面前，满满筛了一碗酒。武松拿起碗来一饮而尽，叫道："这酒真有气力！主人家，有饱肚的拿些来吃。"店家道："只有熟牛肉。"武松道："好的切二三斤来。"店家切了二斤熟牛肉，装了一大盘子，拿来放在武松面前，再筛一碗酒。武松吃了道："好酒！"店家又筛了一碗。

恰好吃了三碗酒，店家再也不来筛了。武松敲着桌子叫道："店家，怎么不来筛酒？"

店家道："客官，要肉就添来。"

武松道："酒也要，肉也再切些来。"

店家道："肉就添来，酒却不添了。"

武松道："这可奇怪了！你为何不肯卖酒给我吃？"

店家道："客官，你应该看见，我门前旗上明明写着'三碗不过冈'。"

武松道："怎么叫作'三碗不过冈'？"

店家道："我家的酒虽然是村里的酒，可是比得上老酒的滋味。但凡客人来我店中，吃了三碗的，就醉了，过不得前面的山冈去，因此叫作'三碗不过冈'。过往客人都知道，只吃三碗，就不再问。"

武松笑道："原来这样。我吃了三碗，如何不醉？"

店家道："我这酒叫作'透瓶香'，又叫作'出门倒'，初入口时只觉得好吃，一会儿就醉倒了。"武松从身边拿出些银子来，叫道："别胡说！难道不付你钱！再筛三碗来！"店家无奈，只好又给武松筛酒。武松前后共吃了十八碗。吃完了，提着哨棒就走。

店家赶出来叫道："客官哪里去？"武松站住了问道："叫我做什么，我又不少你酒钱！"

店家叫道："我是好意，你回来看看这抄下来的官府的榜文。"

武松道："什么榜文？"店家道："如今前面景阳冈上有只吊睛白额大虫，天晚了出来伤人，已经伤了三二十条路人性命。官府限期叫猎户去捉。冈下路口都有榜文，教往来客人结伙成对趁午间过冈，其余时候不许过冈。单身客人一定要结伴才能过冈。这时候天快晚了，你还过冈，岂不白白送了自家性命？不如就在我家歇了，等明日凑了三二十人，一齐好过冈。"

武松听了，笑道："我是清河县人，这条景阳冈少也走过了一二十遭，几时听说有大虫！你别说这样的话来吓我。就有大虫，我也不怕。"

店家怒答到："我是好意救你，你不信，进来看官府的榜文。"

武松道："就真的有虎，我也不怕。你留我在家里歇，莫不是半夜三更来谋我财，害我性命，却把大虫吓唬我？"店家暴怒答："我是一片好心，你反当做恶意。你不相信我，请你自己走吧！"一面说一面摇着头，走进店里去了。武松提了哨棒，大踏步走上景阳冈来。大约走了四五里路，来到冈下，看见一棵大树，树干上刮去了皮，一片白，上面写着两行字。武松抬头看时，上面写道："近因景阳冈大虫伤人，但有过往客商，可趁午间结伙过冈，请勿独行。"武松看了，笑道："这是店家的诡计，吓唬那些胆小的人到他家里去歇。我怕什么！"拖着哨棒走上冈来。这时天快晚了，一轮红日慢慢地落下山去。武松乘着酒兴，踉跄走上冈来。不到半里路，看见一座破烂的山神庙。走到庙前，看见庙门上贴着一张榜文，上面盖着官府的印信。武松读了才知道真的有虎。武松想："转身回酒店吧，一定会叫店家耻笑，算不得好汉，不能回去。"细想了一回，说道："怕什么，只管上去，看看怎么样。"武松一面走，一面把毡笠儿掀在脊梁上，把哨棒插在腰间。回头一看，红日渐渐地坠下去了。这正是十月间天气，日短夜长，天容易黑。武松自言自语道："哪儿有什么大虫！是人自己害怕了，不敢上山。"

武松走了一程，酒力发作，热起来了，一只手提着哨棒，一只手把胸膛敞开，踉踉跄跄，奔过乱树林来。见一块光华的大青石，武松把哨棒靠在一边，躺下来想睡一觉。忽然起了一阵狂风。那一阵风过了，只听见乱树背后扑地一声响，跳出一只吊睛白额大虫来。

武松见了，叫声"啊呀！"从青石上翻身下来，把哨棒拿在手里，闪在青石旁边。那只大虫又饥又渴，把两只前爪在地下按了一按，往上一扑，从半空里蹿下来。武松吃那一惊，酒都变做冷汗出了。说时迟，那时快，武松见大虫扑来，一闪，闪在大虫背后。大虫背后看人最难，就把前爪搭在地下，把腰胯一掀。武松一闪，又闪在一边。大虫见掀他不着，吼一声，就像半天起了个霹雳，震得那山冈也动了。接着把铁棒似的虎尾倒竖起来一剪。武松一闪，又闪在一边。

原来大虫抓人，只是一扑，一掀，一剪，三般都抓不着，劲儿先就泄了一半。那只大虫剪不着，再吼了一声，一兜兜回来。武松见大虫翻身回来，就双手抡起哨棒，使尽平生气力，从半空劈下来。只听见一声响，簌地把那树连枝带叶打下来。定睛一看，一棒劈不着大虫，原来打急了，却打在树上，把那条哨棒折做两截，只拿着一半在手里。

那只大虫咆哮着，发起性来，翻身又扑过来。武松又一跳，退了十步远。那只大虫恰好把两只前爪搭在武松面前。武松把半截哨棒丢在一边，两只手就势把大虫顶花皮揪住，往下按去。那只大虫想要挣扎，武松使尽气力按定，哪里肯放半点儿松！武松把脚往大虫面门上眼睛里只顾乱踢。那只大虫咆哮起来，不住地扒身底下的泥，扒起了两堆黄泥，成了一个土坑。武松把那只大虫一直按下黄泥坑里去。那只大虫叫武松弄得没有一些气力了。武松用左手紧紧地揪住大虫的顶花皮，空出右手来，提起铁锤般大小的拳头，使尽平生气力只顾打。打了五六十拳，那只大虫眼里，口里，鼻子里，耳朵里，都迸出鲜血来，一点儿也不能动弹了，只剩下口里喘气。

武松放了手，去树边找那条打折的哨棒，只怕大虫不死，用棒子又打了一回，眼看大虫那气儿都没了，才丢开哨棒。武松心里想道："我就把这只死大虫拖下冈去。"就血泊里用双手来提，哪里提得动！原来武松使尽了气力，手脚都酥软了。

武松回到青石上坐了半歇，想道："天色看看黑了，如果再跳出一只大虫来，却怎么斗得过？还是先下冈去，明早再来理会。"武松在石头边找到了毡笠儿，转过乱树林边，一步步挨下冈来。

【评析】原文写武松喝酒后上景阳冈的一段内容，有三个自然段写了他的心理活动。缩写时，我们把次要部分用一两句话概括一下就行了。再如第2、3自然段，写武松与店家的对话，亦可删掉次要的一些语句。简化语言，去掉具体描写的部分。例如，原文中写"武松打虎"这一重要情节时，特别是对武松的动作描写，老虎扑剪的动作，都写得十分细致。缩写中，我们采用简化语言、削枝存干的方法进行概括性的叙述，使语言简洁明了。可比较缩写后的文章：

武松赶路来到了景阳冈脚下。他走进酒店，叫小二拿酒和牛肉来。之后，硬要上冈也不听小二的劝告，一连喝了18碗酒后走上了景阳冈。

武松提了哨棒，大着步，走过景阳冈，看到印信榜文，武松看了得知真的有虎。武松走了一会，酒力发作，跟跟跄跄，突然跳出一只吊睛白额大虫来。武松见了大吃一惊！

武松见大虫扑来，只一闪，闪在大虫背后。那大虫背后看人最难，便把前爪搭在地下，把腰胯一掀，掀将起来。武松只一闪，闪在一边。大虫见掀他不着，吼一声，却似半天里起个霹雳，震得那山冈也动，把这铁棒也似虎尾倒竖起来只一剪，武松却又闪在一边。

武松只把脚往大虫面门上、眼睛里只顾乱踢。过了一会武松放了手来。眼见大虫气都没了，方才丢了棒。

(3) 概括法：用简练的语言去概括原文的意思。

记叙文,细致描写的部分可压缩成粗略的描写,详尽叙述的部分可压缩为概括叙述,详细的对话可改为简略的对话,等等。说明文,可概括那些对特征、本质解释的文字。议论文,可将理论论据由具体引用压缩成概括引用,事实论据可由具体详细叙述变成概括略述,有的论据还可以一语带过。也可以把几段文字压缩成一段文字。还可以把段缩成句、长句缩成短句,以及把抒情性的句子,缩成一般的陈述句。

【示例9】

轻 骨 头

村里王二牛高马大,虎背熊腰,豹子眼,发红光,有许多人怕,也有许多人不怕。他养的一条麻狗倒还平易近人。

这天下午天把太阳收走了,王二正好歇工,麻狗跟到村里石灰厂出口的地秤边。见一个人都没有,王二就心血来潮,也来称称年到知命的自己到底有多大的分量!

他踩上秤面,用力顿了顿,然后下秤,钻到两米外的小屋里看显示屏:0.00,奇怪了,是不是重量单位大了?王二先后把重量单位吨改成公斤、克再称,还是0.00,纳闷了!是不是称满大卡车的石灰才出数字?

王二灵机一动,把狗撂上称面,自己到显示屏跟前看,竟有18.9公斤!王二犯嘀咕了:狗是贱骨头都上秤,难道我连狗都不如,怪不得别人都说我是轻骨头!

流年已到知天命的王二,想想自己十多年来尽是得罪君子巴结小人,霸哥哥的地、占弟弟的山,最终落个轻骨头,心里不是个味道。

【评析】将这篇文章的段落内容一一归纳,第一段:介绍村里王二的外形、人缘;第二段:王二收工后带着麻狗,想给自己称重;第三段:王二称重却怎么也显示不出分量;第四段:王二称麻狗,狗都比他重;第五段:王二想起自己多年来干的坏事,才明白自己是个轻骨头。按照这样的概要,在缩写时将内容填充进去即可。

课堂导练

请将下面这个小故事进行缩写。

一碗牛奶和白糖

一天,一群波斯人来到印度,头领派一名代表进王宫拜见国王,想请求国王允许他们在这个国家住下来。

波斯人的代表来到了大殿,他向国王深深地鞠了一躬,并告诉了来意。国王听完,把宰相叫到身边,小声吩咐了几句。

宰相把一个仆人叫到跟前,向他交代了几句。过了一会儿,那仆人捧着一碗满满的牛奶走上大殿,宰相把这碗牛奶端给那位代表,说:"这就是我们对你头领的回答。"

于是,波斯人的代表捧着这碗满满的牛奶走出了王宫。等在边界的那些波斯人,看到代表捧着一碗牛奶回来,都用疑惑不解的目光望着头领。

这位头领很聪明,对大家说:"国王的意思是说,像这碗牛奶满得不能再装一样,他的国家老百姓很多,多得再也不能容纳任何人了。外国人想到这个国家来居住是不可能的。"头领说完,把一撮白糖慢慢地撒在牛奶里,牛奶没有溢出来,头领向代表交代了几句,又派他捧着牛奶回到王宫去。

代表捧着牛奶对国王说:"大王陛下,我们的头领往牛奶里放了一撮白糖。他说,这样做,牛奶不但不会溢出来,反而会让它的味道变甜了。我们来到你的国家,不会成为贵国百姓的负担,而会像这牛奶中的白糖一样,与他们相处融洽。"

回答得真妙!于是,国王同意这群波斯人在他的国家居住。

(四)缩写的注意事项

1. 保持原意,抓住重点。要在掌握材料主要内容的基础上进行缩写,不能够脱离材料的原意,更不能改变原意。做到内容基本保持和原文一致,不会使读者产生歧义。

2. 简化语言,叙述清晰。学会将材料中的词句组织到自己的语言中去,文章要叙述清晰,尽可能简化人物语言,做到既使情节连贯,又使语句"简练"。

3. 要素齐全,故事完整。缩写要注意保持文章主要脉络的清晰和完整,特别是故事发生的时间、地点、人物、事件的起因、经过、结果等要素要齐全,让人读了对原文有个大概的了解。

4. 衔接自然,首尾贯通。最后还要注意缩写后的文章上下文的过渡、衔接要自然,首尾要贯通,保持一个严谨的整体。

随堂选练

将下面这篇文章缩写出来,字数控制在500字左右。

偷手机的年轻人

傍晚,在一个规模不大的快餐店里,总共有三个食客:一个老人、一个年轻人,还有我。或许是食客不多的缘故,店里的照明灯没有完全打开,所以显得有些昏暗。我坐在一个靠窗的角落里独自小酌,年轻人则手捧一碗炸酱面,坐在靠近门口的位置,与老人相邻。

我发现,年轻人的注意力似乎不在面上,因为他眼睛的余光,一刻都未曾离开过老人放在桌边的手机。

事实证明了我的判断。我看到,当那个老人再次侧身点烟的时候,年轻人的手快速而敏捷地伸向手机,并最终将手机装进他上衣的口袋里,然后试图离开。

老人的身体微微颤抖了一下,然后立即平定下来,环顾四周。

这时候年轻人已经在伸手开门,老人也似乎明白了什么,他马上站立起来,走向门口的年轻人。

我很替老人担心。我认为,以他的年老体衰,很难对付一个身强体壮的年轻人。

没想到,老人却说:"小伙子,请你等一下。"

年轻人一愣:"怎么了?"

"是这样,昨天是我七十岁的生日,我女儿送给我一部手机,虽然我并不喜欢它,可那毕竟是女儿的一番孝心。我刚才就把它放在了桌子上,可是现在它却不见了,我想它肯定是被我不小心碰到了地上。我的眼花得厉害,再说弯腰对我来说也不是件太容易的事,能不能麻烦你帮我找一下?"

年轻人刚才紧张的表情消失了,他擦了一把额头上的汗,对老人说:"哦,您别着急,我来帮您找找看。"

　　年轻人弯下腰去，沿着老人的桌子转了一圈，再转了一圈，然后把手机递过来："老人家，您看，是不是这个？"

　　老人紧紧握住年轻人的手，激动地说："谢谢！谢谢你！真是不错的小伙子，你可以走了。"

　　我被眼前的一幕惊呆了。待年轻人走远之后，我过去对老人说："您本来已经确定手机就是他偷的，为什么不报警？"

　　老人说："虽然报警同样能够找回手机，但是我在找回手机的同时，也将失去一种比手机要宝贵千倍万倍的东西，那就是——宽容。"

第八章
职场礼仪

学习目标规划

■ **基本了解**

基本了解仪容、仪态和宴请的基本礼仪。

■ **重点掌握**

重点掌握个人礼仪、仪态礼仪和职场交际礼仪的基本原则和禁忌。

■ **熟练应用**

熟练应用知识点中的基本技巧,能够塑造良好的个人和职业形象,提高自身修养。

课前热身

1. 在求职过程中,需要注意哪些求职面试礼仪呢?
2. 面试中着装礼仪应遵循哪些原则?
3. 应从哪些方面训练自己的仪态,使自己符合礼仪规范要求?
4. 如何准备宴会?
5. 如何进行宴会的桌次、座次安排?

案例导入

一次某公司招聘文秘人员,由于待遇优厚,应聘者很多。中文系毕业的小张同学前往面试,她的背景材料可能是最棒的:大学四年,在各类刊物上发表了3万字的作品,内容有小说、诗歌、散文、评论、政论等,还为六家公司策划过周年庆典,一口英语表达也极为流利,书法也堪称佳作。小张五官端正,身材高挑、匀称。面试时,招聘者拿着她的材料等她进来。小张穿着迷你裙,露出藕段似的大腿,上身是露脐装,涂着鲜红的唇膏,轻盈地走到一位考官面前,不请自坐,随后跷起了二郎腿,笑眯眯地等着问话,孰料,三位招聘者互相交换了一下眼色,主考官说:"张小姐,请回去等通知吧。"她喜形于色:"好!"挎起小包飞跑出门。问题:小张能等到录用通知吗?为什么?假如你是小张,你打算怎样准备这次面试?

交际礼仪之介绍礼仪

第一节 求职面试礼仪

在求职中，每个人都应懂得第一印象的重要性，它是以后接触、交往的基础，求职的头 4 分钟或 5 分钟是最关键的，有人说一个人是否会被录用取决于他在面试的头 60 秒的表现。第一印象包括容貌、服饰、言谈举止等，显然被请出去的这位同学因为举止上表现失礼，错失面试机会，最终铩羽而回。

心理学家奥里·欧文斯说："大多数人录用的是他们喜欢的人，而不是最能干的人。"那么，如何赢得用人单位的喜欢呢？有礼仪修养的人，能给人以亲切感、成熟感、信任感，能使求职应聘活动进展顺利。注重求职礼仪将会帮助你抓住每一个机会，并以最快的速度找到自己的理想栖身之地。西班牙的伊丽莎白女王说："礼节及礼貌是一封通向四面八方的推荐信。"那么在求职过程中，需要注意哪些求职面试礼仪呢？

一、仪容礼仪

好的仪容是人的第一名片，也是一个人身份、学识、个性等的外在体现，并形成一种特殊的心理定式和情绪定式称为"第一印象"，而职场中着装的地位和传递信息已远远超过了作为一种形象辨别的作用，它更多是一个组织形象的重要标志，传递的是一种对组织的评价及其提供产品质量和服务水平的一种连带信息。周恩来同志青少年时期就读的南开大学某教学楼的门口有一面大镜子，上面写着引人注目的一段话：面必净，发必理，衣必整，纽必结，头容正，肩容平，胸容宽，背容直，气象：勿傲、勿暴、勿怠，颜色：宜和、宜静、宜庄。这一著名的"容止格言"每天都在提醒着南开学生要时刻保持端庄得体的仪容、仪表、仪态，处处注意自己的容貌穿戴。

（一）着装

美国商人希尔就清楚地认识到，在商业社会中，一般人是根据一个人的衣着来判断对方的实力的，因此，他首先去拜访裁缝。靠着往日的信用，希尔定做了三套昂贵的西服，共花了 275 美元，而当时他的口袋里仅有不到 1 美元的零钱。然后他又买了一整套最好的衬衫、领带及内衣裤，而这时他的债务已经达到 675 美元。每天早上他都会身穿一套全新的衣服，在同一时间里与同一位出版商"邂逅"相遇，希尔每天都和他打招呼，并偶尔聊上一两分钟。

这种例行性会面大约进行了一星期之后，出版商开始主动与希尔搭话，并说："你看来混得相当不错。"接着出版商便想知道希尔从事哪一行业。因为希尔身上的衣着表现出来的这种极有成就的气质，再加上每天一套不同的新衣服，已引起了出版商极大的好奇心，这正是希尔盼望发生的事情。希尔于是很轻松地告诉出版商："我正在筹备一份新杂志，打算在近期内争取出版，杂志的名称为《希尔的黄金定律》。"出版商说："我是从事杂志印刷和发行的，也许我也可以帮你的忙。"这正是希尔等候的那一刻，而当他购买这些新衣服时，他心中已想到了这一刻。这位出版商邀请希尔到他的俱乐部，和他共进午餐，在咖啡和香烟尚未送上桌前，已说服了希尔答应和他签合约，由他负责印刷和发行希尔的杂志。发行《希尔的黄金定律》这本杂志所需要的资金至少在三万美元以上，而其中的每一分钟都是从漂亮衣服所创造的"幌子"上筹集来的。因此我们要学会运用服饰这一武器来"武装"自己，获得成功。

1. 着装的原则

对于着装的礼仪，国际上都是遵循 TPO 原则，T、P、O 就是 Time、Place、Object 的缩写，T 代表时间、季节、时令、时代，P 代表地点、场合、职位，O 代表目的、对象。就是说，着装要与时间、季节相吻合，符合时令；要与所处场合环境，与不同国家、区域、民族的不同习俗相吻合；符合着装人的身份；要根据不同的交往目的、交往对象选择服饰，给人留下良好的印象。简而言之就是要求穿着得体。

那么，如何按照礼仪要求恰当地选择好自己穿戴的衣物饰品呢？就职场工作者而言，要严格遵行国际通行的 TPO 原则：

第一，时间原则。

时间一般指三种含义：一是指一天之内时间的变化；二是指一年之内四季的不同；三是指时代之间的差异。日间是工作时间，着装要根据自己的工作性质的特点，总体上以庄重大方为原则。如果安排有其他的社交活动或公关活动，则应以典雅端庄为基本着装格调。

晚间可能有宴请、听音乐、看演出、赴舞会等社交活动，此时空间的相对缩小，服饰给人们视觉和心理作用相对增强，因此，晚间着装要讲究一些，礼仪要求也严格一些。晚间着装以晚礼服为宜，形成典雅大方的礼仪形象，西方许多国家都有一条明文规定，人们前往歌剧院观看歌剧一类的演出时，男士一律着深色晚礼服，女士着装也要端庄雅致、以裙装为宜，否则不宜入场。这一规定旨在强调社交场合的文明礼仪，同时也体现着西方国家尊重他人，以及营造优美环境与氛围的社交文化。

另外，一年四季不同气候条件的变化对着装的心理和生理也会产生影响，着装时应做到冬暖夏凉、春秋适宜。夏天的服饰应以简洁、凉爽、轻柔为原则，拖沓累赘的着装会给自己与他人造成不必要的烦恼和负担。冬天的服饰则应以保暖、轻快、简练为原则，穿着单薄会使人看起来唇紫面青、龟缩一团；而着装过厚，又会显得臃肿不堪、形体欠佳。春秋两季着装的自由度相对来讲要大一些，但总体上仍宜以轻巧灵便、薄厚适宜为着装原则。此外，服饰还应顺应时代的潮流和节奏，过分落伍或过分新奇都会令人侧目。

第二，地点原则。

地点原则也称环境原则。不同的环境需要有相应的服饰与之相应，以获得视觉与心理上的和谐感。身着剪裁合体的高级西装出现在金碧辉煌的酒店，就显得尤为协调和舒适，给人以身份与穿着相符的感觉，然而同样身着西装却出现在登山运动中，就会给人华而不实、呆板怪异的感觉，这些都有损于商务人员的形象。避免它的最好办法是穿着与环境地点相适合的服装。

职业女性在衣着穿戴上不能太华丽，肉色蕾丝上衣、丝绒高开长裙，会使别人怀疑其工作能力，同时也难免会遭到同性的嫉妒和异性的骚扰。同样，对于一个刚离开校门参加工作的青年业务人员来说，太清纯、太学生味的装扮也只会让自己显得幼稚、脆弱，让人怀疑其肩上能否挑得起重担；而太前卫的办公室着装也会让人觉得散漫、怪诞、缺乏合作精神。

【示例1】

陈秘书毕业于名牌大学的金融专业，是财税方面的行家，在公司里面表现一直很出色，经常能提供一些很好的建议。但是她到客户公司提案时，对方总是挑三拣四的，并不看重她，觉得她年轻、肤浅。陈秘书为此感到烦恼，她去请教了一位礼仪专家，礼仪专家指了陈秘书的不足：25 岁，身高 155 厘米，体重 45 千克，看起来机灵可爱，像个中学生，外表缺乏说服力。她建议陈秘书用服装强调出气势，着深色套装，用对比色的上衣、丝巾来搭配，再戴上眼镜。

陈秘书照办了。结果，她很快发现客户的态度有了大的转变，她的工作也顺风顺水起来。

【评析】着装必须与职业、场合、交往的对象相协调，而且还应该根据自身的条件扬长避短，有的放矢。

第三，场合原则。

场合主要分为以下三种情况：

①休闲场合。休闲场合指人们在公务、工作之余，闲暇时进行休闲活动的时间与空间。如居家、健身、逛街、旅游、娱乐等属于休闲活动。这时的穿着，一般都以舒适、自然、方便为主，给人以无拘无束的感觉。适合休闲场合穿着的服装款式有家居服、牛仔服、运动服、夹克衫、T恤衫等。

②社交场合。社交场合是指如宴会、舞会、音乐会，以及朋友之间的聚会和各种派对、沙龙等。这时的着装追求时尚和个性，时装、礼服和民族服装都是很好的选择。在社交场合里，着装必须严格遵守规范，随意而为，自作主张，乱穿一气难免闹笑话。

【示例2】

《安娜·卡列尼娜》中有这样一段情节：在安娜和渥伦斯基相识的舞会上，安娜穿着全黑的天鹅长裙，长裙上镶威尼斯花边，闪亮的边饰把黑色点缀得既美丽安详又神秘幽深，这同安娜那张富有个性的脸庞十分相称。当安娜出现在舞会的门口，吸引了所有人的视线。安娜的黑色长裙在轻淡柔曼的裙海中显得高贵典雅，与众不同，也与安娜藐视世俗的个性融为一体。

③公务场合。公务场合是指在处理公务的工作地点。如开会、签约、迎接、宴会等正式公务以及重要社交活动，这时的着装要求庄重保守，正装、套装、套裙都是首选，也可以穿制服，没有套装、套裙和制服要穿衬衫、长裤、长裙。就算是在炎热的天气，短裤T恤、凉鞋都不宜在公务场合穿。如果一个人的服饰不符合一定的场合的要求，就会产生误会。在涉外工作中要避免浓妆艳抹、衣饰华丽，也不可蓬头垢面，衣饰庸俗。要恰如其分地打扮自己，表现出外事工作人员的优雅的气质，表现出个人内在的涵养。

【示例3】

1960年4—5月，周总理、陈毅副总理应邀对印度、尼泊尔、柬埔寨、蒙古等国进行访问。访问印度快结束时，忽然得到柬埔寨国王诺罗敦·苏拉玛里特陛下病逝的消息。周恩来指示外交部通知柬埔寨方面，他将率领代表团按期访问，专程吊唁逝世的老国王，并同西哈努克亲王会谈。周恩来特地紧急指示：按照中国传统治丧服装颜色，在北京为代表团全体成员赶制一身白色西服送往昆明，以便从那里出发前往柬埔寨参加吊唁活动。1960年5月5日上午9时，专机到达金边波成东机场。周恩来总理、陈毅副总理以及中国政府代表团全体人员，个个身着白色礼服，臂缠黑纱，表情沉重，缓缓走下专机。周恩来的细心、诚意，感动了整个柬埔寨。

2. 注意色彩搭配

（1）不同的色彩有着不同的象征意义

• 暖色调：红色象征热烈、活泼、兴奋、富有激情；黄色象征明快、鼓舞、希望、富有朝气；橙色象征开朗、欣喜、活跃。

- 冷色调：黑色象征沉稳、庄重、冷漠、富有神秘感；蓝色象征深远、沉静、安详、清爽、自信而幽远。
- 中间色：黄绿色象征安详、活泼、幼嫩；红紫色象征明艳、夺目；紫色象征华丽、高贵。
- 过渡色：粉色象征活泼、年轻、明丽而娇美；白色象征朴素、高雅、明亮、纯洁；淡绿也象征生命、鲜嫩、愉快和青春等。

（2）色彩搭配方法

服装的色彩是着装成功的重要因素。服装配色以"整体协调"为基本原则，掌握主色、辅助色、点缀色的用法。全身着装颜色搭配色不宜超过三种颜色，应以一种颜色为主色调，主色是占据全身色彩面积最多的颜色，占全身面积的60%以上，通常是套装、风衣、大衣、裤子、裙子等。辅助色是与主色搭配的颜色，占全身面积的40%左右，通常是单件的上衣、外套、衬衫、背心等。点缀色一般只占全身面积的5%～15%，通常有丝巾、鞋、包、饰品等，会起到画龙点睛的作用。

色彩的搭配。色彩的搭配大致分为两种：一是统一法；另外一种是对比法。统一法。即配色时尽量采用同一色系之中各种明度不同的色彩，按照深浅不同的程度搭配，以便创造出和谐感。例如穿西服按照统一法可以选择这样搭配，如果采用灰色系，可以由外向内逐渐变浅，深灰色西服——浅灰底花纹的领带——白色衬衫。这种方法适用于工作场合或庄重的社交场合的着装配色。但要注意不要把沉着色彩（如深褐色、深紫色）与黑色搭配，这样会和黑色呈现"抢色"的后果，令整套服装没有重点，而且服装的整体表现也会显得很沉重、昏暗无色。对比法，即在配色时运用冷色、深色，明暗两种特性相反的色彩进行组合的方法。它可以使着装在色彩上反差强烈，静中求动，突出个性。年轻人着上深下浅的服装，显得活泼、飘逸、富有青春气息。中老年人采用上浅下深的搭配，给人以稳重、沉着的静感。但有一点要注意，运用对比法时忌讳上下二分之一对比，否则给人以拦腰一刀的感觉，要找到黄金分割点即身高的三分之一点上（即穿衬衣从上往下第四、第五个扣子之间），这样才有美感。

再次，着装配色也要求根据个人的肤色、年龄、体形选择颜色。如皮肤黑，不宜着颜色过深或过浅的服装，而应选用与肤色对比不明显的粉红色、蓝绿色，最忌用色泽明亮的黄橙色或色调极暗的褐色、黑紫色等。皮肤发黄的人，不宜选用半黄色、土黄色、灰色的服装，否则会显得精神不振和无精打采。脸色苍白不宜着绿色服装，否则会使脸色更显病态。而肤色红润、粉白，穿绿色服装效果会很好。白色衣服任何肤色效果都不错，因为白色的反光会使人显得神采奕奕。体形瘦小的人适合穿色彩明亮度高的浅色服装，这样显得丰满；而体形肥胖的人用明亮度低的深颜色则显得苗条等。大多数人体型、肤色居中间混合型，所以颜色搭配没有绝对性的原则，重要的是在着装实践中找到最适合自己的搭配颜色。

3. 男士的着装礼仪

西装是现代交际中男子最得体的着装。国外很多机构，包括一些大企业，规定工作人员不能穿便装短裤、运动服上班，要求男士必须穿西服打领带。一些剧院也规定了观看者必须西装革履，为了塑造良好的个人形象，男士必须学会穿西装。

（1）男士西装的选择

首先要选择合适的款式。西装的款式可分为欧版、英版、美版和日版等。尽管西装在款式上有流派之分，但是各流派之间差异并不很大，只是在后开衩的部位、扣是单排还是双排、领子的宽窄等方面有所不同。不过，在胸围、腰围的胖瘦，肩的宽窄上还是有所变化的。因此，我们在选择西装时，要充分考虑到自己的身高、体形，如身材较胖的人最好不要选择瘦型短西装；身材较矮者也最好不要穿上衣较长、肩较宽的双排扣西装。

其次要选择合适的面料和颜色。西装的面料要挺括一些。作为正式礼服用的西装可采用深色如黑色、深蓝、深灰等颜色的全毛面料制作。日常穿的西装颜色可以有所变化，面料也可以不必讲究，但必须熨烫挺括。如果穿着皱巴巴的西装，是会损坏自己的交际形象的。穿西装正装时，总体上要求正装色彩应当以少为宜，最好将其控制在三种色彩之内。这样有助于保持正装保守的总体风格，显得简洁、和谐。正装若超过三种色彩则给人以繁杂、低俗之感。正装色彩，一般应为单色、深色并且无图案。最标准的正装色彩是蓝色、灰色、棕色、黑色。衬衣的色彩最佳为白色，皮鞋、袜子、公文包的色彩宜为深色（黑色最为常见）。

【示例4】

郑伟是一家大型国有企业的总经理。有一次，他获悉有一家著名的德国企业的董事长正在本市进行访问，并有寻求合作伙伴的意向。于是他想尽办法，请有关部门为双方牵线搭桥。让郑总经理欣喜若狂的是，对方也有兴趣同他的企业进行合作，而且希望尽快与他见面。到了双方会面的那一天，郑总经理对自己的形象刻意地进行一番修饰。他根据自己对时尚的理解，上穿夹克衫，下穿牛仔裤，头戴棒球帽，足蹬旅游鞋。无疑，他希望自己能给对方留下精明强干、时尚新潮的印象。然而事与愿违，郑总经理自我感觉良好的这一身时髦的"行头"，却偏偏坏了他的大事。郑总经理的错误在哪里？他的德国同行对此有何评价？

【评析】根据惯例，在涉外交往中，每个人都必须时时刻刻注意维护自己的形象，特别是要注意自己正式场合留给初次见面的外国友人的第一印象。郑总经理与德方同行的第一次见面属国际交往中的正式场合，应穿西服或传统中山服，以示对德方的尊重。但他没有这样做，正如他的德方同行所认为的：此人着装随意，个人形象不合常规，给人的感觉是过于前卫，尚欠沉稳，与之合作之事再作他议。

（2）男士西装的穿着

一是要穿好衬衫。衬衫只能穿一件。在正式场合穿的衬衫，应为白衬衫，单色的，没有过多图案的，格子的、条纹的尽量少穿，彩色的一般不要穿。特别要注意的是，长袖衬衫是正装，短袖衬衫则是休闲装，后者不宜用来搭配西装。长袖衬衫要注意，衬衫里面要穿内衣、背心的时候，领型要选U领或者V领，不能使之露出来。衬衫的领子一定要合适，不能太松，也不能太紧。我们量领子时，要从喉结的下面开始量，然后放出1~1.25英寸①，最重要的是衬衫领口要合得拢。如果太紧，整天都会感到不舒服；更糟糕的是如果较胖的人穿领口太紧的衬衫，会显得更臃肿。同时注意衬衣最好不要过旧，领头一定要硬扎、挺括，外露的部分一定要平整干净。衬衣下摆要掖在裤子里，领子不要翻在西装外，衬衣长于西装袖子。

二是要打好领带。在比较正式的社交场合，穿西装应系好领带。领带有简易打法和复杂打法之分。领带的长度要适当，以达到皮带扣处为宜。如果穿毛衣或毛背心，应将领带下部放在毛衣领口内。系领带时，衬衣的第一个纽扣要扣好，如果佩戴领带夹，一般应在衬衣的

---

① 1英寸=2.54厘米。

第四、第五个纽扣之间。领带一般要注意颜色。正式场合最好选单一颜色,就是不要有花纹的。要选和西装一个颜色,比如蓝西装打蓝色的领带,灰色的西装打灰色的领带。此外还可以选紫红色领带,比较庄重而热情。艳色领带,粉的、白的、绿的,尽量少打,领带如果有图案的也可以,但是图案要简洁。

三是要鞋袜整齐。穿西装一定要穿皮鞋,而不能穿布鞋或旅游鞋。皮鞋的颜色要与西装相配套。皮鞋还应擦亮,不要蒙满灰尘。穿皮鞋还要配上合适的袜子,一是不穿白袜子。穿西装的时候,袜子和皮鞋一个颜色最好看,浑然一体。还有一种选择,就是袜子和裤子一个颜色,也是很好看的。至少穿深色,绝不穿浅色的或者花色的,那样就会不伦不类。要穿靠近的颜色、近似色。二是不穿尼龙丝袜,要穿棉袜或者毛袜。尼龙丝袜最大的问题就是不吸湿、不透气、容易产生异味,会妨碍交际。

四要扣好扣子。西装上衣可以敞开穿,但双排扣西装上衣一般不要敞开穿。在扣西装扣子时,如果穿的是两个扣子的西装,不要把两个扣子都扣上,一般只扣一个。如果是三个扣子只扣中间一个。西装口袋里面放的东西越少越好。西装上衣,下面两侧口袋里面原则上是不装东西的。

二、仪态礼仪

仪态也就是人的肢体动作,是一种动态中的美,包括表情、手势、坐姿、站姿、走姿等,是风度的具体体现。

1. 表情语

在面试时,招聘者与应聘者双方见面,首先注意的大多是对方的面部表情。应聘者在面试时,要以亲切的目光注视对方,大部分时间可以看着招聘者的眼睛,以示尊重,但不要两眼直盯着对方,给人以高傲的感觉。同时目光东张西望、心不在焉、漫不经心,也会给人玩世不恭和轻视不屑的感觉。

面试过程中目光的"许可空间"应该局限于对方的额头与上身第二粒纽扣之间,左右以两肩为准的方框里面,不能将目光聚焦于某个部位,特别是异性之间。在面试过程中也不要害怕与对方目光交流,不要不停地看手表或窥视室内的摆设,也不能一直盯视招聘者桌面上的材料。

如果有两个以上招聘者,回答谁的问题,就应该注视谁的目光。应聘时,应当注意观察对方、冷静分析、摸清对方意图、听懂含义、沉着应对。招聘者满意你,他的眼神一定会有所反映。

在应聘的整个过程中,真诚、自然的微笑是绝对不可少的,它会使对方相信你是一个充满自信,乐观向上,奋发进取的人。微笑的动作要领:头正,下额微收,面部轻柔,眼神聚光有神,双眉舒展微微上扬,双唇微闭,牙齿微合,嘴角略向后收,面颊肌向上送,微笑时露出六颗牙齿。

微笑是有规范的,要做到"保持微笑,那是对自己灵魂的微笑",一般要注意以下四个结合。

(1) 口眼结合。要口到、眼到、神色到,笑眼传神,微笑才能扣人心弦。

(2) 笑与神、情、气质相结合。这里讲的"神",就是要笑得有情入神,笑出自己的神情、神色、神态,做到情绪饱满,神采奕奕;"情",就是要笑出感情,笑得亲切、甜美,反映美好的心灵;"气质"就是要笑出谦逊、稳重、大方、得体的良好气质。

(3) 笑与语言相结合。语言和微笑都是传播信息的重要符号,只有注意微笑与美好语言相结合,声情并茂,相得益彰,微笑方能发挥出它应有的特殊功能。

(4) 笑与仪表、举止相结合。以笑助姿、以笑促姿,形成完整、统一、和谐的美。

【示例5】

西班牙内战时期,一位国际纵队的普通军官不幸被俘,并被投入了森冷的单人监牢。在即将被处死的前夜,他搜遍全身竟发现半截皱巴巴的香烟,很想吸上几口,以缓解临死前的恐惧,可是他发现自己没有火。在他的再三请求下,铁窗外的那个木偶似的士兵总算毫无表情地掏出火柴,划着火。当四目相对时,军官不由得向士兵送上了一丝微笑。令人惊奇的是,那士兵在发愣几秒钟之后嘴角也不太自然地上翘了,最后竟也露出了微笑。后来两人开始了交谈,谈到了各自的家乡,谈到了各自的妻子孩子,甚至还相互传看了珍藏的与家人的合影。当曙色渐明,军官苦泪纵横时,那士兵竟然动了感情,并悄悄地放走了他。

【评析】微笑是一种积极的面部表情,伟大的文学家雨果曾说过:"笑就是阳光,它能消除人们脸上的冬色。"它能散发出亲和、温馨的魅力,能消除人与人之间的陌生和猜忌,能沟通两颗心灵,架起友谊的桥梁,挽救了一条生命。

2. 手势语

在揭示人的内心活动方面,手势语极富表现力。如双手相绞,显得人精神十分紧张;十指交叉,叠放在一起,常给人一种漫不经心的感觉;若叠放的位置很高,则表示一种对抗的情绪;摇手表示反对,拍手表示喜悦,用食指指着别人表示质问等。手势语在交谈中使用频率很高,求职者要善于使用手势语。

(1) 要明确各种手势语的含义。由于各地区、各民族风俗习惯的差异,所以,有时相同的手势所表达的意思是不相同的,甚至大相径庭。如在我国跷起大拇指,是称赞对方,在英国、澳大利亚等国,这种手势表示想要搭车,而在希腊,急速地跷起大拇指,则是要对方快快"滚开"的侮辱语。因此,求职者运用手势语时,必须明确各区域各民族的各种手势所表示的意思,否则运用不当,造成误解、笑话和不必要的麻烦。

(2) 要得体、协调。手势语毕竟是辅助语言、伴随语言,它不能喧宾夺主,代替有声语言。因此,手势语并非多多益善,要适量,当用则用,不当用则不用,尽量简练。有些求职者对此注意不够,在谈话中往往采用过多的手势,比如边说话边挥舞,以示说话有力,并且有些动作幅度过大,姿势粗俗欠优雅。因此,手势语使用的频率、摆动的幅度以及手指的姿态等都要讲究,应和谐地配合有声语言传递信息。过多、过杂而不注意姿势的手势动作,则给人以张牙舞爪和缺乏修养之感。

在面试时,如果在你的座位前面有桌子,当你需要介绍相关内容时,你可以把一个薄薄的文件夹放在桌子上,其他东西要放在脚边的地板上。抱着公文包或者是膝盖上放着手提包是不妥的做法,那样会让人以为你想要在自己周围建一道屏障。当你比画手势的时候,双手应该位于桌面以上锁骨以下。"如果再高一些,你看起来会显得有些慌张"。一般而言,手的位置可以更低一些,在肚脐向上180°的扇形范围内,这一区域称作"真实平面"。"在这一区域内比画手势,表示你引人注意、有掌控力、镇定,并且你希望能够帮助别人"。除此之外,应聘者可以在距离面试桌30厘米远的地方落座,这样可以让你的手势容易被看见。

面试时，两手自然地垂放或者相合，表示自己有自信心，玩弄手指，则暴露你的不自信、不确定和紧张。

3. 身体姿势语

姿势语是指通过身体的姿势、动作来表达情感、传递信息的体态语，主要包括坐姿、站姿和行姿三种。俗话说"坐如钟、站如松、行如风"，这是对人的坐姿、站姿、行姿的基本要求，同样也是对应聘者的要求，而且，求职作为一种庄重的社交活动，这种要求更为严格和规范。

如果和多人同时接受面试，一定要表现出适当的谦虚，纵然在竞争的平台上，也应该表现得有个人素养，不要乱了方寸。

①站姿。站姿是步态和坐姿的基础，是培养良好仪态的起点。面试时，一个人的站姿往往会反映出"统治"或者"服从"的姿态。喜欢两手背在身后而且站得笔直的人，统治欲较强，不容易接近，如果弯腰驼背，则反映这个人的不安全感或者害羞。站姿的要求是正直，争取给人留下精神饱满、胸有成竹的好印象。具体规范如下：

头部抬起，双眼看向前方，下颌微微内收，脊椎、后背挺直；双肩平正，微微放松，重心主要支撑在脚掌弓上，上身自然挺拔；双臂自然下垂，置于身体两侧，手指自然弯曲，指尖向下，中指压裤缝；两腿绷直，重心稳定，气息下沉。

男士还可以将两脚稍微分开站立，但两脚之间距离不超过肩宽，两手在腹前交叉，右手握住左手腕，贴在腹部。女士还可以站"丁字步"。两脚尖展开30°～45°，左脚向前将脚跟靠在右脚内侧中间位置，呈左丁字步。双手紧贴腹部相握四指，身体重心于两脚上或右脚上，反之亦然。

站立时忌讳身体歪斜、双腿叉开过大、两脚随意乱动，表现自由散漫，随便爬、扶、倚、靠在其他的物品上，用脚去踩踏其他的物品。这些都给人一种不严肃，吊儿郎当的感觉。

②坐姿。就面试而言，坐姿更为普遍，更重要。不同的坐姿表达的含义是不同的。身体靠在椅子背上，两手置于扶手上，两腿自然落地、叉开，表示谈话轻松、自如、自信；身子往前倾，两腿并拢，手放膝盖，表示尊重对方；身体坐在椅子前沿，头微微倾斜，表示对交谈内容非常感兴趣；身体后仰，转来转去，则表示懈怠、傲慢；身子整个侧转一方，表示嫌弃与轻蔑。坐姿的原则是给人以端正、大方、自然、稳重之感。

坐姿的基本要求是：

入座时要注意轻、稳、缓。女士入座时，若着裙装，应将裙子稍稍拢一下，避免将裙子坐皱。如果椅子位置不合适，需要将椅子搬起来，再将它放在合适的位置，然后入座。其次，坐正后，两臂自然弯曲放在腿上，亦可放在椅子或是沙发扶手上，掌心向下，不要将手放在大腿中间，或放大脑后。女性可将两手与站立时相同，交握在膝上，两手交叠，搭一边倚在扶手上，男性可将双手自然放在腿上，也可交叉垂放在腹部、沙发扶手、桌面上。再次，就座时，一般只坐椅子的2/3，宽脚沙发则至少坐1/2，坐得太少会给人一种不自信的印象，坐得过多，显得对对方不够尊重。

常见的几种坐姿有：

正襟危坐式。上身和大腿、大腿和小腿，都应当形成直角，小腿垂直于地面。双膝、双脚包括两脚的跟部，都要完全并拢。

垂腿开膝式。多为男性所用，也比较正规。主要要求是上身和大腿、大腿和小腿都呈直角，小腿垂直于地面。双膝允许分开，分的幅度不要超过肩宽。

前伸后曲式。女性适用的一种坐姿。主要要求是：大腿并紧后，向前伸出一条腿，并将另一条腿屈后，两脚脚掌着地，双脚前后要保持在一条直线上。

双脚内收式。它适合在一般场合采用，男女都适合。主要要求是：两条大腿首先并拢，双膝可以略为打开，两条小腿可以在稍许分开后向内侧屈回，双脚脚掌着地。

双腿叠放式。适合穿短裙的女士采用。要求是：将双腿一上一下交叠在一起，交叠后的两腿间没有任何缝隙，犹如一条直线。双脚斜放在左右一侧。斜放后的腿部与地面呈45度角，叠放在上的脚的脚尖垂向地面。

双腿斜放式。它适合于穿裙子的女士在较低的位置就座时所用。要求：双腿首先并拢，然后双脚向左或向右侧斜放，力求使斜放后的腿部与地面呈45°角。

双脚交叉式。适用于各种场合，男女都可选用。双膝先要并拢，然后双脚在踝部交叉。需要注意的是，交叉后的双脚可以内收，也可以斜放，但不要向前方远远地直伸出去。

③行姿。走进面试房间的这一过程是使用肢体语言的最佳时间。一直跟着引路的人，不论他是招聘经理还是助理，这说明你懂得礼仪。就像你在告诉他们说："我是应聘者，你是公司代表——我遵从你的领导。"你还可以试着模仿引路人的节奏和姿态，这表示你很容易融入这个环境中去。

行走时的步态与速度能反映一个人的个性修养与性格，从步态的矫健、轻松与拖沓之中，大致可以推测一个人的行为作风。正确的行走要从容、轻盈、稳重。

行走的基本要求是：轻而稳，抬头挺胸，膝部与腿部绷直，目光平视前方，面带微笑，双腿平稳，双臂自然摆动，步频和步幅要适度。如果是与对方考官或工作人员同行时，要注意速度不能超前，只能平行或略微靠后。在行进中双肩要平稳，双手不要过分摆动，一般来讲摆动的幅度以30°为宜；步幅要适中，男性步幅为40厘米左右，女性步幅为36厘米左右。在行走时，没有特殊事情，要始终保持匀速，不能忽快忽慢，而且行走的轨迹要在一条直线上，不可用拖拉的方式走路，脚步声不要太重，不能东张西望，不要任意跨越放置物。

进入面试场合前，绝不能忘记敲门，不先敲门就进入，是最不礼貌的行为。敲门通常为连续二、三次，等门内有了回音再推门进去。至于开门的方法，用靠近门的一只手握住门把，边开门边进入房间，而后，转过身来，换另一只手将门轻轻关上。

在面试结束后要有效离开。有效离开是指面试结束后，安静地收好自己的东西，平稳地起身，微笑，点头。要有礼貌地向接待你面试的每一个主考官进行道别，如果不方便与屋内所有人一一握手，至少要与招聘经理和引你进面试房间的人握手道别。同时千万别忘了询问面试结果的通知时间，以表示你对该项工作的向往和重视。

随堂选练

1. 阅读下文，回答问题。

2002年，著名表演艺术家程冰如在香港遭遇了着装带给他的窘境。那次境遇让程冰如改变了一成不变的老观念，穿衣服确实不能忽视场合。当时，正在香港的某影星获悉程冰如也到了香港，邀请他出席胞兄的画展，并嘱咐他一定去帮忙"捧场"。程冰如到展厅的时间不早不晚，展厅里的人熙熙攘攘，程冰如深深地感到人们的装束无不得体异常，而自己的一身打扮实在有失体面。

程冰如回想起当时的情景还感慨不已:"我身边的几位老总穿得都很到位,精制西装,风度翩翩,头发抹得光亮整齐,整齐得能看出柱子在头发上划过的一绺绺痕迹。那位明星一头短发,上衣的两个大尖领,像两把刀一样伸向两肩,腴白的脖子上是金光闪闪的小珠子项链。胡慧中身穿明艳的晚礼服,黑色套头衫显得那么帅气、干练。我呢,尽管西服料子不错,也合体,只是在香港穿了一个星期没离身,裤线早没了,上衣的兜盖不知怎么的反了向了,兜口老是张着,领带呢,恰巧又忘了戴。"

程冰如说最发怵的是头和脚。头发乱,因为他从不来抹油,习惯于早上起床后用梳子随便扒两下就算完事。"当时,头发都各自为政地在头上横躺竖卧,尤其是脑后'旋儿'旁边的那一绺,高高地矗着,不照镜子都能'心知肚明'。脚下一双皮鞋更显得寒酸,因为我穿着它已经走了整整一个星期。整个都走了形,像两条大鲶鱼头套在脚上。"

程冰如说他感到了一种不自在,一种被环境隔离开来的不自在。更不自在的是很多人都认识他,知道他是内地著名的相声艺术家,这个握手,那个交谈,问这问那,他则答非所问,因为脑子里老想着头上"旋儿"边的那一绺站立着的头发⋯⋯

从那以后,程冰如非常注意在不同时间、不同场合、不同环境的服饰穿着和饰物的搭配,使自己的形象更完美。

程冰如在画展上为什么会有"一种被环境隔离开来的不自在"的感觉?

2. 仪态练习:将学生分成两组,对所学的几种站姿、坐姿、行姿、手势及微笑进行练习,一组做,另外一组找出其中不符合礼仪规范的地方。并在课后进行以下训练:

(1) 站姿训练:

①个人靠墙站立,脚跟、小腿、臀、双肩、后脑勺都紧贴墙,每次训练20分钟左右,每天一次。

②在头顶放一本书,使其保持水平,促使人把颈部挺直,下巴向内收,上身挺直,每次训练20分钟左右,每天一次。

(2) 坐姿训练:按坐姿基本要领,着重脚、腿、腹、胸、头、手部位的训练,可以配舒缓、优美的音乐,以减轻疲劳,每次训练20分钟左右,每天训练一次。

(3) 行姿训练:在地面上画一条直线,行走时双脚内侧踩在绳或线上。若稍稍碰到这条线,即证明走路时两只脚几乎是在一条直线上。训练时配上行进音乐,音乐节奏为每分钟60拍。

(4) 目光训练,以下两种方法坚持天天训练,不要间断,必使目光明亮有神。

①点上一支蜡烛,视点集中在蜡烛火苗上,并随其摆动,坚持训练可使目光集中、有神,眼球转动灵活。

②追逐鸽子飞翔可使目光有神。

(5) 微笑训练:

①对镜子摆好姿势,像婴儿牙牙学语时那样,说"E—""G—""钱—",让嘴的两端朝后缩,微张双唇。轻轻浅笑,减弱发音的程度,这时可感觉颧骨被拉向斜后方。相同的动作反复几次,直到感觉自然为止。

②先把手举到脸前,手按从嘴角向外做"拉"的动作,一边想象笑的形象,一边使嘴笑起来。

③把手指放在嘴角并向脸的上方轻轻上提,一边上提,一边使嘴充满笑意。

④手张开举在眼前,手掌向上提,并且两手展开,随着手掌上提,打开,眼睛一下子睁大,眼前豁然开朗,笑意悠然。

⑤鼓小半口气,眼睛和气一起顺时针或逆时针地转,练习眼睛和嘴巴的灵活性。用心做这些练习,必能笑脸对人,使别人和自己感到愉悦。

第二节　交际礼仪

一、宴请的组织

宴会具有很重要的礼仪作用,有严格的礼仪要求。宴请宾客是一种较高规格的礼遇,必须按规定、按有关礼节礼仪要求组织,所以主办单位或主人一定要认真、周到地做好各种准备工作。

(一) 明确对象、目的、范围、形式

1. 对象。首先要明确宴请的对象。主宾的身份、国籍、习俗、爱好等,以便确定宴会的规格、主陪人、餐式等。

2. 目的。宴请的目的是多种多样的。可以是为表示欢迎、欢送、答谢,也可以是为表示庆贺、纪念,还可以是为某一事件、某一个人等。明确了目的,也就便于安排宴会的范围和形式。

3. 范围。宴请哪些人、请多少人参加都应当事先明确。主客双方的身份要对等,哪些人作陪也应认真考虑。对出席宴会人员还应列出名单,写明职务、称呼等。

4. 形式。宴会形式要根据规格、对象、目的确定,可确定为正式宴会、冷餐会、酒会、茶会等形式。目前世界各国礼宾工作都在改革,逐步走向简化。

(二) 确定宴请时间和地点

宴会的时间和地点,应当根据宴请的目的和主宾的情况而定。一般来说,宴会时间不应与宾客工作、生活安排发生冲突,通常安排在晚上6~8点。同时还应注意宴请时间上要尽量避开对方的禁忌日。例如,欧美人忌讳"13",日本人忌讳"4"和"9"。

(三) 邀请

当宴请对象、时间和地点确定后,应提前1~2周制作、分发请柬,以便被邀请的宾客有充分的时间对自己的行程进行安排。请柬内容应包括:活动的主题、形式、时间、地点、主人姓名。请柬要书写清晰美观,打印要精美。即使是便宴,也应提前用电话准确地通知。

(四) 确定宴会规格

宴会规格对礼仪效果的影响是十分明显的。宴会规格一般应考虑宴会出席者的最高身份、人数、目的、主人情况等因素。规格过低,会显得失礼;规格过高,则无必要。确定规格后,应与饭店(酒店、宾馆)共同拟订菜单。在拟订菜单时,应考虑宾客的口味、禁忌、健康等因素。对于个别宾客需要个别照顾的,应尽早做好安排。

(五) 席位安排

宴请往往采用圆桌布置菜肴、酒水。采用一张以上圆桌安排宴请时,排列圆桌的尊卑位次有两种情况：一种是由两桌组成的小型宴会，当两桌横排时，其桌次以右为尊，以左为卑。这里所讲的右与左，是由面对正门的位置来确定的。这种做法又叫"面门定位"，如图 8-1 所示。

当两桌竖排时，其桌次则讲究以远为上，以近为下。这里所谓的远近，是以距正门的远近而言的，如图 8-2 所示，此法亦称"以远为上"。

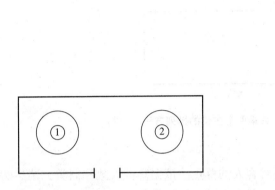 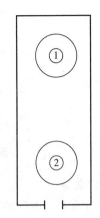

图 8-1　两桌横排的桌次排列方法　　　图 8-2　两桌竖排的桌次排列方法

举办中餐宴会一般用圆桌，每张餐桌上的具体位次有主次尊卑之分。宴会的主人应坐在主桌上，面对正门就座；同一张桌上位次的尊卑，根据距离主人的远近而定，以近为上，以远为下；同一张桌上距离主人相同的位次，排列顺序讲究以右为尊。在举行多桌宴会时，各桌之上均应有一位主桌主人的代表，作为各桌的主人，其位置一般应以主桌主人同向就座，有时也可以面向主桌主人就座。每张餐桌上，安排就餐人数一般应限制在 10 个人之内，并且为双数。

在每张餐桌位次的具体安排上，还可以分为两种情况：一是每张桌上一个主位的排列方法。每张餐桌上只有一个主人，主宾在其右首就座，形成一个谈话中心，如图 8-3 所示。

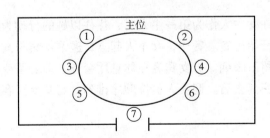

图 8-3　每桌一个主位的排列方法

第二种情况是每张桌上有两个主位的排列方法。如主人夫妇就座于同一桌，以男主人为第一主人，女主人为第二主人，主宾和主宾夫人分别坐在男女主人右侧，桌上形成了两个谈话中心。如图 8-4 所示，如遇主宾的身份高于主人时，为表示对他的尊重，可安排主宾在主人位次上就座，而主人则坐在主宾的位置上，第二主人坐在主宾的左侧。如果本单位出席人员中有身份高于主人者，可请其在主位就座，主人坐在身份高者的左侧。

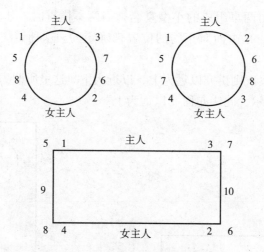

图 8-4 每桌两个主位的排列方法

（六）餐具的准备

宴请餐具十分重要，考究的餐具是对客人的尊重。依据宴会人数和酒类、菜品的道数准备足够的餐具，是宴会的基本礼仪之一。餐桌上的一切物品都应十分卫生，桌布、餐巾都应浆洗洁白并熨平。玻璃杯、酒杯、筷子、刀叉、碗碟等餐具，在宴会之前都必须洗净擦亮。

（七）宴请程序

迎客时，主人一般在门口迎接。官方活动除主人外，还有少数其他主要官员陪同主人排列成行迎宾，通常称为迎宾线。与宾客握手后，由工作人员引入休息厅或直接进入宴会厅。主人抵达后，由主人陪同进入休息厅与其他宾客见面。休息厅由相应身份的人员陪同宾客，服务员送饮料。

主人陪同主宾进入宴会厅，全体宾客入席，宴会开始。若宴会规模较大，则可请主桌以外的客人先就座，贵宾后入座。若有正式讲话，一般安排在热菜之后甜食之前由主人讲话，接着由主宾讲话。冷餐会及酒会讲话时间则更灵活。吃完水果，主人和主宾起立，宴请即告结束。

外国人的日常宴请在女主人作为第一主人时，往往以她的行动为准。入席时，女主人先坐下，并由女主人招呼开始进餐。餐毕，女主人起立，邀请女宾与其一起离席。然后男宾起立，随后进入休息厅或留下吸烟。男女宾客在休息厅会齐，即上茶或咖啡。主宾告辞时，主人把主宾送至门口。主宾离去后，迎宾人员按顺序排列，与其他宾客握手告别。

二、赴宴礼仪

宾客参加宴会，无论是作为组织的代表，还是以私人身份出席，从入宴到告辞都应注重礼节规范。这既是个人素质与修养的表现，又是对主人的尊重。

（一）应邀

接到邀请，能否出席应尽早答复对方，以便主人做出安排。安排邀请后不要随意改动，万一遇到特殊情况不能出席时，尤其是作为主宾，要尽早向主人解释、道歉，甚至亲自登门表示歉意。应邀出席一项活动之前，要核实活动举办的时间、地点、是否邀请配偶以及主人对服饰的要求。

（二）按时抵达

按时出席宴会是最基本的礼貌。出席宴请活动，抵达时间的迟早、逗留时间的长短，在一定程度上反映对主人的尊重，应根据活动的性质和当地习俗掌握。迟到、早退、逗留时间过短被视为失礼或有意冷落。身份高者可略晚些到达，一般客人亦略早些到达。出席酒会可以在请柬注明的时间内到达。

（三）礼貌入座

应邀出席宴会活动，应听从主人安排。若是宴会，进入宴会厅之前，先掌握自己的桌次和座位。入座时注意桌上座位卡是否写有自己的名字，不可随意入座。如邻座是长者或女士，应主动协助他们先坐下。入座后坐姿要端正，不可用手托腮或将双臂肘放在桌上。坐时应把双脚踏在本人座位下，不可随意伸出，影响他人。不可玩弄桌上的酒杯、盘碗、刀叉、筷子等餐具，不要用餐巾擦拭餐具，以免使人认为餐具不洁。在社交场合，无论天气如何炎热，不可当众解开纽扣，脱下衣服。小型便宴时，若主人请宾客宽衣，男宾可脱下外衣搭在椅背上。

（四）注意交谈

坐定后，如已有茶，可轻轻饮用。无论作为主人、陪客或宾客都应与同桌的人交谈，特别是左邻右座，不可只与几位熟人或一两人交谈。若不相识，可自我介绍。谈话要掌握时机，要视交谈对象而定。不可只顾自己一人夸夸其谈，或谈些荒诞离奇的事而引人不悦。

（五）文雅进餐

宴会开始时，一般是主人先致祝酒辞。此时应停止谈话，不可吃东西，注意倾听。致辞完毕，主人招呼后，即可开始进餐。

进餐时要注意举止文雅，取菜时不可一次盛得过多。盘中食物吃完后如果不够，可以再取。用餐前应先将餐巾打开铺在腿上。用餐完毕叠好放在盘子右侧，不可放在椅子上，亦不可叠得方方正正正而被误认为未使用过。餐巾只能擦嘴，用时一手捏住一面的上端，另一手相助。餐巾不能用于擦面、擦汗。

若遇本人不能吃或不爱吃的菜品，当服务员或主人夹菜时，不可打手势，不可拒绝，可取少量放入盘中，并表示"谢谢，够了"。在给宾客让菜时，要用公用餐具主动让，切不可用自己的餐具让菜。

吃食物要讲究文雅，要微闭着嘴咀嚼，不可发出声响。食物过热时，可稍凉后再吃，切勿用嘴吹。鱼刺、骨头、菜渣等不可直接外吐，要用餐巾掩嘴，用筷子取出，或轻吐在叉匙上，放在碟中。嘴里有食物时不可谈话。剔牙时，要用手绢或餐巾遮口，不可边走动边剔牙。吃剩的菜，用过的餐具、牙签等应放在碟中，勿放置桌上。

（六）学会祝酒

宾客参加外国举行的宴请，应了解对方祝酒的习惯，如为何人何事祝酒等，以便做必要的准备。碰杯时主人和主宾先碰，人多时可同时举杯示意，不一定碰杯。祝酒时不可交叉碰杯。在主人和主宾祝酒、致辞时应停止进餐，停止交谈。主人和主宾讲话完毕与贵宾席人员碰杯后，往往到其他席敬酒，此时应起立举杯。碰杯时要注视对方，以示敬重友好。宴会上相互敬酒表示热烈的气氛，但切忌饮酒过量。一般应控制在本人酒量的三分之一以内，不可饮酒过量失言失态。不能喝酒时可以礼貌地声明，但不可把杯子倒置，应轻轻按着杯缘。正式场合敬酒一般上香槟酒，此时即使不会喝酒也要多少沾一点，不欲再喝时可轻轻再与对方碰一下杯缘,即表示已经够了。一般倒入杯中的酒要喝完,不然就不礼貌了。

(七) 告辞致谢

一般鸡尾酒会持续两个小时左右,在晚8时左右结束,而正餐之后的酒会则在晚11时或12时结束,周末可以更晚些。酒会并不严格限定时间,但宾客也应体贴主人,适时离开,一来使得主人有充足的时间休息,二来不妨碍主人的其他社交安排,如晚宴、约会等。

席间一般不应提前退席。若确实有事需提前退席,应向主人打招呼后轻轻离去,也可事前打招呼到时离去。退席时要有礼貌。退席理由应当尽量不使主人难堪和心中不悦。从宴会结束到告辞前不可有任何不耐烦的表示。

离开酒会时,最好向女主人当面致谢,但如果能在酒会的第二天给女主人打个电话,再次表达自己的谢意,则是有教养和礼貌的表现,这样既可以表达出对主人操劳的感激,又可以消除主人对酒会效果的担忧。

西餐礼仪

三、名片

1. 名片的递送

(1) 把握时机。发送名片要掌握适宜的时机,只有在确有必要时发送名片,才会令名片发挥功效。发送名片一般应选择初识之际或分别之时,不宜过早或过迟。

(2) 讲究顺序。两人间顺序应该是男士先女士后、晚辈先长辈后、下级先上级后、主人先客人后。

多人间顺序。向多人递送名片,切勿按跳跃式进行派送。熟悉对方人员的职务分布时,按照职位高低递送。如果不熟悉职务高低时,按照由近而远的原则递送。对方人员呈圆桌状分布时,应该按照顺时针方向旋转递送。

(3) 动作规范。先打招呼后派名片,递上名片前,应当先向接受名片者打个招呼,令对方有所准备。递送名片时应该起身站立,走上前或身体适度前倾。注意不要将名片举得高于胸部递送给人。用双手或右手拿住名片的上角递送,切勿以手指夹着名片递给别人,也不要用左手递名片给别人。注意将名片正面对着对方,如对方为外宾应该将名片上印有外文的一面对着对方。递交名片时,还应顺便说些客气词语、礼节性用语。

【示例6】

A男士与B女士两位秘书在门口迎接来宾,一辆小轿车驶到。一男士下车。B女士走上前道:"王总您好!"呈上自己的名片,又道:"王总,我叫李月,是某集团的秘书,专程前来迎接您。"王总道谢。A男士上前:"王总好!您认识我吧?"王总点点头。A男士又问:

"那我是谁？"王总尴尬不堪。请问以上有哪些不符合礼仪？

【评析】B女士有两个不妥：一是作为秘书在这个环节递名片是不合适的，如在饭桌上另当别论；二是不应该主动介绍自己的名字，而应该介绍自己为"我是秘书小李"。

A男士有两点不妥：一是不应该问王总认不认识自己，因为这与接待任务无关，主动打招呼问候即可；二是更不应该追问那句"我是谁"，别人说认识你，也许并非真的认识你，只是避免双方的尴尬的一个应承而已，此时该男士应该说声"请"，主动引导客人到迎客厅。

两个人在门口迎宾，工作上应该相对分工一下。

2. 名片的接受

（1）态度谦和。接受他人名片时，不论有多忙，都要暂停手中一切事情，并起身站立相迎，面含微笑注视对方。接名片时，要双手接捧或以右手接过，并以客气语言表示感谢，绝对不要冷若冰霜、故作清高。

（2）认真阅读。接过对方名片后，需要用一分钟左右时间认真浏览一遍。第一表示对别人的尊重，第二可以了解对方确切身份。在默读名片的过程中，如遇有显示对方荣耀的职务、头衔时不妨轻读出声，以示尊重和敬佩。

（3）有来有往。接受了他人的名片后要当即回敬对方，同时递上自己的名片。名片用完了或者忘了带名片时，应向对方做出合理解释并致以歉意，切莫毫无反应。

（4）精心收藏。接到他人的名片后，切勿将其随意乱丢乱放、乱揉乱折，应该在现场收藏。一般将对方名片放在自己的名片包内，再放入公文包、办公桌或上衣口袋之内，且应与本人名片区别放置。名片的日后整理也非常重要，要养成及时整理名片的习惯，按照姓名、国籍、性别、单位、专业类别等输入电脑。

【示例7】

某私立大学新建的办公大楼，需要添置一系列的教学用具，价值数十万元。A公司信誉良好，学校开会决定，向A公司购买这批教学用具。这天，A公司的销售部负责人打电话来，要上门拜访该校校长。校长打算，等对方来了，就在订单上盖章，定下这笔生意。

不料对方比预定时间提前2个小时来到学校，原来对方听说学校还有一栋教学大楼也要在近期内落成，希望该楼需要的器具也能向A公司购买。为了谈这件事，销售负责人还带来了一大堆的资料，摆满了台面。该校校长没料到对方会提前到访，刚好手边又有事，便请秘书让对方等一会。这位销售员等了不到半小时，就开始不耐烦了，一边收拾起资料一边说："我还是改天再来拜访吧。"这时，校长发现对方在收拾资料准备离开时，将自己刚才递上的名片不小心掉在了地上，对方却并没发觉，走时还无意从名片上踩了过去。但这个不小心的失误，却令校长改变了初衷，A公司不仅没有机会与对方商谈教学设备的购买，连几乎到手的数十万元教学用具的生意也告吹了。

【评析】A公司销售部负责人的失误，看似很小，其实是巨大而不可原谅的失误。名片在商业交际中是一个人的化身，是名片主人"自我的延伸"。弄丢了对方的名片已经是对他人的不尊重，更何况还踩上一脚，顿时让这位校长产生反感。再加上对方没有按预约的时间到访，不曾提前通知，又没有等待的耐心和诚意，丢失了这笔生意也就不是偶然的了。

课堂导练

近期，某城市将举行产品展销会，客商云集，某广告公司的职员李强想要拜访几位当地知名企业的陈总经理、赵主任、刘总经理（女），他事先准备好了自己的名片，在展销会后的聚会上，李强见到了这几位久仰的企业家，他应该如何成功地分别与对方交换名片？在交换名片的时候要注意哪些礼节？

请全班同学分小组讨论，再请几位同学模拟表演。

交际礼仪之名片礼仪

四、握手

1. 握手的时机

何时宜行握手礼，它通常取决于交往双方的关系，现场的气氛，以及当事人个人的心情等多种因素。不过一个人若是希望在人际交往中通过行握手礼来令自己显得彬彬有礼，那么就一定要把握好以下时机：

遇到较长时间未曾谋面的熟人时；在比较正式的场合同相识之人道别时，以示自己的惜别之意和希望对方珍重之心；在家中、办公室里以及其他一切以本人作为东道主的社交场合；在拜访他人之后，在辞行之时；在被介绍给不相识者时；在他人给予了自己一定的支持、鼓励或帮助时；向他人表示恭喜、祝贺之时；在对他人表示理解、支持、肯定时；应邀参与社交活动，如宴会、舞会等之后；得悉他人患病、失恋、失业、降职、遭受其他挫折或家人过世时等。

但要注意，当对方手部有伤，或对方忙着别的事，如打电话、用餐、主持会议、正与他人交谈等，对方与自己距离较远等情况时不宜握手，否则容易产生负面效果。

2. 握手的次序

在比较正式的场合，行握手礼是重要的礼仪问题，握手的先后次序要符合礼仪规范：握手时伸手的先后次序，遵循"尊者决定"原则；在公务场合，握手时伸手的先后次序主要取决于职位、身份，而在社交、休闲场合，则主要取决于年纪、性别、婚否。如：

（1）年长者与年幼者，年长者先伸手。
（2）长辈与晚辈，长辈先伸手。
（3）老师与学生，老师先伸手。
（4）女士与男士，女士先伸手。
（5）已婚者与未婚者，已婚者先伸手。
（6）先至者与后来者，先至者先伸手。
（7）上级与下级，应由上级先伸手。

职位、身份高者与职位、身份低者，应由职位、身份高者先伸手。

3. 握手的方式

握手的标准方式是行礼时行至距离握手对象约 1 米处,双腿立正,上身略向前倾,伸出右手(通常是右握式,特殊情况也用左握式),四指并拢,拇指张开与对方相握。握手时用力要适度,上下稍许晃动三四次,随后松开手来。

握手时,不要交叉握手,不能戴手套与人握手或用脏手与人握手,这些都是有违礼仪规则的。

【示例8】

某公司请王专家去做报告,公司派一个专职司机和一位女秘书去接王专家,来到车站,王专家已经到达了,司机和秘书两人赶紧下车,走到专家面前。从尊重女性角度来讲,王专家与女同志先握手,这时司机的一只手也伸了过来,而且他的手还伸在女秘书的前面,王专家只好两个手同时出去了,一手拽一个。

【评析】握手除了要"由高到低"外,第二个顺序是由近而远,还有第三个顺序,是在社交场合尤其是在宴会桌上实行的,叫顺时针方向前进。

随堂选练

1. 全班分为若干小组,每组 5~7 人,分别模拟自我介绍、见面及握手的一般礼节场景,通过仔细揣摩场景,能够熟练掌握见面的基本礼仪规范。
2. 两人一个小组,练习互换名片,注意传递、接受名片的注意事项。

交际礼仪之握手礼仪

下篇

职场文书写作

第九章 事务文书

学习目标规划

■ **基本了解**

基本了解计划、总结、述职报告、会议记录、调查报告、简报等常用应用文书的概念、特点、种类等相关文体知识。

■ **重点掌握**

重点掌握计划、总结、述职报告、会议记录、简报、调查报告等常用事务文书的写作格式和写作要求。

■ **熟练应用**

熟练掌握工具箱的基本知识,能够独立制订可行性较强的计划;撰写客观且有价值的总结、述职报告、调查报告;能够独立做好完整的、符合要求的会议记录及简报文字内容的编辑。

课前热身

■ **记忆引擎**

1. 在学习过程中,你接触过哪些事务文书?
2. 你写过哪些事务文书?最不喜欢哪一类?

■ **头脑风暴**

1. 什么是事务文书?其特点有哪些?
2. 调查报告分哪几类?它有哪些特点?
3. 简报的特点是什么?

任务1 计 划

任务导入

进入大学,学习内容、学习方法、学习氛围都与中学不同,没有周密系统的可行性强的学习计划是很难完成学习任务的,作为大一的新生,如何制订学习计划呢?

任务解析

制订学习计划,需要做好以下准备工作:

(1)了解专业特点、专业课程、课程设置等相关信息;

(2) 了解计划制订的基本知识;
(3) 掌握计划的写作格式和写作要求。

典型文案

例文一

××市义务植树2010年春季计划

根据全国人大第四次会议通过的《关于开展全民义务植树运动的决议》,市委号召广大人民群众积极响应,人人争当义务植树的突击手,争当保护树林的哨兵,为绿化城市,美化家园贡献力量。为此,我市在今年春季要做好以下几项工作:

一、任务与要求

(一)我市今年春季计划造林面积××亩,植树××株。每人平均3~5株,必须植树节前完成。

(二)具体要求:

1. 领导带头,并指定专人负责,确保成活;
2. 充分发动群众,采取分片包干办法;
3. 要因地制宜,根据气候、土壤等不同条件,栽植不同品种的树;
4. 各苗圃要及时做好挖苗备运工作;
5. 加强各环节工作的检查,2月中旬做一次全面检查。

二、措施

(一)于1月下旬召开一次植树造林工作会议,参加人员:市机关、团体、学校、工厂的有关负责人及区政府主要负责人等。重点研究植树造林的各项准备工作,采取必要措施予以落实。

(二)加强各单位各部门的植树造林的领导工作,认真解决存在问题。

(三)抽调××名干部到植树造林第一线做具体领导工作。

(四)在植树节前把春季植树造林工作完成。

【简析】

这份工作计划共分两部分,明确了任务和要求,在措施中安排各项工作,拟定时间和人员。内容层次清楚,格式规范。

例文二

××省图书馆暑期传统文化讲座计划

讲次	时间	主讲人	单位与职称	讲题	地点
1	2008年7月27日	张××	××大学教授	老子	本馆大教室
2	2008年7月30日	杨××	××社科院研究员	论语	本馆大教室
3	2008年8月4日	陈××	××大学教授	孟子	本馆大教室

续表

讲次	时间	主讲人	单位与职称	讲题	地点
4	2008年8月7日	顾××	××大学教授	楚辞	本馆大教室
5	2008年8月10日	赵××	××社科院研究员	汉赋	本馆大教室
6	2008年8月13日	林××	××社科院研究员	魏晋诗歌	本馆大教室
7	2008年8月16日	刘××	××大学教授	唐诗	本馆大教室
8	2008年8月19日	李××	××大学教授	唐诗	本馆大教室
9	2008年8月21日	王××	××大学教授	宋词	本馆大教室
10	2008年8月24日	康××	××社科院研究员	宋词	本馆大教室
11	2008年8月27日	孙××	××大学教授	元曲	本馆大教室
12	2008年8月30日	倪××	××大学教授	明清小说	本馆大教室

【简析】

这是一份表格式计划。由于听众最关注的是每次讲座的时间、主讲人的身份、所讲的内容和听课地点。所以，表格式计划具有简单明快、重点突出的特征。

工具箱

1. 必备知识

1) 计划的含义

计划是单位或个人为完成某项工作任务，达到某一预定目标的实现而做的安排与打算。

2) 计划的分类

根据内容与适用时间的不同，计划分为以下几种：

（1）规划：计划时限长、内容概略的计划。

（2）安排：计划时限短、内容具体的计划。

（3）方案：针对某项工作制订的，内容具体周密、可操作性强的计划。

（4）要点：列出主要工作目标的计划。

（5）设想：一种初步的（尚未成型、有待完善）草案性计划。

3) 计划的特点

（1）具有预见性。计划是先于要进行的实践活动而制订的，必须预测未来工作中可能出现的情况和问题，进行充分的估计及调整，提出科学的、切实可行的方案。

（2）具有可行性。计划不是挂在墙上的，而是为了实施的。计划应该既科学又实用，也就是既要有预见性又要有可行性。计划的可行性既体现在计划的目标经过努力能够实现，又体现在计划的措施符合实际，可以操作。

（3）具有指导性。制订计划是完成工作任务的一种科学的工作方法。有了计划，就有追求的目标和奋斗的方向，明确什么时候该做什么，避免或减少盲目性，更加合理地安排时间，提高工作效率，掌握工作的主动权。

4) 常见的计划形式

计划的写作格式历经多年的积累，形成了相对稳定、各具特色的三种常用格式。

（1）表格式计划。表格式计划是将计划写作的基本内容用表格的形式呈现出来。表格中的项目设计要明确体现计划的任务、目标和措施。表格式计划的特点是具体直观，实践性强。适用于时间较短、范围较小、内容单一的计划。

（2）文表结合式计划。文表结合式计划是将计划期内的各项工作任务指标制成表格，再用文字说明计划的依据和措施。

（3）文字式计划。文字式计划是使用最为广泛的一种格式，是我们学习的主要对象。

2. 写作格式及要求

1) 写作格式

（1）标题。计划的标题一般由计划单位、计划时限、计划内容、计划名称四个要素组成。其中"计划单位"用来说明"是谁制订的计划"。例如"××大学 2010 年招生计划""××省 2010—2015 年国民经济发展远景"。有时计划的标题可以省略其中的某些要素。省略单位，如：《2010—2015 年城市道路交通规划》。省略时限，如：《××公司揭幕礼筹备方案》。

（2）正文。正文由开头、主体、结尾三部分组成。

① 开头。概括写制订计划的目的和依据。开头的主要任务是明确工作依据。可以作为依据的主要有上级的指示、本单位实际情况、社会需求及上期计划执行情况等。常见的表示方法如："根据……为了……结合本单位的实际情况，××年我们将着重做好以下几个方面的工作。"

② 主体。具体阐述计划期内工作任务、指标和措施。主体是计划的核心部分，要围绕工作目的、依据提出工作任务（做些什么事），为每一项工作设定指标，即在时间上、数量上、质量上的要求（做到什么程度），并制定出开展工作、实现目标的行动步骤，明确责任分工和将要采取的措施和方法。因性质不同，计划时限长短和内容多少不同，计划主体部分会采取不同的写法。常见的写法有两种：

第一种，将"任务""指标""措施"三个内容分开写，分列三个标题。

第二种，以"任务"为写作顺序（列出小标题），写措施、写目标。

③ 结尾。结尾部分写完成工作任务的希望和要求。如确无必要，可以不写结尾。

2) 写作要求

（1）依据充分，任务明确。计划首先要解决的问题就是计划期内该做些什么，避免盲目，克服盲干。解决的关键是了解工作的依据。如国家的政策法规、上级的要求、社会的需求、本单位的实际情况和上期计划的执行情况等都是制订本期工作指标和确定任务的重要依据。

（2）计划不要"过满"要为"变数"预留空间。常言说：计划不如变化快。计划不是一成不变的。我们的工作因社会、政治、经济形势等各种因素的变化而受到影响。做计划者应该为可能会有"变数"预留空间。如果计划订得过满，突发变故，可能会使计划者措手不及，使工作陷入被动。

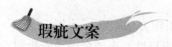
瑕疵文案

2009 年工作计划

2009 年预计回款 100 万元以上，保持增长 345.9%，预计第一季度完成 15 万元回款，

第二季度 25 万元回款，第三季度回款 39 万元，第四季度 30 万元，南京市内终端用户预计增至 150 家，分销商增至 70 家。

工作方向

1. 对经销商的管理。定期检查核实经销商的产品库存，配合公司发货时间及物流工作，确保经销商的库存在内消化，不出现积压产品及断货现象，同时协商好各分销商的渠道，有销售网络重叠现象的，避免引起产品价格战。

2. 解决产品冲货、窜货问题。实行奖罚分明制度管理体系，解决因产品价格大幅度波动造成的市场威胁，查找冲货根源，经核实无误后取消违规经销商的产品促销资格，时间为一年。相反，提供有效信息并持有凭证的经销商，公司给予相应的促销补贴政策。

3. 拓宽销售渠道。进一步将产品进行深度分销，由原来的批发市场深入至农贸市场，在终端的走访中，寻找对产品需求量大的消费群。目前，浓缩果汁产品的需求量集中在咖啡馆、茶馆，我们还需要在产品质量和价格上寻找相应的切入点。

目标市场

将对扬州、泰州、盐城、淮安、镇江、连云港、芜湖、马鞍山、安庆、淮南、淮北等苏中、苏北及安徽局部市场进行开发，搜罗并设立特约经销商，享有与南京同样的经销政策，实行自然销售，特殊区域可视情况而定是否增派销售人员。

重点促销产品

鸡精和果汁在 2009 年将被重点推广，两个产品的消化周期短，但在市场竞争方面优势不明显，准备将相应消化周期长的果醋、芥末油、辣椒油等停止促销，从而补贴鸡精和果汁产品的促销，能起到重点产品的增量效果。

销售队伍人力资源管理

1. 人员定岗。"南京办"的固定人数为 5 人，终端 4 人，流通 1 人，准备从终端调派 1 人兼跑流通市场，而原负责流通的人员兼跑省内周边城市，开拓空白市场。

2. 人员体系内部协调运作。每日晨会进行前日的工作汇报，终端人员将负责的区域业务工作表格化，流通人员将市场信息和产品动态提供给终端人员，终端方面的供求信息和网络资料由流通人员安排解决，大家交换意见，进行信息沟通，为销售做好全方位的工作。

3. 关键岗位有关人员的能力要求。终端人员销售对象为市内酒店、宾馆、咖啡馆、茶馆等，对直接消费者进行服务，要求在谈判技巧和普通话标准化的程度上有所提高，要有实际的在单位业务开发率。流通人员销售目标是为产品打开分销渠道，通过分销过程，最终到达消费者。流通人员要具备清醒的思维，长远的战略眼光，善于沟通、分析、认真看待问题的启发性和套路背后的逻辑性，打开每一个产品流通的环节，确保产品顺利分销。

4. 培训。给予全体办事人员进行定期的培训，在销售技巧及谈判过程上进行实战的演习。

【简析】

这份计划写出了目标、任务、措施等相关的内容，但结构上存在严重问题：

（1）结果不完整，无头无尾。没有开头，就无法阐述计划的依据，计划的可行性就会受到质疑。

（2）结构不严谨，上下层次缺少必要的过渡和衔接，文章内容像一盘散沙，不是有机的整体。

（3）多处语句不通，用词不当。

任务训练

(1) 计划的特点和类型有哪些?
(2) 按写法分,计划有哪3种写法?
(3) 病文析评。下面是一篇病文,试指出其存在的毛病。

××市经委4~8月工作计划

为了完成县委、县政府下达的3.1亿元工业生产总值任务以及各项经济指标,我们计划在4~8月主要抓好以下几个方面工作:

(一)进一步深化企业改革。我们在全面推行厂长(经理)任期目标的基础上,从实际出发,有针对地分别实行租赁、承包、百元工资税利制和工资总额与企业经济包干等经营方式,把权、责、利全面落实到企业及经营者身上,使企业成为真正相对的经济实体,成为自主经营、自负盈亏的社会主义商品生产者和经营者,较好地调动企业厂长职工的积极性,增强企业活力,促进生产发展,并使这一改革能够健康发展,深入持久地坚持下去,采取有效措施加以保证。

(二)加快新项目和技术改造项目的建设速度,确保这些项目预期投产,发挥效益。主要抓好苎麻纺织、印染工程等项目,并实行目标责任制管理,使这些项目预期投产,早日发挥效益。

(三)进一步加强企业管理,提高企业经济效益。我们坚持以改革为动力,促进企业的发展,加强管理,提高企业经济效益,把增产节约、增收节支的工作作为提高经济效益的重要工作来抓,要求企业产品总成本、企管费及车间经费都要下降。具体措施:(1)调整企业产品结构,大量增产适销产品,实现多产快销;(2)加强企业管理,挖掘企业潜力,调整定额,向管理要效益。

加强企业职工思想工作、技术培训,努力提高企业职工队伍思想、技术素质。为企业上等级和企业现代化管理打基础。(1)全面进行思想、纪律、法制教育和坚持四项基本原则,反对资产阶级自由化的教育,全面提高工人思想觉悟;(2)搞好技术培训和职工文化、技术学习,努力提高企业职工队伍技术素质。

4. 写作

试拟一份本班近期课外活动的计划。

计划与总结

任务2 总　　结

任务导入

大学的学习已有一段的时间了,你是否适应大学的生活?应该做一个阶段性的总结了。

你总结了吗?

任务解析

要对大学的学习生活做一个总结,需做好以下准备工作:
(1) 回顾该阶段的所作所为、所思所想。
(2) 了解总结的基本知识。
(3) 掌握总结的写作格式和写作技巧。

典型文案

例文一

企业围绕市场转　产品随着效益变
——××钢厂开展"转、抓、练、增"活动的经验

　　××钢厂是全国独立型特钢企业,全国500家最佳经济效益企业。长期以来,××钢厂始终坚持了"育人为本、管理为头、效益第一"的指导方针,立足高远,艰苦创业,以深化改革为主线,以市场经济为导向,加速企业机制转换,在调整产品结构、提高产品质量的同时,增产降耗,加强经营管理,克服了种种困难,使企业得到长足的进步和发展,经营生产年年持续跨上新台阶,为振兴西北地方经济、发展我国钢铁工业做出了应有的贡献。总结××钢厂在转机制、抓管理、练内功、挖潜力、增效益方面的做法,主要有以下几个方面:

一、深化企业内部配套改革,加快转换企业经营机制
　　(一) 解放思想,转换观念,走转机制、抓管理的新路子
　　近年来,多次派人外出考察、学习,开阔了眼界,拓宽了思路。××××年以来,根据国内外市场的需求的情况和自己的实际条件,制定了企业战略目标,确立了"企业围绕市场转产品随着效益变"的经营方针,树立了大市场、大企业、大流通的观念,加强了市场预测,经营决策和营销服务工作。树立了创建全国第一流特钢的观念,积极进取,大胆实践,在建立社会主义市场经济体制中,走出了企业转机制、抓管理的新路子。
　　(二) 坚持实行"两保一挂"承包方式,进一步完善内部经济承包责任制
　　1. 以全厂利益为重,始终坚持国家、企业、职工三者利益兼顾,责权利相结合,职工报酬与企业效益、个人劳动成果相联系的原则;坚持以市场为导向,突出经济效益的原则;坚持突出成本、质量的考核,增大对成本、质量、安全指标否决力度的原则。从而使企业内部经济承包责任制逐年走上程序化、标准化、规范化的轨道。
　　2. 不断完善企业内部经济承包责任制的"指标、考核、保证"体系。把企业对国家的承包指标逐级分解,层层落实,实行全员承包,设计并完善了多种承包形式。
　　(三) 深化以"三项制度改革"为重点的企业内部配套改革,不断完善分配机制和竞争机制

二、强化管理,深挖潜力,努力增加效益
　　(一) 加强了以标准化为重点,以班组建设为落脚点的基础管理
　　在标准化工作中,在积极采用国际标准和认真执行国家标准、部颁标准的同时,重新补

充、修订企业标准。在信息管理中，建立了厂信息中心等17个分中心，扩大信息网络，聘用外部信息员，扩大信息来源。在班组建设中，始终坚持班组为落脚点的基础管理，贯彻落实。

（二）不断提高管理水平，向管理要效益，加强以质量为中心的生产管理××钢厂始终坚持"生产经营以质量为中心，企业管理以全面质量管理为中心"的经营思想。

多年来，在全厂范围内先后开展了"西钢质量巡查""质量万里行"等活动，进一步增强了全体职工的质量意识，促进了产品质量的提高。加强新形势下的营销管理，建立健全营销机构，成立了经销处和进出口公司、青海西钢物资实业总公司。把开拓两个市场、抓好物资供应和产品销售这"两头"作为营销工作的重点，始终坚持"以销定产、以销保供"的原则，积极开展业务。加强以成本为中心的财务管理；××钢厂一贯重视成本管理，加强成本核算。针对上游产品不断涨价的严峻形势，紧紧抓住降低产品成本这个关键环节不放。

（三）大力推广和应用现代管理办法，积极推进企业管理现代化

先后推广和应用了方针目标管理、网络技术、价值工程、正交试验法等15种现代管理方法和手段，计算机已广泛应用于财务、劳动人事、生产、质量、统计等专业管理，都收到了较好的效果。

三、坚持科技兴厂方针，加快技术改造步伐

（一）加快技术改造步伐，提高装备水平，增强企业发展后劲

实在坚持"小步快跑、滚动发展、保证重点"的技改方针。在各项技术改造过程中，把科学管理和现代化管理方法及手段运用于实践，取得了投资省、质量好、增产快的效果。去年，完成了炼钢电炉、650连轧等8项主要工程和相关设施的配套改造，在资金紧张的情况下，坚持自我积累、自我发展和"自行设计、自行施工、自行改造、自行安装、尽快见效"的方针，重点对炼钢进行改造，进一步改善了企业的装备水平。

（二）依靠科技进步，积极开发"三新"

××钢厂坚持市场急需、适销对路的产品开发方向，充分发挥新产品研制开发体系和研制开发管理网络的骨干带头作用。根据有关文件规定，每年按销售收入的1.5%提取开发费，确保技术开发工作得以顺利发展。同时，对技术难度高、对全厂经济指标影响大的攻关项目和"三新"开发项目等实行了技术承包，进一步调动了科技人员的积极性。

目前，××钢厂围绕建立现代企业制度进行公司改造，本着"管好主题、放活辅助、加强基层、服务现场"的指导思想，重点抓好经营机制的转换，逐步实现主辅分离，为建立现代企业制度、进行公司化改制打好基础。

【简析】

这是一份专题性经验总结。

正标题概括总结的主题，副标题概括总结的具体内容。

正文的第一自然段，概述企业的基本情况和取得的主要成绩，接着用"主要有以下几个方面"过渡到主体部分。

主体从三个方面介绍了××钢厂在转机制、抓管理、练内功、挖潜力、增效益方面的成功做法。写法上采用列出小标题的方式，每条经验概括为一个小标题。具体介绍各条经验时，又以观点作段旨，并编上序号。文章以该厂目前的工作和今后的努力方向作结语。

例文二

×××××党校 2010 年工作总结

2010 年是我校进一步深化改革的一年，是教学、科研等各项工作取得明显进步的一年，也是党校的面貌发生较大变化的一年。在市委市政府的直接领导和关怀下，在校党委和全校教职员工的共同努力下，坚持以建设有中国特色社会主义理论为指导，围绕"全面提高领导干部的素质"这个主题。抓住机遇，大胆改革，锐意创新，开拓进取，收到了显著的成效。

一、贯彻全国党校工作会议精神，制定整体改革方案

1. 学习贯彻会议精神，统一思想，确定深化改革的总体思路。（略）
2. 调查研究，集思广益，反复论证，形成改革方案。（略）
3. 结合实际，边制定改革方案，边抓多项改革措施的落实。（略）

二、突出教学中心地位，提高教学质量

1. 准确把握马克思主义基本原理，强化理论教育。（略）
2. 改进教学管理，提高教学质量。（略）
3. 发挥干部培训基地的作用。（略）

三、发挥科研基础作用，为教学和决策服务

1. 建立和完善我校科研体系。（略）
2. 努力使科研进入决策层。（略）
3. 取得了丰硕的科研成果。（略）

四、强化服务保障功能，改善办学条件

1. 图书电教中心的建设上了一个新台阶。（略）
2. 基础设施和辅助设施得到进一步改善。（略）
3. 后勤工作的改革初具成效。（略）
4. 接待工作为特区赢得了声誉，获得了兄弟党校的一致好评。（略）

五、加强自身建设，保证改革措施落实

1. 加强领导班子的建设。（略）
2. 加强党的建设，发挥群团作用，做好思想政治工作。（略）
3. 完善和建立各种制度，加强各方面的管理。（略）

回顾 2010 年深化改革、开展各项工作的实践，我们有三大切身的体会：

1. 上级领导的重视与支持是各项工作取得进展的根本保证。（略）
2. 各有关部门的支持是使各项工作顺利进行的重要条件。（略）
3. 全校教职员工的共同努力是工作迈上新台阶的内在动力。（略）

我校各项工作也存在一些缺点和问题，主要表现在：

1. 教学质量与新形势、新任务的要求相比仍有差距。（略）
2. 教学组织管理与新的培训格局还不尽适应。（略）
3. 思想政治工作力度不够。
4. 办学条件有待进一步改善。

今年我校的工作重点是全面实施深化改革的方案和各项措施。校长×××同志在年度工作总结大会上的重要讲话，既充分肯定了过去的工作，又就学校面临的新形势和新任务做出了深刻分析，提出了新的要求。强调要围绕"增创新优势，更上一层楼"奋发努力。"关键的问题在于提高各级领导干部的领导水平、决策能力，也就是提高领导干部的整体素质。在这方面，党校肩负着特别重大的责任"。学校要更好地发挥干部培训基地的作用，就需加大干部培训的力度；加强科研工作，提高教学质量；围绕教学科研工作，后勤保障要加强。我们要认真领会，按此要求部署好今年的工作，力争取得更大成绩。

【简析】

这是一份教学单位的年终工作总结。作者从自身实际出发，采用了"分部式"即"情况—成绩—经验体会—问题—今后建设"的结构写法。文章开头段两句概括说明了一年的工作情况及其成效。接着分五个部分对一年来的工作成绩一一做了总结。随后谈了三点体会。最后，说明了工作中存在的问题并提出了今后工作的重点，用校长在总结大会上的讲话展望了未来，部署了工作。总的来说，这份总结能突出经验性，思路清晰，层次分明，语言简练。不足之处是典型性、代表性的材料和数据不够。

工具箱

1. 必备知识

1) 总结的含义

总结是对前阶段的实践活动进行回顾检查，分析评价，从中找出经验教训和规律性认识，以指导今后工作的一种事务文书。

2) 总结与计划的关系

总结与计划的写作时间，写作角度不同，但写作思路相近，关系密切。

（1）总结是制订计划的依据。在拟定新一轮任务和指标时，都要考虑上期计划的执行情况。如果上期的计划完成得好，本轮就可以谋求更大的发展；如果上期的计划完成得不好，本轮的工作首先要想办法解决存在的问题，再求发展。所以，从上期工作中总结出来的经验教训是拟定本期计划的重要依据。

（2）计划是总结的基础。工作中先有计划，后有总结。年终总结时要比照年初计划。检查应该做的工作（计划的任务）是否做了，哪些工作做得好（达到或超过计划指标），取得了哪些成绩，经验是什么；哪些工作做得不好（没实现计划的目标），存在着问题，教训是什么。有了计划，总结才有评价的标准，才能得出可观的结论；有了计划，总结才有针对性，才能有的放矢。

3) 总结的种类

总结一般有以下几种分类方法：

（1）按照性质来分。有综合性和专题性总结。综合性总结性又称全面性总结，是对本组织一定时期内工作的全面总结；专题性总结也称单项总结，是对某一项工作或某一个问题的总结。

（2）按照内容来分。有工作总结、思想总结、学习总结、生产总结等。

（3）按照范围来分。有地区总结、部门总结、班组总结和个人总结等。

（4）按照时间来分。有年度总结、季度总结、月份总结等。

4) 总结的特点

总结的目的就是要通过实践,提高认识,掌握事物的发展规律,去指导今后的实践活动,因此,总结的主要特点是:

(1) 客观性。总结以回顾实践或工作的全过程为前提。自身实践的事实,尤其是工作中的典型事例和确凿数据,是一篇总结得出结论的基础。

(2) 理论性。总结的理论性表现在,通过总结,将实践中获得的大量零散的,感性的认识上升为系统化的认识。

2. 写作要求及写作格式

1) 写作格式

总结写作的格式由标题、正文、落款三部分组成。

(1) 标题。总结的标题一般有两种写法。

① 单标题。单标题平实低调,一般由单位名称、时限、内容、和文种组成,如《××商场2008年销售工作总结》《××铁路局××车站2008年春运工作总结》。

② 双标题。双标题往往内容厚重,成绩突出。一般由正题与副题组成。正题揭示总结的主要内容或工作的突出成绩。副题补充说明总结的单位名称、时限、文种。如:

安全正点,祥和顺畅
——××铁路局××车站2008年春运工作总结

抓好计划生育,关爱女性健康
——××市2008年计划生育工作总结

(2) 正文。总结的正文一般由开头、主体和结尾三部分组成。

① 开头。概述工作的基本情况,要从时间、目的、背景、主要工作及结论等方面对过去一个时段工作进行总体概括,为下面的结论奠定基调。如《学习应用文的总结》的开头:

"根据学校的安排,为了培养应用写作能力,本学期开设了应用文写作课,我们系统地学习了日用书、行政公文、事务文书等十几个文体,基本掌握了常用文体的写作方法,收获很大。"

② 主体。具体阐述主要工作(做了什么)、做法(怎么做的)、成绩(做到了什么程度)、经验和教训。主体部分要在全面回顾工作过程的基础上,选取工作成果比较突出的某些工作加以总结,既要写出对每项工作的过程或做法,又要对工作成果做定量或定性的说明,有时还应根据需要对经验或教训进行深入的分析总结,以便指导今后的工作。人们花费时间、精力努力工作后,成绩是主要的,因此作为总结核心,主体部分一般都是从正面积极肯定工作成绩。

主体部分常见的写法有:写法一,以时间为序。即按时间的先后顺序进行总结。这种结构被称为纵式结构。写法二,以逻辑为序。即按各项工作的内在联系安排写作顺序。这种结构被称为横式结构,最常见的是并列关系。即以"主要工作"为序,列出小标题,分别写工作做法、成绩以及经验或教训。如《学习应用文的总结》的主体结构,阐述主要收获(学了什么):

a. 明确了应用文与实际工作的关系。(略)

b. 了解了应用文体与其他文体的区别。（略）

c. 掌握了十几种常用文体的写作方法（略）

③ 结尾。简要写存在的问题和今后的打算。全面总结的"全面性"不仅体现在总结涉及工作的方方面面，也体现在它既写成绩也写不足，既对过去的工作进行反省，又对未来的工作做谋划。总结从来不回避过去工作的问题，因为只有解决了这些存在的问题，工作才会有新的进展，才会越做越好。写作结构上，常用"存在问题"过渡，用"今后打算"收束全文。如《学习应用文的总结》的结尾：

经过一个学期的努力，我的收获很大，但也存在一些问题：

一是阅读范文少。（略）

二是写作训练少。（略）

应用文写作能力是工作中必备的一种素质，尽管学习结束了，但今后我还要抽时间多读多写，以应用写作能力。

2）写作要求

（1）总结要与"计划"相呼应。总结与计划密不可分，计划是总结的基础，是总结评价的第一"参照物"。评价工作的好坏，就是讲实际完成的结果与计划中的指标相对比，所以没有计划，总结评价就没有依据，做出的结论就没有说服力。

（2）总结评价工作要实事求是。工作中切忌把总结作为评功摆好的手段，甚至不顾事实夸大其词。总结的目的是从过去的实践中找出经验教训和规律性认识，以指导今后的工作，所以总结既不能夸大成绩，虚构经验，也不能无视问题，回避教训。总结内容只能是真实、准确的，从中得出的经验教训才具有借鉴的价值。

（3）总结要立足未来，寻找规律。规律是指科学的工作方法。总结是对过去实践活动的回顾、检查、分析，力求通过经验和教训，找到正确的工作方法，减少工作失误。这也是人们看重经验、看重经历的主要原因。从这一点看，计划是立足现实想办法，总结是着眼未来找规律。

瑕疵文案

学生会工作总结

系学生会成立了以来，搞了一系列的活动，都取得了较好的成绩。通过各部的相互努力，我们收获了不少经验，现总结如下：

一、团结创新，尽现丰富多彩的课余生活

1. 庆祝××系成立之时，我们学生会举办了一次"邀明月，共成长，师生同欢"茶话会。职教系部分老师和我系全体教师以及各班班委参加了此茶话会。会中老师同学纷纷登台献艺，一步步把晚会推向高潮。此次茶话会是对我们学生会的第一次考验，通过此次活动，大大拉近了教师与同学们的距离，加深了相互间的了解，同时也增加了学生会的凝聚力，树立了良好的学生会形象。

2. 举行英语口语选拔赛。为了提高同学们的学习热情，激发同学们对英语学习的兴趣，提高大家的英语口语表达能力，我们举办了"英语口语选拔赛"活动。对于这次活动，同学们表现了极大的兴趣，都积极踊跃地参加，竞赛场面异常活跃，一批英语基础好、口语表达能力强的同学从中脱颖而出。其中，05电商1班的××同学在××市"大学生英语口语比赛"取得了第一名的成绩。

3. 举办学习经验交流会。10月下旬，为了让新同学尽快适应大学的学习生活，顺利完成高中到大学的过渡，学生会举办了"举办学习经验交流会"，请2009级学习成绩优异者向新生介绍了学习经验，并回答了同学们提出的问题。这次交流会对于帮助新同学尽快找到适合自己的学习方法起到了较大的作用，受到了大家的好评。

二、尽职尽责，学生会永远是同学们的勤务员

系学生会全体成员在工作中不断寻找自身差距，努力做好本职工作。大家在思想上渴求进步，工作能力上渴求提高，这一切都在各项活动中得到了体现。生活部的卫生检查、发放补助、预订车票；宣传部的板报、橱窗的设计和绘制，都体现了这一点。体育部的校园田径运动员选拔赛、新生杯对抗篮球赛、拔河比赛以及文艺部的"英语节"系列活动都取得了不错的成绩。也正因为学生会活动以同学们的根本利益为出发点，才获得了同学们的信任，使我们的集体保持了更加旺盛的生命力和更强的战斗力。

学生会是为同学服务的窗口，是老师与同学交流的纽带，我们深知身上责任的重大，深知自身的不足。收获是喜悦的，与此同时我们也播下了希望的种子。新的学期，新的征程，我们要在工作中不断发现自身的不足，找出差距，取长补短，认清自己的目标，明确我们的发展方向。我们相信通过努力，在新的征程中一定能够取得更加辉煌的成绩。

【简析】

本义是××系学生会关于某学期工作的一份全面总结。存在的问题主要有：

① 主题第一层，对每项活动的叙述过于概括，缺少过程，内容不够翔实。例如第一自然段"举办茶话会"，学生会成员的会前准备、会中组织服务应该是重点，但文中却没有说明，因此读者无从感受"良好的学生会集体形象"。另外，此段阐述还缺少小标题；

② 开头中对"工作基本情况"的概述还缺少要素，如"时间""依据""目的"等，造成总结的范围含混不清、工作要求不明确。尽管做了一定的工作，但是否按要求完成了工作，却不得而知。

③ 个别语句表达不够明确，甚至不准确。开头中最后一句"我们取得了不少经验"中"经验"一词，用在结论处，就确定了下文的基调，但事实上后边谈的不是经验，所以此处这个词用得很不妥当。

任务训练

1. 简答题

（1）试简述总结主体一般写什么内容？各部分内容如何写？

（2）简述总结与计划的关系？

2. 病文分析

读下面这篇文章，分析其在分析材料，找出规律性的东西方面做得怎样。

××公司上半年工作总结

半年来本公司在精神文明和物质文明方面做了许多工作，取得了很大成绩。半年来，主要做了以下工作：动员组织公司干部和广大群众学习中央文件；安排、落实全年生产计划；推行、落实工作责任制；修建子弟小学校舍；建方便面生产产房；推销果脯、食品、编织产

品；解决原材料不足问题；美化环境，栽花种草；办了一期计算机培训班；调整了工作人员，开始试行干部招聘制。

半年来，在工作繁杂，头绪多而干部少的情况下，能做这么多工作，主要原因是：

1. 上下团结。公司领导和一般干部都能同甘共苦，劲往一处使。工作中有不同看法，当面讲、共同协商。互相间有意见能展开批评与自我批评，不犯自由主义错误。例如有干部对经理未作协商，就擅自更改果脯销售奖励办法，影响产量一事有意见，经当面提出，经理做了自我批评，共同研究了新的奖励办法，又出现了增产势头。

2. 不怕困难。本企业刚刚起步，困难很多，技术力量薄弱，原材料不足；产品销路没有打开等。为此，领导干部共同想办法，他们不怕跑路，放弃自己的休息时间，忍饥挨饿受冻，四处联系，终于解决了今年所需的原材料，推销了一部分产品。

3. 领导带头。公司的几位主要领导带头苦干，实干。他们白天到下边去调查了解情况，解决问题，晚上才开会研究问题，寻找解决的办法。领导干部夜以继日地工作，使公司上了台阶。

××公司
2007年×月×日

3. 写作

（1）试写一篇入学以来你所做的班级工作总结。

（2）对自己入学以来的学习生活做一次总结。

任务3 述职报告

任务导入

刘丹同学担任××系学习部长，任职已满一年。系学生会要求各部门领导就一年以来的工作进行述职。刘丹要写一份述职报告。

任务解析

刘丹要写好述职报告，需做以下几项准备工作：

（1）回顾一年来本部门的工作内容，特别是自己做的工作内容，并整理出相关的材料。

（2）了解述职报告的相关文体知识。

（3）掌握述职报告的写作格式和写作要求。

典型文案

例文一

述职报告

各位领导、各位老师：

上一学年，本人担任了××班的班主任，同时承担了××课程教学工作。一年来，在校领导的关心、支持下，我尽可能地做好各项工作。现将具体工作报告如下：

一、班主任工作

在担任××班班主任工作中，做到认真完成学校布置的各项工作，重视班风、学风的培养，深入了解每个学生的思想动态。严格管理，积极与家长配合，研究教育学生的有效方法。及时发现问题及时处理。在担任班主任期间，对学生的常规工作实施制度量化的管理。培养学生养成热爱学习、清洁卫生等良好的习惯。努力创造一个团结向上，富有朝气的班集体。班级在校××比赛中荣获第一名。

二、教学工作

根据教学大纲要求和教材的内容，制订了切实可行的教学计划，为整个学期的教学工作定下目标和方向。通过钻研教材研究教学方法，不断探索，尝试各种教学方法，以"如何培养中学生创造能力"为教学实验专题，进行教学改革。积极参加市教研室及学校组织的教研活动，通过参观、学习、听课等教学活动，汲取相关的教学经验，提高自身的教学水平。通过网络资源等了解现代教育的动向，开拓教学视野和思维。在教学过程中，尊重学生不同的兴趣爱好、不同的生活感受和不同的表现形式、方法，因材施教，引导他们形成自己独特的风格。

三、第二课堂工作

抓好第二课堂，实施素质教学。我根据本校学生的基础，发掘有××兴趣、特长的学生，组织他们在第二课堂进行培养，并按年龄、基础等情况分为××兴趣小组初级班和创作班。并按实际情况采用不同的计划、方法、步骤，进行有效的培训教学。经过一年的培训，学生的水平有了很大的提高。在学校的支持下建成具有本校特色的班级，一定程度上对我校文化建设做出了贡献。

除了日常工作外，我还负责校内外大部分的宣传工作，为了做好这一工作，我不计报酬，任劳任怨，加班加点，按时按质完成了任务，取得了一定的成绩。

当然，我很清楚本人各方面都有不少的缺点，还需努力提高自身能力，希望领导和老师们多指导、帮助，期望在今后的工作中，取得更好的成绩，为学校的建设发挥作用。

【简析】

本文是一名普通老师所作的述职报告，内容是他报告自己的本职工作。其标题是简明快的"文种"式。报告对象是本校的领导和教师。正文中的引言简洁明了。主题分为三部分，分别谈班主任工作、教学工作、第二课堂工作。其特点是主次分明详略得当，把一个教师最主要的教学工作，作为报告的重点，描述具体详细，其他工作则较为简单。同时，把工作成绩作为重点，把缺点和努力方向放在结尾作补充，这样的安排，使篇幅大为缩短，结构也显得紧凑而合理。

例文二

×省财政厅×厅长述职报告

主任、副主任、秘书长、各位委员：

我于××年×月被人大常委会任命为省财政厅厅长，至今已有两年多的时间，遵照省人大常委会的要求，现述职如下：

第一部分：两年来的履行职责情况

到财政厅之前，我在省工商局任职×年，情况熟悉，工作顺手，加上年龄又比较大等因素，从个人角度考虑，当时我不愿到新岗位任职。但我是党员，必须服从党的决定。两年来，我恪尽职守努力工作，和其他领导班子成员齐心协力，带领广大财政干部团结奋斗，使全省财政依法行政和依法理财观念得到加强，较好地完成了各项任务。

1. 树立依法行政观念，着力推进财政改革，全面规范理财管理

如何管好钱、用好钱，发挥好财政的宏观调控作用，促进全省经济和社会事业发展，是我任新职后必须首先要解决的问题。为此，我带领一班人，进行了近半个月的调查研究，提出来全省财政工作的总体思路，即树立依法行政、依法理财的观念，围绕省委省政府中心工作，以保稳定、保改革、保发展为目标，通过深化财政改革，规范理财管理，逐步建立适应公共财政要求的财政运行机制。这一思路得到省委省政府的肯定和支持。两年来，我和党组一班人大力倡导并组织实施了一系列加强管理与深化改革的举措。

……

××年，根据省纪委十一次全会的部署，全省财政系统广泛开展了行风评议活动。对各方面反映的问题从思想上和作风上找原因、挖根源，逐项制定整改措施，逐条进行落实纠正。

……

2. 自觉接受人大常委会的监督，认真办理人大代表建议，全面提高省级财政管理水平

在日常工作中，我自觉接受人大常委会的监督，每年编制预算过程中，及时向人大有关部门通报预算编制的指导思想、原则，接受人大有关部门的审查意见；预算经人代会审议通过后，认真执行人代会通过的预算审查报告和大会决议，及时批复；预算执行过程中，对收入的超支和支出预算的追加及时向人大常委会提出变更预算的报告，严格履行法定程序；财政管理中的重大改革等事项，及时向人大常委会报告。

……

第二部分：存在的问题和努力方向

任职两年来，虽然做了一些工作，取得了一些成绩，但也存在一些不足之处。主要有：

一是执行财经法规力度不够强。……

二是个人理论学习不够。……

三是廉政建设与中央、省委要求有差距。……

针对上述问题，我将借助这次向人大常委会述职的机会，进一步认真反思自己的工作和思想，实事求是地总结经验教训，增强做好本职工作的责任感和使命感，并切实做好以下几个方面工作：

1. 带头抓好政治理论和业务知识学习。……
2. 进一步增强依法行政、依法理财观念。……
3. 抓好财政部门的党风廉政建设工作。……

以上述职请各位委员审查。

【简析】

这是某省财政厅长的一批述职报告。标题为"单位+职务+姓名+文种"式，报告的对象是人大常委会的领导、委员。正文部分，引言简洁，只用一句话说明了自己所任的职务及任职时间。其主体由两个部分构成，第一部分为"履行职责情况"，第二部分为"存在问

题和努力方向"。全文逻辑思维清晰，结构严谨。

> **工具箱**

1. 必备知识

1）述职报告的含义及作用

（1）含义。述职报告是述职者围绕岗位职责向所在单位的人事部门、主管领导、职工代表及上级机关陈述个人在一定时间内的工作成绩和存在问题的一种事务性文书。

（2）功能作用。述职报告是应干部制度改革和干部科学化管理的需要而产生的一种新兴的应用文体。述职者通过述职报告真实地汇报自己在一定时间内德、能、勤、绩几个方面的情况，深刻认识自己的功过得失、能力强弱，总结经验、吸取教训。述职的目的一方面是接受群众的监督和评议，判断其是否称职；另一方面是便于上级机关掌握述职者德才情况和工作业绩，准确选拔任用。

2）述职报告的种类

工作中常用的述职报告有以下两种：

（1）例行述职报告。例行述职报告适用于担任一定岗位职务的人员，定期向有关组织和群众汇报工作情况，接受组织的考核和监督，如各级领导干部定期向职工代表大会述职。

（2）晋职述职报告。晋职述职报告是有关人员在晋升更高职位时，向组织人事部门或上级机关陈述任期内履行岗位职责情况，是晋升考核的组成部分。

3）述职报告与总结的区别

（1）写作目的不同。述职报告写作目的是要求述职者陈述履行岗位职责情况，借此考核其是否称职，能否晋升职位；总结的写作目的是找出经验教训，以指导今后工作。

（2）写作侧重点不同。述职报告以陈述履行职责的情况、业绩为主，着重阐述个人在工作中所起的作用，以突出履行职责能力；而总结以归纳工作事实、汇报工作成果为主，逐一阐述工作做法、成绩，揭示经验和教训。

（3）取材范围不同。述职报告围绕工作职责选取材料，取材范围较窄；而凡是在一定时间述职人做过的工作、取得的成绩，都可以列入总结的写作范围，取材范围较广。

（4）表达方式不同。述职报告主要运用记叙方法，陈述主要工作和工作过程；总结的核心是提炼经验教训，主要运用议论、叙述的方法，论理成分多，分析阐述取得成绩和存在问题的原因。

2. 写作格式及要求

1）写作格式

述职报告的结构由标题、述职对象、正文、落款四部分组成。

（1）标题。述职报告的标题力求简明，一般直接用文体的名称做标题，即"述职报告"。

（2）述职对象。如果是向有关部门述职，应顶格写收文机关或部门；如果是向有关人员述职，应顶格写述职对象，如"各位代表"或"各位领导""各位同志"等。

（3）正文。述职报告的正文应写以下内容：

① 概述任职的基本情况。包括现任职务、岗位职责、工作时限、工作背景、工作目标、任务及总体评价。"任职基本情况"一般写在开头部分，主要是明确述职的范围和确定述职的基调。

②具体阐述任职内的主要工作及完成情况。这部分是述职报告的核心，写在主体里。其写法一种是以时间为序，把工作分成几个阶段，分别陈述每个阶段的主要工作及个人表现；另一种是以逻辑为序，即以"主要工作"为序，叙述每项工作的过程和结果。述职报告的主体部分应着重写述职者在任职期内做了哪些工作，怎么做的，取得了哪些成绩，效果怎样，效益如何，质量、数量居于哪个等级，在此基础上进行自我评价，即称职与否。

③提出今后需改进方面和有关的建议。这些内容要概括地写在文章的结尾部分。

（4）落款。述职者的姓名既可以写在落款处，也可以写在标题下。述职的日期可以大写也可以小写。

2）写作要求

（1）把握写作角度，实事求是述职。由于述职时的倾听对象主要是所在单位的领导和群众，所以述职报告写作上最易出现的问题是回避个人成绩和起到的作用，而大谈"领导怎么要求、怎么支持""其他同志怎么配合、努力""我们一起完成"等，写作角度像总结。工作成绩是任职者素质和能力的集中表现，是评价述职者是否称职的依据。不回避问题，也不回避成绩，是述职者应有的态度。

（2）突出重点，写出业绩。述职者一年里的工作很多，但述职的时间有限，不可能把大大小小的工作一一陈述清楚。应围绕职务责任，选取有较大影响的事件和突出的业绩作为写作的重点。对于面上的工作、零星的工作只做概括性的交代即可，要有详有略，主次分明。同时，述职目的是进一步认清自己的职责，检查自己的工作方法，剖析自己的工作能力，得出称职与否的结论，所以述职报告要说明个人在每项工作中所起的作用，让领导和群众了解自己具体的设想、决策、建议、措施、指导、参与等产生的积极效果。

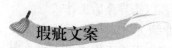

瑕疵文案

各位领导，同志们：

你们好！

时间过得真快，转眼之间××公司忙碌的一年又过去了。回顾一年来，本人在工作学习上的得与失，心里非常激动。首先我非常感谢各位领导及全体职工对我的信任及工作上的大力支持！今年，分公司主要承担了炼铁、干法除尘改造项目，工程中煤气管道制作安装及总体安装，炼铁三号高炉调压阀组改建及二号高炉高压泵房设备管道安装，热带加热炉大修，高线、喷煤改造等各项重大施工检修项目。克服种种困难，施工环境等诸多不利因素，做到精心组织、合理安排、按图施工、质量第一，确保安全的要求，各项施工按时保质保量地完成，今年分公司完成产值1 100万元左右，利润185万元左右。这其中与全体职工的努力拼搏及对我工作的支持是分不开的。今天我向在座的各位汇报一年来学习、工作情况，请大家审阅。

作为分公司副经理，我的主管工作是生产安全和设备。一年来，我时刻牢记本人的工作职责。在分公司承担的各项施工安全质量工作中，我首先做的是审核图纸，组织材料，安排人员，制订相关的施工计划，特别是在炼铁喷煤改造中，施工周期达两个多月，质量要求高，多单位立体交叉作业，安全管理难度大。针对这一情况，一方面我做到精心组织，严格按图施工；另一方面我一有空就坚持到现场一线，着力解决施工过程中的一些质量疑义，安全问题等，和职工们干在一起，确保施工安全有序地进行。任务紧人手少的情况下，工作安排上进行了调整。筑炉系统前期不具备工作条件,比较空闲,而筑炉系统广大职工的工作积极性较高,改造愿望强烈,决定组织大工种作业,筑炉工加入管工班组作业,一名管工带一名筑炉工。在工作中筑炉工甘当下手,重活累活抢着干,而管工乐当师傅,勤于指点,工作上配合十分默契,这样做既节约了开支,又使筑炉系统的职工在收入上得到了提高。在他们的共同努力下,经过两个月的奋战,一举拿下了炼铁喷煤改造项目,经验收,不管是安全,还是施工质量都实现无一事故,赢得用户的一致好评。

在热带加热炉筋管更换、阀门更换等检修工作中,克服天气炎热、炉内余温高的实际困难,带领职工发挥不怕苦、累、热的精神,圆满完成了加热炉检修任务,质量合格率达100%,安全实现事故为零,为加热炉的提前恢复生产赢得了宝贵时间。

在设备管理工作中,我着重抓好设备的维护、保养,确保各种设备安全,正常运作,对各项施工中的设备进行经常性的检查,发现问题及时整改,把事故隐患消灭在萌芽状态。全年下来,炉窑分公司没有发生一起设备事故。同时我还对厂房内的各种设备进行统一摆放,对设备进行分工负责,定人、定位,责任到人。对运行正常的设备和损坏设备进行维护挂牌,避免职工把损坏设备运到现场使用,造成事故及影响施工进度。经常性地组织有关人员对损坏设备进行维护、保养。节省修理费用,全年下来,分公司实现设备事故为零的目标。

在管理上,我力争做到大胆管理,以理服人。对各项施工项目,在安全质量管理上,我做到严格把关,对各项工作必须做到自己心中有个"度"。自己首先要理清事故的要求和思路,然后在管理上才能得心应手。当然在施工管理中有时态度不好,方法不妥,致使有些职工心里不舒服,不理解,影响施工安全,质量的情况偶有发生,但我心里无愧。在此我借这个机会,向大家表示歉意,希望不要因此影响工作和相互信任。在今后的工作中,我将更加以身作则,注意管理方法,努力工作,为炉窑分公司更好地完成上级布置的各项任务尽心尽责,同时还要积极协助行政、支部、工会抓好分公司班组星级管理工作,取得了一定的成效。

不足之处:全年来虽然完成了分公司承担的各项任务,检修项目,但有许多不足之处。有时安全管理上措施不到位,管理上存在着人情化,质量上有些问题没有及时解决,学习上有时不够严格要求自己。

今后打算:回顾一年来的工作学习情况,让我心有所得,明白工作中存在的一些不足,针对这些问题我将认真反思、克服。明年建安公司的任务很重,二号高炉改造工作将在年初全面展开,为此,我将更加努力地做好本职工作,积极投入高炉改造任务中去,抓好生产、安全、设备的工作,为建安公司全面按期完成各项大修改造任务做出贡献。以自己的实际行动向大家交一份满意的答卷。请大家相信我,支持我!我的发言完了,再次谢谢大家的关心和支持!

【简析】

这篇文章是某锅炉安装公司副经理的述职报告。从文字中可以感受到该副经理积极的工作态度、扎实的工作作风和突出的工作成绩,但写作上存在较大的问题:

① 语言缺乏组织,拖沓不简洁,语病较多。

② 内容安排不合理。开头部分一方面没有说明职务、职责;另一方面对主要工作叙述太细,不够概括;主体部分具体陈述"主要工作"时没有条理,层次不清。

任务训练

（1）述职报告与总结的区别有哪些？
（2）阐述任职内主要工作的写法有两种，请分别叙述。
（3）改写瑕疵文案的开头部分。
（4）瑕疵文案第三自然中"而筑炉系统广大职工的工作积极性较高……赢得用户的一致好评"这一部分在写作角度上存在问题。如果要突出述职者的作用，应怎样修改以转换角度。

任务4 会 议 记 录

任务导入

小丽作为系学习部的新成员，这一天被安排做学习部新学年工作会议的记录员，小丽很紧张，因为以前没有做过。大家能帮帮小丽吗？

任务解析

（1）准备会议记录用具，了解会议的时间、地点、会议时长、程序；
（2）了解会议记录的相关知识；
（3）掌握会议记录的写作格式和写作要求。

典型文案

例文一

××公司办公会议记录

时间：2010年×月×日×时
地点：公司行政大楼四楼会议室
出席人：××× ××× ×××……
缺席人：××× ××× ×××
主持人：总经理×××
记录人：办公室秘书×××
主持人发言：今天的办公会议是公司的例行会议，内容主要有三项：一是向董事会汇报前阶段的公司经营情况；二是审查公司的财务工作；三是董事长做总结发言。……
与会者发言：
1. 总经理：……以上是公司近段时期的运营情况，请董事会审查并提出宝贵意见。（掌声）
2. 财务总监：……以上是公司近段财务工作情况，请董事会审查。
3. 董事长：……最后，我代表公司董事会对大家的辛勤劳动表示感谢！希望大家继续

努力工作，把公司做得更好、更强！（掌声）
　　散会
　　主持人：×××（签名）
　　记录人：×××（签名）
　　（本次会议记录共×页）

【简析】
　　上述会议记录是公司的最高层会议，从记录中可以看出公司主要领导都出席了会议。对会议内容的记录是完整的、清晰的。

例文二

××系学生工作会议记录

　　时间：××年×月×日
　　地点：××会议室
　　主持人：许××
　　记录人：张××
　　出席：许××　李××　王××　张××　刘××　于××　林××
　　缺席：无
　　列席：田××（学工处）
　　内容：研究推荐专升本学生名单
　　许××：今年的专升本考试于4月中旬进行，近期开始报名。今天开会的主要议题就是审议我们系今年参加专升本考试的学生名单。省教育厅和学校的有关要求没有变，根据各专业辅导员的推荐，名单如下，请各位发表意见。
　　（讨论过程。略）
　　××系同意推荐专升本学生：
　　09级金融实务专业：（略）
　　09级国际金融专业：（略）
　　09级国际贸易专业：（略）
　　（以下略）
　　散会。

记录人：张××（签字）
主持人：许××（签字）

【简析】
　　这是某大学××系就讨论决定学生专升本问题召开会议的记录。记录中完整地记载了会议的情况、会议议程和决定的事项。

工具箱

1. 必备知识
1) 会议记录的含义
　　会议记录是指将会议的进程、会上发言及议定事项如实记录下来的一种事务文书。凡是比较重要的会议,都应该做会议记录。会议记录中具有保存价值的会议内容,不仅可以作为最真实、最详细的历史材料,以备将来查询,而且可以作为研究问题、总结经验的重要依据,作为编写决定、会议纪要、会议简报和大事记等文件的写作素材。

2)会议记录和会议纪要的关系

会议纪要是在会议记录的基础上整理出来的,二者关系比密切,但又有明显区别。

(1)写作目的不同。会议记录的写作目的是记载历史,以备将来查询,而将会议记录整理为会议纪要是为了会后传达,落实会议精神。

(2)写作角度不同。会议记录的写作像电视节目的直播,不仅要直接记录会议的进程,讨论发言和议定事项,有时还要反映出会议气氛,如与会人员的反响等;会议纪要的写作则像经过编辑的实况转播,只需要概述会议主要精神和议定事项。

(3)写作时间不同。会议记录是在会议进行中由专职记录人员记录而成;会议纪要则是在会后由有关人员根据会议记录整理概括而成的。

(4)写作方法不同。会议纪要是行政公文中一个常用的文种,具有特定、复杂的写作格式,或用"文件式",或用"会议纪要式";而会议记录则有自己独特、简单的结构及写法。

2. 写作结构及要求

1)写作结构

会议记录一般包括标题、会议组织情况、会议内容、签字等四项内容。

(1)标题。会议记录标题常用会议名称加"记录"二字,如"毕业生就业工作会议记录""厂长办公会记录",也可以只用文体名称,如"会议记录"。

(2)会议组织情况。会议组织情况包括以下内容:

① 开会时间、地点;

② 会议主持人;

③ 会议出席人(要说明应到和实到人数及姓名、职务;缺席、迟到、早退者的姓名和职务);

④ 会议列席人。

(3)会议内容。会议内容包括议题、发言情况、决议情况和会场动态。

① 议题。议题是会上研究讨论的问题。要先写出小标题,然后记录讨论发言情况。

② 会议发言情况。记录发言情况有两种方法:一是详细记录(要借助录音机);二是摘要记录即只记录发言的要点。

③ 会议决议情况。会议决议是会议的重要内容,要详细记录。先写议定事项,后写表决结果。要明确写出表决情况,是一致同意,还是若干人同意、若干人反对或若干人弃权等。

④ 会场动态。会场动态包括发言中的插话、笑声、掌声、临时终止或会场上发生的其他重要情况。

(4)签字。签字是会议记录的结束部分。先另起一行空两格写"散会"(如中途休会需注明"休会"字样和时间),后在记录的右侧下方由记录人、主持人共同签字。

2)写作要求

(1)记录要准确。不能记错原意,不能带有记录者个人意愿,更不允许记录者有意增删发言者的发言内容。

(2)记录要善于抓要点。发言多为口语,不精练、不严谨。所以记录时要抓住发言者的基本观点、关键内容、典型材料或重要原话,特别是与他人不同的观点。

（3）确认签字。会议结束后，记录人、主持人必须在会议记录的右侧下方签名，以示负责。

××公司党支部会议记录

时间：××××年××月××日
地点：会议室
出席：赵×× 白×× 于×× 刘×× 郑×× 韩××
记录人：林××
主持人：赵××

首先由赵××发言。接着进行了两项内容。第一项是对入党积极分子的培养情况进行了总结。对各人的缺点和进步进行分析，提出了改进之处，支部成员一致同意将蔡××、尚××列为党建对象。

第二项是召开了党内民主生活会，全体党员进行了自我检查，并开展了相互批评。张××认为支部成员的工作还不够细致，工作方法还应改进。支部书记赵××对此进行了解释，并表示将尽力改善。

散会。

【简析】
此文案存在的问题主要有两个方面：一是会议内容不完整，"发言""检查""解释"等内容要详尽；二是主持人、记录人没有签名。

任务训练

（1）会议记录的特点和种类有哪些？
（2）会议记录与会议纪要的区别是什么？
（3）召开一次主题班会，请你作为会议记录人做好此次会议的纪录。

任务5 调查报告

任务导入

××专业老师要求同学们对目前物流行业的发展状况及前景进行社会调查，并写成调查报告。

任务解析

要写好调查报告，需做好以下准备工作：
（1）选取调查对象，拟定调查方法；
（2）对调查材料进行整理、提炼、归纳；
（3）掌握调查报告的写作格式和写作要求。

调查报告

> 典型文案

大学生留学意向调查

中国学生出国留学的历史可以追溯到清朝末年,至今共经历了三个阶段。清政府维新变法时,派遣了一批青年志士去西方学习工业技术,以此达到"师夷长技以制夷"的目的。20 世纪 30 年代至中华人民共和国成立前,一批青年远渡重洋,求知海外。中华人民共和国成立初期,由于中国在冷战中的阵营地位,出国留学以苏联为主。1978 年以后,出国留学进入了一个新的高潮。据统计,1978—1996 年,留学人员达 27 万人之多,其中国家公派 4.4 万人,单位公派 8.6 万人,自费出国 13.9 万人。自 20 世纪 90 年代起,历年在美国取得理工科专业博士学位的中国学生人数超过中国自己授予的博士学位人数。只 1995 年一年,就有 2 751 名中国学生在美国取得博士学位,占了当年各国留学生所获博士学位总数的 10% 以上,高居各国留美学生之首。

北京××市场调查有限公司于 1998 年在北京大学、北京师范大学、北方交通大学、北京航空航天大学五所高校随机抽取了 301 位大学生进行调查,了解他们对出国留学的意向及看法。

一、你问我要去何方,我指向大海的方向

301 名大学生中,有 211 名有意向出国,比例超过了 70%,表明出国留学已经成为大学生的一种主流选择。相关分析显示,理工科学生出国意向明显多于文科生。北大物理系的甘子钊教授称,近年来该校物理系排名前三分之一的学生都已出国,目前该系有 500 多人在美国。清华的水木清华 BBS 上发出了一条消息,清华计算机系某班 35 人今年共拿到了 89 个国外大学的奖学金(大部分是美国高校,而且大多是名校),这意味着,如果他们想走的话,几乎都可以走。我们能够注意到,像清华、北大、中国科大等名校的一些系,出国已经成为本科生毕业后的常规选择,就像到北京读书就要争取留北京一样。

二、首选之地——美国

这次调查中,有意向出国的 211 名大学生中,最想去美国的达 166 人,占 75% 以上,除美国独占鳌头外,居第二、三、四位的分别为日本、加拿大和英国,不过它们都不足总数的 10%。历史资料显示,从 1978—1996 年的 18 年间,中国共有 13.5 万留学生去美国,占此期间出国留学生总数的 50%。美国历史虽短,但学府林立,其大学教育以其高度开放的姿态,得天下英才而育之。而且美国是一个移民国家,就业相对容易,理所当然地成为留学生的首选。每年的七八月份,到秀水东街的美国大使馆门口站一会儿,你就能体会到这种和夏天一样的热浪。表一为对这 211 名同学出国意向的调查统计表。

表一 想去的国家国别(234 人次)

国别	美国	日本	法国	英国	新加坡	加拿大	瑞士	荷兰	澳大利亚	德国	俄罗斯
人次	166	19	2	12	8	13	1	2	5	5	1
百分比/%	70.9	8.1	0.9	5.1	3.4	5.6	0.4	0.9	2.1	2.1	0.4

(注:统计数据中有的同学想去的国家超过一个)

三、去留之际

开阔视野和较好的学习条件是大学生选择出国的主要原因。国外大学先进的教学设备,良好的学习氛围,深深地吸引着大学生们,发达的经济条件和对自身专业前途的选择,也是

部分大学生出国的理由,值得一提的是,认为国外就业环境较差的只占1.9%,可以看出,现在的学生出国是一种往高处走的主动寻求发展型的选择。表二为这211名同学出国留学原因的统计表。

表二　想出国的主要原因（364人次）

想出国的主要原因	人次	百分比/%
想去国外看一看,开阔视野	127	34.9
国外的学习条件比较好	105	28.8
所学专业在国外更有前途	49	13.5
国外的经济发达,有吸引力	46	12.6
受同学、父母的影响	16	4.4
其他	14	3.8
国内就业环境比较差	7	1.9

（注：该题为多选题）

在选择不想出国的大学生中,认为国内发展不比国外差是主要观点,另外,出国留学的高额费用也是他们选择留在国内发展的另一大原因。表三为对不想出国留学的学生的原因统计。

表三　不打算出国学习的主要原因（143人次）

不打算出国学习的主要原因	人次	百分比/%
在国内发展不比国外差	53	37.1
家庭环境不允许	21	14.7
成本较高,且成功与否有一定随机性（如签证）	19	13.3
文化差异大,很难融合	15	10.5
考托福、考GRE难度大	14	9.8
专业不适合国外发展	7	4.9
其他	14	9.8

（注：该题为多选题）

四、归去来兮

调查结果显示,明确表示如果出国了,毕业后肯定会回国工作的占44.1%,1978—1996年自费出国13.9万留学人员中回国者仅有3 000人,比例仅为2%。

五、利弊之辩

这次调查中,所有被调查对象都对出国对于国家的利弊发表了自己的看法,认为很有利或有利的占61.1%,认为很不利的或不太有利的占16%。表四为被调查者对出国学习是否对国家有利的统计。

表四　出国学习对国家的利弊（301人次）

出国学习对国家的利弊	人次	百分比/%
很有利	23	7.6
有利	161	53.5
一般	69	22.9
不太有利	46	15.3
很不利	2	0.7

在这次调查中，设置了一道开放题让被访者谈一谈对出国留学的看法，统计结果发现：大学生倾向于从个人和国际两个方面探讨出国的价值和意义。这大概和我们的教育方向有关。很多学生强调出国是件好事，但学成后应回国为祖国做贡献，正如北大的周同学所说："良禽择木而栖，但不应忘本"；有的同学认为国家也应该创造良好的条件，吸引海外学子学成回国；也有人为人各有志，不可勉强。

中国和其他发展中国家一样，存在着出去的多，回来的少，人才外流的现象。这些留学生们，接受世界一流的教育，对发达国家的经济实际运作有着切身的了解，为了让他们回来，政府能够、应该做些什么？人才的拥有是国家间竞争的一种形式。在全球化浪潮的推动下，人才的跨国界流动将会越来越频繁。如果我们想留住人才，传统观念对留学生来说已经没有太多的吸引力。应该切实考虑改革国内的人才竞争环境。如果我们真的能培养出适合人才生存、发展的土壤，留学生回国是自然而然的事情，中国人才流动的出超变为入超也并非不可能。

【简析】

这份调查报告写得较有特色。前言部分采取概述式，写出了从清末到今天，我国留学活动的历史沿革，为下文的展开提供了一个较为广阔的历史背景。主体由五个层次构成，一层深一层地说明问题，为递进式的逻辑思维结构。此文的表达方式独具一格，用较多的表格配合叙述，使文章条理清晰，观点显得有理有据。全文立意高远，从世界潮流与祖国的利益出发，提出了一些发人深省的问题，可为有关部门制定政策时做参考之用。

工具箱

1. 必备知识

1）调查报告的含义

调查报告是作者根据一定的目的，对某一情况或问题进行系统周密的调查，将分析研究的结果写成书面材料的一种应用文体。

2）调查报告的种类

从内容上分，常见的调查报告有以下几种：

（1）经验调查报告。它以研究介绍典型经验，指导全局工作为目的，以成功的企业、事业单位或个人为调查对象。

（2）问题调查报告。它以揭示不良倾向，分析重大事故产生的原因和警示人们吸取教训为目的，以出现问题的场所、单位或群体为调查对象。

（3）情况调查报告。它以了解某方面情况，为决策者提供依据为目的，以与课题有关的企事业单位或个人为调查对象。

3）调查报告的特点

调查报告具有社会性、针对性、典型性和写实性四个特点。

（1）社会性。调查报告的取材具有广泛的社会性。调查者可以不受时间、空间限制，选取社会发展不同阶段、不同领域、不同侧面的课题。研究对象可以是历史的，也可以是现实的；可以是本系统的，也可以是其他系统的；可以是正面的，也可以是反面的。

（2）针对性。调查报告是针对某一迫切需要了解或解决的现实问题进行调查研究后写成的，具有很强的针对性。如果调查报告研究的问题不为大众所关注或行业所重视，就没有什么价值。

（3）典型性。典型性就是代表性，是指调查报告一般选取现实生活中具有代表性或倾向性的事例或情况，作为调查研究的课题或对象，揭示事物本质，把握事物发展规律，以指导全局的工作。

（4）写实性。调查报告的写作是在占用大量现实和历史资料的基础上，用写实性的语言实事求是对涉及的具体情况、数据、过程、经验和问题进行叙述，说明主旨，揭示规律。即使有时使用议论的方法，也只是对前边叙述事实所做的评价或结论，而且点到为止。

2. 调查报告的写作过程

调查报告的写作过程，代表着应用文体写作的基本规律，共分为调查前的准备阶段、调查阶段、分析研究阶段和写作阶段。

1）调查前的准备阶段

事先对调查活动进行筹划准备，具体工作有以下几个方面：

（1）确立调查课题；

（2）明确调查目的；

（3）选择调查对象；

（4）确定调查方法。

调查方法主要有：普遍调查、重点调查、抽样调查、集体访谈、个别采访、问卷调查、现场勘查。

（5）拟定提纲阶段：确定调查重点、设计采访题目（问什么，怎么问）、设计调查问卷（选择题、问答题）。

2）调查阶段

（1）对调查对象进行动员；

（2）现场调查；

（3）清点整理相关调查资料。

3）分析研究阶段

（1）对收集的材料汇总分类；

（2）对分类的材料提炼归纳；

（3）分析材料间的因果关系，客观做出结论。

4）写作阶段

（1）确定主题；

（2）取舍材料；

（3）拟定提纲；

（4）草拟、修改、定稿。

3. 写作格式及要求

1）写作格式

调查报告的写作格式因内容多少、种类不同而采取不同的写法，本教材介绍一种常见的写法。

（1）标题。调查报告的标题要揭示调查对象、调查内容和文种。常用的形式有两种：

① 单标题。如：

三季度城镇居民储蓄状况与对策（文章式标题）

关于大学生月消费情况调查报告（公文式标题）

② 双标题。如：

是升学，还是就业？（正题：调查内容）
——高校毕业生心态调查（副题：调查对象/内容/文种）

（2）正文。调查报告正文采用"总分"结构。"总"即总起，总体概括，即开头部分；"分"即分述，分项叙述，即主体部分。

①开头。概述调查基本情况。包括调查的目的或依据、时间、地点、对象、方法和调查结论等，以此突出调查的真实性和可信度。

②主体。主体是调查报告的核心部分，要用大量的事实材料对调查报告的基本观点进行阐述或说明。

写作顺序大致有三种。第一是事件顺序：即按照被调查事件发生、发展的先后顺序安排结构；第二是调查顺序：即按照作者对事件进行调查的先后顺序安排结构；第三是逻辑顺序：即按照写作内容的内在关系安排写作顺序。

（3）落款。署调查单位名称、调查人员姓名（写在正文后，也可写在标题下），年月日可大写也可小写。

2）写作要求

（1）做好调查前的准备工作。调查报告是在对收集到的材料进行分析研究中了解掌握事物本质，揭示内在规律的，因此材料的真实性与全面性是十分重要的。而材料是否真实、全面取决于调查对象的代表性及调查方式方法是否恰当。调查的准备工作就是根据调查研究的目的选择调查对象，并对调查对象的特点确定调查的方式方法，设计出明确、具体、便于回答的问题。因此调查前的准备工作，关乎调查的成败，要精心准备。

（2）以客观的态度对材料进行分析。作者要抛开个人的好恶，对获得的材料去伪存真、由点及面、由表及里地进行客观分析、判断和推理，做出准确结论，为决策提供真实可靠的依据，体现调查报告的文体价值。

（3）叙议结合，相得益彰。叙述和议论是调查报告主要使用的两种表达方式。介绍调查的基本情况多用叙述的方式，分析原因、做出结论多用议论的方式。两种方式配合使用。

瑕疵文案

大学生课外阅读情况调查

阳光下、草坪上、教室里、图书馆……到处可以看见书离不开手的大学生，他们脸上洋溢着满足自信的笑容。

"你课外阅读的主要目的是什么？""你最喜欢阅读哪种类型的书籍？""你平时看一本书用多长时间？"……前不久我们对大学生的阅读取向进行了一次访问式调查，目的是了解当代大学生读什么书，读多少书好和怎样读书的问题。

通过调查，有部分学生的课外阅读主要是为了休闲。他们认为"平时专业课程的阅读量已经很大了，课外阅读当然选择内容轻松的课外书籍，以缓解读书压力"。这样的学生大约占44.9%。还有部分同学的课外阅读是为了拓展知识面。这样的学生所占比例少，只有8%。

大学生不青睐具有专业知识的书籍是否合理呢？不少招聘企业都感慨现在的大学生专业能力很薄弱，学以致用的能力很差。在学校期间不注重专业知识的积累和专业技能的训练，不阅读、不关注相关专业课外书籍，是造成这种现象的原因之一。

在回答"你最喜欢阅读哪种类型的书籍"时，大多数学生选择报纸杂志。报纸杂志始终占据大学生阅读排行榜的首位。多数学生选择此类书籍的原因是因为"阅读起来方便"和"信息量大，来源广，易获得"。调查中发现，学校为学生免费提供的《文汇报》成为阅读人数最多的报刊，《青年报》《环球时报》《参考消息》《读者》《电脑报》有一定市场。在阅读内容上，阅读新闻占61%，领先其他三项，阅读"生活信息及收集资料"占24%，阅读"文学作品"占16%，阅读"评论文章"占18%。

目前大学生的阅读结构对大学生正确世界观、人生观的形成非常不利，亟须加以正确引导。

【简析】

该调查报告主要存在以下不足：

(1) 调查目的不明确，应体现出调查大学生课外阅读取向的目的。
(2) 开头部分没有概述调查的基本情况。
(3) 调查内容与目的脱节，主要原因在于调查过简。
(4) 缺乏调查方法、调查人数总量，只有百分比是没有说服力的。易引起质疑。
(5) 结论与调查内容之间没有必然的关系。

任务训练

1. 课外调查

下面为"大学生课外兼职情况调查"设计的一组调查题目请以专业或班级为单位进行问卷调查，并统计出调查结果。

(1) 你做过课外兼职吗？
　　A. 做过　　　　B. 没做过
(2) 你目前在课外兼职吗？

A. 是　　　　　B. 否

（3）你赞同挤占学习时间做课外兼职吗？

A. 赞同　　　　B. 不赞同

（4）你认为课外兼职会影响学业吗？

A. 会　　　　　B. 不会

（5）你做课外兼职的缘由是什么？

A. 积累经验　　B. 经济需要　　　C. 兴致所致

（6）你选择课外兼职注重哪些因素？

A. 专业相关　　B. 收入较好　　　C. 兼职环境　　　D. 有工作就好

2. 设计调查问卷

根据《中华人民共和国学位条例》等相关条件规定，高等学校本科毕业生申请学位必须提交毕业论文，以便让有关方面考察和评定其科研能力和理论水平是否达到所需求的程度。近几年部分专科学校也要求学生撰写毕业论文。但有些人却提出反对意见，他们认为专科生不具备相应的能力，只好抄袭，或上网下载，也不管质量好坏，填上自己的名字就交上来，就像在一堆"垃圾"上贴上自己的名签。请用问卷的方法调查你周围同学对这个问题的看法。

3. 阅读分析下面这则消息，回答问题，并将这则消息改成一份调查报告

科学课教学"不专业"令孩子失望
中小学生只能课外进行科学活动

本报讯（记者×××）目前，××市科协对市区170所中、小学校进行调研时发现，中小学生热爱科技活动，家长对学生参加科技活动的支持率达到80%，而市专职科学课教师却严重不足。

据了解，1 500份《××市中小学生科普教育情况调查表》表明，中小学生兴趣比较广泛，其中喜欢天文学的学生比例最大，为30%，其次为发明学和生命学，各占26%与22%。在科学技术传播媒体中，最受青少年青睐的是电视，占23%，其次为图书、网络和报纸。

青少年喜欢的科技场所调查中，喜欢科技馆的占调查人数的22%、极地馆占19%、图书馆占17%、科普基地占15%、植物园占13%、科技宫占14%。中小学生对科技教育场所的了解和喜爱程度都较高，而对于科普画廊或宣传的了解程度相对较低。

市科协在调研中发现，科技辅导教师的总体素质状况堪忧，很多学校都不安排优秀教师任职科学课，科技辅导教师队伍后劲不足，缺乏专门人才。今年全市中小学生盼来期望已久的科学课，可是授课教师有的是品德课教师，有的是体育课教师，上课也只是读课文、看幻灯片。"不够专业"的教学让孩子们大失所望。

市科协有关人士透露，一些学校过分重视应试教育，忽视科技教育。一些学校在青少年科技教育上的经费投入不足，调查的大部分学校中没有自己的科普展室和场馆。多数学校全年科普经费不足1 000元，平均到每个学生头上不足1元。每周科学课只有1~2课时的学校占56%，没有开展的占13%。学生主要选择在周末和节假日去科技馆参加科技活动的占81%，家长对学生参加科技活动的支持率达到80%。

提示：从收集的材料中，分析出调查报告写作所需的有关要素，也是写作中一种很重要的能力。根据写作调查报告时对结构的要求，分析上面消息中提供的相关写作要素。

（1）对科普教育情况进行调查的单位：
（2）调查的目的：
（3）调查对象：
（4）调查问题：
（5）科普教育情况：
（6）调查结论：
（7）你有哪些好的建议？

第十章 公务文书

学习目标规划

■ **基本了解**

了解公务文书的概念、特点、分类和行文规则等相关文体知识。

■ **重点掌握**

掌握通知、通报、报告、请示、批复、函等常用公文文种的写作格式和写作要领。

■ **熟练应用**

熟练应用工具箱的基本知识,能撰写格式规范的格式通知、通报、报告、请示、函等常用公文。

课前热身

■ **记忆引擎**

作为一名注重实践能力培育的高职院校走出的合格毕业生,你能写出规范的行政公文吗?文种的选择、格式的规范、行文的关系、语言的把握及内容的准确、客观,你能做到心中有数,应用自如吗?

■ **头脑风暴**

1. 如何根据机关职权及发文目的选择恰当文种?
2. 行政公文的规范格式是什么?
3. 行政公文准确、周密、简明的特点如何体现?
4. 如何写好常用文种如:通知、通报、报告、请示、批复、函等。

任务1 公务文书概述

任务导入

中文专业毕业生李宛秀目前在某机关单位办公室实习。办公室王主任给她分配的任务是做文字工作,负责公文的拟稿和审核工作。李宛秀虽然觉得自己的文笔不错,但感觉行政公文写作跟普通写作差别很大,她要怎样才能做好这份工作呢?

任务解析

李宛秀要想较好地完成这项任务,需要做好以下几个方面准备工作:

1. 了解行政公文的概念、特点，掌握公文写作与普通写作之间的差异。
2. 掌握行政公文的写作格式与行文规则。
3. 了解办公室工作的流程与特点。

党政公文的概述（上）

工具箱

1. 必备知识

1）公务文书的含义

2012 年 4 月 6 日，中共中央办公厅、国务院办公厅联合印发的《党政机关公文处理工作条例》规定：党政机关公文是党政机关实施领导、履行职能、处理公务的具有特定效力和规范体式的文书，是传达贯彻党和国家方针政策，公布法规和规章，指导、布置和商洽工作，请示和答复问题，报告、通报和交流情况等的重要工具。

2）公务文书的特点

（1）法定的权威性。公文代表其制发机关的职权，反映与传达其制发机关对某项工作或问题的决策、意见或态度，是国家各级行政机关及团体组织的指挥意志、行动意志、公务往来的规范记录和反映，它直接反映国家政权的政治意向和根本利益。因此，公文具有法定的权威性和约束力。在特定的时间、范围内，公文对受文对象具有强制阅读、强制执行或强制复文等效力，任何受文单位不得自行改变和曲解其内容。

（2）明确的时效性。公文是在公务活动中为解决实际问题的需要而产生的，是为了完成现实的特定工作或任务而制作发布的，因而具有明确的时效性。这种时效性即我们通常所说的现实执行效用，它决定了公文无论是传达贯彻党和国家的方针政策，还是反映本系统、本部门、本单位的工作、生产及经营情况等，都要有明确具体的目的，必须针对公务活动中的具体情况，适时提出具体意见和方法，或做出明确规定与解释。这种效用性还决定了公文必须快写、快发、快处理，以提高机关工作的办公效率。

（3）体式的规范性。为了维护公文的权威性、严肃性、完整性，规范公文处理，提高办文效率，国家规定了规范化与标准化的统一的公文体式，包括公文的种类名称、格式、行文关系、处理程序等，任何制文机关都必须严格遵守，不得滥造乱用。

（4）作者的特定性。公文特定的作者，是依法成立并能以自己的名义行使职权和担负义务的机关或组织，它们具有特定的职权范围并能根据自身的权限撰写和发布公文。法定作者制发公文的权利和名义受法律的保护。我国《刑法》第一百六十七条规定：伪造、变造国家机关、企业事业单位和人民团体的公文，"处三年以下有期徒刑、拘役、管制或剥夺政治权利；情节严重的，处三年以上有期徒刑"。

3）公务文书的作用

（1）管理调控作用。利用公文对国家进行领导和管理，对国家机器的运转实施调节控制，是公文最基本、最首要的作用。公文的管理职能在于及时把国家各级机构和组织为治理国家和管理社会而制定的决策、措施、意见等传达下去，变成所辖区的共识或共同行动。各级领导机关可以通过制发公文来部署各项工作，传达自己的意见和决策，对下级的工作进行具体的领导与指导。下级机关要依据本地区、本系统的实际情况和工作需要贯彻执行上级机关的公文。

（2）约束规范作用。公文代表的是依法设立并存在的国家各级行政机构、企事业单位、各种社会团体的意志和诉求，一经盖章发出，就具有了法定效力，对社会组织、社会成员的活动具有约束规范的作用。特别是国家法规性文件一经发布，便成为全社会的行为规范，国家将以强制手段保证其权威性，必须坚决执行，不得违反。

（3）宣传教育作用。国家权力机关、行政机关制定的各项法律法规，一般都用公文来发布。这些公文，本身就体现了国家的方针、政策。另一些公文，则是方针、政策的具体化，这对提高广大干部群众的认识统一思想，起着明显的作用。另外，公文中的通报、决定等文种，经常表彰、嘉奖先进人物或集体，批评、惩处犯错误的人或事件，对广大干部群众，起到了积极的教育作用。

（4）沟通交流作用。公文是承载和交流政务信息的可靠工具。国家各级指挥中枢系统之间的情况交流包括纵向的上下沟通，横向的左右联系，都要靠公文来完成，从而达到系统之内、友邻之间统一思想、协调行动、密切配合的目的。

（5）依据备查作用。国家行政机关、社会团体、企事业单位都有各自的工作职能和严密的组织系统，反映制发机关的意图的每一份公文在其组织系统内部都是相应受文单位开展工作、处理问题和进行管理的法律和政策依据。当受文者由于错记或歧解对公文内容而发生争议时，都要依据公文原文来统一步调、纠正谬误、清除分歧。当公文完成其现实执行的功能后，就转化为机关档案案卷，以备查考，也是若干年后编史修志的重要依据。

4）行政公文的分类（15种）

（1）上行文：报告、请示、议案。

（2）下行文：命令、决定、决议、批复。

（3）平行文：函。

（4）泛行文：通知、通报、通告、公告、公报、纪要、意见。

党政公文的概述（下）

2. 写作格式及行文规则

1）公文的书面格式

公文的书面格式是指公文的数据项目在公文文面上所处的位置和书写形式。这些构成要素不是随意定的，而是由党和国家有关部门颁布的法规性公文所规定的，任何单位在拟制公文时都必须按规定执行。按照《党政机关公文格式》（GB/T 9704—2012）规定，公文一般由份号、密级和保密期限、紧急程度、发文机关标志、发文字号、签发人、标题、主送机关、正文、附件说明、发文机关署名、成文日期、印章、附注、附件、抄送机关、印发机关和印发日期、页码等组成。公文格式各要素划分为版头、主体、版记三部分。公文首页红色分隔线以上的部分称为版头；公文首页红色分隔线（不含）以下、公文末页首条分隔线（不含）以上的部分称为主体；公文末页首条分隔线以下、末条分隔线以上的部分称为版记。

(1) 版头。版头部分包括以下六要素：

①份号。公文印制份数的顺序号。涉密公文应当标注份号。如需标注份号，一般用6位3号阿拉伯数字，顶格编排在版心左上角第一行

②密级和保密期限。公文的秘密等级和保密的期限。涉密公文应当根据涉密程度分别标注"绝密""机密""秘密"和保密期限。如需标注密级和保密期限，一般用3号黑体字，顶格编排在版心左上角第二行；保密期限中的数字用阿拉伯数字标注。

③紧急程度。公文送达和办理的时限要求。根据紧急程度，紧急公文应当分别标注"特急""加急"。如需标注紧急程度，一般用3号黑体字，顶格编排在版心左上角；如需同时标注份号、密级和保密期限、紧急程度，按照份号、密级和保密期限、紧急程度的顺序自上而下分行排列。

④发文机关标志。由发文单位全称或规范化简称后加"文件"组成，如"××省人民政府文件"；对一些特定的公文可只标志发文单位全称或规范化简称。联合行文时，如需同时标注联署发文机关名称，一般应当将主办机关名称排列在前；如有"文件"二字，应当置于发文机关名称右侧，以联署发文机关名称为准上下居中排布。

⑤发文字号。由发文机关代字、年份、发文顺序号组成。联合行文时，使用主办机关的发文字号。

编排在发文机关标志下空二行位置，居中排布。年份、发文顺序号用阿拉伯数字标注；年份应标全称，用六角括号"〔〕"括入；发文顺序号不加"第"字，不编虚位（即1不编为01），在阿拉伯数字后加"号"字。上行文的发文字号居左空一字编排，与最后一个签发人姓名处在同一行。

⑥签发人。上行文应当标注签发人姓名。

由"签发人"三字加全角冒号和签发人姓名组成，居右空一字，编排在发文机关标志下空二行位置。"签发人"三字用3号仿宋体字，签发人姓名用3号楷体字。

如有多个签发人，签发人姓名按照发文机关的排列顺序从左到右、自上而下依次均匀编排，一般每行排两个姓名，回行时与上一行第一个签发人姓名对齐。

(2) 主体。主体部分由以下九个要素组成：

①公文标题。完整的公文标题通常由制发机关、事由（公文主题）和文种三部分构成，有时可以省略除文种外的一个或两个部分。事由通常以"关于……"这个介词结构的形式表示，如"关于严厉打击非法出版活动的通知"。

公文标题应当准确简要地概括公文的主要内容并标明公文种类，除上行文外，一般应当标明发文单位。公文标题中除法规、规章名称加书名号外，一般不用标点符号，如"国务院办公厅关于实施《国家行政机关公文处理办法》涉及的几个具体问题的处理意见"。

一般用2号小标宋体字，编排于红色分隔线下空二行位置，分一行或多行居中排布；回行时，要做到词意完整，排列对称，长短适宜，间距恰当，标题排列应当使用梯形或菱形。

②主送机关。公文的主要受理机关，应当使用机关全称、规范化简称或者同类型机关统称（同类型单位如"各院、部、处、中心、所"等）。编排于标题下空一行位置，居左顶格，回行时仍顶格，最后一个机关名称后标全角冒号。

③正文。公文的主体，用来表述公文的内容。

公文首页必须显示正文。一般用3号仿宋体字，编排于主送机关名称下一行，每个自然段左空二字，回行顶格。文中结构层次序数依次可以用"一、""（一）""1.""（1）"标注；一般第一层用黑体字、第二层用楷体字、第三层和第四层用仿宋体字标注。

④附件说明。公文附件的顺序号和名称。

公文正文中有些内容，如图表、名单等，如果穿插在公文正文中，往往会隔断公文前后的联系而造成阅读上的不便。这时需要将其从公文正文中抽出而作为公文的附件单独表述。

如有附件，在正文下空一行左空二字编排"附件"二字，后标全角冒号和附件名称。如有多个附件，使用阿拉伯数字标注附件顺序号（如"附件：1.×××××"）；附件名称后不加标点符号。附件名称较长需回行时，应当与上一行附件名称的首字对齐。

⑤发文机关署名。署发文机关全称或者规范化简称。

单一机关行文时，一般在成文日期之上、以成文日期为准居中编排发文机关署名，印章端正、居中下压发文机关署名和成文日期，使发文机关署名和成文日期居印章中心偏下位置，印章顶端应当上距正文（或附件说明）一行之内。

联合行文时，一般将各发文机关署名按照发文机关顺序整齐排列在相应位置，并将印章一一对应、端正、居中下压发文机关署名，最后一个印章端正、居中下压发文机关署名和成文日期，印章之间排列整齐、互不相交或相切，每排印章两端不得超出版心，首排印章顶端应当上距正文（或附件说明）一行之内。

⑥成文时间。署会议通过或者发文机关负责人签发的日期。联合行文时，署最后签发机关负责人签发的日期。

用阿拉伯数字将年、月、日标全，年份应标全称，月、日不编虚位（即1不编为01）。

⑦印章。公文中有发文机关署名的，应当加盖发文机关印章，并与署名机关相符。有特定发文机关标志的普发性公文和电报可以不加盖印章。

⑧附注。公文印发传达范围等需要说明的事项。

如有附注，居左空二字加圆括号编排在成文日期下一行。上行文"请示"应当在附注处注明联系人的姓名和电话号码。

⑨附件。公文正文的说明、补充或者参考资料。

附件应当另面编排，并在版记之前，与公文正文一起装订。"附件"二字及附件顺序号用3号黑体字顶格编排在版心左上角第一行。附件标题居中编排在版心第三行。附件顺序号和附件标题应当与附件说明的表述一致。附件格式要求同正文。

如附件与正文不能一起装订，应当在附件左上角第一行顶格编排公文的发文字号并在其后标注"附件"二字及附件顺序号。

（3）版记。版记部分包括以下三个方面的要素：

①抄送机关。除主送机关外需要执行或者知晓公文内容的其他机关，应当使用机关全称、规范化简称或者同类型机关统称。

如有抄送机关，一般用4号仿宋体字，在印发机关和印发日期之上一行、左右各空一字编排。"抄送"二字后加全角冒号和抄送机关名称，回行时与冒号后的首字对齐，最后一个抄送机关名称后标句号。

②印发机关和印发时间。公文的送印机关和送印日期。

印发机关和印发日期一般用4号仿宋体字，编排在末条分隔线之上，印发机关左空一字，印发日期右空一字，用阿拉伯数字将年、月、日标全，年份应标全称，月、日不编虚位（即1不编为01），后加"印发"二字。

③页码。公文页数顺序号。

一般用4号半角宋体阿拉伯数字，编排在公文版心下边缘之下，数字左右各放一条一字线；一字线上距版心下边缘7 mm。单页码居右空一字，双页码居左空一字。公文的版记页前有空白页的，空白页和版记页均不编排页码。公文的附件与正文一起装订时，页码应当连续编排。

公文的书面格式如图10-1所示。

```
0000001（份号）
密级、保密期限
紧急程度

          发文机关（全称）+文件（套红印刷）

发文字号（代字〔年份〕序号）          签发人：×× →（仅限上行文）
                标题：发文机关+关于+事由+文种
主送机关：（上行文仅一个）
    正文
    （凭——事——断）
    （略）




（正文与附件间空一行）
    附件：（标题及件数）

                                    发文机关（公章）
                                    2019年×月×日




    附注：（发文范围或注释）

抄送：
印发单位：                              印发日期
                              （共　　份）
```

图10-1　公文格式

2）公文的行文规则

行文规则是行文中应遵循的规矩、要求和原则。公文的行文规则可归纳为几个方面：

（1）合乎职权规则。行文运行，必须考虑发文机关和收文机关的关系，公文的内容必须属本机关职权范围。行文不得违规或越权。

（2）抄送规则。

① 向下级机关的重要行文要同时抄送直接上级机关。

② 受双重领导的机关向上级机关行文，应写明主送机关和抄送机关。主送机关负责答复，向抄送机关告知事项。

③ 上级机关向双重领导的下级行文，必要时应抄送另一上级机关。

（3）协商一致的规则。

部门间对有关问题未经协商一致，不得各自向下行文。如擅自行文，上级机关应责令纠正或撤销。

（4）联合行文规则。

①平级是联合行文的必要条件。同级政府、同级政府各部门、上级政府部门与下级政府可联合行文；政府与同级党委及军队机关可联合行文；政府部门与同级人民团体及行使行政职能的事业单位可联合行文。

②联合行文的机关要经过协商对有关事项取得一致意见，并明确主办单位方可联合行文。属于党委、政府各自职权范围内的工作，不得联合行文。

（5）请示报告的规则。

①一般不越级请示、报告。因特殊情况必须越级时，应抄送被越过的上级机关。

②上行文原则上只有一个主送机关、不得抄送其下级机关。

③请示应一文一事，报告中不得夹杂请示事项。

④除领导直接交办的事项外，不得以机关名义向上级机关负责人"请示""报告""意见"。

⑤党委、政府的部门向上级主管部门请示、报告重大事项，应当经本级党委、政府同意或者授权。

⑥下级机关的请示事项，如需以本机关名义向上级机关请示，应当提出倾向性意见后上报，不得原文转报上级机关。

（6）少而精的规则。

行文应确有必要，注重效用少而精。

党政公文的行文规则

中华人民共和国最高人民检察院行政管收命令

发文单位：上海市人民检察院　　　　　　　　　　　　　金执字第21354号

发文日期：2009年7月17日

受文者：谢某

附件：如文（略）

承办法官：范超

【简析】

这是一份屡屡得逞的诈骗假公文，只有稍懂得公文格式的人就能分辨出其无一处符合公文规范格式，不难判断其真伪了。

任务训练

1. 修改公文标题

(1) ××县教育局关于请求拨款维修危旧校舍的请示（给××县财政局）

(2) 国家旅游局批转国务院关于《旅行社管理条例》的通知

(3) ××省财政厅关于转发"财政部关于不得将国家资金转入银行储蓄的通知"的通知

(4) ××省政府关于处理××问题的请示报告

(5) ××市交通局关于司机开车去杭州的通报

2. 根据行文规则判断正误并改错

(1) ××省教育厅下发召开全省高招工作会议通知，抄送其省政府。

(2) ××技术学院受双重领导的单位，该校就2010年需增加教育经费一事，特向两个上级机关请示。

(3) 中共××市委与市委宣传部就加强海峡两岸文化交流活动联合向下发出通知。

(4) ××省农业厅就2008年旱灾向省政府报告灾情，请求拨款5000万救灾并加派专家组深入灾区。

(5) ××公司就领导班子成员××的违纪行为向上级请求指示，并将该请示抄送公司各科室。

3. 给下列标题填写文种

(1) ××部关于几起因严重超载引发交通事故的＿＿＿＿＿＿＿

(2) 国务院关于发布《国家行政机关公文处理办法》的＿＿＿＿＿＿＿

(3) ××财政厅关于同意××大学新建教学大楼的＿＿＿＿＿＿＿

(4) ××省人民政府关于同意拨款给该省农业厅救灾的＿＿＿＿＿＿＿

(5) ××大学关于报送所属省教育厅今年招生工作情况的＿＿＿＿＿＿＿

任务2　通　知

任务导入

小陈大学毕业分配到大型国企工作，正赶上该企业筹办秋季产品推介会，作为会务组一员他的第一个任务就是拟写一份会议通知，那么他要写清哪些内容才算是一篇合格规范的会议通知呢？

任务解析

大型会议通知由于范围广，可能跨地区、跨省市、跨国界，代表众多，一篇功能性、实用性强的会议通知给与会代表方便与帮助的同时也能体现出会务组的工作效率和能力。它的内容应包括：会议目的、名称、议题、时间（报到时间及会期）、地点（地址及交通路线）、后勤服务（食宿安排、交通服务等）最后是咨询电话和联系人。总之，力求明了无错漏，以确保会议按时顺利召开。

典型文案

例文一

××市教育局关于开展金卫士校园安全出入系统免费使用试点工作的通知

×教〔2012〕×号

所属各有关学校、单位：

校园安全，重于泰山。为做好校园安全出入管理，全面提升校园安全整体管理水平，我市现代教育智能研究所成功研制了《金卫士校园安全出入系统》。经研究决定，在我市（县、区）教育管理部门、学校开展免费使用试点工作。

试点工作在学校自愿、零投入的前提下，由现代教育智能研究所负责实施。请相关学校、单位予以大力支持和配合。

附件：第一批免费使用试点学校名单

××市教育局（章）
2012年12月16日

【简析】这是一篇指示性通知。正文包括发文依据、目的和通知事项两部分。行文简明、具体，要求明确，便于执行。此类通知还可有结语，常用"特此通知""请遵照执行"等。

例文二

广州市人民政府关于举办第×届广州名人名城运动会的通知

穗政〔2012〕×号

各市、县区级人民政府，市府直属各单位：

为迎接"九运会"，进一步推动全民健身运动，促进我市精神文明建设，经市人民政府决定，于2012年9月24至25日，在广州市天河体育中心举办第×届广州名人名城运动会。现将有关事宜通知如下：

一、组织机构

本赛事由市政府办公厅、市体委主办。设立广州市名人名城运动会组织委员会，成员有……（略）

二、比赛内容：

本次运动会设有乒乓球、网球、保龄球、中国象棋、围棋、桥牌共6个比赛项目。

三、参赛人员

广州地区副局级以上领导，正教授或相当职称人士及各界知名人士（企业家、劳动模范、杰出青年、三八红旗手、艺术家），每人限报一项比赛。

四、报名时间及要求

请各单位指定一名联络员负责填写报名表，于9月9日前送市名人名城运动会组织委员会办公室。

组委会办公地点：市政府4号楼501室（府前路1号市政府大院内）。

联系人：刘××、王××　　　联系电话：××××××××、××××××××

附件：1. 第×届广州名人名城运动会竞赛规则
　　　2. 报名表

广州市人民政府（章）

2012年9月1日

【简析】会议通知是事项性通知的一种，其正文包括召开会议的目的、事项和结语。通知事项是重点，由会议名称、时间、地点、内容、参加人员及注意事项组成，内容具体清楚。

通知

工具箱

1. 必备知识

1）通知的含义

通知适用于批转下级机关的公文，转发上级机关和不相隶属机关的公文，发布文件；传达要求下级机关办理和需要有关单位周知或者执行的事项；任免人员。

2）通知分类

根据适用范围的不同，可以分为六大类：

(1) 发布性通知：用于发布行政规章制度及党内规章制度。

(2) 批转性通知：用于上级机关批转下级机关的公文，给所属人员，让他们周知或执行。

(3) 转发性通知：用于转发上级机关和不相隶属机关的公文给所属人员，让他们周知或执行。

(4) 指示性通知：用于上级机关指示下级机关如何开展工作。

(5) 任免性通知：用于任免和聘用干部。

(6) 知照性通知：用于处理日常工作中带事务性的事情，常把有关信息或要求用通知的形式传达给有关机构或群众。

2. 写作格式及要求

由于通知的功能多，种类多，写法彼此有较大的区别，我们在分类时已经有意识地对各种不同通知的写法做了一些介绍，这里只能概括介绍一些通知写作的基本方法。

1）写作格式

（1）通知标题和主送机关。

①通知的标题。通知的标题一般采用公文标题的常规写法，由"发文机关＋事由＋文种"组成。如《中共中央办公厅、国务院办公厅关于严禁用公费变相出国（境）旅游的通知》。

也可以省略发文机关，由"事由＋文种"组成标题。如《关于印发〈规范国有土地租赁若干意见〉的通知》（国土资发〔1999〕222号）。

发布规章的通知，所发布的规章名称要出现在标题的主要内容部分，并使用书名号。

批转和转发文件的公文，所转发的文件内容要出现在标题中，但不一定使用书名号。如《国务院办公厅转发教育部等部门关于进一步加快高等学校后勤社会化改革意见的通知》。

②通知的主送机关。通知的发文对象比较广泛，因此，主送机关较多，要注意主送机关排列的规范性。如人事部《关于解除国家公务员行政处分有关问题的通知》的主送机关：

各省、自治区、直辖市人事（人事劳动）厅（局）、监察厅（局）；国务院各部委、各直属机构人事（干部）部门、监察局（室）。由于级别、名称不同，主送机关的称法和排列非常复杂，这个序列显然是经过深思熟虑后确定下来的。

（2）通知的正文。

①通知缘由。发布指示、安排工作的通知，这部分的写法跟决定很接近，主要用来表述有关背景、根据、目的、意义等。

晓谕性的通知，也可参照上述写法。如《国务院关于更改新华通讯社香港分社、澳门分社名称问题的通知》，采用了根据与目的相结合的开头方式；《国务院办公厅关于成立国家信息工作领导小组的通知》，采用的是以"为了"领起的目的式开头方式。

批转、转发文件的通知，根据情况，可以在开头表述通知缘由，但多数以直接表达转发对象和转发决定为开头，无须说明缘由。

发布规章的通知，多数情况下篇段合一，无明显的开头部分，一般也不交代缘由。

②通知事项。这是通知的主体部分，所发布的指示、安排的工作、提出的方法、措施和步骤等，都在这一部分中有条理地组织表达。内容复杂的需要分条列款。

晓谕性通知，有时需要列出新成立的组织的成员名单，以及改变名称或隶属关系之后职权的变动等。

③执行要求。发布指示、安排工作的通知，可以在结尾处提出贯彻执行的有关要求。如无必要，可以没有这一部分。

其他篇幅短小的通知，一般不需有专门的结尾部分。

2）写作要求

（1）分清"批转"与"转发"通知。二者都是转文件的，前者是转下级文件；后者是转非下级文件的。

（2）通知事项应具体明确，便于受文方周知或执行。

（3）通知都用于下行文，特别是发文单位级别不高，事项不够重大的，不宜用"命令""决定"的，多用通知。

瑕疵文案

××部关于成立摄影小组的通知

我部成立一个摄影小组，目的是更好地配合五讲四美活动，丰富我们的业余文化生活，培养我们的情操，有利于我们提高观察生活的能力，从生活中挖掘出美的事物，使我们更加热爱我们的社会主义祖国。

本小组将聘请专业或业余摄影家来讲学，在一到两年内本小组成员除了能掌握摄影基本知识外，还能学会在拍摄过程中常用的知识；如追随法、逆光摄影法、高调摄影等，在冲洗照片过程中常用的：如冲洗技术，多次曝光叠加成像，修改底片等方法。待初步掌握了这些技能以后，我们还将出外采访，从而更好地深入实际，了解社会，还将尽可能地游历祖国名山大川，拍出有浓郁的生活气息和绮丽风光的艺术照片，并举办学员作品展览，评出优秀作品，对作者予以适当奖励，结业时，凡掌握了所学内容者，都发给毕业证书，并赠送纪念品。总之，凡加入本小组的同志，只要认真学习，虚心请教，互相交流，取长补短，切磋技艺，都会在摄影技术上取得很大进步，成为祖国有用的人才。

凡是对摄影有爱好的同志，可以自愿报名参加，要自带照相机，有摄影作品的同志最好交上来，以供录取时参考。活动时间每星期二、四下午，报名处在××部办公厅203室，报名时交一张一寸照片，报名时间5月1—10日，过期不再补报。有关各项要求望及时发给各党支部给予传达，尽快将名单报上来。

摄影是一门艺术，它会使我们的生活更加充实，激发我们对祖国的爱和为祖国献身的勇气，望大家踊跃参加。

××部办公厅

2012年×月×日

【简析】

这篇通知存在以下问题：

1. 发文机关不当

通过通知内容可知，成立摄影小组并不是本部门行政和业务工作的需要，而是丰富干部职工的业余文化生活。这样的工作不应由办公厅出面来做，而应由工会或文体部门来做，用工会的名义发文。而且这一工作实际上只涉及部直属机构，不可能涉及所有部属机构，用部直属机关工会的名义发文，才是最恰当的。

2. 结构紊乱

通知开头阐述了成立摄影小组的目的和意义，结尾对此进行了简单重复。这是结构紊乱的表现之一。

通知的主体，本应按照活动内容、活动方式、报名须知等几个方面，有层次、有条理地

组织结构。可是本文的结构没有条理，相当混乱，仅以第三自然段为例，竟有四个不同方面的内容混淆在一起：报名条件、小组开展活动的时间安排、欲参加者的报名时间和地点、本文的传达和执行要求。

3. 违反有关政策，机构关系混乱

这篇通知说参加摄影小组的人可获得"毕业证书"，显然违反政策。只有经过教育机构的相关课程的系统学习，并经考试合格之后，才能获得教育部门颁发的毕业证书，一个业余性质的活动小组，不应该有什么"毕业证书"之说。

活动时间的安排是每周二、四下午，这本是正常工作时间，小组成员却可以放下工作去参加业余文化活动，也是违反工作纪律的。

通知要求各党支部对本文件及时进行传达，部门关系明显是混乱的。办公厅是行政部门，不能指挥基层党组织，党支部的工作，应该由上级党委来安排。

4. 表达逻辑不清，语言词不达意

第二段在说明学习内容时，对摄影的知识和技法概括得逻辑不清，十分混乱。关于拍摄技法和暗房技法，在概念上就没有分清，导致相互交叉、混杂。

语言词不达意的现象很多，这里只指出一点：第二段末尾说参加摄影小组的人可以"成为祖国有用的人才"，难道参加之前就肯定不是有用人才，不参加者永远不能成为有用人才吗？这种荒唐的意思不会是作者原有的用意，而是作者运用语言的能力不足所造成的语意混乱。

任务训练

福建省教育厅拟于 2016 年 3 月 23—25 日举行全省高招工作会议。总结前一年高招工作经验，部署本年度高招工作任务。地点在东湖宾馆 2 号楼，位于福州市鼓楼区东大路 56 号，请相关人员携带资料准时出席。请根据材料，补充要件，按公文的规范格式写一份会议通知。

任务3 通　　报

任务导入

陈刚留校分配在学生科工作。针对近期个别学生旷课现象严重，为整顿校风、严肃考勤制度，科里决定对其中 3 名旷课达 14 节以上的给予通报批评，科长让陈刚来草拟这篇通报，陈刚完成这项任务应注意什么？

任务解析

由于通报的内容都是当前发生的事件或情况，与推动中心工作密切相关因此要做到：

1. 调查核实材料，包括学生的姓名、所在系、班级和旷课的情况。
2. 在写作上先概述核实的基本情况、应事实确切，条理清楚，这是通报决定的依据。
3. 根据陈述的事实进一步提出处理决定的具体内容，态度鲜明，语气严肃。
4. 要体现发文目的：挽救当事人、教育大家，以儆效尤。
5. 拟稿、发文应及时、快速。否则，时过境迁，就失去通报的价值了。

典型文案

例文一

××酒店关于表扬餐饮部员工蒋娇拾金不昧事迹的通报
×酒发〔2013〕×号

所属各部门：

  2013年6月25日，餐饮部员工蒋娇在客人离席收拾餐桌时，发现客人遗留了一个黑色皮包在包房内，她迅速上交主管瞿艳兰。为尽快找到失主，瞿主管查看客人预订记录后，确认皮包是继续教育学院客人孙某所遗留后，第一时间致电失主，1小时后，孙某取走了皮包，对酒店员工拾金不昧的精神给予了高度赞扬。

  餐饮部员工用他们的实际行动和规范服务赢得了客人的信任和赞誉，反映了酒店员工急客人之所急，想客人之所想的服务意识，体现了酒店员工高尚的职业操守。经研究决定，对餐饮部员工蒋娇奖励现金100元，予以通报表扬；并对餐饮部主管瞿艳兰予以通报表扬。

  希望全体员工学习她们这种拾金不昧的崇高精神和恪尽职守的职业道德，为酒店服务管理更上一层楼做出自己的努力！

××酒店行政办公室（章）
2013年6月27日

【简析】

  这是一篇表彰通报，首先概述拾金不昧的事迹，接着对这个行为给予高度评价，在此基础上通报表扬并号召全体员工向榜样学习。叙述清楚，表达规范。事实概述简要，评价恰当。

例文二

××工业部关于撤销×××厂国家二级企业称号的通报
×工〔2012〕×号

各省、自治区、直辖市×××厅（局）：

  1984年以来，各有关部委和我部多次发文，强调加强企业管理，充分发挥计量控制作用，保证国民经济统计数字的有效性，要求各企业上报产品质量一定要以表记值为准，指出有表但不以表记为准的企业，不得申请节能、计量和企业升级；已升级的企业，在限定时间前一律以表记值为准，否则撤销其已获得的称号。

  在今年的抽查中发现，×××厂自××××年获得国家二级企业称号以来，放松基础工作，企业管理水平明显下降。抽查组到该厂检查时仍未按照规定如实报告表记统计数字，这种做法是错误的，情节是严重的。为认真执行国家有关部门和本部的规定，决定自即日起撤销×××厂国家二级企业称号。

希望×××厂认真吸取教训，采取措施，认真整改，扎扎实实地做好工作。各有关企业要结合×××厂的教训，按照国家有关规定做好产品计量工作。

请×××省×××厅将×××厂国家二级企业证书收回，并报告省经委。

×××工业部（章）

2012 年 × 月 × 日

【简析】这是一则批评性通报。通报的内容主要是批评不良的人和事，写明错误事实，概括问题性质，分析错误原因，指出教训，防止类似事件发生。本通报的正文由四个部分组成：第一部分强调了有关部门对企业的计量工作的要求和依据；第二部分叙述了通报批评的事例及决定；第三部分对被通报批评的企业提出希望，同时对相关企业提出要求，引以为戒；最后一部分，即收回证书的事宜，另行文较好。

工具箱

1. 必备知识

1) 通报的概念

通报是国家机关、社会团体、企事业单位用以表彰先进、批评错误，传达重要精神或通报有关情况的公文。从行文方向来看，通报是典型的下行文。

2) 通报的分类

（1）表彰性通报。即表彰先进集体或先进人物，教育、引导干部群众学习和赶超先进典型的通报。如《国务院办公厅关于表彰奖励中国女子足球队的通报》。

（2）批评性通报。即披露和批评错误，教育和引导他人引以为鉴的通报。如《国务院办公厅关于江西省上栗县"3·11"特大爆炸事故情况的通报》。

（3）情况性通报。即传递信息，沟通情况，让人们了解事态发展，为工作提供指导或参考的通报。如《广西壮族自治区人民政府办公厅关于金秀、融水、三江、隆林 4 个自治县县庆项目建设情况的通报》。

3) 通报、通知、通告的区别

（1）告知的范围不同。通知和通报主要用作内部行文，告知的是有关单位，有些通知还是保密的，而通告则是周知性公文，应公开发布，使之众所周知。

（2）用途不同。通报可用来表彰先进，批评错误，而通知、通告都没有这种用途。通知的一些用途，如任免干部、批转、转发公文、发布规章制度等又是通告和通报所没有的。

（3）告知的内容不同。这三者都对受文者有告知的功能，但告知的内容却有所不同。通告和通知告知的是"事项"，如机构的建立或撤销、公章的改换或启用等，而且都是事前或事初告知，二者的不同之处是告知的范围有大有小。而通报所告知的是"情况"，如工作情况、会议情况、事故情况等，所以均是事后才可告知。

2. 写作格式及要求

1) 写作格式

（1）标题。通报标题的组成形式一般是"发文机关+事由+文种"。需要注意的是常有人把结果代替事由。如将《××大学关于××系学生张××舍己救人、勇斗歹徒事迹的通报》变成《××大学关于××系学生张××的表彰通报》，改变后没有了事由。

（2）主送机关。通报多为下行文，可用"所属各单位"。

（3）正文。包括基本情况、分析评价、通报事项、希望要求四部分。

①基本情况。概述事件，即发生的时间、地点、人物、原因、结果等，要抓准实质性的问题。

②分析评价。往往用两三句议论，简要评价事实，揭示问题实质，点明意义，指出从中应吸取的经验或教训，表明发文单位肯定或否定的态度。

③通报事项。宣布对通报人员或团体奖励或处分的决定。一般是精神层面的，也可以是物质上的。

④希望要求。号召人们向先进人物和事迹学习或要求大家从错误事实中吸取教训，引以为戒。

（4）署名。主要写发文机关（公章）、日期。

2）写作要求

（1）撰写通报前要做好调查研究，包括事件的基本六要素，应反复核实，以免发文后造成被动、失信的局面。

（2）事实的陈述要准确、平实、简明，以叙述和说明的表达方式为主。

（3）讲求时效性，及时行文。

（4）对事件的"分析""评议"部分，最能体现通报作者的思想水平和写作水平，写作时切忌就事论事，要上升到较高的层面来认识。

（5）通报的决定事项不得与事实、政策相抵触。

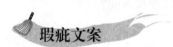

瑕疵文案

××市人民政府文件

×府发〔2014〕第 11 号

关于表彰市××厂实现"安全生产年"的通报

市属各企业：

为确保企业生产和人民生命财产安全，我市××厂从各方面采取有力措施，花大力气抓各项安全生产制度的贯彻落实，并建立了安全生产各级岗位责任制，2003 年实现全年无重大生产和伤亡事故，成为我市标兵企业。为此，市政府决定给予市××厂通报表扬，以资鼓励。

市政府号召全市各企业学习市××厂的先进经验，结合企业实际，建立和健全安全生产岗位责任制抓好安全生产，争创标兵企业，为把我市安全生产提高到一个新水平而努力。

特此通报

××市政府（印章）
2014 年 1 月

【简析】

这份通报在写作上存在着下述几点错误：

①发文号应为：×府发〔2014〕11 号；

②标题不完整，少了发文机关；
③通报类属普发性公文，可不写收文机关；
④发文机关应写全称"××市人民政府"；
⑤发文时间应规范，具体到日。

任务训练

福建某技术学院管理系学生王××2010年4月3日晚上在返校途中遇见三名不良青年正纠缠一女青年，他当即上前制止，三人见他势单力薄，饿虎般扑来，其中一人还手持尖刀。王同学毫不畏惧地同他们展开英勇搏斗，在身中刀伤、血流不止的情况下仍死死抓住一名歹徒，直到巡逻人员赶到一同制服歹徒为止。为表彰王××同学舍己救人、勇斗歹徒的英雄事迹，学院决定授予他"见义勇为先进分子"光荣称号，并号召全院师生向他学习。请按公文规范格式写一份表扬通报。

任务4 报　　告

任务导入

潘晴是××学院管理系教学秘书，该系近期完成了首届学生毕业论文指导工作，作为教学秘书她要及时将该项工作情况向学院汇报，她应如何写好这份工作报告呢？

任务解析

1. 先概述此项工作的基本情况，包括目的、开展时间、参与人员及总体成效。
2. 分条列项写明主要工作情况，这部分是全文重点，要详写。
3. 接着是主要成绩与效果评价，这部分对同类工作具有学习与借鉴的作用，应上升到理论的高度。
4. 最后是存在的问题和改进意见。

典型文案

例文一

××省人民政府关于清理整顿公司工作的报告

××政〔2013〕××号

国务院：

我省自2012年10月清理整顿公司以来，坚持既坚决又稳妥的方针，抓紧清理整顿方案的拟订和实施，积极查处公司违法违纪案件，努力加强公司的建设和管理，基本完成国务院交给我们的任务，达到预期的目标，现将这项工作情况报告如下：

一、撤并一批流通领域的公司，解决公司过多过滥问题。（略）

二、查处了公司违法违纪案件，整顿了公司经营秩序。（略）

三、认真做好撤并公司的各项善后工作。（略）

四、加强了现有公司的管理和各项法规、制度的建设。（略）

××省人民政府（章）

2013年×月×日

【简析】

这是一篇工作报告。用总分的结构先概括整顿工作的基本做法和成效，后分为四个部分全面报告工作情况。

例文二

审计署关于中央移民建镇资金审计情况的报告

审署发〔20××〕×号

国务院：

根据《国务院办公厅转发国家计委灾后重建整治江湖兴修水利现场办公会会议纪要的通知》（国办发〔20××〕×号）的有关要求，我署组织省审计机关进行了审计调查。现将主要情况报告如下：

去冬今春，国家计委下达4省移民建镇安置计划23.3万户，中央财政预算内专项资金34.9亿元，并于3月底前下拨到省。审计及调查结果表明，中央采取的移民建镇措施，使饱受洪涝灾害之苦的广大移民发自内心地感谢党和政府的关怀，对改善、密切党群关系及维护社会稳定起到了有效的促进作用，同时也活跃了这些地区的市场，对经济增长起到了一定的拉动作用。但是，审计也发现了一些问题，需要引起足够重视。

一、多数地方未按每户1.5万元拨补资金到户。（略）

二、一些地方统建房造价高，入住率低。（略）

三、地方各级部门滞留占压、挤占挪用资金等问题比较普遍。（略）

四、拆旧完成情况不好。（略）

针对这次审计查出的问题，提出以下建议：

一、对中央移民建镇资金用于基础设施建设的比例，国家计委应会同有关部门做出限制性规定，防止各行其是，随意扩大。

二、重视和解决统建房入住率低的问题。

三、对这次审计查出的滞留占压资金、挤占挪用资金及项目、资金管理混乱等问题，要进行整改，同时要进一步采取有力措施解决退耕移民的生计问题，并严格按照国办发〔20××〕×号文件要求做好拆除旧房工作，切实做到建新拆旧。

审计署（章）

20××年×月×日

【简析】

这是一篇审计工作情况报告。文章条理清晰：从概述工作情况到存在问题，最后是提出建议。行文简洁、层次分明。

工具箱

1. 必备知识

1）报告的概念

报告是下级机关向上级机关汇报工作、反映情况和问题、提出建议，以及回复上级机关查询或交办事项时所使用的一种陈述性公文。从行文方向来看，报告属于上行文。其主要作用是向上级机关陈述下情，便于上级机关和领导同志了解情况、处理问题、指导工作、正确决策。报告一般不要求批复。

2）报告的分类

（1）工作报告。即汇报工作进展情况，总结经验教训，提出今后工作意见的报告。

（2）情况报告。即反映重要情况、重大事故、重要问题的报告。

（3）建议报告。即对某些问题或重要事项提出意见、建议，要求批转到一定范围内贯彻执行的报告。

（4）答复报告。即答复上级机关交办或查询事项的报告。

（5）报送报告。即下级机关向上级机关报送文件、物品的报告。

3）报告与请示的异同

报告、请示同属上行文，都只有一个主送机关，这是二者的共同点。要正确区分两个文种，就必须了解两者的区别。

（1）"报告"无须上级回复；"请示"则必须批复。

（2）"报告"是职权范围内可解决的问题；"请示"是职权范围内不可解决的问题。

（3）"报告"可在事前、事中、事后；"请示"只可在事前，先斩后奏是无视上级的表现。

2. 写作格式及要求

1）写作格式

（1）标题。报告标题的组成形式一般是"制发机关+事由+文种"；报告前可加"紧急"。

（2）主送机关。发文机关的直接上级机关，一般只有一个。

（3）正文。正文包括前言、主体、结尾三个部分。

①前言。陈述发文原因。要直陈其事，即简要地叙述情况，并且与原因、依据或目的放在一起。

②主体。是向上级汇报的具体内容，可写工作步骤、措施、效果。也可以写工作的意见、建议或应注意的问题。一般采用分条列项式，篇幅较长的采用小标题。

③结尾。可写"特此报告""专此报告"，后面不用任何标点符号，或"以上报告如无不妥，请批转各地、各部门执行"，或"以上报告，请指示"等。

（4）署名。署上日期并加盖公章。

2）写作要求

（1）内容充实。报告中的材料必须是真实的，实事求是，有喜报喜，有忧报忧，一分为二，以免造成工作上的失误。

（2）重点突出。在结构上注意详略得当，重点突出，将其中能说明问题和主旨的材料详细展开，达到点面结合的要求。

（3）行文一文一事，报告中不得夹杂请示事项。

（4）不得越级。不越级报告和请示的目的在于维持正常的公文办理程序，保证各级机关职能正常发挥。

关于申请拨给灾区贷款专项指标的报告

省行：

×月×日，××地区遭受了一场历史上罕见的洪水袭击，×江两岸乡、村同时发生洪水，灾情严重。经初步不完全统计，农田受灾总面积达38 000多亩，各种农作物损失达100多万元，农民个人损失也很大。灾后，我们立即深入灾区了解灾情，并发动干部群众积极开展生产自救。同时，为帮助受灾农民及时恢复生产，我们采取了下列措施：

一、对恢复生产所需的资金，以自筹为主。确有困难的，先从现有农贷指标中贷款支持。

二、对受灾严重的困难户，优先适当贷款，先帮助他们解决生活问题。到×月×日止，此项贷款已达××万元。

由于这次灾情过于严重，集体和个人的损失都很大，短期内恢复生产有一定的困难，仅靠正常农贷指标难以解决问题。为此，请省行下达专项救灾贷款指标××万元，以便支持灾区迅速恢复生产。

以上报告当否，请批示。

××银行××市支行
20××年×月×日

【简析】

这份报告存在以下几个方面的错误：

（1）文种选择有误。从标题看，这篇公文是向省行提出灾区贷款专项指标的申请，目的是获得省行的批准。从正文的主体部分看，两条措施确属报告性质，但随后出现的专项贷款请求，就不是报告应有的内容了。从结语看，"以上报告妥否，请批示"，有着很强的期复性。因此，综合起来看，这篇公文应改为《关于拨给灾区贷款专项指标的请示》。

（2）内容含糊。由于原文混淆了报告和请示的界限而造成全文内容含糊。写请示，只需写明请示缘由、请示事项，最后提出请示要求即可，与此无关的内容不应写入。而原文提出的两条措施"对恢复生产所需的资金，以自筹为主""对受灾严重的困难户，优先适当贷款"，既不是请示缘由，也不是请示事项，不应该写入文中。

（3）语言不准确。文中有多处语言不确切。如"×江两岸乡、村同时发生洪水"，×江两岸所有村庄都遭受洪灾似不可能，"同时发生"更不可能。"灾情较重"跟后面"这次灾情过于严重"的说法相左；"据初步不完全统计"，"初步"和"不完全"语意重复。

请指出下面错误的地方

民政部关于调整现行区域设置标准的请示报告

国务院：

现行设市标准，是1986年经国务院批准试行的。……事实证明，应对1986年国务院批准试行的设市标准做以下调整：

设立县级市标准：

①每平方公里约四百人的县，达到下列指标，可设市撤县：

……

经讨论审议，提出26个县为首批设市县（名单附后）。

以上报告妥否，请批准各地试行。

民政部
2003年11月11日

任务5　请示　批复

任务导入

××县育才中学拟兴建学生宿舍楼一栋，须请示上级机关批准拨款300万元，如果让你写这篇公文，你会把写作重点放在哪里？措辞、语气上有哪些讲究，才有助于说服上级、达成愿望呢？

任务解析

这是一篇请求批准的请示，在写作上要做到：

（1）一文一事，只主送一个上级机关。不多头递送，造成责任不清互相推诿。

（2）发文原因要具体、明白、理由充分，增强说服力。

（3）结尾恳切、委婉、礼貌。如"如无不妥（不可、不当），请批准为盼""请核查批准"。

请　　示

典型文案

例文一

××省财政厅关于《会计人员职权条例》中"总会计师"
既是行政职务又是技术职称的请示

　　　　××财〔20××〕××号　　　　　　签发人：×××

财政部：

国务院20××年国发〔20××〕××号通知颁发的《会计人员职权条例》规定，会计人员技术职称分为总会计师、会计师、助理会计师、会计员4种,其中"总会计师"既是行政职务,又作为技术职称。在执行中,工厂总会计师按《条例》规定,负责全厂的财务会计事宜;可是每个工厂,尤其大工厂,授予总会计师职称的人有4、5人,究竟由哪一位负责全厂的财务会计事宜?执行总会计师的职责与权限有哪些?我们认为宜将行政职务与技术职称分开。总会计师为行政职务,不再作为技术职称,比照最近国务院颁发的《工程技术干部技术职称暂行规定》将《条例》第五章规定的会计人员职称的"总会计师"改为"高级会计师"。

以上意见是否妥当,请指示。

××省财政厅(盖章)
20××年×月×日

【简析】

这是一篇政策性请示。下级机关在工作中遇到政策不明,理解不清的问题,说明自己的困惑及拟解决办法。最后请上级机关指示、定夺。

例文二

××市交警大队关于化工路段禁行4吨以上货车的请示

×警发〔2019〕×号　　　签发人:×××

××市公安局:

我大队所辖化工路段路面狭窄(仅4米)。近年来随着商业的发展,道路两旁商铺林立。人流、车流量大增,出现人车混行的混乱局面,经常造成交通堵塞,甚至引发多起交通事故。为了周边群众出行的安全顺畅,特请求该路段禁行4吨以上的货车,上述车辆可绕道平安路行驶。

以上请示,如无不妥,请批准为盼。

××市交警大队(章)
2019年×月×日

【简析】这是一篇事务性请求批准的请示,是下级机关请求上级机关审核批准开展某项工作的请示。先阐明发文原因和实施意见,最后请上级批准。发文理由具体、充分有说服力,为上级机关的决策提供了重要的依据。

请示

工具箱

1. 必备知识

1) 请示的概念

请示是下级机关和组织向上级机关和组织请求指示或批准事项所使用的一种公文形式,

是党政机关经常使用的一种上行文,其使用频率仅次于通知。

2)请示的分类

(1)政策性请示。这类请示或用于向上级机关征询如何理解党和国家方针政策、法律法规中的有关内容,或用于征询解决工作中遇到的新情况、新矛盾和新问题的政策依据或处理理意见。

(2)事务性请示。这类请示或用于请求上级机关批准开展某项工作、办理某一事项,或用于请求帮助解决人、财、物等实际困难和问题。

3)请示的特点

请示只适用于有直接隶属关系的上下级之间。和其他文种比较,请示有着极其鲜明的特点。

(1)行文方向单一,不要多头请示。请示只能是上行文,而且只能是给自己的直接主管上级的上行文,不要同时给自己的多个上级机关请示,否则可能导致得到多个上级机关不同的答复,从而给工作增加困难。

(2)事先行文。请示必须事先行文,必须等上级机关明确表态后才能付诸行动。如果事情已经开始做了或已经做完了才请示的话,都属于"先斩后奏",这是违反管理规定和组织纪律的。

(3)一文一事。请示内容要单一,一篇请示只能写一件事,不能一文多事,如果有几件事要请示上级机关,可以分别写成几份呈送。

(4)不能越级请示。一般来说,请示不要越过直接的上级机关向更高一级的上级机关请示问题。自己的直接上级机关解决不了的问题,应由上级机关向其上级机关请示。

2. 写作格式及要求

1)写作格式

请示是下级机关向上级机关请求指示或批准的呈请性、期复性公文。

(1)标题。请示标题的组成一般是"制发机关名称+事由+文种",如《××省人民政府关于请求追加自然灾害救济款的请示》。

(2)主送机关。直属上级机关,只有一个。

(3)正文。

①请示的缘由。是请示事项和要求的理由及依据。缘由很重要,关系到事项是否可行、是否顺理成章,当然更关系到上级审批的态度。因此缘由应十分具体、充分、有说服力,依据、情况、意义、作用都要写出来。

②请示的事项。包括办法、措施、主张、看法等。请示事项要符合法规,符合实际,具有可行性和可操作性。因此,事项要写得具体明白。如请求物资要写明品名、规格、数量,请求资金要写明金额。

③结语。多用"上述意见,是否妥当,请指示""特此请示,请批准为盼""以上请求,请予审批""以上妥否(可否、当否),请予批复""以上请示,如无不妥,请批转各部门执行"等。结语是请示必不可少的部分,不可遗漏,不可含混其词。

(4)署名、日期、公章。

2)写作要求

(1)一文一事。这是实际工作的需要,如果一文多事,可能导致受文单位责任不明,无法批复,直接影响效率。

（2）只有一个主送机关。请示只能主送一个上级机关，如需要可抄送有关机关。这可避免出现推诿、扯皮的现象。

（3）不越级请示。如因特殊情况必须越级时，要抄送被越过的上级机关。除领导直接交办事项外，请示不直接送领导个人。

（4）不抄送下级。不抄送下级是为了避免造成工作混乱，更不能要求下级执行上级机关未批准和批复的事项。

瑕疵文案

建设部、国家文物局请示

国务院、国务院办公厅：

前年，国务院批准了21个城市为国家历史文化名城，这对制止"建设性破坏"、保护城市传统风貌起了重要作用。

不过除已批准的国家历史文化名城外，还有一些城市古迹十分丰富，……按照国发（2002）106号文关于审定国家历史文化名城的原则，进行反复酝酿，提出37个城市，建议作为第二批历史文化名城（名单附后）……

……

请即批转各地区、各部门研究执行。

附件：第二批国家历史文化名城名单

第二批国家历史文化名城简介

另，建设部和国家文物局拟成立"保护历史文化名城联署办事小组"，如无不妥，请批准。

建设部、国家文物局（章）

2004年7月1日

【简析】

这份公文存在下述几点错误：标题错误；多头主送错误；"前年"说法不当；"国发（2002）106号"不规范；应为"国发〔2002〕106号"；"请即批转……"语气不当；附件应列出序号；不得夹带其他请示事项；每个作者应占一行。

任务训练

河北省农业厅因2010年春季旱灾严重，向省政府请求拨款5 000万元用于抗旱救灾、恢复生产。请你按公文的规范格式，拟写一份请示。

批　　复

任务导入

作为××县育才中学的上级机关××县教育局，在接到请求拨款兴建学生宿舍楼的请示后，经研究同意给予支持，并让办公室秘书小陈及时下文。小陈在行文时应注意什么呢？

任务解析

（1）批复首先要引述来文，答复才有针对性。

（2）表明态度，不模棱两可。此批复在表明"同意拨款"的态度后，还应对宿舍楼的建设提出要求或希望。如"专款专用""确保工期、质量"等。

（3）结语用"特此批复"或"此复"即可。

典型文案

国务院关于同意××省设立××市的批复

国发〔20××〕×号

××省人民政府：

你省《关于撤销××县设立××市的请示》（×政发〔20××〕×号）收悉，国务院同意撤销××县，设立××市（县级）由省直辖，以原××县的行政区域为××市的行政区域，不增加人员编制。

此复。

国务院（公章）

20××年×月×日

【简析】

这是针对请示的答复。开头引述来文，先引标题再引发文字号加"收悉"二字。接着明确表态，提出意见、要求。行文规范，答复明确、简要。

工具箱

1. 必备知识

1）批复的概念

批复是用于答复下级机关请示事项的回复性公文。其制作和应用一般以下级的"请示"为条件。

2）批复的分类

（1）指导性批复。这种批复在答复下级机关请示事项的同时，就某方面工作的开展提出指导性的意见和要求，以利于下级机关开展工作。

（2）表态性批复。这种批复只对请示事项做出明确答复，不提出其他工作意见和要求。

（3）法规性批复。这种批复用于批准下级机关拟制的行政规章，或答复下级机关提出的涉及具体法律问题的请示。

2. 写作格式及要求

1）写作格式

（1）标题。批复标题的结构一般是"发文机关＋关于＋事由＋批复"。应该指出的是如上级意见是肯定的可在标题中插入"同意"字样，如《国务院关于同意开放××航空口岸的批复》。

（2）主送机关。即直属下级机关，就是发文请示的机关。

(3) 正文。一般由引述来文、批复事项、结语三部分组成。

①引述来文。先引请示标题，再引发文字号（加圆括弧）。如"你公司《关于……的请示》（×发〔20××〕×号）收悉"。让请示机关一看开头就知道是哪份请示的批复。

②批复事项。这是批复的关键部分，需根据请示事项给予明确答复或具体指示。一文一批复，做到态度鲜明，语言简洁，绝不含混其词，以免下级无所适从。

若不同意请示事项，或对下级机关要求的支持和帮助难以满足，则除在批复中表明态度外，一般还需要适当说明理由，以使对方能较好地接受，并及时做出相应的工作安排。

③结语。一般在正文末尾写上"特此批复""此复"等。有些批复在批复事项之后还另提出有关执行要求。

(4) 署名、日期、加盖公章。

2) 写作要求

(1) 要核实请示事项的真实性，研究请示所提方案的可行性，才能做出正确的判断和回复。

(2) 一个批复针对一个请示。有时数个下级机关联合请示同一件事，经研究应分别给各个下级机关行文批复。

(3) 要有理有据。批复下级请示，不能违反有关法律和政策规定，不能超越本机关的职权。

(4) 态度鲜明、表意明确。同意或不同意，立办或缓办，不能含混其词，让下级机关不得要领。切忌使用"似属可行""酌情办理""最好不做"之类词语。

(5) 及时批复，以免贻误下级机关的工作。

【瑕疵文案】

批　　复

××镇人民政府：

对你镇的数次请示，经研究作答复如下：

其一，原则同意批准你镇建立联合贸易公司，负责本镇的内、外贸易工作。你镇应尽快使联合贸易公司开始营业。

其二，你镇提出试行"关于违反计划生育规定的处罚办法"最好不执行，因为这个办法违反上级有关文件精神。

其三，对你镇提出要建俱乐部活跃居民文化生活一事，予以批准，但规模要适当控制，量力而行。

其四，同意你镇组团参加在上海举办的服装节和在服装节上进行引资促销活动。

××市人民政府
2012年×月×日

【简析】

这份批复存在下述错误：

(1) 违反一文一批的原则。市政府在积存了某乡四件请示之后，才合在一起给了这样一个批复,这样做有多种弊端:延误时间,耽误下级工作;多种事项集于一篇公文之中,内容杂乱;一份公文涉及多方面工作,给下级落实带来困难。因为这些工作在下级机关是由不同单位和不同负责人分管的,由哪个负责人承担批复的落实工作,不好确定。正确的做法是,下级报来一份请示,就及时回复一份批复。对方的四份请求,应有四份相应的批复。

(2)标题不合要求。本批复的标题只有文种名称,没有发文机关和主要内容,不够认真严肃,也影响工作效率。

(3)用语含糊不清,观点不明确。如"原则同意""最好不执行""违反上级有关文件精神",都没有明确指出自己的观点,使下级无法执行。

(4)时间不能用汉字,要用阿拉伯数字。要加盖公章。

任务训练

针对河北省农业厅的请示,请拟写一份同意拨款的批复,恰当提出要求和希望并符合公文的规范格式。

任务6 函

任务导入

适宜于平行文的文种只有"函"一种,但它适用的范围却十分广泛。一个机关单位的直接上下级是有限的,更多的是同级和不相隶属的机关,其间的行文都用"函"。对于这一点身为公司秘书的李小姐深有体会,她每天都要接到不少函件,有告知的、询问的、寻求合作、请求帮助的、答复问题的。这么多函件,如何正确区分并合理使用呢?

任务解析

李小姐仔细分析后觉得看似种类众多的函,无非两大类:

1. 第一类可称去函,包括商洽函、询问函、请批函、告知函。一文一事,开头一般简述发文原因,接着是函告的中心事项,结语可根据内容选用"特此函商""特此函询""特此函请""特此函告"等,应庄重有礼。

2. 第二类可称回函,即针对询问的答复:先引述来函,再明确答复。结尾可用"特此函复"或"此复"。

典型文案

例文一

广州市人民政府关于鄂穗两地携手联合
打捞"中山舰"的函

穗政〔20××〕××号

湖北省人民政府:

现沉于长江金口赤矶山江底的"中山舰",是中国现代革命史上的重要历史文物,尽快将其打捞、修复和陈列展览，是海内外同胞的共同心声。

"中山舰"是重要的革命历史文物。该舰1942年参加"保卫大武汉会战"时被日军炸沉。尽快打捞"中山舰"，使其重展英姿，是一件深得海内外同胞和两岸有识之士拥戴的义举。这对于充实完善中国现代革命史文物，并重现其历史价值，加强爱国主义教育和革命传统教育，增强整个中华民族的凝聚力和向心力，改善两岸关系，促进祖国统一大业的早日实现，都具有重要的意义和作用。

由于"中山舰"在广州的时间长达21年，且围绕"中山舰"的几次主要历史事件都发生在广州。因此，"中山舰"是把广州建设成为中国现代革命史教育基地，向广州、全国乃至海内外同胞进行爱国主义教育和革命传统教育不可缺少的文物。近几年来，广东省、广州市人大、政协、民革，黄埔军校同学会中的不少代表、委员、成员，各界有关专家学者、人民群众，以及港澳台同胞、海外华侨、华人，纷纷向广州市政府来电来函，希望广州市政府主动与贵省联系并一起尽快组织打捞"中山舰"，并进行修复和陈列。为此，我们经过认真研究，提出由两地政府本着相互合作、相互支持的态度，协商联合打捞、修复、展出的办法和有关问题。

特此函商，盼复。

广州市人民政府（章）
20××年×月××日

【简析】

这是一篇商洽函。文章从历史意义和教育意义阐明共同打捞"中山舰"的重要性，理由充分，说服力强。在此基础上向湖北省人民政府提出建议，协商联合打捞、修复、展出"中山舰"相关事宜。此函态度诚恳、事实充分，措辞讲究分寸。

例文二

中国科学院××研究所关于建立全面协作关系的征询意见函

中科〔2012〕×号

××大学：

近年来，我们研究所与贵校在一些科学研究项目上互相支持，取得了令人满意的成绩，建立了良好的协作基础。为了巩固已取得的成果，取得更大的成就，建议我们双方今后能进一步在学术思想、科学研究、人员培训、仪器设备等方面建立全面的交流协作关系，特提出如下意见：

一、定期就共同关心的学术问题举行所、校之间的学术讨论与学术交流；共同分析国内外同行的项目动态和发展趋势；互相参加对方组织的学术年会及专家讲学活动；互派专家参加对方的学术组织对科研发展方向、任务和学位、学术论文及重大科研成果的评审工作。

二、根据所、校各自的科研发展方向和特点，对双方共同感兴趣的课题进行协作。协作形式和办法视课题性质和双方条件，制定单项协议。

三、根据所、校各自人员配备情况，校方在可能条件下对所方研究生、科研人员的培训予以帮助,所方为学校学生、研究生的毕业论文提供指导。校、所双方教学科研人员对等地承担对方一定的教学科研工作,享受同原单位职称相应的待遇。

四、双方每年进行科研计划交流以便掌握方向,协调分工,避免重复。共商协作项目,使双方有所侧重与分工。

五、双方科研教学所需高、精、尖仪器设备,在可能情况下向对方提供利用,并协助做好测试工作。双方的附设工厂车间,相互给予科研和实验设备加工的方便。

六、加强图书资料和情报的交流。

以上各项,如蒙同意,建议互派科研主管人员就有关内容进一步磋商,达成协议,以利工作。

特此函询,请即研究函复为盼。

中国科学院××研究所(章)
2012 年×月×日

【简析】

这是一篇征求意见的询问函。先就双方合作的成果给予肯定。接着在主体部分提出进一步合作的意向。结构上分条列点,内容具体,条理清晰。结尾语气委婉,态度谦和。

工具箱

1. 必备知识

1)函的概念

函是机关之间商洽工作、联系事项、询问和答复问题,向无隶属关系的有关主管部门请求批准事项时所使用的一种公文。函即信件。公函就是办公往来的信件。从行文方向上看,函作为上行文、下行文、平行文均可,但以平行文居多,常用在不相隶属的机关或部门之间。

2)函的分类

函可以从不同的角度分类,因而函的种类较多。

按行文方向划分,有去函和复函两种。去函即发文机关制作的商洽公务、询问有关问题、请求批准有关事项的函。复函即发文机关制作的答复来函询问问题、批准来函请求事项的函。

按行文用途划分,有商洽函、询问函、答复函、请批函等。

按行文格式划分,有公函和便函两种。

2. 写作格式及要求

1)写作格式

函由标题、主送机关、正文、落款四个部分组成。

(1)标题。有三种写法:一是完整式标题,由发函机关、事由和文种组成,如《××部关于选择出国人员的函》;二是由发函机关、事由、受理机关和文种组成,如《国务院办公厅关于悬挂国旗等问题给湖北省人民政府办公厅的复函》;三是由事由和文种组成,如《关于订购〈基础写作学〉的函》。

(2)主送机关。即收函单位名称,要写全称。

（3）正文。根据去函、复函的不同，其写法也有区别。

①去函。主要用于与有关单位商洽工作，询问有关问题或向有关部门请求批准等，其行文是主动的。这种函一般包括缘由、事项和结尾三个部分。缘由部分一般须把所商洽的工作、询问的问题或请求批准的事项具体写清楚。如果内容较多，要采用分条的写法，使之条理分明。结尾只需写出"请研究函复""请函复""盼复"或"以上意见当否，请复函"等语即可。

②复函。是用于答复商洽、询问的问题或批准有关单位的请求事项。这种函的行文一般是被动的，具有很强的针对性。复函的正文包括缘由、答复、结尾三部分。缘由部分要针对来函写收函情况，然后用"经研究，函复如下"过渡到下文。答复部分是复函的主题，要根据来函做出具体的答复。答复时一定要注意分寸，不得违背政策界限，结尾可写上"此复"或"特此函复"，也有的不写。

（4）落款。注明发文机关名称和发文时间及印章。

2）写作要求

（1）针对性。函有鲜明的针对性，主要表现在：

一是紧紧围绕函中所提出的问题和公务事项来写。二是往来机关应当与函中所提出的问题和公务事项相称。也就是，函中所提出的问题和公务事项应该是函往来机关有可能解决的。三是除特殊情况外，应坚持一函一事。

（2）分寸感。函的用语，力求平和礼貌，特别忌讳命令语气，但是也不能为了谋求问题解决，极尽恭维逢迎之能事。

（3）开门见山。无论是来函还是复函，在写作中都应该开门见山，尽快接触主题，力戒漫无边际，故意绕弯子，忌讳那些不必要的客套，尽量少讲空泛抽象的大道理。

瑕疵文案

××厂干部商调报告

〔2001年〕调字第5号

××局人事科负责同志：

我厂工程师庞××同志，男，现年30岁，1990年毕业于华南理工大学，为我厂车间主任和技术骨干。该同志工作一贯认真负责，积极肯干，具有较高的专业技术水平和丰富的实际操作经验。现因家庭困难，且每天上下班需要2个小时等车，因此，拟调往你所工作，以照顾家庭。

××厂（印章）

厂长：×××（私印）

〇一年九月二十一日

【简析】

此公文错误有：标题文题错误，不是报告而应为"函"；发文号应为调字〔2001〕5号；收文应为单位，而非个人；函中不应为"你所"，应为"贵所"表谦称；缺少结束语，应为"请函复""致礼"；落款不能用个人的名义，要用单位名称并加盖公章；发文时间应写成2001年9月21日。

任务训练

××交通学院因扩大招生,现有校舍无法满足学生住宿需求。据悉,邻近××工程学院尚有空余学生宿舍,交通学院拟向工程学院租借一层男生宿舍,为期一学年,请按规范格式拟写借房的商榷函及同意借房的复函。

第十一章 职业文书

学习目标规划

■ 基本了解

基本了解求职信、个人简历、自我鉴定、竞聘辞、合同等常用职业文书的概念、特征、分类等相关文体知识。

■ 重点掌握

重点掌握求职信、个人简历、自我鉴定、竞聘辞、合同等常用职业文书的写作格式和写作注意事项。

■ 熟练应用

熟练应用工具箱中涉及的基本知识，能够独立撰写个性鲜明、重点突出、针对强的求职信、个人简历和竞聘辞，能撰写规范的合同。

课前热身

■ 记忆引擎

1. 在生活、学习中你写过个人简历、求职信吗？你参加过竞聘吗？当时你是怎么做的？

2. 你接触过合同吗？看过冯小刚的电影《甲方乙方》吗？生活中有没有与合同有关、让你印象深刻的事件？

■ 头脑风暴

1. 求职信的写作技巧是什么？
2. 个人简历的注意事项是什么？
3. 竞聘辞如何才能打动人心？
4. 劳动合同和经济合同各有哪些基本要素？如何规避工作生活中常见的合同陷阱？

求职信（上）

任务1 求 职 信

任务导入

某商业大厦在报纸上刊登一则启事,要招聘会计三名。毕业班的蓝泽宇同学得知消息后,打算前往应聘。蓝泽宇同学该如何撰写求职信呢?

任务解析

蓝泽宇要想在众多的应聘者中脱颖而出,需要做好以下的准备工作:
（1）细读招聘广告,了解相关岗位的具体要求。
（2）仔细梳理自己与这份工作的相符度,充分挖掘、展现自己的特长与优势。
（3）掌握求职信的写作格式与写作技巧,撰写一封个性鲜明、重点突出的求职信。

典型文案

例文一

求 职 信

尊敬的××商业大厦经理先生:

  您好!

  昨日阅毕《××日报》,获悉贵公司招聘会计三名。我毕业于××财经学院会计专业,自问对于此项工作尚能胜任,故大胆投函应征。

  作为一名会计学专业的学生,我热爱这个专业,并在大学四年的学习生活中为其投入了巨大的热情和精力。求学期间,我主修商业会计专业,并参加过计算机操作技能的严格训练,这使我有能力在贵公司这样一家专业化水平比较高的单位任职,能熟练运用计算机处理各种会计业务。此外,人际关系和心理学方面的训练,将有利于我与公司客户建立融洽的业务关系。

  我曾在××百货公司做过业余会计工作,在实践中受益匪浅,随后还在该公司任财务分析员,时间长达两个月。其他关于该项工作的任职资格,请见随信附上的个人简历。

  处于人生精力最充沛时期的我,渴望在更广阔的天地里展露自己的才能,期望在实践中得到锻炼和提高,因此我希望能够加入贵公司以进一步提高自己。感谢您在百忙之中给予我的关注,给我一片蓝天,我将还您一份惊喜。我热切期盼您的回音,我的联系电话是××××××××。

  此致

敬礼!

求职人:蓝泽宇
2010年4月10日

【简析】

这封求职信由五个部分组成,即标题、称谓、正文、祝语、落款,格式完整规范,语言流畅得体,求职目标明确,扣住求职要求展示自己的特长、优势与个性,针对性强,重点突出,整封信洋溢着对会计工作的热爱之情,容易为用人单位所考虑。

例文二

求 职 信

尊敬的公司总经理先生:

  您好!

  我是××大学中文系的应届毕业生,我不能向您出示任何一位权威人士的举荐信为自己谋求职位,数年寒窗苦读所掌握的知识和技能是本人唯一可立足的基石。今天从贵公司的人事主管处得知,贵公司因扩展业务,各部门需要招兵买马,所以自我推荐。

  在校期间,我不仅系统地完成了中文专业的所有课程,而且还利用业余时间学习了计算机文字处理技术和操作。为了适应社会需要,我还参加了英文系高年级选修课程的选修并取得优异成绩,可以完成较复杂的口译和笔译。此外,我还曾担任学生会宣传干事,且获得学校第四届辩论赛三等奖和散文征文二等奖,具有较强的口头表达能力和写作能力。

  贵公司需要一名翻译吗?贵公司需要一名秘书吗?贵公司需要一名公关人员吗?贵公司需要一名电脑操作员吗?

  如果需要,我很乐意接受实际操作考试和面试,随函附上个人简历一份,盼望您的回音。我的电话是××××××××,E-mail:××××@××××.com。

求职人:××
2010 年 5 月 20 日

【简析】

  作为一封自荐求职信,其格式规范,虽无十分具体的求职岗位,但也是扣住了自身的优势与特长列出了自己能够胜任的几个工作岗位,内容较饱满充实,成绩表述较中肯。文风自由潇洒但不失恭敬,得体中透着一点小才气,让人耳目一新。

求职信(下)

工具箱

1. 必备知识

1)求职信的含义

  求职信是求职者向用人单位或单位领导人介绍自己的实际才能、表达自己就业愿望,谋求职位的专用书信。求职信写作的好坏,直接关系着求职者能否进入下一轮的角逐。

2)求职信的特点

（1）针对性。求职者要针对求职单位的实际情况、读信人的心理和个人的求职目标写。否则，求职信会因为针对性不强而石沉大海。

（2）自荐性。求职者要学会恰当地推销自己。求职信是沟通求职者与用人者的一种媒介，在相互不熟悉不了解的情况下，写作者要善于推介自己，并恰如其分地表现自己，用你的成绩、特长、优势，甚至用你的个性，你的"闪光点"吸引对方，使对方在即使未曾谋面的情况下，产生一种心动和值得一试的感觉。

（3）独特性。求职就是竞争，你要想在竞争中取胜，必定要出类拔萃，不同一般。这一点要在你的信中得到充分体现，让这一个"我"成为独特的"这一个"。

3）求职信的分类

求职信可以从不同的角度进行分类，不同类别的求职信，其内容侧重点和行文语气也各有不同。

- 按有无实践经验分，有毕业求职与重新求职。
- 按有无招聘信息分，有自荐求职和应聘求职。
- 按有无明确目标分，有明确求职和盲目求职。

2. 写作格式及要求

1）写作格式

求职信与一般书信的格式很相似，由标题、称谓、正文、祝语及落款和附件五个部分构成。

（1）标题。以文种名称为标题，直接写"求职信"或"应聘信"。

（2）称谓。另起一行顶格写明求职单位名称或领导、负责人的姓名和称呼，后用冒号。由于求职者往往不知对方的详情，一般称呼写得较为笼统，如"××公司负责人""××厂厂长""××企业经理"等。求职信不同于一般的私人书信，故称呼时应注意，不要用"亲爱的""我最尊敬的"等刺人的字眼。为了礼貌起见，可用"尊敬的××"来称呼。

另起一行空两格写问候语，常用的问候语是"您好"。如果抬头是用人单位名称，则不写问候语。

（3）正文。这是求职信的主要内容和主体部分，主要包括求职意向、求职条件、表达希望。

① 求职意向。明确提出所谋求的具体岗位或职位名称。如果是有明确目标的求职信，应写明获得求职信息的来源和本人对求职信息的反应。即通过什么渠道获悉贵公司招聘什么职位，非常兴奋，如能到贵公司从事什么工作，将非常荣幸等。

② 求职条件。阐述求职的优势，也可以兼谈对工作岗位的认识。这部分是求职信写作的关键所在。写作时，要善于扬长避短，针对求职目标，主次分明地展示自己胜任所求职位的种种优势。内容可包括以下几个方面内容：

第一，基本条件和专业特长。如实地说明自己对有关专业知识掌握的程度及相应的技能水平，会何种外语，程度如何等。若是应届毕业生求职，在此应扼要介绍自己主修的专业及主要收获，并针对用人单位岗位简介自己的辅修专业与收获。凡是通过国家统一级别考试，拿到的级别证书、资格证书，要具体如实地写明。

第二，社会实践经历及工作态度。用人单位非常注重求职者的实践工作能力和工作态度。因此，在求职信中应具体说明求职前有何实践经验或实习经历，从事过何种工作，专业技术熟练程度如何，并表明自己的工作态度。责任心、忠诚度、团结协作精神这些工作态度都是为用人单位所看重的非智力因素。

第三，成果展示。阐述所获得的成绩、成果、获得的证书和奖励。求职者特殊的、突出的业余爱好及特长也是人才的重要组成部分，在求职信中要具体写明。

第四，对用人单位及主管领导的用人胆识、工作作风和创业精神等做出简要评议。求职者若能掌握用人单位的上述背景资料，予以适当赞扬，这就说明了求职者对用人单位的关注、向往，便能很好地表现自己的求职诚意，为叩开面试之门架起了情感沟通桥梁。

③ 表达希望。主要表达希望用人单位能够接纳自己的意愿。写作时要把自己希望得到工作的迫切心情以及若被录用后的态度和决心表达出来，请用人单位尽快答复或给予面试的机会，如"盼望着与您见面""静候回音""恭候回音""期盼能成为贵单位的一员"等作为结束语。特别需要提醒的是，最后别忘了写上联系方式，以便感兴趣的用人单位与求职者联络。

（4）祝语及落款。祝颂语常用"此致敬礼"，或祝"工作顺利""事业发达"等相应的词语。

落款即具名和日期。落款写在正文的右下方，姓名写在上面，成文日期写在姓名下面，成文日期要年、月、日俱全。如果求职信是打印件，落款中求职者姓名仍须亲笔手写。签名力求工整，切勿潦草。

（5）附件。这是附在信末的，对你起着证明或介绍作用的有关材料。它包括你的个人简历、所学专业课程一览表、各门课程的成绩一览表、发表的论文或论著，单位、学校或某个教授、专家的推荐信等。附件在求职信的写作中，具有重要意义。它不仅让读信人对你有具体的了解，还可增强他对你的信任感。

2）写作要求

（1）内容要有针对性。写求职信，应依据自己的专业特长、兴趣爱好、适应能力等方面的实际情况，多途径地搜集招聘单位的用人信息，从用人单位的角度出发考虑问题，有针对性地提供自己的背景材料，表现出独到的智慧和才干。有效的求职信是采用一种能告诉对方"我能为你做什么"的个性化模式，既要针对用人单位所需，同时又要结合自身特长来写。求职信息准确，所写内容针对性强，就能有的放矢，提高命中率。

（2）自我评价要客观。求职信重在展示自己的优势，写出人无我有、人有我优的"闪光点"，赢取用人单位的青睐，但对自我的评价要客观真实。既不能自视过高，认为自己各方面能力都强，什么工作都能胜任；也不能自信心不足，说出自己的优点，展示自己的能力。措辞要注意分寸，做到不卑不亢。

（3）语言要规范、简洁。求职信的语言表达可以体现出一个人的文化素养。在写作中要多用书面语少用口语，遣词造句要准确严谨，避免出现语法错误。要把握好行文格式，注意语言的简朴性。

瑕疵文案

某酒店发布了一则招聘广告，内容如下：
职位：客务助理（酒店前台、房务及餐厅）

工作时间：上午11时至下午11时，每周工作6天，轮班，轮休，每天工作10小时
薪酬：每月￥2 000～3 000，有勤工奖金，超时工作津贴及花红
资历：中学程度；1年经验；略懂英语，具有基本计算机操作技能
职责：负责酒店前台，房务及餐厅运作，解答客人查询及处理突发事项

以下是一封回应此广告的求职信：

应征客务助理

××酒店经理：

本人从5月8日《××日报》之求职栏得悉贵公司招聘客务助理，故特惠函应征。

本人于1996年6月在××理工大学的文秘专业毕业，在校期间成绩优异，经济学、市场策略、人力资源管理均取得甲等成绩。本人同时担任学生部部长一职，其间学习到如何与大众合作，解答别人的疑问及处理突发事项。

本人曾于星星酒店担任客务助理多年，经验丰富，英语良好，负责酒店前台，房务及餐厅运作，解答客人查询及处理突发事项。本人打字速度达每分钟40字，熟悉数据管理系统，如Office 2007、SQL等。

本人现今40岁，失业一个月，希望能在贵公司发挥所长。随函附上履历表一份，恳请阅览，并希赐予面试机会，请随时致电9888－8888与本人联络。

应征者：陈大文谨启
2010年5月10日

附件：履历表一份

【简析】

该求职信最大的毛病是照搬广告中的文字去回应广告的要求，显得欠缺诚意和空泛，雇主亦不肯定求职者是否真的就具有这方面的经验。全文建议修改的地方如下：

（1）第2段在校成绩与申请工作并无关系；
（2）第2段可举事例说明处理什么突发事项；
（3）第3段未举事实证明经验如何丰富；
（4）第3段英文良好内容空泛；
（5）第3段"负责酒店前台、房务及餐厅运作，解答客人查询及处理突发事项"，重复第2段内容，并且照搬广告中的文字，说明空泛欠诚意；
（6）第2、3段在学历及工作中应多点突出自己的才能；
（7）第4段不宜提及负面信息，如失业、年龄等；
（8）全文未提及性格上如何适合此工作，如细心、服务态度、积极、热诚等。

任务训练

1. 问题诊断

下面是一封求职信，阅读后请回答下列问题：

（1）用语是否得体？应怎么修改？
（2）结构上欠缺些什么？应怎么补上？哪些内容是多余的？请删去。

××服装厂：

前天接到我的旧同学××的来信，说贵厂公开招聘生产管理员。我是××学校企业管理专业的毕业生，在校读书时，学习成绩优秀，爱好体育运动，是学校篮球队的成员。贵厂就设在我的家乡，我想，调回家乡工作正合我的心意，而且生产管理员的职务，也和我所学的专业对口。不知贵厂是否同意，请立即给我回信。

此致

敬礼！

×××谨上

2010年8月10日

2. 现场模拟

求职面试时的提问五花八门、包罗万象。设计一个人才招聘会，学生分别模拟招聘方和应聘方进行问答。

3. 阅读下面材料根据要求写作

张天是××大学土木工程系道路桥梁专业的毕业班学生，2010年6月毕业。他身体健壮，业余爱好广泛，精通电脑、热爱运动，喜欢游泳、唱歌、跳舞，通过了国家大学英语四级考试，能用英语与外宾对话。他从小喜欢读书，喜欢新鲜的事物，对计算机有浓厚的兴趣，通过学习掌握了Office、Photoshop、Flash等软件的操作及计算机硬件的组装，目前正在完善个人网页。考取了C驾照。曾在中铁三局实习时参加过福州—龙岩路段高速公路的施工，受到工程单位和带队老师的好评。大学期间，他还先后担任了院外联部部长及校学生会公关部副部长、执行部长等职务，成功组织过第六届校园十佳歌手赛、首届大学生心理健康节等活动。

他的电话号码是159××××××××；E-mail：××××@××××.com。

从《福建日报》上看到福建省高速公路有限公司招收技术人员，张天有意应聘，请你根据张天的情况，替他写一封求职信。

任务2　个人简历　自我鉴定

任务导入

正是应聘时节，恰到好处地包装自己、向用人单位充分展示精美简历显得极其重要。毕业生李娜最近有点烦恼，她从上学期开始策划简历，甚至花200元上相关培训班，最后花费2 000多元，用多幅艺术照、各种大小奖项以及几大页热情的求职信装点了简历，没想到，竟然被用人单位以"没有重点、缺乏创意"为由"拒之门外"。简历，到底是越简越好，还是越繁复越花哨好？个人简历和自我鉴定的区别在哪里？

任务解析

李娜要想写出一份吸引人的简历在众多的应聘者中脱颖而出，需要做好以下的准备工作：

（1）掌握个人简历的基本格式和写作要求；

(2) 归纳整理自己的优势、长处，撰写一份个性鲜明、特点突出的个人简历；
(3) 厘清个人简历与自我鉴定的异同点。

如何打造个人简历

个人简历

> 典型文案

例文一

个人简历

■ 个人基本信息

姓名：张某某　　　性别：男　　　民族：汉族　　　学历：硕士
出生年月：19××-01-01　　　　　　所学专业：网络技术
籍贯：上海　　　现居住地：上海　　　婚姻状况：未婚
手机：139×××××××　　　　　　E-mail：×××××

■ 个人简介

本人吃苦耐劳，有团队合作精神。
专业知识过硬，对自己的专业有浓厚的兴趣。
拥有 CCNP，MCSE 认证，对工作认认真真，勤勤恳恳，积累了不少大型网络系统集成经验。

■ 求职意向

期望工作职位：系统管理员/网络管理员，技术支持，网络工程师

■ 工作经历

2009/3 至今：上海××食品有限公司

所属行业：通信/电信/网络设备
网络工程师信息技术经理/主管

1. 负责公司有线、无线网络的建设及网络调试；负责网络账号管理、资源分配；负责计算机系统备份和网络数据备份；负责公司桌面环境的维护，包括防毒，系统更新和管理维护 AD 服务器；建立完整的网络系统文档；记录日志，定期编写系统运行报告；

2. 保障公司网络信息的安全、维护和监控局域网并对 VPN 进行配置，对公司办公设备以及加盟店 POS 机器的维护等；

3. 能够熟练配置 ISA2004 软件，数据库 SQL2000 以及 Office、Exchange、Share Point、

杀毒软件的使用；

4. 精通 Windows Server 2003 系统下的 iis、ftp、DNS、邮件服务等的架设、管理和维护；熟悉电脑、网络的硬件配置和维修、维护；解决其他员工遇到的各类问题；

5. 学习公司的企业文化，加强对公司企业的责任感以及成就感。

2006/9—2009/3：上海××电子工程有限公司

所属行业：通信/电信/网络设备

技术部技术支持/维护经理

系统集成，大型网络实施

2006/3—2006/8：××信息技术（上海）有限公司

所属行业：通信/电信/网络设备

技术支持部技术支持/维护工程师

网络管理系统的安装调试，对大型网络进行分析，部署网络管理。

■ 教育经历

2001/9—2005/7：青岛理工大学计算机科学与技术本科

2007/7—至今：上海同济大学计算机网络硕士

■ 资格认证

2009/6：JNCIA Pass

2009/6：JNCIS

2006/6：CCNP 思科认证网络专业人员 PASS

2002/3：全国计算机应用技术证书合格

2001/12：CCNA 思科认证网络工程师 935

2001/11：MCSE 微软认证系统工程师

2009/3 至今：上海 wolf 培训学校 CCIE

【简析】

　　这份个人简历由个人基本情况、个人简介、求职意向、工作经历、资格认证五个部分内容组成，格式完整规范。这份简历强调突出了自己的工作经历，对自己的工作性质有非常详细、具体的描述，便于用人单位了解个人情况及工作能力，再加上所取得的资格认证，较好展示了自己在实践能力方面的优势，对注重工作经验的用人单位很有吸引力。比较容易获得面试机会。这份个人简历的不足之处在于个人简介部分缺乏个性和针对性，放之四海皆可。

例文二

李嘉诚简历

　　李嘉诚，1928 年出生于广东潮州，父亲是小学校长。1940 年为躲避日本侵略者的压迫，全家逃难到香港。两年后，父亲病逝。为了养活母亲和三个弟妹，李嘉诚被迫辍学走上社会谋生。

　　开始，李嘉诚为一间玩具制造公司当推销员。工作虽然繁忙，失学的李嘉诚仍用工余之暇到夜校进修，补习文化。由于勤奋好学，精明能干，不到 20 岁，他便升任塑料玩具厂的总经理。两年后，李嘉诚把握时机，用平时省吃俭用积蓄的 7 000 美元创办了自己的塑胶厂，他将它命名为"长江塑胶厂"。

1958 年，李嘉诚开始投资地产市场。他独到的眼光和精明的开发策略使"长江"很快成为香港的一大地产发展和投资实业公司。当"长江实业"于 1972 年上市时，其股票被超额认购 65 倍。到 70 年代末期，他在同辈大亨中已排众而出。

1979 年，"长江"购入老牌英资商行"和记黄埔"，李嘉诚因而成为首位收购英资商行的华人。1984 年，"长江"又购入"香港电灯公司"的控股权。其所管理的企业，于 1994 年除税后赢利达 28 亿美元。1995 年 12 月，长江实业集团三家上市公司的市值，总共已超过 420 亿美元。

【简析】

李嘉诚作为一名颇有建树的香港知名企业家，一生经历的重大事件、获得的荣誉数不胜数。但这份简历却能拨冗去繁，以时间为序，撷取其生平中几个最重要的阶段，以极精简的文字勾勒出李嘉诚白手起家、成功创业的传奇人生，文字于朴实中见功力。

工具箱

1. 必备知识

1）个人简历的含义

个人简历是对个人学历、经历、特长、爱好及其他有关情况所做的简明扼要的书面介绍。

简历是一个人生活经历的精要总结，在一定程度上是一个人的整体形象的缩影，因而是现代社会人事档案的一个重要组成部分，也是考察干部、选拔任用人才等必须具备的一份重要资料。

2）个人简历的特点

(1) 真实。写简历时一定要客观理性地总结自己的经历，做到真实、准确、不夸大、不缩小、不编造，这样才能取信于人。

(2) 正面。简历的内容应当呈现正面性的材料。它应当告诉人们真相，但没有必要告诉全部真相。虽然不能说谎，但不需要全部都说出来，负面的内容要远离简历。

(3) 精练。简历字数一般控制在 1 200 字以内，让招聘者在几分钟内看完，并留下深刻印象。

(4) 准确、通俗。简历中使用的名词和术语要正确而恰当，没有拼写错误和打印错误。语言通俗晓畅，没有生僻的字词。

3）简历的分类

按照写作的侧重点，个人简历可以分为时间型、功能型、专业型、业绩型、创意型等几种类型。

(1) 时间型简历。它强调的是求职者的工作经历，时间安排上由近及远较好。大多数应届毕业生都没有参加过工作，更谈不上工作经历了。所以，这种类型的简历不适合毕业生使用。

(2) 功能型简历。它强调的是求职者的能力和特长，不注重工作经历，因此对毕业生来说是比较理想的简历类型。

（3）专业型简历。它强调的是求职者的专业、技术技能，也比较适用于毕业生，尤其是申请那些对技术水平和专业能力要求比较高的职位。

（4）业绩型简历。它强调的是求职者在以前的工作中取得过什么成就、业绩，对于没有工作经历的应届毕业生来说，这种类型不适合。

（5）创意型简历。这种类型的简历强调的是与众不同的个性和标新立异，目的是表现求职者的创造力和想象力。这种类型的简历不是每个人都适用，它适合于广告策划、文案、美术设计、从事方向性研究的研发人员等职位。

2. 写作格式及要求

1）写作格式

个人简历可以是表格的形式，也可以是文字形式。表格式简历只需按照表格所要求的内容逐条填写即可，注意填写内容的准确性和简洁性。文字式个人简历的写作格式一般由六个部分组成，即标题、个人简介、学习经历、工作经历、求职意向、其他杂项。自己写自己的还可以加上署名和日期。

（1）标题。可以直接写"简历"二字，也可以在简历之前冠以姓名和称谓。

（2）个人简介。对个人的基本情况作简要介绍，应列出自己的姓名、性别、年龄、籍贯、政治面貌、学校、系别及专业、婚姻状况、健康状况、身高、爱好与兴趣、家庭住址、电话号码等。

（3）学习经历。应写明曾在某某学校、某某专业或学科学习，以及起止时间，并列出所学主要课程及学习成绩，在学校和班级所担任的职务，在校期间所获得的各种奖励和荣誉。可按时间顺序来写自己的学习过程，主要写最高学历。

（4）工作经历。主要写参加工作之后各阶段的情况，详述曾工作单位、时间、职位、工作性质，要注意突出主要才能、贡献、成果以及学习、工作、生活中有典型意义的事迹等。材料组织上可采用倒序法，把最近的工作经历放在最前面。这种简历写法受到人力资源工作者的青睐，毕竟时间有限，要在15秒左右看出一个人是否有进一步接触的价值。应届毕业生若无工作经验，可阐述其在实习单位的岗位及工作性质，对工作的认识和收获。

（5）求职意向。即求职目标或个人期望的工作职位，表明你通过求职希望得到什么样的工种、职位，以及你的奋斗目标，可以和个人特长等合写在一起。

（6）其他杂项。包括军队服役、出版物、发表演讲、社团成员资格、所获荣誉、个人特长、计算机技能、语言技能、专利权、许可证书和资格证书、联系方式、证明材料等。

2）写作要求

（1）突出重点。一份出色的个人简历的第一要素是突出重点。个人简历不是你的个人自传，与你申请的工作无关的事情要尽量不写，而对你申请的工作有意义的经历和经验绝不能漏掉。要保证你的简历会使招聘者在30秒之内，即可判断出你的价值，并且决定是否聘用你。

（2）简明扼要。个人简历越短越好，因为招聘人没有时间或者不愿意花太多的时间阅读一篇冗长空洞的个人简历。个人简历的篇幅要短小精悍，格式上要便于阅读，有吸引力，并使人对自己和自己的目标有良好的印象。

（3）内容真实。个人简历上的材料必须是客观而真实的。如果所介绍的情况失真，将严重影响求职的成功和就职后的发展；但也没有必要写出所有你真实的经历。对你求职不利的经历你可忽略不写，注意在表达上转劣为优。

（4）用事实和数字说话。个人简历虽然要求简短，但不能流于空洞无物，要善于用事实和数字说话。如自我评价时不要只写上"善于沟通"或"富有团队精神"这些空洞的字眼，应举例说明你曾经如何说服别人，如何与一个和你意见相左的人成功合作，这样才有说服力并令人印象深刻。

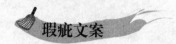

瑕疵文案

个人简历

■ 基本信息

姓名：张××　　　　　　　　身高：178 cm

性别：男　　　　　　　　　　民族：汉族

学历：本科　　　　　　　　　出生年月：19××–01–01

所学专业：广告

籍贯：广东佛山　　　　　　　现居住地：广州市

婚姻状况：未婚　　　　　　　手机：139×××××××××

身份证：3302××××××××　　E-mail：86jobs@86jobs.com

■ 自我评价

热爱设计，富有创意，性格随和，善于与人交往，团队工作能力强，乐于接受新的挑战。

■ 求职意向

广告设计、外贸业务员

■ 工作经验

2000—2003年，曾在广州市金马鞋材城担任经理助理的职位

2006—2008年，在广州康迪贸易公司做外贸跟单员

■ 教育背景

毕业院校：中央广播电视大学

最高学历：本科

毕业时间：2006–07–01

所学专业：广告学

■ 技能证书

英语四级、驾照

【简析】

这份简历最大的毛病在于没有个性，重点不突出。作为有一定工作阅历的求职者，应把重点放在工作履历上，要对其曾工作单位、工作性质、所取得的业绩等作具体的阐述。另外，这份简历非常平淡，没有结合专业、求职意向特出自己的特长，自我评价部分显得空洞

无力。

任务训练

（1）下面是一则求职者的简历，指出其存在的问题并请修改。

个　人　简　历

姓　　　名：陈××

联系地址：广州市中山三路×××号

联系电话：（略）

求职目标：经营部、营销部、广告部、管理部

资格能力：1998年7月毕业于××商学院商业管理系，获商业管理学学士学位。所修课程主要有：商业经济、商业管理、市场营销、商业传播、广告学、公共关系学等。选修课程有：零售企业管理、消费者行为和计算机原理与应用等。在校期间学习成绩一直优秀，撰写的毕业论文曾受到奖励，并在全国多家报刊上发表。

工作经历：1998年6月至现在皆在××市百货公司负责市场营销及有关管理工作。

社会活动：求学期间曾担任××协会主席，曾在××市营销管理论坛上代表协会发表演讲，并在该论坛1997年5月举行的会议上当选为年度"明月之星"。

其他情况：1975年出生，未婚，能熟练运用各种现代办公设备，英语会话能力强，书写能力略逊。爱好旅游、打网球、摄影。

（2）请按照简历的写作要求，给自己写一份求职简历。

自　我　鉴　定

典型文案

例文一

毕业生个人鉴定

时光如流水，珍贵的三年大学生活已接近尾声。通过三年的大学生活，我成长了很多。在即将毕业之时，我对自己这三年来的收获和感受做一个小结，并以此作为我今后行动的指南。

在大学期间，我认真学习，发挥自己的特长，挖掘自身的潜力，从而提高了自己的学习能力和分析处理问题的能力。在大学里一节课讲述很多知识，只靠课堂上听讲是完全不够的，须自己钻研并时常去图书馆查阅相关资料，自学能力得到了相应的提高。其次便是懂得运用学习方法同时注重独立思考。要想学好只埋头苦学是不行的，要学会"方法"。古话说得好，授人以鱼不如授人以渔，我来这里的目的就是要学会"渔"。随着学习的进步，我的心智也有了一个质的飞跃，能快速地掌握一种新的技术知识，我认为这对于将来很重要。

在大学生活中，我坚持着自我反省且努力地完善自己的人格。三年中，我读了一些名著和完善人格的书，对自己有所帮助，越来越认识到品行对一个人来说是多么的重

要，关系到是否能形成正确的人生观、世界观。所以无论在什么情况下，我都以品德至上来要求自己。无论何时何地我都奉行严于律己的信条，并切实的遵行它。帮助别人的同时也是在帮助自己，与其说品德是个人的人品操行，不如说是个人对整个社会的责任。一个人活在这个世界上，就得正确认识自己所负的责任，在贡献中实现自身的价值。

个人认为这个世界上并不存在完美的人，每个人都有自己的优点缺点，但关键是能否正视并利用它们。三年来，我不断地自我反省，归纳了一些自己的优缺点。我的优点是勤奋、踏实、性格坚毅。我认为诚信是立身之本，所以我一直是以言出必行来要求自己，答应别人的事一定按时完成。在学习知识的同时，我更懂得了考虑问题应周到，做任何事情都应有始有终。这些优点，是我今后立身处世的根本，我应该继续保持，并不断鞭策自己奋发向上。我认为自己最大的缺点就是会为细节部分太执着，力求完美的我有时会让简单的事情复杂化。但这一切不是问题，我会自我改进。

社会实践能力有了很大提高。大学三年中，我参加了不少的校内活动，做过一些社会实践。参加校内的活动可以认识更多的同学，也就增加了与其他同学交流和向其学习的机会，锻炼了自己的交际能力，学到别人的长处，认清自己的短处。2009年5月至2009年7月在盐城建湖锦绣宾馆当服务员；2010年7月至2010年8月在盐城建湖中华书店当整理员；2010年7月至2010年8月在无锡国力手机营业厅当诺基亚手机促销员；2010年9月至2010年11月在学校期间做了各类兼职服务员、促销员、市场调查员、发单员等；2010年3月至2010年4月在南京移动营业厅当营业员。通过这一系列的社会实践活动，提高了自己的为人处世能力，同时也为以后做事打下了基础。

大学生活虽然只是我漫漫人生路上的一小部分，但它包含了遗憾和收获，是我人生中宝贵的一段时光，也对我以后的人生起着至关重要的作用，我相信在以后的生活中我一定能够飞得更高，走得更远。

学生：×××

2010年12月

【简析】

这份毕业生自我鉴定，从学习能力、完善人格和实践能力三个方面对自己三年来的大学生活及表现进行了回顾与总结，格式规范，思路清晰，重点突出，对自己三年来的得与失、优点与不足有着较为中肯的分析与评价。

例文二

教师个人工作鉴定

11年的教学生涯，9年的班主任工作，经历了其中的不易，但也换来了更多的硕果。"千教万教，教人求真，千学万学，学做真人"。一直坚守自己平凡的岗位，以勤勤恳恳，踏踏实实的态度来对待我的工作，以"师德"规范自己的教学工作，以"当一名好老师"作为自己的座右铭，用实际行动来诠释教师这一崇高的职业！

工作自我鉴定：工作中我坚定信念，为人师表；热爱工作，精心施教；潜心钻研，完善自我；精心哺育，培养人才。

一、坚定信念，为人师表

"学高为师，德高为范"。多年来，始终具有坚定的理想和信念，崇高的品德修养，坚持党的教育方针，认真贯彻教书育人的思想。在工作中具有高度的责任心，严谨的工作作风和良好的思想素养，热爱关心全体学生，帮助学生树立正确的人生观、科学的世界观。严格按照学校的要求做好各项工作，积极参加教研活动，服从分配，完成学校指定的各项工作，积极参加学校的政治学习，努力提高思想觉悟，自觉遵守《教师法》等法律法规，自觉遵守学校的规章制度。在工作中，廉洁自律，尊敬领导、团结同事，能正确处理好与领导同事之间的关系。平时，对人真诚、热爱学生、人际关系和谐融洽，处处以一名人民教师的要求来规范自己的言行，毫不松懈地培养自己的综合素质和能力。甘于奉献，从不计较个人得失，绝对做到个人利益服从集体利益。在学生和教师心目中，具有较好的教师形象。

二、热爱工作，精心施教

教学是学校的中心任务。在教学方面，能准确把握课标及教材，制定合理的教学目标，把各种教学方法有机结合起来，充分发挥教师的主导，学生的主体作用。认真备课，认真写好教案。每堂课都在课前做好充分的准备，课后及时对该课做出总结，写好教后反思。讲求教学艺术，教学语言精练，表情生动，板书规范，在课堂上特别注意调动学生的积极性，加强师生交流，让学生学得容易，学得轻松愉快。同时在每一堂课上都充分考虑每一个层次的学生学习需求和学习能力，让各个层次的学生都得到提高。为了提高自己的教学能力，虚心请教其他老师。在教学上，有疑必问。在各个章节的学习上都积极征求其他老师的意见，学习他们的方法，同时，多听老师的课，做到边听边讲，学习别人的优点，克服自己的不足，领导听课后，及时听取他们的反馈意见，改进工作。

三、潜心钻研，完善自我

"逆水行舟不进则退"。为了使自己适应教育发展的需要，从教 11 年以来，我不断地学习，充实自己，有了点滴收获。

1. 在 2000 年全乡教师课堂导语大赛中获取一等奖。

2. 自修了专升本，积极参加教师培训及继续教育，在 2001 年的"××市中小学教师素质教育操作能力训练"中取得了市级优秀的好成绩。

3. 在 2002 年××省普通话水平测试中取得了二级甲等的成绩。

4. 在 2003 年，信息技术应用水平达到了中级，并且一直在不断地学习，建立了自己的教学博客，积极参加教育教学论坛活动。

5. 在 2004 年全乡青年班主任基本功大赛中荣获二等奖。

6. 积极参加学校的教育教研活动，和同组同事进行的小课题研究"如何在数学课中进行情境教学"已经结题；现在正在进行"如何提高低年级的课堂识字教学效率"课题研究。

7. 在学校举行的教学开放及示范课活动中多次执教，得到了同行及家长的认可。

8. 在 2008 年撰写的论文"如何体现学生的主体地位和教师的主导作用"发表在《吉林省教育学院学报》2008 年第 5 期上。

9. 在 2008 年通过考试，获得了县级骨干教师的光荣称号。

俗话说："活到老，学到老。"我将在以后的日子里，继续坚持学习各种教育教学理论，并用于指导实践，潜心钻研，不断完善自我，不断提高自己驾驭课堂的能力，并将总结经验，形成论文，与同行共勉。

四、精心哺育，培养人才

把学生教好，让学生成功，是每位教师的最大心愿、最高荣誉。在班主任方面，我兢兢业业，尽职尽责。时时以"爱心、耐心、细心"贯穿始终，去关心每一位学生，去搞好班级的每一次活动。我所带的班级，没有一位学生中途退学，没发生过任何一起安全事故。我所接管的班级也能够在比较短的时间内形成良好的班风、学风。平时经常与学生打成一片，了解他们的心理特征，做他们的知心朋友。对后进生和差生进行细心的引导，发现问题及时解决。经常利用双休日、傍晚、假日与家长取得密切联系，和他们共同教育好其子女。功夫不负有心人，这些后进生在我的精心教育下，思想有了较大的转变，成绩也进步了。在工作中我从不歧视差生，而是想方设法了解学生，深入学生中间，做学生的贴心人。很多所谓的差生在我的教导下变得规规矩矩，热爱学习，热爱集体。平时很注意自己班主任应有的职责，课外经常对学生进行耐心、细致的辅导工作，开展科学性、知识性、趣味性的活动，培养能力、开发智力。经常和学生谈心，爱学生如亲人。

这就是我，一名年轻的班主任，坚守教育平凡岗位，努力用心书写教育人生，虽不辉煌，但每一步都很踏实。教育教学是一门永无止境的艺术，未来路漫漫，以后的日子，我会坚持工作，坚持学习，坚持着走下去，我相信坚持的昨天是立足，坚持的今天是进取，坚持的明天是成功。

×××

2010 年 12 月

【简析】

这是一份教师的个人工作鉴定。格式规范完整，语言简练，材料归纳概括得很出色，分别从政治思想、工作表现、学习进修、教书育人 4 个方面对自己从教 11 年来的工作情况进行总结与自我评价，内容充实、全面，分析评价也显得中肯、稳妥。

工具箱

1. 必备知识

1）自我鉴定的含义

自我鉴定是个人在一个时期或一个阶段对自己的政治思想、业务水平、工作能力、学习生活等方面的情况进行总结、自我评价而形成的书面文字。

2）自我鉴定的特点

篇幅短小，语言概括、简洁、扼要，具有评语和结论性质。

3）自我鉴定的分类

自我鉴定依据不同的标准可划分成不同的类型。根据鉴定性质的差异，可分为毕业鉴定、实习鉴定、工作鉴定、党（团）员鉴定、评先评优鉴定等几种。

（1）毕业鉴定。学生在毕业时对自己在校期间的各项表现进行总结和自我评价。

（2）实习鉴定。实习人员对自己在实习期间的工作表现进行自我评价。

(3) 工作鉴定。职员对自己一段时间里的工作表现、成绩与不足，进行总结与自我评价。

(4) 党员（团员）鉴定。指党员或团员在一段时期内对自己的工作表现和思想觉悟等情况向党（团）组织汇报，做出评价。

(5) 评先、评优鉴定。是指在单位和组织中获得先进或优秀荣誉称号的个人对自己的工作表现和所获的成绩做出评价。

2. 写作格式及要求

1）写作格式

自我鉴定的结构一般由标题、正文和落款三部分构成。

(1) 标题。自我鉴定的表格有两种形式：一是直接用文种"自我鉴定"做标题；二是内容加文种构成，如实习鉴定、先进个人自我鉴定。

(2) 正文。正文由前言、成绩与收获、不足之处、今后打算四个部分构成。

① 前言。概括全文，常用"××时期以来""××××年以来"等习惯用语引出正文的主要内容。

② 成绩与收获。一般习惯按照政治思想表现、业务工作、学习等方面的内容逐一写出自己的成绩、长处和收获。

③ 不足之处。一般习惯从主要缺点写到次要的或只写主要的，次要的一笔带过。

④ 今后打算。用简洁明了的语言概括今后的打算，表明态度，对未来进行展望。

(3) 落款。在右下方署上鉴定人姓名，并在下面注明日期。

2）写作注意事项

(1) 申明自己的政治立场时，态度要真诚，应当给人一种成熟可靠的印象；切忌表现年轻人怕苦怕累、心智不成熟、立场不坚定的一面。

(2) 证明自己的成绩时，应该真实地反映出自己的长处、自身具备的优势，语言表述要客观中肯，既不过分谦虚也不流于自负自大。

(3) 正视自己的缺点与不足，不要企图掩饰或者忽略，要实事求是。

瑕疵文案

毕业实习个人鉴定

2009年的暑假，将是我学生生涯的最后一个暑假，充满期待又满怀焦虑。毕业以后，我能挤过百万就业军的独木桥吗？能胜任公司交给的任务吗？相信这是每一位毕业大学生都不敢松懈的问题。因此，怀着对自己将来的打算和期望，以及在父母的强烈催促下，我假期前就详细安排了自己的假期计划。

从我的专业看，外贸公司是一个不错的对口工作。老妈试着去给我联系了一家不错的外贸公司，可是由于我们学院放假太迟，那边的实习生人数已满，我错过了一次机会。幸运的是被告之可以一月之后再去联系。

于是，我选择了自己另外一大兴趣——电脑行业。怀着对电脑行业极大的崇拜和向往，我来到了杭州一家大型电脑市场。经过几次碰壁，我最终在一家电脑个体商户落户。没有报酬，也不管饭，可是得到了一个实习的机会。就这样，从技术再到销售，我不断向各位师傅讨教。相继学会了有关装机，装系统，装应用软件的基本操作，在客户需要时还根据客户要求上门服务。为了保证我学到的东西能够切实规范化，系统化，我要求自己每天都必须注意消化自己在平时所学到的东西。

实践期间我争取一切可能的机会让我动手，短短的几天时间自己装过几部电脑，绝大部分自己都曾到过用户家中为用户解决问题，我对电脑的一般性故障也能做一定的维护，具备了一定的产品真伪识别能力，甚至我还学到了很多经营技巧，对计算机的总体认识和把握也有显著的提高。为了拓宽自己的电脑知识面，我每天回家后还抓紧时间从网上搜索一些电脑常识，深感互联网带来的巨大便利，否则那么多的问题期待同事们解答是不可能的。如此半个月下来，我感觉学到好多，庆幸自己把握住了这次机会，当然也深知自己已学的不过是九牛一毛，我更需不断努力，正如同事们所说的"技术知识是靠积累的"！

如今，短短两周的实习已接近尾声，回顾过来，激动之余，诸多感慨！经过为期十天的实习，我渐渐明白有时实践要比理论简单直接得多，但大多数情况下实际操作还是比理论要复杂、要间接。

假期快结束了，想着又要回到学校，接下来在学校的每一天再也不能像往常一样无忧无虑了，心中不免怀念起儿时的轻松和快乐。

凭借着这份与众不同的收获，待我重回校园，怀揣着这笔财富，我会充满信心地走下去。

【简析】

这份实习鉴定流于简单叙事，归纳总结不够；重点不突出，枝蔓过多；语言不够严谨，较随意与口语化。

任务训练

王兵是某贸易公司的员工。年终公司评优晋级，要求每位职员先做自我鉴定。在过去的一年，王兵工作表现出色，月度销售额多次居部门之首，年度总销售额排部门前三名，多次得到公司老总嘉奖。此外，王兵还积极利用业余时间充电，自学工商管理硕士课程。面对评优晋级，请你替王兵写一份个人鉴定。

任务3 竞 聘 辞

任务导入

新学年开始了，刘佳新同学所在的院学生会一方面在积极纳新，招收新人，另一方面也在紧锣密鼓地准备换届选举的事情。已当了一年宣传部部长的刘佳新此次想去竞聘学生会主席一职，他要做哪些准备？如何在竞选演讲会上从众多实力出众的竞选者中脱颖而出？

任务解析

刘佳新要想从学生会竞选中脱颖而去，他必须做好以下几项准备工作：

（1）了解院学生会主席的工作职责，拿出一份切实可行的施政纲领。

(2) 充分挖掘、展现自己的特长与优势、工作能力与工作成绩。
(3) 掌握竞聘辞的写作格式与写作技巧，撰写一封内容充实、个性鲜明的竞选演讲稿。
(4) 掌握竞聘演讲的技巧与注意事项。

典型文案

例文一

竞选学生会主席的三分钟演讲

同学们：
　　大家好！
　　我的演讲将会使今天晚上成为值得你们回忆的一个美好的晚上！
　　我，就是林显沃，一个待人真诚、敢说敢做、认真踏实的人。不要问我站在这里干什么，既然是火山，就要爆发；既然是战士，就要勇猛抗敌；既然是林显沃，我就要竞选学生会主席！既然是主席，我就要创造我们学院学生工作的奇迹！
　　学生会主席，不简单，必须具有较高的组织、协调能力和开拓创新的精神，并能和同学们和谐、亲密地相处……还有很多很多条件，而我也许就是符合这些条件最突出的一个！林显沃，一切皆有可能！

　　　　我不去想是否能够成功
　　　　既然选择了远方
　　　　便只顾风雨兼程

　　我，林显沃，有十三年当班长的经验，被评为广东省优秀学生，一年前光荣地加入了中国共产党。这些只是我辉煌的过去！现在，坚持"每天前进一步，永远真诚服务"的宗旨，心中激荡着"一切为了同学，为了一切同学，为了同学一切"的誓言，我一定能够构建诚实、诚信、高效、创新，永远真诚服务的新一届学生会班子；一定能够打造团结、活跃、睿智、出名，一切皆有可能的数计学院学生会强势品牌！

　　　　我不去想身后会不会袭来寒风冷雨
　　　　既然目标是伟岸的大山
　　　　留给世界的只能是认真踏实的足迹

　　如果我当选为主席，我一定会兑现我的承诺：第一，多多为同学们办实事，使学生会成为全院同学可以依靠的、温馨的家园；第二，积极争取校内重大活动的参与权、举办权，把数计学院的学生活动做大、做活、做强；第三，通过申请、拉赞助等方式大力筹措经费，保证比上年经费增加50%以上，使学生会能为大家办更多的好事！因为"大家好，才是真的好"！

　　　　我不去想未来是平坦还是泥泞
　　　　只要心中充满执着和热爱
　　　　一切，都在意料之中

　　今晚，我想起了中国申奥代表团所说的一句话：你们所做的任何决定都将改变历史，但是只有一种选择可以创造辉煌的未来！各位同学，你们所希望的主席，不正是像我这样敢想敢说敢做的人吗？给我一份信任吧，我将回报你们二十份的满意！

　　记住我的口号：森林明显肥沃，让我们一起去开拓。

　　谢谢大家！

林显沃
2010 年 × 月 × 日

　　资料来源：《演讲与口才》，2005（10）。

【简析】

　　这是林显沃在××大学珠海校区数计学院竞选学生会主席大会上的演讲。他的演讲获得的掌声最多，最后获得的选票也最多。其成功处有三：第一，张扬个性。"我的演讲将会使今天晚上，成为值得你们回忆的一个美好的晚上！"开头气势不凡，不落俗套。全篇演讲都突出了竞选者"敢想敢说敢做""勇于开拓"的性格。结尾引用中国申奥代表团的话，"你们所做的任何决定都将改变历史，但是只有一种选择可以创造辉煌的未来！"把个性张扬到了极致，大有环视校内"舍我其谁"的大气概。这种同学少年、风华正茂的"书生意气"，是最容易引起年轻朋友的赞赏和共鸣的。第二，承诺实在。竞选演讲最忌夸夸其谈，讲些不着边际的豪言壮语。林显沃在张扬个性的同时，拿出了比较实在的"政治纲领"，赢得了选举人的心。第三，语言鲜活。演讲中穿插了汪国真《热爱生命》的诗，引发联想，非常恰当。演讲巧用流行广告语，"一切皆有可能""大家好，才是真的好"等，生动亲切，趣味盎然。把自己的姓名拆解为"森林明显肥沃，让我们一起去开拓"，也很有创意。全篇都是贴近大学生生活的校园语言，自然为广大青年学生喜闻乐见了。

例文二

真实的我，期待您的信任

尊敬的各位评委、各位同事：

　　竞争上岗是一面镜子，能够展示自己的优势，照出自己的不足；竞争上岗是一道门槛，能够明确前行的目标，激发进取的活力。基于这样的认识，今天，我站在了这个竞争的讲台上。此时此刻，我要真诚地感谢领导和同志们给了我这样一个难得的机会！

　　一篇好的演讲应该是不加修饰的，用心讲话，讲真心话。所以，我把我今天的演讲题目定为《真实的我，期待您的信任》。站在大家面前的我，稳重而不死板，激情而不张扬，谦和而不懦弱、正直而不固执。下面，我用"金、木、水、火、土"五个字来介绍自己适合处长岗位的特点。

　　金——我获得了金子般的荣誉。参加工作 17 年，其中有 8 个年度考核为优秀。2004 年我被评为办公厅标兵，2005 年被评为办公厅有突出贡献的先进个人、2007 年被市政府授予技术能手称号、被市人事局记三等功。我深知，这些荣誉的背后是大家充满期待和信任的目光。

　　木——我像大树一样吸收营养。"合抱之木，起于毫末"。因为生长在办公厅这个肥沃的土地上，所以对领导和同志们的优点长处看在眼里、记在心上；因为身处快速发展的年代，所以对新事物、新知识求知若渴，生怕落伍；因为爱好不多，所以寄望从学习中享受快乐。这些年来，工作之余，我运用所学知识评国家大事，说民生难事，在《光明日报》《经济日报》《湖北日报》等国家级、省级报刊上发表文章上百篇。

水——我是一个和谐的因子。不论在哪里工作，不论在什么岗位，我都顾全大局，团结共事。这种品质，没有随着职务的变迁、岗位的轮换而改变。担任信息处副处长以来，我找准自己的角色定位，补台不拆台、帮忙不添乱，心悦诚服地接受处长的领导、真心实意地搞好同事关系，尽力维护班子的团结、处室的和谐。

火——我激情燃烧地工作。从偏居一隅的区直小机关走进这座城市的首脑机关，我倍感荣幸、倍感温暖，也倍感肩上的责任。对待工作，我是"衣带渐宽终不悔，为伊消得人憔悴"，记不清有多少个假日、多少个夜晚是在写材料，只依稀记得，为了赶写某些重要材料，经常加班到第二天太阳升起。令人欣慰的是，我撰写的多篇调研文章引起了省、市主要领导甚至是中央领导的关注；起草的多篇交办材料受到了领导的表扬、大家的认可。

土——我是地道的农民的儿子。我是伴着泥土和牛羊一起长大的，童年的记忆中充满了苦涩和艰辛。在农村的田野上，我不仅呼吸到了新鲜的空气，更培植了自己不受污染的纯净心灵。我从长辈们那里秉承到的是淳朴、善良、勤奋、忠诚。一直以来，我把这些优秀的品质视为宝贵的精神财富，时刻呵护、时刻铭记，即使是在市场经济的冲击、外界诱惑增多的形势下也毫不褪色。

假如我是一株麦子，开始扬花孕穗的时候，我忘不了引导我向上生长的太阳，忘不了供给根须营养的土地。如果我能够竞争上处长职位，我一定不负重托、不负众望、不辱使命。下面，我用自己的姓名"方家平"三个字来诠释我当处长的工作理念和思路。

第一个字：方。一是领导有方。深刻领会、认真执行市委及领导的方略，既带好队伍当好指导员，又率先垂范，当好战斗员；既运用处长职位的有形力量，又运用个性魅力的无形力量；既不揽功，也不推过。二是明确方向。认真履行好工作职责，确定好工作重点，部署好工作格局，配置好工作资源。三是创新方法。处室工作需要在传承中创新，在创新中发展。我将通过流程再造、制度设计、柔性管理等方式来创新方法，努力让各方满意。

第二个字：家。搞好处室"小家"的和谐，维护办公厅"大家"的团结。坚决执行办公厅领导班子的决定，坚持搞好与兄弟处室之间的工作协调与感情沟通。团结出战斗力、凝聚力，也出生产力。在良好的氛围中，努力激发活力、创造佳绩。

第三个字：平。从副处长到处长，责任更大了，我始终保持一颗平常心，诚恳做人、勤恳做事；我将始终保持一颗公平公正之心，客观地评价别人，正确地看待自己；我将始终激励和动员全处同志，在平凡的岗位上，努力把最平凡的事情做得不平凡。

各位评委、各位同志，行胜于言！给我一个机会，还您一个惊喜！

最后以一副对联结束我的演讲：上联是"胜固可喜，宠辱不惊看花开"，下联是"败亦无悔，立足岗位做贡献"，横批是"谢谢大家"。

方家平
20××年×月×日

资料来源：《演讲与口才》，2009（8）。

【简析】

这是一篇非常新颖别致的竞聘辞，演讲者在阐述自己的竞聘优势时，巧妙地以"金、木、水、火、土"作喻,既形象贴切,又让人耳目一新;在阐述自己的施政方针时,又非常机智地把当选后的工作理念和思路概括成自己的名字"方、家、平",最后以一副对联结束演讲。整篇演讲稿一气呵成,立意新颖,结构精巧,让听众在别开生面的演讲中感受到演讲者的自信踏实与过人的才华,印象深刻。标题"真实的我,期待您的信任"也显得谦诚有礼,摆正了竞聘者与听众的位置,容易打动评委的心。

工具箱

1. 必备知识

1)竞聘辞的含义

竞聘辞,也叫竞选辞或竞聘演讲辞,是竞聘者为了竞争某岗位或职位时,在特定的会议上,面对特定的听众所发表的用以阐述竞聘的优势及被聘用后的工作设想和打算的演说词。

2)竞聘辞的特点

作为一种使用频率越来越高的文体,竞聘演说辞有自己鲜明的特点。

(1)指向的明确性。竞聘辞总是把目标指向某一明确的岗位,它要求竞聘者讲清自己竞聘哪一个具体的岗位。这种明确的目标指向,为听众提供了一个非常明确的权衡标准,因为不同的岗位有不同的人员素质要求。此外,目标指向的明确性也要求竞聘辞的内容无论从主旨到材料,乃至心态,都要为实现成功受聘服务,表达志在被聘的意愿。

(2)内容的具体性。指向的明确性决定了竞聘辞内容的具体性。因为竞聘演说不是做政治报告、学术报告,如果光说一些空洞的大道理,光说一些抽象的术语、理论,只会令人听而生厌。只有联系实际,内容具体,才会赢得听众的信任,竞聘演说也才会有较强的说服力。所以,竞聘辞在组织内容的时候总是紧紧围绕某一具体的岗位去谈自己的情况、认识、想法。如讲自己的学识水平要非常具体的说明自己的学历,并用具体的学业成绩、学业成果(如科研成果、论文等的获奖情况)来说明;讲自己的工作能力也要用具体的事例(如以往工作中创多少利税、发现和解决了多少问题等)来说明;讲自己应聘后的设想,也总是结合具体工作去谈。

(3)形式的简洁性。在形式上,竞聘辞要充分体现演说的特点,简明、客观、准确,用有限的篇幅、简洁的形式,传达出大量的有用信息,方便招聘者进行权衡比较,以获取招聘者的赏识,为自己被聘用争取主动,达到被聘任的目的。演说时间的限定性也决定了竞聘辞必须形式简洁。因为,在竞聘现场听演说,听众的注意力集中的时间是有限的,如果形式不简洁,听众注意力分散,讲得再多,听众也会不知所云,演说也不会取得好的效果。所以,在竞聘辞中,竞聘者总要把握住关键点,采用简洁明了的形式,条理清晰,重点突出地把自己的情况、打算、意愿等说清楚。

(4)表述的论说性。竞聘演说的目的是说服招聘者聘用自己。这也就是说,竞聘演说辞虽以简明的介绍为主,但它不是一般性的说明文体,它在介绍说明中更强调议论、说服的作用。这就使它的表述带有很强的论说性,它始终围绕"我最适合担任这一职务"的观点进行论述,不管是说明自己的基本条件,还是说明自己竞聘的有利条件或是被聘用后的打算和设想,都要环环相扣,从多方面、多角度、有理有据地进行议论和阐述,以雄辩有力的论说去争取招聘者的认同。

(5)语言的谦诚性。谦诚性是竞聘辞在语言表达上最主要的特点。所谓谦诚性,是说竞聘辞的语言既要谦和有礼,又要诚恳平实。一方面,竞聘辞要尽量展示出自己的优势、长处，以充分阐明自己竞聘的有利条件，要充满自信，不能过于自谦；另一方面，竞聘辞又要给人谦和有礼、诚恳平实的感觉，因为任何招聘者都不会接受狂妄傲慢的竞聘者并委以重任的。所以，竞聘辞十分讲究语言的艺术，既不能曲意逢迎，又不能趾高气扬；既要生动有文采，打动人心，又要谦虚诚实，真挚可信。

3）竞聘辞的类型

竞聘辞是演讲稿的一种，它的分类也跟演讲稿一样，根据不同的标准有不同的分类方法。通常根据岗位的不同，可以分为技术岗位竞聘辞和行政职务岗位竞聘辞。

（1）技术岗位竞聘辞。竞聘的岗位技术含量高，竞聘辞重在表述自己技术能力和推进技术工作的方略。

（2）行政职务岗位竞聘辞。竞聘行政岗位，竞聘辞重在表述自己的行政能力和施政方略。

2. 写作格式及要求

1）写作格式

竞聘辞主要由标题、称谓、正文、希望和结语、落款五部分构成。

（1）标题。通常有三种写法。

① 文种式标题。此类标题可以只标"竞聘辞"三字。

② 公文式标题。此类标题一般由介词"关于"加竞聘的职务名称及文种等要素组成，即写为《关于竞聘×××一职的演讲》，如《关于竞聘学生工作部长的演讲》。

③ 文章式标题。此类标题可用单行标题拟制，如《真实的我，期待您的信任》；也可采用正副标题形式，正标题说明自己的打算、设想等，副标题标明竞聘的职务，如《明明白白做人 实实在在做事——竞聘办公室主任的演讲辞》。

（2）称谓。即对评委或听众的称呼，要根据演讲的场合确定合适的称谓。从实际情况来看，大多采用泛指性称谓，如"各位评委""各位听众"等。得体的称谓体现出竞聘者对听众的尊重之情，有利于比较自然地导入下文。

（3）正文。正文是竞聘辞的主体部分，由以下内容构成：

① 祈请语或致谢词。这是开头礼节性部分，主要是祈请或感谢招聘单位或领导在百忙之中能抽出时间听自己的演说。如用"感谢×××给予机会让我参加竞聘演说，恳请评委和与会同志指教"之类的礼节性语言，拉近自己与听众之间的距离，并由此导入正题。

② 竞聘的职务和竞聘的缘由。开门见山地叙述自己竞聘的职务和竞聘的缘由。

③ 竞聘人基本情况。要求简洁而翔实地介绍竞聘者的姓名、性别、年龄、民族、政治面貌、文化程度、职务、职称、简历等基本情况。在介绍自己的简历时，对自己与竞聘岗位有密切关系的工作经历和资历，要详细、具体、系统地写明，这样有利于评委对照岗位的要求去权衡竞聘者的情况。

④ 优于他人的竞聘条件。要详细介绍竞聘者的各种素质与业务能力，列出优于他人的竞聘条件，这是竞聘者能否成功的重要因素，从这部分可以看出竞聘者是否具备相应的任职条件。

⑤ 被聘后的设想和打算。这也是竞聘者取得成功的重要因素。主要写竞聘者所设想的被聘任后对所任职务的工作目标及措施。它粗线条地表明竞聘者的"施政纲领"和态度。这部分一定要说理清楚，主次分明，具体翔实。

（4）希望与结语。这段属于竞聘辞的结尾，用简洁的话语表明自己竞聘的决心、信念和请求。用词要准确，情感要真实。

2）写作要求

（1）个人简介要有的放矢。介绍个人简况时要真实、简要，对于与竞聘岗位有关系的工作经历、资历要系统翔实地具体说明，关系不大的则可一笔带过。

（2）充分展示自己的优势。优势往往是"人无我有"或"人有我强"的特殊能力和才华。要充分展示自己的能力才华，以求更好地引起评委和听众的特别关注。

（3）阐述好对竞选岗位的认识。对竞选岗位的职能、职权、工作范围、权利义务等必须有客观、深入而且独到的认识。

（4）施政目标、构想和措施，切忌信口开河，必须切实可行，能够让听众最大限度地认同。

（5）语言诚挚、朴实，力求口语化。

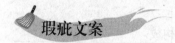

瑕疵文案

院学生会主席竞聘辞

各位老师，各位同学：

  大家好！

  参加竞聘之前，我一直在想：我应不应该参加这次竞聘？我靠什么来参加这次竞聘？思索再三，我想，我愿意把这次竞聘当成争取尽自己一份责任的机遇，更愿意把这个竞聘过程当作我向各位同学学习，接受各位评判的一个难得的机会。因为我是鼓着十二分的勇气，参加竞聘来的。

  我知道，成为一名合格的院学生会主席很不容易。我之所以鼓起勇气参加院学生会主席的竞聘。首先缘于我对同学们的热爱和对学生工作的执着。我相信，一个人，只要他执着地热爱自己的事业，他就一定能把他的事业做好。当然，我也有过一些学生工作的经历，我曾经在高中时当过班长，对组织管理工作并不陌生。有人说，经历是一笔财富，而我更愿意把自己的经历当作一种资源，一种在我今后工作中可以利用、可以共享、可以整合的资源。

  当然，我更清楚，成绩也好，经验也罢，它只能说明过去，并不能证明未来。

  假如我能竞聘成功，我将做好自己应该做的工作。

  说到这里，我想起了阿基米德的一句名言："给我一个支点，我可以撬起整个地球。"但在这里，我不敢高喊这类豪言壮语，我只想表达一个愿望，请投我一票，我会尽自己有限的能力给予大家回报！

  谢谢大家！

×××
××××年×月×日

【简析】

  这篇竞聘辞太过空泛，既缺乏志在必得的自信心，也没有对自身竞聘的优势及当选后的目标做详细的阐述，这些空洞、口号式的话语根本无法打动选民的心。

任务训练

1. 指出下面这篇竞选演讲辞的毛病

……

同志们，我在任销售主任的几年里，完全对得住领导和大家，对得住我们的工厂！毫不谦虚地说，如果不是我有一些关系，有一些活动能力，我们厂的产品不知会积压多少，虽不能说堆积如山，至少会造成产品滞销，会给大家的福利带来很大的影响。我在产品推销过程中，还给厂里带回了新工艺、新技术，使我们的产品越来越好，而我在产品推销过程中又结识了许多新朋友，联络到许多新客户。不瞒大家说，我已经在外面建立起了一张牢固的关系网，具有一批稳定的客户！请大家一百个放心！我们厂的产品生产多少，我销售多少！

……

2. 写作训练

新学年伊始，学生会等各种社团组织又开始纳新与竞聘了，你要竞聘什么职务？请根据自身情况、个人意愿撰写一则竞聘辞。

任务4　劳动合同　经济合同

任务导入

李强同学马上就要毕业了，找一份理想的工作是他的当务之急。近日，他接到了福建某网络公司人力资源部的电话，告知他已被该公司录用并通知他尽快到公司签订劳动合同。欣喜之余，想起经常听人讲起合同中暗藏着的各种陷阱，又隐隐有丝担忧，他如何在签订合同时合理合法地维护自己的权益呢？

任务解析

李强要想在与用人单位签订劳动合同时避免自己的权益受到侵害，需要做好以下准备工作：

（1）初步了解《中华人民共和国合同法》《中华人民共和国劳动合同法》。

（2）了解有效劳动合同必须具备的条件，掌握劳动合同的基本条款。

（3）对劳动合同中出现的不合法合同，如简单合同、暗箱合同、抵押合同、生死合同、双面合同等合同等不合理性有较清晰的认知。

（4）掌握经济合同的基本要素，注意合同双方权利义务的对等性，避免合同中的模糊语言。

劳 动 合 同

典型文案

例文一

劳 动 合 同

福州×××食品有限公司（以下简称甲方）系中外合资经营企业，现聘用李××先生/

……女士（以下简称乙方）为甲方合同制职工，于<u>2010</u>年<u>2</u>月<u>1</u>日签订本合同。

第一条　乙方工作部分

<u>福州元洪城×××直营店店长</u>职位（工种）：

第二条　试用期

乙方被录用后，须经过<u>三</u>个月的试用期。在试用期内，任何一方均有权提出终止合同，但需提前一个月通知对方。如甲方提出终止合同，须付给乙方半个月以上的平均实得工资，作为辞退补偿金。试用期满时，若双方无异议，本合同即正式生效，乙方成为甲方的正式合同制职工。

第三条　工作安排

甲方有权根据生产和工作需要及乙方的能力、表现，安排调整乙方的工作，乙方须服从甲方的治理和安排，在规定的工作时间内，按质按量完成甲方指派的任务。

第四条　教育培训

在乙方被聘用期间，甲方负责对乙方进行职业道德、业务技术、安全生产及各种规章制度的教育和练习。

第五条　生产、工作条件

甲方须为乙方提供符合国家规定的安全卫生的工作环境，否则乙方有权拒绝工作或终止合同。

第六条　工作时间

乙方每周工作不超过 6 天，逐日工作不超过 8 小时（不含进餐时间）。如因工作需要加班加点，甲方应为乙方安排同等时间的倒休或按国家规定的标准向乙方支付加班加点费。

第七条　劳动报酬

甲方每月按本公司规定的工资形式和考核办法确定乙方的劳动所得，以现金人民币向乙方支付工资、奖金，并按国家有关规定向乙方支付各种补贴及福利制度。

第八条　劳动保险待遇

甲方按照国家劳动保险条例的规定为乙方支付医疗用度、病假工资、伤残抚恤费、退休养老金及其他劳保福利制度。

乙方享受所有国家法定有薪假日。乙方家属在外地的，乙方实行计划生育的，分别按国家规定享受探亲假待遇和计划生育假待遇。乙方符合公司休假条件的，享受年休假待遇。

第九条　劳动保护

甲方根据生产和工作的需要，按国家规定向乙方提供劳动保护用品和保健食品。

甲方按国家规定在女职工经期、孕期、产期、哺乳期对其提供相应的劳动保护。

第十条　劳动纪律

乙方应遵守国家的各项法律规定、《职工守则》及甲方的各项规章制度。

第十一条　赏罚

甲方将根据乙方的工作态度、劳动表现、贡献大小，按照本公司赏罚条例给予乙方物质和精神奖励。乙方如违反《职工守则》和甲方的其他规章制度，甲方有权给予乙方处分。乙方如触犯刑律受到法律制裁，甲方将予开除，本合同自行解除。

第十二条　合同期限

本合同自签订之日起生效,有限期为三年,自<u>2010</u>年<u>2</u>月<u>1</u>日起至<u>2013</u>年<u>1</u>月<u>31</u>日止,其中试用期自<u>2010</u>年<u>2</u>月<u>1</u>日起至<u>2010</u>年<u>4</u>月<u>30</u>日止。

第十三条 本公司《职工守则》(略)为本合同的附件,是本合同的有效组成部分。

  甲方:<u>福州×××食品有限公司</u>   乙方:<u>李××</u>

  公司总经理(或其代表)签章:<u>林××</u>   职工个人签章:_____

  <u>2010</u>年<u>2</u>月<u>1</u>日   <u>2010</u>年<u>2</u>月<u>1</u>日

【简析】

  这份劳动合同格式完整,必备条款齐全,语言准确得体,充分考虑到用人单位与劳动者双方的合法权益,是一份内容公平合法的有效合同。

例文二

福建省建筑企业劳动合同书(短期)

甲方(用人单位)、项目部:<u>福州市第×建筑公司工程部</u>

地址:<u>福州市××区××路××号</u>   联系电话:<u>0591-×××××××</u>

乙方(姓名):<u>江××</u>   性别:<u>男</u>

身份证号码:<u>35050019×××××××××</u>   现住址:<u>福州市××区××路</u>

  甲乙双方依照国家和本省有关劳动法律法规建立劳动关系。为适用短期用工实际情况,特对相关问题作以下约定:

一、劳动合同期限选择以下第__种(以下项目只能选择一项)

1. 以<u>××××××</u>工程完成之日(最长不超过三个月)为本合同的终止期限。

2. 合同期不超过30天,从<u>2011</u>年<u>××</u>月<u>××</u>日至<u>2011</u>年<u>××</u>月<u>××</u>日,不设试用期。

3. 非全日制用工:从<u>××××</u>年<u>××</u>月<u>××</u>日至<u>××××</u>年<u>××</u>月<u>××</u>日。

二、工作内容

甲方安排乙方工作地点:<u>福州市××区××大道地铁入口段</u>。

从事(工种):<u>混凝土工</u>。

工作范围:<u>混凝土的浇灌、施工</u>。

数(质)量要求:<u>国家建筑行业验收评定行业标准</u>。

三、工资报酬

1. 工资分配方式为以下第__种。(以下项目只能选择一项)

(1) 计时(每天或每月工资标准)<u>×××</u>元/天。

(2) 计量(件)(单价数量)<u>××</u>元/件。

2. 工资支付方式:以人民币按月支付<u>××××</u>元;或每月按工作进度预付<u>30%</u>,(不低于当地最低工资),余下款待任务完成后全部付给。甲方应制作工资册,并由乙方本人签字或书面委托他人代领。

四、劳动保护和工伤保险

  甲方必须贯彻执行国家有关规定,做好安全生产、劳动保护工作,并为乙方办理人身意外伤害保险或工伤保险。乙方要遵守劳动纪律和甲方制定的各项规章制度,严格按照有关操作规程作业。

五、对违反劳动合同的责任及其他约定

1. 乙方保质保量地完成工作任务后，甲方应在合同履行完成后的一周内将工资余款结清。甲方每拖欠一天，须付拖欠金额5‰的滞纳金。乙方的施工质量如果达不到国家建筑行业验收的标准，甲方有权从工资余额中扣除50%作为赔偿金。

2. 甲乙双方在履行本合同时发生争议的，可协商解决。不愿协商或者协商解决不成的，可在争议发生之日起60日内向当地劳动争议仲裁委员会申请仲裁，对仲裁裁决不服的，可以在15日内向当地人民法院提起诉讼。

本合同从甲、乙双方签字之日起生效，合同一式二份，甲、乙双方各执一份。

甲方（签章）：<u>福州市第×建筑公司工程部</u>　　乙方（签章）：<u>江××</u>

2011年<u>××</u>月<u>××</u>日　　　　　　　　　　2011年<u>××</u>月<u>××</u>日

【简析】

这份劳动合同虽属短期合同，却"简而不约"，具备了劳动合同应具备的基本条款，特别对工作内容及双方的违约责任给予了非常明确、具体的认定，是一份完整、合法、有效的劳动合同。

工具箱

1. 必备知识

1）劳动合同的含义

劳动合同是劳动者与用工单位之间确立劳动关系，明确双方权利和义务而达成的书面协议。

劳动合同是一种法律文件，具有法律效力，劳动者和用人单位都必须依照劳动合同的规定行使权利、履行义务，否则必须承担相应的法律责任。

2）劳动合同的分类

劳动合同按照不同的标准可以有不同的分类。

（1）按照劳动合同期限的长短，劳动合同可分为三种。

① 有固定期限的劳动合同。它是指企业等用人单位与劳动者订立的有一定期限的劳动协议。合同期限届满，双方当事人的劳动法律关系即行终止。如果双方同意，还可以续订，延长期限。

② 无固定期限的劳动合同。它是指企业等用人单位与劳动者订立的，没有期限规定的劳动协议。劳动者在参加工作后，长期在一个用人单位内从事生产或工作，不得无故离职，用人单位也不得无故辞退。这种合同一般适用于技术性强，需要持续进行的工作岗位。

③ 以完成一定工作为期限的劳动合同。它是指以劳动者所担负的工作任务来确定合同期限的劳动合同。合同双方以完成某项工作或工程为合同的终止日期，工作、工程完成后，合同自行终止。

我国劳动法就是按照劳动合同的这一分类标准，将劳动合同的期限分为有固定期限、无固定期限和以完成一定的工作为期限。为了充分保护劳动者的合法权益，劳动法特别规定"劳动者在同一用人单位连续工作满十年以上，当事人双方同意续延劳动合同的，如果劳动者提出订立无固定期限的劳动合同，应当订立无固定期限的劳动合同"，避免用人单位只使用劳动者的"黄金年龄"。

(2) 按照劳动合同产生的方式来划分,劳动合同可分为三种:

① 录用合同。它是指用人单位在国家劳动部门下达的劳动指标内,通过公开招收,择优录用的方式订立的劳动合同。录用合同一般适用于招收普通劳动者。目前,全民所有制企业、国家机关、事业单位、社会团体等用人单位招收录用劳动合同的特点是:用人单位按照预先规定的条件、面向社会,公开招收劳动者;应招者根据用人单位公布的条件,自愿报名;用人单位全面考核、择优录用劳动者;双方签订劳动合同。

② 聘用合同。也叫聘任合同,它是指用人单位通过向特定的劳动者发聘书的方式,直接建立劳动关系的合同。这种合同一般适用于招聘有技术业务专长的特定劳动者。如企业聘请技术顾问、法律顾问等。

③ 借调合同。也叫借用合同,它是借调单位、被借调单位与借调职工个人之间,为借调职工从事某种工作,明确相互责任、权利和义务的协议。借调合同一般适用于借调单位急需用的工人或职工。当借调合同终止时,借调职工仍回原单位工作。

(3) 按照劳动者一方人数的不同来划分,劳动合同可分为两种。

① 一种是个人劳动合同,一般是由劳动者个人同用人单位签订。

② 另一种是集体合同,一般是指在中外合资企业中,由工会代表劳动者集体同企业签订合同。

(4) 按照用工制度种类的不同,劳动合同可分为固定工劳动合同、合同工劳动合同、农民工劳动合同、临时工(季节工)劳动合同等。

劳动合同的形式一般有书面形式和口头形式两种。书面合同是由双方当事人达成协议后,将协议的内容用文字形式固定下来,并经双方签字,作为凭证的合同。口头合同是双方当事人口头承诺即告成立,不必用文字写成书面形式的合同。我国劳动法规定,劳动合同应当以书面形式订立。

3) 劳动合同的特点

劳动合同与一般的民事合同不同,它具有以下几个比较突出的特点:

① 国家干预性。劳动合同与民事合同相比较,最突出的一个特点是国家干预性,即订立劳动合同首先须按《劳动法》的有关规定进行签订,并参照有关行政法规的具体规定。这是订立劳动合同最基本的一条原则,背离这个原则,劳动合同无效,并失去法律的约束力量。如用人单位在与劳动者约定工资条款时,就不可以把工资约定在当地政府规定的最低工资以下。

② 男女平等性。《劳动法》第十三条规定:"妇女享有与男子平等的就业权利。"因此,用人单位在录用职工时,除国家规定的不适合妇女的工种或者岗位外,不得以性别为由拒绝录用妇女或者提高对妇女的录用标准。

③ 内容确定性。《劳动法》明确规定了劳动合同应具备的主要条款,包括合同期限、工作内容、劳动保护、劳动条件、劳动报酬、劳动纪律、合同终止条件、违约责任等。订立劳动合同时,双方应围绕这些基本内容进行协商后达成一致的意见。

④ 补偿性。《劳动法》规定,在元旦、春节、国际劳动节、国庆节、中秋节、清明节、端午节和法律、法规规定的其他休假日应当安排劳动者休假。但由于用人单位生产经营需要,有时不得不延长劳动时间,甚至在节假日加班。出现这种情况,用人单位应给劳动者必

要的工资补偿，具体幅度在不低于工资的百分之一百五十至百分之三百之间，就目前情况看，这是劳动合同签订过程中容易被忽视的一点。

⑤ 特殊保护性。根据《劳动法》的规定，在订立劳动合同时，应对女职工和未成年工实行特殊保护，如禁止安排女职工从事矿山井下、国家规定的第四级体力劳动强度的劳动和其他禁忌从事的劳动；女职工生育应享受不少于90天的产假；不得安排未成年工从事矿山井下、有毒有害、国家规定的第四级体力劳动强度的劳动和其他禁忌从事的劳动，用人单位对他们应定期进行健康检查等。

⑥ 社会保险性和福利性。《劳动法》规定，用人单位和劳动者必须依法参加社会保险，缴纳社会保险费，使劳动者在年老、患病、工伤、失业、生育等情况下获得帮助和补偿，另外，用人单位应当创造条件，改善集体福利，提高劳动者的福利待遇。这些劳动法中所特有的要求，应予充分体现。

2. 写作格式及注意事项

1）写作格式

劳动合同的结构可分为首部、正文和尾部三部分。

（1）首部。首部包括三项内容，即标题、双方当事人和引言。

① 标题。劳动合同的标题应标明合同的性质，通常写"劳动合同"即可。

② 双方当事人。写法有两种：一种为"用人单位：×××；劳动者：×××"；另一种可写为："甲方：×××；乙方：×××"。

③ 引言。主要写明双方订立合同的目的和承诺，其大致可以这样表述：甲方由于经营需要，特招聘乙方到我单位从事×××工作，经双方协商，订立劳动条款如下，以资共同恪守。

（2）正文。根据《劳动法》规定，劳动合同需具以下条款：

① 劳动合同期限。劳动合同明确双方权利、义务的时间长度，可分为四种：（一）试用期限，一般不超过六个月；（二）固定期限，如一年、两年，由双方确定；（三）不固定期限，这种情况仅限于劳动者在同一用人单位连续工作满十年以上，主动提出订立无固定期限的劳动合同；（四）以完成一定的工作为期限，工作完成劳动合同即终止。

② 工作内容。工作内容是劳动合同的一个关键内容，根据需要可分成若干点进行具体化。不同工作内容决定不同的劳动报酬、劳动保护和劳动条件。如果劳动合同订得不具体不明确，就可能产生争议，导致合同不能顺利履行，因此应充分协商确定。

③ 劳动保护和劳动条件。劳动保护和劳动条件是由具体的工作环境和工作内容确定的。如国家或企业有明文规定的，可按有关规定予以明确。如没有，可根据具体情况，从保护劳动者身心健康和安全的角度进行协商订立。也可参照其他单位类似工作的劳动保护和劳动条件订立有关条款。

④ 劳动报酬。劳动报酬是双方关心的焦点，涉及双方具体经济利益，但不管怎样，有一点是必须强调的，即不能低于国家对该地区规定的最低工资标准，否则就是违法，至于具体的数额由双方在此基础上根据工作的复杂和难易程度协商确定。

⑤ 工作时间和休息休假。根据现行法律、法规，劳动者每日工作时间不能超过八小时，周工作时间不能超过四十四小时，劳动者每周至少休息一日，法定的节假日应享受休假。这些内容可以明确按《劳动法》的规定执行即可，如情况特殊，需延长时间或加班，可另行

约定按前面谈到的标准进行补偿。

⑥ 劳动纪律。劳动纪律是劳动者从事生产和工作应遵守的规章制度，它由国家和单位有关规定组成，订立劳动合同时，可指明"按×××规定执行"。

⑦ 劳动合同终止的条件。订立劳动合同时，为避免难以履行和造成损失的情况出现，双方可在合同中约定合同终止的各种条件。一旦某一条件出现，劳动合同即行终止。如严重失职给用人单位造成重大损失的，用人单位濒临破产确需裁减人员等情况。

⑧ 违反劳动合同的责任。劳动合同的签订是一种法律行为，一旦依法订立即具有法律约束力，当事人必须履行劳动合同规定的义务。劳动合同双方的权利和义务是对等的，一方的权利就是另一方的义务，只有履行了义务才能享有利益，否则一方就会损害到另一方的利益。因此，劳动合同必须明确双方的违约责任，以保证劳动合同的效力。

⑨ 当事人可以协商约定的其他内容。这一条由当事人根据具体情况灵活掌握，视需要而定。

（3）尾部。尾部包括具名和日期两项内容。

① 具名。劳动合同具名分三种情况。

其一，如果甲、乙双方都是个体，则写为："甲方：×××；乙方：×××"，盖私人印章也可以。

其二，假如用人方是单位，劳动者一方是个体，则需写明单位全称并加盖单位公章，并在其下面另起一行写上"法定代表人"（或主要负责人），再由其亲笔签名或加盖自己的私章，最后劳动者签名盖章。

其三，如果是集体合同，则需由工会代表职工与企业签订。这时除用人单位的署名同上述第二种情况外，劳动方则需写成企业工会的全称并加盖公章，同时工会的代表也需签署自己的名字。

② 日期。最后写上合同签订的具体年、月、日。

2）签订劳动合同注意事项

① 未签合同先知法。劳动合同是约束劳动者和用人单位行为以及处理今后纠纷的重要法律依据，劳动合同的每个环节，都需要劳动者有一定的法律常识，所以劳动者在签订劳动合同之前最好先了解一下都有哪些法律可以保护劳动者的合法权益。

② 合同形式、内容要合法。一份具有法律效力的劳动合同，首先签订合同的程序应符合法律规定，并且应当用书面的形式予以确认，合同至少应一式两份，双方各执一份，求职者应妥善保管自己的劳动合同。在劳动合同的内容上，求职者一定要先确认自己签订的劳动合同是否具备产生法律约束力的条件，包括：用人单位应是依法成立的劳动组织，能够依法支付工资、缴纳社会保险费、提供劳动保护条件，并能承担相应的民事责任等。

③ 合同细节仔细审查。劳动合同应包含"劳动合同期限、工作内容、劳动保护和劳动条件、劳动报酬、劳动纪律、劳动合同终止的条件、违反劳动合同的责任"等基本条款。要仔细阅读关于相关岗位的工作说明书、岗位责任制、劳动纪律、工资支付规定、绩效考核制度、劳动合同管理细则和有关规章制度，做到心中有数。

④ 遇事不明要咨询。劳动合同的签订，涉及诸多法律方面的专业知识，劳动者由于自身条件的限制，会有许多不明之处，这时候向有关部门、有关人士虚心求教显得

⑤ 合同陷阱要警惕。部分用人单位为了实现自己利益的最大化，千方百计在劳动合同中设立种种陷阱，侵害劳动者的合法权益。主要包括：在合同中设立押金条款；采用格式合同，不与劳动者协商；在合同中规定逃避责任的条款，对于劳动者工作中的伤亡不负责任；准备了至少两份合同，一份是假合同，内容按照有关部门的要求签订，以对外应付有关部门的检查，但真正执行的是另一份合同等。

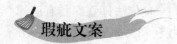

瑕疵文案

劳动合同

甲方：×××茶艺居

乙方：邵××

甲乙双方在平等自愿、协商一致的基础上，订立本劳动合同，共同遵守本合同所列条款。

一、合同期限

自用工之日2010年8月1日起至2011年7月31日止。其中试用期三个月，自2010年5月1日起至2010年7月31日止。

二、工资待遇

试用期工资标准为400元/月，每月25~30日为工资结算日。正式聘用后工资标准根据试用期结束后双方另行协商决定。

三、工作内容

根据甲方工作需要，乙方同意在甲方安排的工作地点西餐厅从事服务员工作。甲方有权根据需要变更乙方的工作地点与工作岗位，乙方不得以任何理由拒绝、推脱。

四、服装押金

甲方向乙方收取服装押金300元。如果合同期未满，乙方提前解约，甲方将不退还押金。

五、违约责任

乙方不得无故脱岗、旷工，请假、休假必须得到甲方同意；如发生旷工、迟到、早退等违纪现象，甲方有权扣除当日工资，如情节严重者，甲方有权按月工资总额的30%予以处罚。

六、其他

本合同一式二份，甲乙双方各执一份。

甲方：×××茶艺居（盖章）　　　　乙方：邵××
2010年5月1日　　　　　　　　　　2010年5月1日

【简析】

这是一份不合法的无效合同。合同中的试用期过长、违规收取押金等条款明显违背了《劳动法》的有关规定。此外，该合同格式也不完整，像"劳动保护和劳动条件、工作时间和休息休假、劳动纪律"等基本条款都缺失了。合同对工作内容、违约责任等条款虽有提及，但语焉不详，且完全从己方的角度出发，合同双方处于不平等地位，属"霸王条款"。

任务训练

（1）以下是某私营企业与某劳动者签订的劳动合同，请依据劳动法的规定，说明该合同的错误。

劳 动 合 同

甲方：××××企业　　　　　　乙方：×× 女 23 岁

一、甲乙双方经过协商，暂定一年试用期。试用期满，经过甲方的考核，对乙方予以转正，并录用为职工，确定正式合同期，实行劳动合同制；经过甲方考核，未能通过试用期考核的，试用期自动延长三个月。

本合同期满，甲、乙双方同意续订劳动合同的，本条款继续适用。

二、在试用期内，任何一方解除劳动合同均需提前七天通知对方。

三、在试用期内乙方的劳动报酬按本市最低生活保障标准执行。甲方承诺，在合同期内乙方的全部劳动报酬的总和不低于国家劳动行政部门规定的最低工资标准。

四、乙方到甲方工作，实行内部承包，需交 500 元承包抵押金，劳动合同终止时予以退还。

五、职工工资采用计件制形式，每月结算一次，平时支付工资的 80%，余额在年终结清。

六、甲方保证乙方每月 25 天工作，在 25 天内因甲方原因使乙方停工的，甲方每天补助人民币 5 元。

七、甲方因工作需要，经与工会协商后，有权安排乙方加班，乙方如果拒绝，将被视为旷工，受到违纪制裁。

八、在合同期内，职工患病或非因工负伤，可按本企业的规章制度报销医疗费，需要停工治疗的，甲方根据其在本单位工作时间的长短，给予 3 个月至 1 年的医疗期，医疗期满后，如果不能从事原工作的，甲方可以解除劳动合同，甲方将发给相当于乙方本人标准工资 1 个月至 6 个月的医疗补助费。

九、甲方将为乙方购买商业保险，双方商定不再参加国家的各类保险。

十、甲方应按照国家规定，向乙方提供必要的劳动保护用品；乙方应遵守有关的规章制度，安全生产。如果乙方因违反操作规程而负伤，甲方将按非因工负伤的有关规定，给予补偿和处理。

十一、乙方在试用期和合同期内应当遵守有关的劳动纪律，服从甲方的管理和指挥，违反劳动纪律的，按《企业职工奖惩条例》和本企业的规章制度处理。

十二、在合同期内，如果乙方被证明不符合录用条件或不能胜任工作，甲方可以解除劳动合同，甲方将按乙方在甲方的工作年限每满一年发给一个月工资的经济补偿，但最高不超过乙方十二个月的工资收入。

十三、在合同期内，如果本合同订立时的客观情况发生变化，如甲方转产、搬迁等，致使本合同无法履行的，甲方可以解除劳动合同，甲方将按乙方在甲方的工作年限每满一年发给一个月工资的经济补偿金。

十四、在合同期内，如果乙方患职业病或因工负伤，被确认为完全丧失或者大部分丧失劳动能力，在甲方按法律规定支付了伤残就业补助金后，劳动合同自然终止。

十五、在合同期内，发生甲方破产、解散或者被撤销情况的，劳动合同自然终止。

十六、在合同期内，未经甲方同意，乙方不得结婚，违者将不得享受有关的婚假和生育假期。违反本条规定的，甲方有权解除劳动合同，年终工资将不予结算，乙方的承包抵押金将不予退还。

十七、乙方提前离职，应交纳在岗期间的培训费，按工资的10%计算。

十八、除第七条、第十一条、第十六条的规定，任何一方，无论以哪一种理由要求解除劳动合同，都必须提前15日向对方提出，并取得对方的同意。

十九、乙方在甲方看到、听到、接触到的均为企业的商业秘密，为保护企业的商业秘密，乙方解除劳动合同，必须提前六个月通知甲方，甲方有权在此期间采取脱密措施。同时在劳动合同结束后的四年中，乙方不得以任何借口为理由，到同行业的其他企业工作。

二十、本合同自签字之日起生效，双方都必须严格执行。任何一方违反上述规定，均需向对方支付三个月的劳动报酬作为违约金。

甲方：××××企业（盖章）　　　　法定代表人：××（签字）

乙方：××（签字）

签字日期：××××年××月××日

（2）暑假你在某宾馆担任前台接待员，请你根据劳动合同的格式要求，草拟一份用工合同。

经济合同

典型文案

例文一

产品购销合同

合同编号：××××

立合同单位：××百货公司（以下简称甲方）

　　　　　××电视机厂（以下简乙称乙方）

兹因甲方向乙方订购下列货物，经双方协商同意，签订本合同共同严格履行。

一、产品名称、商标、型号、数量、金额、供货时间及数量

产品名称	牌号商标	规格型号	计量单位	数量	单位/元	金额/元	交货时间及数量		
							合计	7月1日	9月1日
电视机	熊猫	彩色48 cm	台	100	2 000	200 000	100	50	50
合计人民币金额（大写）贰拾万元整									

二、质量要求技术标准：按轻工部 A 级指标。

三、供方对质量负责的期限：自交货日起 3 年。

四、交（提）货方式：乙方送货到甲方仓库。

五、运输方式及到站（港）和费用负担：运输由乙方负责，费用按每台 20 元甲方支付给乙方。

六、合理损耗计算方法：无。

七、包装标准、包装物的供应与回收和费用负担：包装纸箱由乙方负责，不计价，不回收。

八、验收方式及提出异议期限：抽查，一个月内。

九、随机配件、备品数量及供应方法：详见装箱清单，不另行供应。

十、结算方式及期限：货到 3 日内，以银行汇兑结算。

十一、违约责任：延期交货或付款，每延期一天，按损失金额的 1% 支付违约金给对方。

十二、在执行本合同过程中双方发生纠纷，首先应通过协商友好解决，如协商不成时，可依据《合同法》有关条款，在乙方所在地申请仲裁或向人民法院起诉。

十三、合同有效期限：至 20××年×月×日。

十四、本合同一式两份，甲、乙双方各执一份，签字盖章后生效。

甲方：××百货公司（公章）	乙方：××电视机厂（公章）
单位地址：××××	单位地址：××××
法人代表：×××	法人代表：×××
经办人：×××	经办人：×××
电话：××××××××	电话：××××××××
传真：××××××××	传真：××××××××
开户银行：××××××	开户银行：××××××
账号：××××××××	账号：××××××××
邮编：××××××	邮编：××××××
签订日期：××年×月×日	签订日期：××年×月×日

【简析】

这份经济合同要素齐全，措辞严谨，条目清晰，围绕产品购销这一经济行为所衍生出权利与义务，对产品的数量、质量、价款、运输方式、质量标准、货款结算及双方违约责任等内容都予以了具体而明确的认定，不失为一份完整严谨的产品供销合同。

例文二

房屋租赁合同

出租方：张××（以下简称甲方）

承租户：王××（以下简称乙方）

根据《中华人民共和国合同法》及有关规定，甲、乙双方在自愿、平等、互利的基础上，经协商一致，同意就下列租赁事项，订立本合同，以资共同遵守。

第一条　房屋基本情况

1. 甲方将其位于福州市仓山区××路××号××花园××号套房及配套柴火间一间，出租给乙方使用。

2. 出租房屋建筑面积共85平方米。

3. 该房屋现有装修及设施情况，由双方在《物业验收单》中加以说明。

第二条　租赁期限、用途

1. 该房屋租赁期一年，自2011年7月3日起到2012年7月2日止。

2. 乙方租赁该房屋仅作为居住使用，不得改作其他用房使用。

第三条　租金及支付方式

1. 每月租金壹仟元整。

2. 租金按月支付。乙方须于每月3日前将租金打入甲方提供的账户内（中国银行，8888888888888888，张××）。

3. 甲方收取乙方租房押金人民币壹仟元整。租赁期满，经甲方验收房屋无损坏，费用结算清楚，甲方应把押金（不计息）如数退还乙方。

第四条　房屋修缮与使用

1. 租赁期内，甲方应保证出租房屋的使用安全。

2. 乙方应爱护甲方房屋，未经甲方书面同意不得随意拆建、改建、扩建、装修、转租，上述行为造成的损坏由乙方负责赔偿。经甲方同意装修的项目，租赁期满乙方不得拆除与提出补偿，归甲方所有。

3. 乙方应严格遵守国家及当地政府等部门的有关法令、法规，应及时办理暂住证，不得利用甲方的房屋进行任何违法活动。

4. 乙方应自觉做好安全防火、防盗、卫生、计生等工作。坚持"谁使用，谁负责"的原则，自承租日起若发生火灾等一切不安全事故，乙方要承担全部的经济和法律责任。

5. 租赁期间，水电费、卫生费、物业管理费等由乙方自理。

第五条　违约责任

1. 甲方未按本合同规定时间交付房屋至乙方，每逾期一天，甲方应按日租金的两倍向乙方赔付违约金。逾期七天，则视甲方不履行合同，乙方有权终止履行该合同。

2. 乙方逾期七天未交租金或违反本合约第四条中的2、3、4条款，甲方有权收回房屋，房屋物品作为遗弃物处理，并不退押金。

3. 租赁期间，甲乙任何一方提早解约，均应赔付对方人民币壹仟元整。

第六条　免责条件

有下列情形之一的，甲乙双方可以变更或者解除本合同：

1. 甲乙双方协商一致的。

2. 不可抗力致使本合同不能继续履行的。

3. 因国家建设的需要，依照政府房屋拆迁公告规定时间需要拆除房屋的。

4. 因上述原因而终止合同的，甲方应如数退还乙方押金壹仟元整；租金按照实际使用时间计算，多退少补。

第七条　其他事宜

1. 甲乙双方因履行本合同所产生的争议，应协商解决。协商不成时，双方同意向当地法院提起诉讼。

2. 本合约一式两份，甲乙双方各执一份。本合约自签字之日起生效。

甲方：张××　　　　　　　　　乙方：王××
身份证号：　　　　　　　　　　身份证号：
电话：　　　　　　　　　　　　电话：
房产证号：
签订日期：××年×月×日　　　签订日期：××年×月×日

【简析】

这是一份房屋租赁合同。该合同的内容比较详细、严谨，把各种可能发生的意外情况和处理措施都在合同中提前写明，这样就可以有效避免日后的纠纷。

经济合同（上）

工具箱

1. 必备知识

1）经济合同的含义

合同又称合约或契约。《中华人民共和国合同法》对合同的概念做了界定："合同是平等主体的自然人、法人、其他经济组织之间设立、变更、终止民事权利义务关系的协议。"

合同中最常用的是各类经济合同。经济合同是合同的一个重要组成部分，是合同制度中的一种具体形式。它是当事人为达到一定经济目的而签订的明确相互权利义务关系的、具有法律约束力的协议。

2）经济合同的分类

经济合同的种类很多，从不同的角度，按不同的标准，可以分成若干类别。

（1）按合同内容分，可分为买卖合同、供用电（水、气、热力）合同、赠予合同、借款合同、租赁合同、承揽合同、建设工程合同、运输合同、技术合同、委托合同等。

（2）按合同期限分，可分为短期合同（1年以内）和长期合同（1年以上）。

（3）按合同形式分，可分为条文式合同、表格式合同、条文表格复合式合同。

（4）按合同责任人分，可分为个人合同、单位合同。

（5）按合同当事人的区域分，可分为国内合同和国际（涉外合同）。

3）经济合同的特点

（1）合法性。订立合同的当事人双方在签订合同时，必须遵守国家的法律、法规，合同内容必须合法，任何有违法行为的合同都是无效合同。

（2）平等性。合同的平等性体现在两个方面。一是签订合同的当事人在法律地位上是平等的，双方的权利和义务是对等的，都需要以承担合同义务来获得经济利益。二是合同的签订必须本着平等互利的原则，在当事人完全自愿的基础上达成协议，任何欺诈、胁迫、代理人越权签订的合同都是无效的。

（3）约束性。合同一经订立，便具有法律约束力。其主要体现在两个方面：一是对当事人的约束。当事人必须全面履行合同规定的义务，任何一方不得擅自变更或者解除合同；发生合同纠纷应及时协商解决，违反合同规定要承担法律责任。二是对其他人的约束。当事人之外的任何单位或个人，都不得对合同关系进行干预或侵害。

（4）规范性。一份有效的合同必须包括哪些基本条款，应如何表述，表述到何种程度，这些条款应以怎样的形式表现，都有严格的规定。

2. 写作格式及注意事项

1）写作格式

经济合同从形式上看，一般有条款式、表格式和混合式三种，但不管是哪一种形式，其结构都较为固定，主要由标题、约首、正文和尾部四个部分组成。

（1）标题。经济合同的标题一般都比较简单，主要是标识合同的性质，一般由合同性质加"合同"两字组成，如《技术成果转让合同》《××空调买卖合同》等。有的也可以提到城市名称、单位名称、时间或标的物等，如《北京市机电设备租赁合同》。

（2）约首。约首是合同特有的格式规范，主要包括签订合同当事人的名称、合同编号以及签订时间、地点等内容。约首位于标题之下，为了使正文行文简便，当事人名称或姓名一般简称为"甲方""乙方"，或"出租方""承租方"或"供方""需方"等。当事人名称可以左右排列，也可上下分列。例如：

立合同双方单位：×××××××× （以下简称甲方）
　　　　　　　　×××××××× （以下简称乙方）

签约地点和时间写在当事人名称下方（也有把日期写在尾部）。

（3）正文。这是合同的主体部分，经济合同正文一般包括前言和主体两部分。

① 前言。主要说明订立合同的根据或目的，并需要说明"经双方协商一致，签订本合同"这一个重要问题。一般用"为了……""根据……"句式表示，然后用"经过双方充分协商，签订本合同，以资共同遵守执行"等承接语句过渡到下文。表格式合同可不写前言。

② 主体。要详细写明签订的条款，这部分是经济合同的主要内容，是订立合同双方当事人行使和履行义务的依据。一般应包括以下条款：

● 标的。它是合同当事人双方的权利和义务所共同指向的对象，是经济往来中具体目标物。标的可以是货物、劳务、工程项目、智力成果等。没有标的或标的不明确的合同是无效的合同。

● 数量和质量。经济合同的标的，无论是货物、劳务，还是工程项目，都要通过一定的数量和质量表现出来。数量和质量是确定标的的客观标准，反映了双方当事人权利和义务的大小与程度，在经济合同中必须给予明确规定。数量应使用国家法定或国际通用的计量单位和计量方法。质量是标的在质的方面的限度，合同应对质量要求、质量标准以及质量责任验收办法按照我国标准化法和产品质量法做出明确规定。

● 价款或酬金。价款指为获取标的物而交付的货币数量，酬金是为获取标的物而支付的劳务佣金。价款或酬金是经济合同当事人实现自己经济利益的基本条款，也是检验当事人是否履行义务的基本依据。签订合同时，双方应明确价款或酬金的数额、币种、交付结算方式、付款期限、开户银行及账号等项目。

● 履行的期限、地点和方式。履行的期限是指当事人完成合同规定义务的时间范围，是衡量合同是否按时履行或延迟履行的标志。履行的地点是指交付、提取标的的具体地理位置。履行的方式是指当事人双方履行合同的方式，包括交付的方式（自提、送货）、验收方式（验收规范、验收标准、质量检验标准），价款结算方式（采用何种银行结算方式）。这些内容一般由双方共同约定，并在合同条款中明确规定。

● 违约责任。又称罚则，是指当事人由于自身过错而未履行合同义务，依法所应承担的责任。这是对不按经济合同规定履行义务的制裁措施。追究违约责任的方式主要是支付违约金、赔偿金。制定违约责任时应尽量做到详细、全面、实在，避免笼统、含糊。由于不可抗力因素导致合同不能或不能完全履行，可免负违约责任。

● 解决争议的方法。是指双方在履行合同过程中发生涉及合同内容的争议和纠纷时如何处置。解决争议的方法有友好协商、向有关管理部门或经济合同仲裁委员会申请仲裁委员会申请仲裁、诉诸法律等。

(4) 尾部。合同的尾部主要是双方当事人的落款，要写清楚双方当事人的有关情况，主要包括：双方当事人签名、盖章；双方单位地址、电话、传真、邮政编码；双方开户银行、银行开户名及账号；签订合同地点及日期（也有把日期写在约首）等。

2) 写作注意事项

各类经济合同格式上都有可依照的范本，但具体签订与写作时还须掌握一些技巧。

(1) 条款要完备、具体。经济合同的基本要素一定要考虑并一一写入合同。涉及质量标准、数量等可能发生争议的内容要在合同中规定得一清二楚。

(2) 语言要准确、周密。不少合同纠纷都是因语言的疏漏所致。如价款与酬金就不同，定金与订金也有区别。

(3) 行文要符合规范。金额、份数宜大写，单位名称不能简写或缩写，格式要合乎规定。常用的合同用语有：兹、该、拟、未、经等单音节词；逾期、变更、权利、义务、违约、赔偿、协商、约定、承担等双音节词。

经济合同（下）

供销合同

需方：××百货公司

供方：××服装厂

经双方协商，遵照《经济合同法》有关规定，签订本合同，共同遵守执行。

一、产品名称、牌号、规格、数量及金额

品名	牌号	规格/厘米	数量/件	单价/元	金额/元	备注
羽绒背心	梅花	90	500 件	80	40 000	
羽绒背心	梅花	95	500	80	40 000	
合计人民币金额（大写）捌万元整						

二、交货期限、地点：200×年度，供方仓库。
三、交货方式：需方自提，运费需方自理。
四、产品质量和验收方法：以双方共同共存样品为准，提货时抽样检查。
五、结算方式：付现金提货，款货当面清点。

　　需方：××百货公司　　　　　　　供方：××服装厂
　　地址：××市××路××号　　　　地址：××市××路××号
　　电话：×××××　　　　　　　　电话：×××××
　　开户银行和账号：×××××　　　开户银行和账号：××××××

【简析】

该合同存在以下错误：1. 交货时间过于笼统；2. 未约定违约责任及违约金的比例；3. 未约定抽检比例及合格率、不合格品的处理方法；4. 未约定发生纠纷的解决方式：仲裁或诉讼；5. 应加入双方的法定代表人或委任代理人、企业法人营业执照号、合同签订日期。

任务训练

（1）阅读下列材料，指出合同语言中不确切的地方，并加以修改。

①某合同的交货时间条款写："乙方力争于2012年底前全部交货"。

②某合同的交货地点条款写："交货地点：广州"。

③某工程承包合同关于酬金的规定写："按实际费用结算。"

④某合同的货物包装标准写："袋装"。

⑤某合同的标的数量条款写："煤炭五车"。

⑥某合同的质量条款写："大豆含水量大约15%，杂质不超过1%左右"。

⑦某合同结算方式及期限条款写："乙方验货后用信汇方式分三次付清全部款项"。

⑧某合同违约责任条款写："乙方不能按期交货，每延期一天，应偿付给甲方10%的违约金"。

（2）下面是一份租赁合同，它的格式是否符合要求？内容上是否还有遗漏之处？试作简要分析。

租 赁 合 同

出租方：××

承租方：××网络公司

根据《中华人民共和国经济合同法》及有关规定，为明确出租方与承租方的权利业务关系，经双方协商一致，签订本合同。

一、甲方将自有的一套公寓房（地点、楼层）出租给乙方作办公之用。

二、租赁期限：

2000年7月1日—2002年7月1日共二年整。

三、乙方应于每月20日前支付下个月房租，否则按日支付应付款的千分之三的违约金，直到付款日为止。

四、本合同一式二份，合同双方各执一份。

五、本合同自签订之日起生效，有效期二年。

出租方（章）：   承租方（章）：

单位地址：   单位地址：

电话：   电话：

（3）请用下面提供的资料并根据该业务的实际情况，合理补充相关内容，按经济合同写作的规范要求写一份产品购销合同。

××省××县农机公司（简称甲方）法人代表林峰于2011年2月3日与×县水泵厂（简称乙方）的法人代表张明签订了一份合同。双方议定：甲方购买乙方生产的农用水泵60台，每台单价500元，要求2011年6月交货30台，12月交货30台，货款于合同签订生效一个月以内预付10%，交货方式为乙方送货到甲方仓库验收。甲方在验收货物后三天内必须通过银行转账付款（第一次付总金额的40%，第二次付50%）。如果延期交货或付款，每延期一天，违约金按损失金额的1%计算罚金给对方。

附录一　党政机关公文处理工作条例

中办发〔2012〕14号

第一章　总　则

第一条　为了适应中国共产党机关和国家行政机关（以下简称党政机关）工作需要，推进党政机关公文处理工作科学化、制度化、规范化，制定本条例。

第二条　本条例适用于各级党政机关公文处理工作。

第三条　党政机关公文是党政机关实施领导、履行职能、处理公务的具有特定效力和规范体式的文书，是传达贯彻党和国家方针政策，公布法规和规章，指导、布置和商洽工作，请示和答复问题，报告、通报和交流情况等的重要工具。

第四条　公文处理工作是指公文拟制、办理、管理等一系列相互关联、衔接有序的工作。

第五条　公文处理工作应当坚持实事求是、准确规范、精简高效、安全保密的原则。

第六条　各级党政机关应当高度重视公文处理工作，加强组织领导，强化队伍建设，设立文秘部门或者由专人负责公文处理工作。

第七条　各级党政机关办公厅（室）主管本机关的公文处理工作，并对下级机关的公文处理工作进行业务指导和督促检查。

第二章　公文种类

第八条　公文种类主要有：

（一）决议。适用于会议讨论通过的重大决策事项。

（二）决定。适用于对重要事项做出决策和部署、奖惩有关单位和人员、变更或者撤销下级机关不适当的决定事项。

（三）命令（令）。适用于公布行政法规和规章、宣布施行重大强制性措施、批准授予和晋升衔级、嘉奖有关单位和人员。

（四）公报。适用于公布重要决定或者重大事项。

（五）公告。适用于向国内外宣布重要事项或者法定事项。

（六）通告。适用于在一定范围内公布应当遵守或者周知的事项。

（七）意见。适用于对重要问题提出见解和处理办法。

（八）通知。适用于发布、传达要求下级机关执行和有关单位周知或者执行的事项，批转、转发公文。

（九）通报。适用于表彰先进、批评错误、传达重要精神和告知重要情况。

（十）报告。适用于向上级机关汇报工作、反映情况，回复上级机关的询问。

（十一）请示。适用于向上级机关请求指示、批准。

（十二）批复。适用于答复下级机关请示事项。

（十三）议案。适用于各级人民政府按照法律程序向同级人民代表大会或者人民代表大会常务委员会提请审议事项。

（十四）函。适用于不相隶属机关之间商洽工作、询问和答复问题、请求批准和答复审批事项。

（十五）纪要。适用于记载会议主要情况和议定事项。

第三章 公文格式

第九条 公文一般由份号、密级和保密期限、紧急程度、发文机关标志、发文字号、签发人、标题、主送机关、正文、附件说明、发文机关署名、成文日期、印章、附注、附件、抄送机关、印发机关和印发日期、页码等组成。

（一）份号。公文印制份数的顺序号。涉密公文应当标注份号。

（二）密级和保密期限。公文的秘密等级和保密的期限。

涉密公文应当根据涉密程度分别标注"绝密""机密""秘密"和保密期限。

（三）紧急程度。公文送达和办理的时限要求。根据紧急程度，紧急公文应当分别标注"特急""加急"，电报应当分别标注"特提""特急""加急""平急"。

（四）发文机关标志。由发文机关全称或者规范化简称加"文件"二字组成，也可以使用发文机关全称或者规范化简称。联合行文时，发文机关标志可以并用联合发文机关名称，也可以单独用主办机关名称。

（五）发文字号。由发文机关代字、年份、发文顺序号组成。联合行文时，使用主办机关的发文字号。

（六）签发人。上行文应当标注签发人姓名。

（七）标题。由发文机关名称、事由和文种组成。

（八）主送机关。公文的主要受理机关，应当使用机关全称、规范化简称或者同类型机关统称。

（九）正文。公文的主体，用来表述公文的内容。

（十）附件说明。公文附件的顺序号和名称。

（十一）发文机关署名。署发文机关全称或者规范化简称。

（十二）成文日期。署会议通过或者发文机关负责人签发的日期。联合行文时，署最后签发机关负责人签发的日期。

（十三）印章。公文中有发文机关署名的，应当加盖发文机关印章，并与署名机关相符。有特定发文机关标志的普发性公文和电报可以不加盖印章。

（十四）附注。公文印发传达范围等需要说明的事项。

（十五）附件。公文正文的说明、补充或者参考资料。

（十六）抄送机关。除主送机关外需要执行或者知晓公文内容的其他机关，应当使用机关全称、规范化简称或者同类型机关统称。

（十七）印发机关和印发日期。公文的送印机关和送印日期。

（十八）页码。公文页数顺序号。

第十条 公文的版式按照《党政机关公文格式》国家标准执行。

第十一条 公文使用的汉字、数字、外文字符、计量单位和标点符号等，按照有关国家标准和规定执行。民族自治地方的公文，可以并用汉字和当地通用的少数民族文字。

第十二条 公文用纸幅面采用国际标准 A4 型。特殊形式的公文用纸幅面，根据实际需要确定。

第四章 行文规则

第十三条 行文应当确有必要，讲求实效，注重针对性和可操作性。

第十四条 行文关系根据隶属关系和职权范围确定。一般不得越级行文，特殊情况需要越级行文的，应当同时抄送被越过的机关。

第十五条 向上级机关行文，应当遵循以下规则：

（一）原则上主送一个上级机关，根据需要同时抄送相关上级机关和同级机关，不抄送下级机关。

（二）党委、政府的部门向上级主管部门请示、报告重大事项，应当经本级党委、政府同意或者授权；属于部门职权范围内的事项应当直接报送上级主管部门。

（三）下级机关的请示事项，如需以本机关名义向上级机关请示，应当提出倾向性意见后上报，不得原文转报上级机关。

（四）请示应当一文一事。不得在报告等非请示性公文中夹带请示事项。

（五）除上级机关负责人直接交办事项外，不得以本机关名义向上级机关负责人报送公文，不得以本机关负责人名义向上级机关报送公文。

（六）受双重领导的机关向一个上级机关行文，必要时抄送另一个上级机关。

第十六条 向下级机关行文，应当遵循以下规则：

（一）主送受理机关，根据需要抄送相关机关。重要行文应当同时抄送发文机关的直接上级机关。

（二）党委、政府的办公厅（室）根据本级党委、政府授权，可以向下级党委、政府行文，其他部门和单位不得向下级党委、政府发布指令性公文或者在公文中向下级党委、政府提出指令性要求。需经政府审批的具体事项，经政府同意后可以由政府职能部门行文，文中须注明已经政府同意。

（三）党委、政府的部门在各自职权范围内可以向下级党委、政府的相关部门行文。

（四）涉及多个部门职权范围内的事务，部门之间未协商一致的，不得向下行文；擅自行文的，上级机关应当责令其纠正或者撤销。

（五）上级机关向受双重领导的下级机关行文，必要时抄送该下级机关的另一个上级机关。

第十七条 同级党政机关、党政机关与其他同级机关必要时可以联合行文。属于党委、政府各自职权范围内的工作，不得联合行文。

党委、政府的部门依据职权可以相互行文。部门内设机构除办公厅（室）外不得对外正式行文。

第五章 公文拟制

第十八条 公文拟制包括公文的起草、审核、签发等程序。

第十九条 公文起草应当做到：
（一）符合国家法律法规和党的路线方针政策，完整准确体现发文机关意图，并同现行有关公文相衔接。
（二）一切从实际出发，分析问题实事求是，所提政策措施和办法切实可行。
（三）内容简洁，主题突出，观点鲜明，结构严谨，表述准确，文字精练。
（四）文种正确，格式规范。
（五）深入调查研究，充分进行论证，广泛听取意见。
（六）公文涉及其他地区或者部门职权范围内的事项，起草单位必须征求相关地区或者部门意见，力求达成一致。
（七）机关负责人应当主持、指导重要公文起草工作。
第二十条 公文文稿签发前，应当由发文机关办公厅（室）进行审核。审核的重点是：
（一）行文理由是否充分，行文依据是否准确。
（二）内容是否符合国家法律法规和党的路线方针政策；是否完整准确体现发文机关意图；是否同现行有关公文相衔接；所提政策措施和办法是否切实可行。
（三）涉及有关地区或者部门职权范围内的事项是否经过充分协商并达成一致意见。
（四）文种是否正确，格式是否规范；人名、地名、时间、数字、段落顺序、引文等是否准确；文字、数字、计量单位和标点符号等用法是否规范。
（五）其他内容是否符合公文起草的有关要求。
需要发文机关审议的重要公文文稿，审议前由发文机关办公厅（室）进行初核。
第二十一条 经审核不宜发文的公文文稿，应当退回起草单位并说明理由；符合发文条件但内容需做进一步研究和修改的，由起草单位修改后重新报送。
第二十二条 公文应当经本机关负责人审批签发。重要公文和上行文由机关主要负责人签发。党委、政府的办公厅（室）根据党委、政府授权制发的公文，由受权机关主要负责人签发或者按照有关规定签发。签发人签发公文，应当签署意见、姓名和完整日期；圈阅或者签名的，视为同意。联合发文由所有联署机关的负责人会签。

第六章 公文办理

第二十三条 公文办理包括收文办理、发文办理和整理归档。
第二十四条 收文办理主要程序是：
（一）签收。对收到的公文应当逐件清点，核对无误后签字或者盖章，并注明签收时间。
（二）登记。对公文的主要信息和办理情况应当详细记载。
（三）初审。对收到的公文应当进行初审。初审的重点是：是否应当由本机关办理，是否符合行文规则，文种、格式是否符合要求，涉及其他地区或者部门职权范围内的事项是否已经协商、会签，是否符合公文起草的其他要求。经初审不符合规定的公文，应当及时退回来文单位并说明理由。
（四）承办。阅知性公文应当根据公文内容、要求和工作需要确定范围后分送。批办性公文应当提出拟办意见报本机关负责人批示或者转有关部门办理；需要两个以上部门办理的，应当明确主办部门。紧急公文应当明确办理时限。承办部门对交办的公文应当及时办理，有明确办理时限要求的应当在规定时限内办理完毕。

（五）传阅。根据领导批示和工作需要将公文及时送传阅对象阅知或者批示。办理公文传阅应当随时掌握公文去向，不得漏传、误传、延误。

（六）催办。及时了解掌握公文的办理进展情况，督促承办部门按期办结。紧急公文或者重要公文应当由专人负责催办。

（七）答复。公文的办理结果应当及时答复来文单位，并根据需要告知相关单位。

第二十五条　发文办理主要程序是：

（一）复核。已经发文机关负责人签批的公文，印发前应当对公文的审批手续、内容、文种、格式等进行复核；需做实质性修改的，应当报原签批人复审。

（二）登记。对复核后的公文，应当确定发文字号、分送范围和印制份数并详细记载。

（三）印制。公文印制必须确保质量和时效。涉密公文应当在符合保密要求的场所印制。

（四）核发。公文印制完毕，应当对公文的文字、格式和印刷质量进行检查后分发。

第二十六条　涉密公文应当通过机要交通、邮政机要通信、城市机要文件交换站或者收发件机关机要收发人员进行传递，通过密码电报或者符合国家保密规定的计算机信息系统进行传输。

第二十七条　需要归档的公文及有关材料，应当根据有关档案法律法规以及机关档案管理规定，及时收集齐全、整理归档。两个以上机关联合办理的公文，原件由主办机关归档，相关机关保存复制件。机关负责人兼任其他机关职务的，在履行所兼职务过程中形成的公文，由其兼职机关归档。

第七章　公文管理

第二十八条　各级党政机关应当建立健全本机关公文管理制度，确保管理严格规范，充分发挥公文效用。

第二十九条　党政机关公文由文秘部门或者专人统一管理。设立党委（党组）的县级以上单位应当建立机要保密室和机要阅文室，并按照有关保密规定配备工作人员和必要的安全保密设施设备。

第三十条　公文确定密级前，应当按照拟定的密级先行采取保密措施。确定密级后，应当按照所定密级严格管理。绝密级公文应当由专人管理。

公文的密级需要变更或者解除的，由原确定密级的机关或者其上级机关决定。

第三十一条　公文的印发传达范围应当按照发文机关的要求执行；需要变更的，应当经发文机关批准。

涉密公文公开发布前应当履行解密程序。公开发布的时间、形式和渠道，由发文机关确定。

经批准公开发布的公文，同发文机关正式印发的公文具有同等效力。

第三十二条　复制、汇编机密级、秘密级公文，应当符合有关规定并经本机关负责人批准。绝密级公文一般不得复制、汇编，确有工作需要的，应当经发文机关或者其上级机关批准。

复制、汇编的公文视同原件管理。复制件应当加盖复制机关戳记。翻印件应当注明翻印的机关名称、日期。汇编本的密级按照编入公文的最高密级标注。

第三十三条 公文的撤销和废止，由发文机关、上级机关或者权力机关根据职权范围和有关法律法规决定。公文被撤销的，视为自始无效；公文被废止的，视为自废止之日起失效。

第三十四条 涉密公文应当按照发文机关的要求和有关规定进行清退或者销毁。

第三十五条 不具备归档和保存价值的公文，经批准后可以销毁。销毁涉密公文必须严格按照有关规定履行审批登记手续，确保不丢失、不漏销。个人不得私自销毁、留存涉密公文。

第三十六条 机关合并时，全部公文应当随之合并管理；机关撤销时，需要归档的公文经整理后按照有关规定移交档案管理部门。

工作人员离岗离职时，所在机关应当督促其将暂存、借用的公文按照有关规定移交、清退。

第三十七条 新设立的机关应当向本级党委、政府的办公厅（室）提出发文立户申请。经审查符合条件的，列为发文单位，机关合并或者撤销时，相应进行调整。

第八章 附 则

第三十八条 党政机关公文含电子公文。电子公文处理工作的具体办法另行制定。

第三十九条 法规、规章方面的公文，依照有关规定处理。外事方面的公文，依照外事主管部门的有关规定处理。

第四十条 其他机关和单位的公文处理工作，可以参照本条例执行。

第四十一条 本条例由中共中央办公厅、国务院办公厅负责解释。

第四十二条 本条例自2012年7月1日起施行。1996年5月3日中共中央办公厅发布的《中国共产党机关公文处理条例》和2000年8月24日国务院发布的《国家行政机关公文处理办法》停止执行。

附录二　党政机关公文格式

GB/T 9704—2012

1　范围

本标准规定了党政机关公文通用的纸张要求、排版和印制装订要求、公文格式各要素的编排规则，并给出了公文的式样。

本标准适用于各级党政机关制发的公文。其他机关和单位的公文可以参照执行。

使用少数民族文字印制的公文，其用纸、幅面尺寸及版面、印制等要求按照本标准执行，其余可以参照本标准并按照有关规定执行。

2　规范性引用文件

下列文件对于本标准的应用是必不可少的。凡是注日期的引用文件，仅所注日期的版本适用于本标准。凡是不注日期的引用文件，其最新版本（包括所有的修改单）适用于本标准。

GB/T 148　印刷、书写和绘图纸幅面尺寸
GB 3100　国际单位制及其应用
GB 3101　有关量、单位和符号的一般原则
GB 3102（所有部分）　量和单位
GB/T 15834　标点符号用法
GB/T 15835　出版物上数字用法

3　术语和定义

下列术语和定义适用于本标准。

3.1　字 word

标示公文中横向距离的长度单位。在本标准中，一字指一个汉字宽度的距离。

3.2　行 line

标示公文中纵向距离的长度单位。在本标准中，一行指一个汉字的高度加 3 号汉字高度的 7/8 的距离。

4 公文用纸主要技术指标

公文用纸一般使用纸张定量为 60 g/m² ~ 80 g/m² 的胶版印刷纸或复印纸。纸张白度 80% ~ 90%，横向耐折度≥15 次，不透明度≥85%，pH 值为 7.5 ~ 9.5。

5 公文用纸幅面尺寸及版面要求

5.1 幅面尺寸

公文用纸采用 GB/T 148 中规定的 A4 型纸，其成品幅面尺寸为：210 mm×297 mm。

5.2 版面

5.2.1 页边与版心尺寸

公文用纸天头（上白边）为 37 mm ± 1 mm，公文用纸订口（左白边）为 28 mm ± 1 mm，版心尺寸为 156 mm×225 mm。

5.2.2 字体和字号

如无特殊说明，公文格式各要素一般用 3 号仿宋体字。特定情况可以做适当调整。

5.2.3 行数和字数

一般每面排 22 行，每行排 28 个字，并撑满版心。特定情况可以做适当调整。

5.2.4 文字的颜色

如无特殊说明，公文中文字的颜色均为黑色。

6 印制装订要求

6.1 制版要求

版面干净无底灰，字迹清楚无断划，尺寸标准，版心不斜，误差不超过 1 mm。

6.2 印刷要求

双面印刷；页码套正，两面误差不超过 2 mm。黑色油墨应当达到色谱所标 BL100%，红色油墨应当达到色谱所标 Y 80%、M 80%。印品着墨实、均匀；字面不花、不白、无断划。

6.3 装订要求

公文应当左侧装订，不掉页，两页页码之间误差不超过 4 mm，裁切后的成品尺寸允许误差 ±2 mm，四角呈 90°，无毛茬或缺损。

骑马订或平订的公文应当：

a) 订位为两钉外订眼距版面上下边缘各 70 mm 处，允许误差 ±4 mm；

b) 无坏钉、漏钉、重钉，钉脚平伏牢固；

c) 骑马订钉锯均订在折缝线上，平订钉锯与书脊间的距离为 3 mm ~ 5 mm。

包本装订公文的封皮（封面、书脊、封底）与书芯应吻合、包紧、包平、不脱落。

7 公文格式各要素编排规则

7.1 公文格式各要素的划分

本标准将版心内的公文格式各要素划分为版头、主体、版记三部分。公文首页红色分隔线以上的部分称为版头；公文首页红色分隔线（不含）以下、公文末页首条分隔线（不含）以上的部分称为主体；公文末页首条分隔线以下、末条分隔线以上的部分称为版记。

页码位于版心外。

7.2 版头

7.2.1 份号

如需标注份号，一般用 6 位 3 号阿拉伯数字，顶格编排在版心左上角第一行。

7.2.2 密级和保密期限

如需标注密级和保密期限，一般用 3 号黑体字，顶格编排在版心左上角第二行；保密期限中的数字用阿拉伯数字标注。

7.2.3 紧急程度

如需标注紧急程度，一般用 3 号黑体字，顶格编排在版心左上角；如需同时标注份号、密级和保密期限、紧急程度，按照份号、密级和保密期限、紧急程度的顺序自上而下分行排列。

7.2.4 发文机关标志

由发文机关全称或者规范化简称加"文件"二字组成，也可以使用发文机关全称或者规范化简称。

发文机关标志居中排布，上边缘至版心上边缘为 35 mm，推荐使用小标宋体字，颜色为红色，以醒目、美观、庄重为原则。

联合行文时，如需同时标注联署发文机关名称，一般应当将主办机关名称排列在前；如有"文件"二字，应当置于发文机关名称右侧，以联署发文机关名称为准上下居中排布。

7.2.5 发文字号

编排在发文机关标志下空二行位置，居中排布。年份、发文顺序号用阿拉伯数字标注；年份应标全称，用六角括号"〔〕"括入；发文顺序号不加"第"字，不编虚位（即 1 不编为 01），在阿拉伯数字后加"号"字。

上行文的发文字号居左空一字编排，与最后一个签发人姓名处在同一行。

7.2.6 签发人

由"签发人"三字加全角冒号和签发人姓名组成，居右空一字，编排在发文机关标志下空二行位置。"签发人"三字用 3 号仿宋体字，签发人姓名用 3 号楷体字。

如有多个签发人，签发人姓名按照发文机关的排列顺序从左到右、自上而下依次均匀编排，一般每行排两个姓名，回行时与上一行第一个签发人姓名对齐。

7.2.7 版头中的分隔线

发文字号之下 4 mm 处居中印一条与版心等宽的红色分隔线。

7.3 主体

7.3.1 标题

一般用 2 号小标宋体字，编排于红色分隔线下空二行位置，分一行或多行居中排布；回行时，要做到词意完整，排列对称，长短适宜，间距恰当，标题排列应当使用梯形或菱形。

7.3.2 主送机关

编排于标题下空一行位置，居左顶格，回行时仍顶格，最后一个机关名称后标全角冒号。如主送机关名称过多导致公文首页不能显示正文时，应当将主送机关名称移至版记，标注方法见 7.4.2。

7.3.3 正文

公文首页必须显示正文。一般用 3 号仿宋体字，编排于主送机关名称下一行，每个自然段左空二字，回行顶格。文中结构层次序数依次可以用"一、""（一）""1.""（1）"标注；一般第一层用黑体字、第二层用楷体字、第三层和第四层用仿宋体字标注。

7.3.4 附件说明

如有附件，在正文下空一行左空二字编排"附件"二字，后标全角冒号和附件名称。如有多个附件，使用阿拉伯数字标注附件顺序号（如"附件：1.××××"）；附件名称后不加标点符号。附件名称较长需回行时，应当与上一行附件名称的首字对齐。

7.3.5 发文机关署名、成文日期和印章

7.3.5.1 加盖印章的公文

成文日期一般右空四字编排，印章用红色，不得出现空白印章。

单一机关行文时，一般在成文日期之上、以成文日期为准居中编排发文机关署名，印章端正、居中下压发文机关署名和成文日期，使发文机关署名和成文日期居印章中心偏下位置，印章顶端应当上距正文（或附件说明）一行之内。

联合行文时，一般将各发文机关署名按照发文机关顺序整齐排列在相应位置，并将印章一一对应、端正、居中下压发文机关署名，最后一个印章端正、居中下压发文机关署名和成文日期，印章之间排列整齐、互不相交或相切，每排印章两端不得超出版心，首排印章顶端应当上距正文（或附件说明）一行之内。

7.3.5.2 不加盖印章的公文

单一机关行文时，在正文（或附件说明）下空一行右空二字编排发文机关署名，在发文机关署名下一行编排成文日期，首字比发文机关署名首字右移二字，如成文日期长于发文机关署名，应当使成文日期右空二字编排，并相应增加发文机关署名右空字数。

联合行文时，应当先编排主办机关署名，其余发文机关署名依次向下编排。

7.3.5.3 加盖签发人签名章的公文

单一机关制发的公文加盖签发人签名章时，在正文（或附件说明）下空二行右空四字加盖签发人签名章，签名章左空二字标注签发人职务，以签名章为准上下居中排布。在签发人签名章下空一行右空四字编排成文日期。

联合行文时，应当先编排主办机关签发人职务、签名章，其余机关签发人职务、签名章依次向下编排，与主办机关签发人职务、签名章上下对齐；每行只编排一个机关的签发人职务、签名章；签发人职务应当标注全称。

签名章一般用红色。

7.3.5.4　成文日期中的数字

用阿拉伯数字将年、月、日标全，年份应标全称，月、日不编虚位（即 1 不编为 01）。

7.3.5.5　特殊情况说明

当公文排版后所剩空白处不能容下印章或签发人签名章、成文日期时，可以采取调整行距、字距的措施解决。

7.3.6　附注

如有附注，居左空二字加圆括号编排在成文日期下一行。

7.3.7　附件

附件应当另面编排，并在版记之前，与公文正文一起装订。"附件"二字及附件顺序号用 3 号黑体字顶格编排在版心左上角第一行。附件标题居中编排在版心第三行。附件顺序号和附件标题应当与附件说明的表述一致。附件格式要求同正文。

如附件与正文不能一起装订，应当在附件左上角第一行顶格编排公文的发文字号并在其后标注"附件"二字及附件顺序号。

7.4　版记

7.4.1　版记中的分隔线

版记中的分隔线与版心等宽，首条分隔线和末条分隔线用粗线（推荐高度为 0.35 mm），中间的分隔线用细线（推荐高度为 0.25 mm）。首条分隔线位于版记中第一个要素之上，末条分隔线与公文最后一面的版心下边缘重合。

7.4.2　抄送机关

如有抄送机关，一般用 4 号仿宋体字，在印发机关和印发日期之上一行、左右各空一字编排。"抄送"二字后加全角冒号和抄送机关名称，回行时与冒号后的首字对齐，最后一个抄送机关名称后标句号。

如需把主送机关移至版记，除将"抄送"二字改为"主送"外，编排方法同抄送机关。既有主送机关又有抄送机关时，应当将主送机关置于抄送机关之上一行，之间不加分隔线。

7.4.3　印发机关和印发日期

印发机关和印发日期一般用 4 号仿宋体字，编排在末条分隔线之上，印发机关左空一字，印发日期右空一字，用阿拉伯数字将年、月、日标全，年份应标全称，月、日不编虚位（即 1 不编为 01），后加"印发"二字。

版记中如有其他要素，应当将其与印发机关和印发日期用一条细分隔线隔开。

7.5　页码

一般用 4 号半角宋体阿拉伯数字，编排在公文版心下边缘之下，数字左右各放一条一字线；一字线上距版心下边缘 7 mm。单页码居右空一字，双页码居左空一字。公文的版记页前有空白页的，空白页和版记页均不编排页码。公文的附件与正文一起装订时，页码应当连续编排。

8 公文中的横排表格

A4 纸型的表格横排时,页码位置与公文其他页码保持一致,单页码表头在订口一边,双页码表头在切口一边。

9 公文中计量单位、标点符号和数字的用法

公文中计量单位的用法应当符合 GB 3100、GB 3101 和 GB 3102(所有部分),标点符号的用法应当符合 GB/T 15834,数字用法应当符合 GB/T 15835。

10 公文的特定格式

10.1 信函格式

发文机关标志使用发文机关全称或者规范化简称,居中排布,上边缘至上页边为 30 mm,推荐使用红色小标宋体字。联合行文时,使用主办机关标志。

发文机关标志下 4 mm 处印一条红色双线(上粗下细),距下页边 20 mm 处印一条红色双线(上细下粗),线长均为 170 mm,居中排布。

如需标注份号、密级和保密期限、紧急程度,应当顶格居版心左边缘编排在第一条红色双线下,按照份号、密级和保密期限、紧急程度的顺序自上而下分行排列,第一个要素与该线的距离为 3 号汉字高度的 7/8。

发文字号顶格居版心右边缘编排在第一条红色双线下,与该线的距离为 3 号汉字高度的 7/8。

标题居中编排,与其上最后一个要素相距二行。

第二条红色双线上一行如有文字,与该线的距离为 3 号汉字高度的 7/8。

首页不显示页码。

版记不加印发机关和印发日期、分隔线,位于公文最后一面版心内最下方。

10.2 命令(令)格式

发文机关标志由发文机关全称加"命令"或"令"字组成,居中排布,上边缘至版心上边缘为 20 mm,推荐使用红色小标宋体字。

发文机关标志下空二行居中编排令号,令号下空二行编排正文。

签发人职务、签名章和成文日期的编排见 7.3.5.3。

10.3 纪要格式

纪要标志由"××××纪要"组成,居中排布,上边缘至版心上边缘为 35 mm,推荐使用红色小标宋体字。

标注出席人员名单，一般用3号黑体字，在正文或附件说明下空一行左空二字编排"出席"二字，后标全角冒号，冒号后用3号仿宋体字标注出席人单位、姓名，回行时与冒号后的首字对齐。

标注请假和列席人员名单，除依次另起一行并将"出席"二字改为"请假"或"列席"外，编排方法同出席人员名单。

纪要格式可以根据实际制定。

11 式样

A4型公文用纸页边及版心尺寸见图1；公文首页版式见图2；联合行文公文首页版式1见图3；联合行文公文首页版式2见图4；公文末页版式1见图5；公文末页版式2见图6；联合行文公文末页版式1见图7；联合行文公文末页版式2见图8；附件说明页版式见图9；带附件公文末页版式见图10；信函格式首页版式见图11；命令（令）格式首页版式见图12。

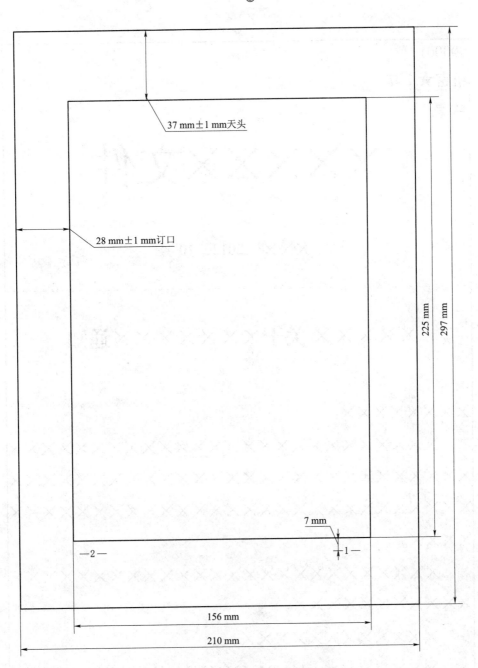

图1　A4型公文用纸页边及版心尺寸

```
000001
机密★1年
特急
```

×××××文件

×××〔2012〕10号

×××××关于×××××××通知

×××××××：
　　×××。
　　×××。
　　××××××××××××。
　　××××××。××。

— 1 —

图2　公文首页版式

注：版心实线框仅为示意，在印制公文时并不印出。

000001

机密★1年

特急

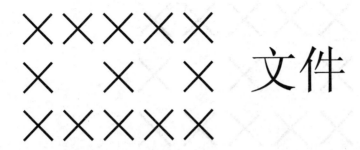

×××〔2012〕10号

×××××关于×××××××的通知

××××××××：

××××××××××××××××××××××××。××。×××××××××××××××××××××××××

— 1 —

图3 联合行文公文首页版式1

注：版心实线框仅为示意，在印制公文时并不印出。

000001
机 密
特 急

×××〔2012〕10 号　　　　签发人：×××　×××
　　　　　　　　　　　　　　　　×××

×××××关于×××××××的请示

×××××××：
　　××。
　　××××××××××××××××××××××××××××××××

— 1 —

图4　联合行文公文首页版式2
注：版心实线框仅为示意，在印制公文时并不印出。

×××××××××××××。

　　××。

2012年7月1日

　（×××××）

抄送：××××××××，××××××××，×××××，×××××。

×××××××××　　　　2012年7月1日 印发

图5　公文末页版式1

注：版心实线框仅为示意，在印制公文时并不印出。

×××××××××××××。
　　××××××××××××××××××××××
×××××××××××××××××××××××
×××××××××××××××××××××××
××××××××××。

　　　　　　　　　　××××××××××
　　　　　　　　　　　2012年7月1日

　　（×××××）

抄送：××××××××，×××××××××，×××××，×
×××××。

××××××××　　　　　　　2012年7月1日印发

— 2 —

图6　公文末页版式2

注：版心实线框仅为示意，在印制公文时并不印出。

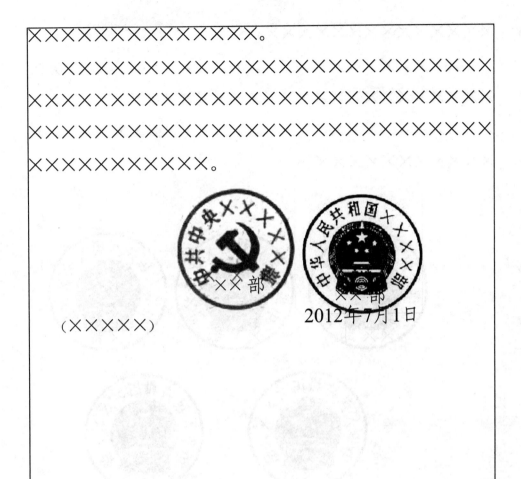

图7　联合行文公文末砜版式1

注：版心实线框仅为示意，在印制公文时并不印出。

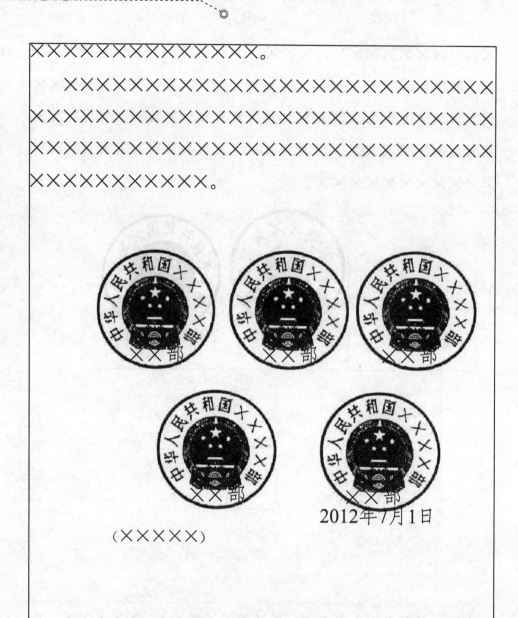

图8　联合行文公文末础版式2
注：版心实线框仅为示意，在印制公文时并不印出。

××××××××××××××××。

　　××。

　　附件：1.××××××××××××××××××××
　　　　　　×××××
　　　　2.×××××××××××

　　　　　　　　　　　　　　××××××
　　　　　　　　　　　　　　× × × ×
　　　　　　　　　　　　　　2012年7月1日

　　（×××××）

— 2 —

图9　附件说明页版式

注：版心实线框仅为示意，在印制公文时并不印出。

附件2

　　××××××××××

　　××。
　　××。

抄送：×××××××，××××××××，××××××，×××××××。
×××××××××　　　　　　　　2012年7月1日印发

图10　带附件公文末页版式
注：版心实线框仅为示意，在印制公文时并不印出。

中华人民共和国✕✕✕✕✕✕部

000001　　　　　　　　　　　✕✕✕〔2012〕10号
机　密
特　急

　　　　✕✕✕✕✕关于✕✕✕✕✕✕✕的通知

✕✕✕✕✕✕✕✕：

　　✕✕✕。

　　✕✕✕。

　　✕✕✕。

图11　信函格式首页版式

注：版心实线框仅为示意，在印制公文时并不印出。

第×××号

　　××××××××××××××××××××××××××××
××××××××××××××××××××××××××××。
××××××××××××××××××××××××××××
××××××××××××××××××××××××××××。

部　长　×××

2012年7月1日

— 1 —

图12　命令（令）格式首页版式
注：版心实线框仅为示意，在印制公文时并不印出。

附录三　ZHC(国家职业汉语能力测试)介绍

一、什么是 ZHC

ZHC 是"国家职业汉语能力测试"汉语拼音缩写。ZHC 由人力资源和社会保障部职业技能鉴定中心（OSTA）组织研制，是测查应试者在职业活动中的汉语实际应用能力的国家级测试。

职业汉语能力是指人们在职业活动中运用汉语进行交际的能力，运用汉语获得和传递信息的能力，以及逻辑思维能力。职业汉语交际能力是从事各种职业所必备的基本能力，直接影响到每个从业人员的工作成效。ZHC 是一项核心职业技能测试，面向所有就业者，合格者可以获得职业技能鉴定中心颁发的"国家职业汉语等级证书"。

二、为什么要考 ZHC

在知识经济时代的今天，具有良好的交流表达能力已经成为高素质人才的重要特征。不同的语言能力影响到一个人以至一个机构的职业形象，影响到一个人以至一个机构的工作效率。职业汉语能力作为就业人员必须具备的基本能力，现已得到各用人单位的重视和社会的广泛关注。

企业在选人用人时，越来越看重人的语言交流表达能力，许多单位在招聘员工时希望选用那些"文字能力"强的人。很多政府机关和咨询机构也开始把"国家职业汉语能力测试"作为人才招聘选拔的重要工具。ZHC 还是教师、记者、编辑、律师、翻译、公务员、医生等许多行业的准入门槛性质的测试，获得 ZHC 高级证书，意味着一个人拥有潜在发展能力，将极大地拓宽从业选择能力。

三、ZHC 的特点

1. ZHC 是我国 21 世纪唯一的、具有权威性的、能有效考查一个人在职业活动中实际应用汉语能力的国家级测试，语言应用能力主要包括：运用语言获得信息和传递信息的能力、对语言环境的适应能力、运用语言完成一定工作和学习任务的能力。

2. ZHC 主要考查作为职业核心能力的汉语应用能力，这种能力不同于行业通用技能、职业特定技能，具有普遍的适用性和广泛的迁移性。

3. ZHC 是一项能力测试，不同于一般的语文考试，主要考查应试者运用汉语进行交际的能力和逻辑思维能力，而不是语文知识和语法概念。

4. ZHC 考查的是稳定的语言能力而不是"死记硬背能力"，ZHC 没有指定用书，ZHC 成绩不反映一个人对测试的准备程度，不受测前短期强化训练的影响，它反映的是应试者通过长期学习积累而形成的稳定的语言能力。

5. ZHC 是综合使用客观题和主观题的语言测试，客观题保证了测试的信度，主观题保证了测试的效度，从而保证了 ZHC 的可靠性、有效性和可行性。

6. ZHC 是标准化证书测试。ZHC 在预测、等值、题库建设、分数体系设计、主观评分误差控制等方面有一系列严格的技术要求，是科学、公正的测试。

四、ZHC 试卷构成

目前，ZHC 主要考查阅读理解能力和书面表达能力，全卷共有 102 道题，测试时间为 150 分钟。ZHC 采用纸笔测试，第 1~100 题为客观题，填写答题卡；第 101~102 题为主观题，第 101 题为缩写，第 102 题为应用文，在答卷上笔答。ZHC 的试卷构成如下表所示：

测试内容	试题数量	答题参考时限
阅读理解客观题	50	60 分钟
书面表达客观题	50	40 分钟
作文	2	50 分钟
总计	102	150 分钟

在阅读理解方面，一方面需要考查对文字材料的理解能力，另一方面，需要考查阅读的速度，同时，也需要考查对字词的掌握。在书面表达方面需要考查的能力包括：正确地书写汉字和语句，掌握句子连接的方式，掌握组句成段的表述习惯，掌握汉语书面表达的一般格式，具体地描写出事物的状态和主要特征，清楚地叙述事件的主要过程和具体细节，说明和解释事物的基本事理和形成的原因，阐述对某种现象的看法和理由，等等。

ZHC 满分为 1000 分，按成绩从低到高分为初等、中等、高等三个等级。成绩合格者可以获得有人力资源和社会保障部职业技能鉴定中心（OSTA）颁发的相应等级的《职业汉语水平等级证书》。ZHC 分数与等级对应表如下所示：

ZHC 分数	ZHC 等级
399 分以下	/
400~599 分	初级
600~799 分	中级
800 分以上	高级

五、如何报考 ZHC

从 2008 年起 ZHC 每年举办 8 次测试，2013 年，全年考试时间修改为 6 次，分别为 4 月、5 月、6 月、10 月、11 月和 12 月。具体测试时间可与各地 ZHC 考点联系，或登录 ZHC 网站（www.zhc.cn）查询。ZHC 测试费为 280 元人民币。

附录四　ZHC 题型及解题技巧

一、阅读理解

(50题，60分钟)

第一部分（第1~20题）

说明：1~20题。每道试题提供1段文字，并带有1个问题，请你阅读后根据提问，在4个备选项中选出最恰当的答案。这部分试题主要测查对句段的概括、归纳、理解能力。答题参考时限为20分钟。

1. 近日，海口市交警支队启用防止违法车主冲关、闯关的新设备——阻道钉。这种阻道钉分遥控式和手拉式两种，操作简单易行，一辆飞驰而过的摩托车一驶过阻道钉，立马胎瘪漏气，动弹不得。但是阻道钉的安全问题正在引起社会各方的关注。这段文字要说明的是：
   (A) 什么是阻道钉
   (B) 阻道钉执法遭到质疑
   (C) 交警队启用阻道钉执法
   (D) 阻道钉在执法中的作用

2. 如果你的观念能从"如果不……"转向"如果不能……，我还能……，我还可以……"，从"如果没有……"转向"如果没有……，我还有……"，那么，你就不会因暂时的失败与挫折而灰心丧气，就能在人生的道路上鼓起勇气，再扬风帆。这个句子意在强调：
   (A) 人生要不断坚持
   (B) 观念需要时时改变
   (C) 生活需要弹性的观念
   (D) 不要被失败与挫折打倒

3. 春节期间燃放烟花爆竹是我国的民族文化传统，也是春节民俗文化的主要表现形式，与世界各国文化节日相比，燃放烟花爆竹是我国春节特有的节日文化。自1993年春节禁放烟花爆竹以来，在春节民俗文化方面还没有找到合适的其他替代方式，这个民俗节日文化正在逐步消失。这段话的主要意思是：
   (A) 春节民俗文化应该多样化
   (B) 世界其他国家过节时不燃放烟花爆竹
   (C) 春节燃放烟花爆竹是中国民俗文化的代表
   (D) 简单地禁放烟花爆竹不利于保护民俗文化

4. 现在中国电力短缺，需要开发水能，需要修水库，这就不可避免要破坏一些环境和生态。这里有一个权衡得失的问题，如果过分强调保护环境和生态，那么水库就不能建设。我认为，遇到这样的情形，权衡轻重得失的标准就应该是以人为本。从这段话我们可以知道作者认为：

（A）修建水库比保护环境和生态更重要

（B）做任何事都应以保护环境和生态为前提

（C）应该保护环境和生态但不可过分地强调

（D）中国电力短缺问题不能通过建设水库的方法解决

5. 中科院对北京中学生的一项调查显示，认为烧香拜神等传统迷信有效的中学生仅有1%，88%的中学生"根本不信巫医跳大神能治好病"；但迷信上了网摇身一变就成了"科学预测"，表示"有点相信""很相信"网上算命的中学生分别占41%和5%，另有11%的中学生表示遇见某些难以决定的事，会以网上算命为决定依据。这段文字主要的观点是：

（A）应该加强对网络的管理 　　　　（B）青少年上网要严加限制

（C）迷信对青少年的危害很大 　　　（D）网络迷信对青少年迷惑性很大

6. 土里刨食的中国人，生活是稳定的，也是脆弱的，因而不能不一切讲求有用。从土里刨食的生活中产生的思想，便以"学以致用"为最大特色。这段文字的主旨是：

（A）中国人具有实用思想

（B）中国人艰难的求生状况

（C）中国人实用思想产生的物质基础

（D）中国人的生产方式决定其信奉实用原则

7. 大学教育应该是缓解社会不公、弥平社会断裂之"远水"，"远水"未必能救"近火"，但它本身不能成为"近火"，反过来炙烤社会不公，激化社会矛盾。这段文字主要想说明的是：

（A）当今社会的矛盾在不断的激化中

（B）大学教育目前还缓解不了社会不公的问题

（C）大学教育不应该反过来加大社会的不公平程度

（D）当今社会存在着包括大学教育在内的各方面的不公现象

8. 绍兴的大街小巷大都是用大块大块的青石板铺成的，每一块石板下面都埋着个生动的故事。这段文字主要告诉我们：

（A）绍兴是一个水乡古镇

（B）绍兴的历史主要体现在青石板上

（C）绍兴随处体现着自己的悠久历史和传奇故事

（D）绍兴青石板路的铺成是许多人的生命换来的

9. 环境的恶化如杀虫剂的使用，其加速度如脱缰的烈马，勒也勒不住。既然政治层面还有改善的空间，改善就是必要的。可是，我不知道，是不是还有必要扫兴地说一句实话：改善的结果也是有限的。我们面对的问题，大部分来自难以克服的人性本身。对这段文字概括最适当的是：

（A）当今世界环境的恶化程度越来越严重

（B）是杀虫剂的使用进一步导致了环境的恶化

（C）只是通过政治层面的改善并不能解决环境问题

（D）只要还有改善的余地，我们都应该去积极争取

10. 三千多年前，当"中国"这个名词刚被使用时，它的范围只指今天的河南一带，以后才逐步扩大到黄河中下游地区。尽管这一地区并非今天中国的地理中心，却一直被认为是

"天下之中",并且长期雄踞中国政治、经济、文化中心的地位。这段文字主要谈的是:

(A)"中国"一词在古代的真正含义　　(B)三千年以前中国大致的疆土范围

(C)古代中国的政治、经济、文化中心　(D)黄河中下游地区历史上重要地位

11. 广告业的真理之一是,在广告中很少需要使用有内容的词句。广告所要做的只是吸引潜在顾客的注意力,因为记忆会促成一切。以产品的销售量而言,顾客对某项产品的记忆比对该产品某些特性的了解还重要。这表明作者这样一种观点:

(A)广告业对它所促销商品的了解并不多

(B)要吸引潜在顾客的注意力并不很困难

(C)使顾客记住所宣传的产品是广告的成功所在

(D)只为吸引潜在顾客注意力的广告缺乏真实性

12. 在中国,有"事迹"的作家比没"事迹"的作家更容易被记忆。聂鲁达、杰克·伦敦、左拉、高尔基都是有"事迹"的人。按说做水手或流浪汉都是不得已的谋生方法,但在文学史家眼里,这些"事迹"成了作家阶级性的根基。这段文字的言外之意是在批评中国文学史家:

(A)以阶级出身论成就的倾向

(B)对作家阶级性的认识与事实不符

(C)对作家的阶级身份定位并不客观

(D)对作家生平事迹的关注超过对文学成就的认识

13. 随着我国高科技产业竞争力的增强,跨国公司频频设置"知识产权"壁垒,利用"知识产权"这个利器,千方百计阻碍我国高科技产业的发展。知识产权所造成的技术损害已经成为影响我国高科技产业发展、危及产业安全的重要因素,这种危害甚至是致命的。这段文字的主旨是:

(A)中国高科技企业的知识产权意识淡薄

(B)高科技产业竞争的核心是知识产权竞争

(C)加强我国高科技产业的知识产权保护已经势在必行

(D)在知识产权竞争中,我国高科技产业处于弱势地位

14. 虽然现在社会工作岗位的竞争愈演愈烈,工作压力也越来越大,但是年轻人的择业已经不再停留在谋生的初级阶段,而是进入到寻求发展的更高阶段。注意开发潜力,实现自我的价值,成为促进年轻人择业的主要因素。这段文字说明,现在社会的年轻人

(A)注意自我价值的体现　　　　(B)希望得到社会的肯定

(C)希望得到一份稳定的工作　　(D)自己谋生已经基本没有问题

15. "超级病菌"耐甲氧西林金黄色葡萄球菌（MRSA）是引起全球性医院内感染的重要致病菌之一。英国每年有10万人在医院感染这种病菌,感染率为世界第一,其中十分之一的病人由于感染而延长了住院时间,5 000人因此死亡。这个数字超过了英国交通事故的死亡人数,也超过了英国吸毒和患艾滋病死亡人数的总和。仅此一项,英国国民健康保健系统每年就得支出10亿英镑。从这段文字中可知,"超级病菌"耐甲氧西林金黄色葡萄球菌（MRSA）:

(A)在英国医院的感染率高　　　(B)对英国国民健康影响巨大

(C)在英国造成了高死亡率　　　(D)使英国政府花费了大量金钱

16. 站在百尺竿头的人，若要进一步，就不能向前飞跃，否则便会粉身碎骨。只有先从竿头滑下，才能去爬一百零一尺的竿子。这段文字是要说明：
 （A）人在一生中要不断追求　　　　（B）人的一生总会有成功和失败
 （C）人应当学会适时放弃才能进步　（D）人到达人生的顶峰之后就应当放弃

17. 历史是个好老师，如果你一次没学会，她会不断地重复。这句话说明的道理是：
 （A）历史总会重演　　　　　　　　（B）历史永不间断
 （C）学习是个不断重复的过程　　　（D）应该从历史中汲取经验教训

18. 一位著名化学家声称，他将测验一瓶臭气的传播速度。他打开瓶盖15秒后，前排学生即举手，称自己闻到臭气，而后排的人则陆续举手，纷纷称自己也已闻到。其实瓶中什么也没有。这段话意在揭示：
 （A）人应该相信自己的判断力
 （B）人们不应该轻易相信别人的话
 （C）人们在做出判断时轻易受权威暗示的影响
 （D）从众心理可能导致人们丧失应有的判断力

19. 一对红猩猩，在游人的逗引和示范下，学会了向人吐唾沫的"本领"，不仅向游人而且向前来考察的北京动物园老园长吐了一脸唾沫。为了把它从"人"还原成本来的猩猩，动物园想尽了多种"威胁利诱"的教育方式，但收效甚微。这段话说明了：
 （A）教育要采取正确的方法　　　　（B）揠苗助长往往会适得其反
 （C）坏习惯的改正比养成更困难　　（D）好的道德风尚要靠公德心的培养

20. 当年德国科学家伦琴发现X射线，把自己用射线为妻子拍摄的照片投到当地一家小报社。第二天就是元旦，结果，德国人相互问候的话语不是"新年好"，而是"你看到了伦琴的射线吗？"这段文字主要想说明的是：
 （A）X射线的历史作用　　　　　　（B）第一张X射线照片的内容
 （C）德国人对科学前沿的关注程度　（D）伦琴发现X射线的过程及影响

第二部分（21～40题）

说明：21～40题。提供若干篇短文，每篇短文带有若干个问题，请你根据每题要求，在4个备选项中选出最恰当的答案。这部分试题主要测查对篇章的综合分析能力。答题参考时限为25分钟。

负责命名恒星和行星的国际天文学联合会近日表示，不给由美国天文学家刚刚宣布发现的编号为2003UB313的星体以行星身份。随着该"第十大行星"的身份遭质疑，太阳系"第九大行星"冥王星也可能面临"下岗"危机。

据德国《明镜周刊》8月2日报道，国际天文学联合会称，近来，随着在太阳系边缘有越来越多的新发现，它已经成立了一个工作组，专门负责拟定一份详细的发现名单以便进行仔细研究，这使得2003UB313的身份也许得等到明年国际天文学联合会召开全体会议时才能获得定论。

此次新发现的天体体积明显大于太阳系"第九大行星"冥王星。加州理工学院行星科学教授麦克·布朗、夏威夷双子座天文台的查理·楚其罗以及耶鲁大学的戴维德·洛宾诺维兹在2003年10月就已经注意到新天体的存在，但直到2005年1月经过数据分析后他们才认识到这项发现的重要性。

天文学家表示，新行星的发现可能反而会成为让冥王星"下岗"的契机。据介绍，新行星和冥王星都来自于同一个家族——柯伊伯带（由距离太阳45亿公里以外、围绕太阳公转的一大群较小天体组成）。在这个距离太阳系最远处的小行星带中，"生活"着难以数计的行星。如果将来在这个行星中每发现一个"大个子"就要称做大行星，那大行星的数量就会急速上升，这显然不合理。因此，有天文学家表示，把冥王星和这次发现的行星一起归到柯伊伯带中比较合适，而剩下的则应称为太阳系的"八大行星"。

据了解，一直以来坐在太阳系行星第九把交椅的冥王星，其地位也一直受到天文学家的质疑。因为，同其他8个兄长相比，它的尺寸实在过于袖珍，甚至比地球身边的"跟班"——月球还小。如果不是在历史上已经"约定俗成"，它早就应该从"九大行星"的序列中"下岗"了。

21. 根据本文，有关2003UB313星体说法不正确的是：
（A）地位目前还没有确定
（B）距离太阳有45亿公里
（C）只是柯伊伯带家族的普通一员
（D）是由查理·楚其罗和戴维德·洛宾诺维兹发现的

22. 根据本文，有关冥王星的下列说法正确的是：
（A）很可能不属于行星　　　　　（B）地位很早就受到了怀疑
（C）是太阳系中最小的天体　　　（D）地位要在天文学联合会上进行讨论

23. 文中提到"新行星的发现可能反而会成为冥王星'下岗'的契机"，这是因为：
（A）新行星与冥王星的体积相差太远
（B）冥王星与剩下的八大行星体积相比过于袖珍
（C）新行星地位的确立所带来的问题牵扯到了冥王星
（D）新行星与冥王星来自同一个由较小天体组成的家族

江南小镇历来有藏龙卧虎的本事，你看就这么些小河小桥竟安顿过一个富可敌国的财神！沈万山的致富门径是值得经济史家们再仔细研究一阵的，不管怎么说，他算得上那个时代既精于田产管理，又善于开发商业资本的经贸实践家。有人说他主要得力于贸易，包括与海外贸易，虽还没有极为充分的材料佐证，我却是比较相信的。周庄虽小，却是贴近运河、长江和黄浦江，从这里出发的船只可以毫无阻碍地借运河而通南北，借长江而通东西，就近又可席卷富裕的杭嘉湖地区和苏锡一带，然后从长江口或杭州湾直通东南亚或更远的地方，后来郑和下西洋的出发地浏河口就与它十分靠近。处在这样一个优越的地理位置，出现个把沈万山是合乎情理的。这大体也就是江南小镇的秉性所在了，它的厉害不在于它的排场，而在于充分利用它的便利而悄然自重，自重了还不露声色，使得我们今天还闹不清沈万山的底细。

系好船缆，拾级上岸，才抬头，却已进了沈厅大门。一层层走去，600多年前居家礼仪如在目前。这儿是门厅，这儿是宾客随从人员佇留地，这儿是客厅，这儿是内宅，这儿是私家膳室……全部建筑呈纵深型推进状，结果，一个相当狭小的市井门洞竟衍伸出长长一串景深，既显现出江南商人藏愚守拙的谨慎，又铺张了家庭礼仪的空间规程。但是，就整体宅院论，还是算俭朴的，我想一个资产只及沈万山一个零头的朝廷退职官员的宅第也许会比它神气一些。商人的盘算和官僚的想法判然有别,尤其是在封建官僚机器的缝隙中求发展的元明之际的商人更是如此,躲在江南小镇的一个小门庭里做着纵横四海的大生意,正是他们的"大门槛"。可以想见,当年沈宅门前大小船只的往来是极其频繁的,各种信息、报告、决断、指令、银票都从这里大进大出,但往来人丁大多神色隐秘、缄口不言、行色匆匆。这里也许是见不到贸易货物的,真正的大贸易家不会把宅院当作仓库和转运站,货物的贮存地和交割地很难打听得到,再有钱也是一介商人而已,没有兵丁卫护,没有官府庇荫,哪能大大咧咧地去张扬?

24. 不能解释沈万山致富可能得益于贸易的是:
 (A) 周庄靠近富裕的杭嘉湖地区和苏锡一带
 (B) 江南小镇多富商,易互通往来相互借鉴
 (C) 周庄贴近运河、长江和黄浦江,可通东西
 (D) 周庄所处地理位置可从长江口或杭州湾直通东南亚

25. 对沈厅的描述主要是为了说明:
 (A) 沈厅的建筑风格简单朴素
 (B) 沈厅的排场不及朝廷退职官员
 (C) 江南小镇曾有过一个富可敌国的商人
 (D) 当年江南商人已相当富庶但又十分精明谨慎

26. 文中的"大门槛"是指:
 (A) 沈厅当年是不轻易让外人进的人家
 (B) 沈厅在当年的江南小镇是最富庶的人家
 (C) 沈厅当年门前有着络绎不绝的人丁船只
 (D) 沈家当年隐藏在这个小镇做的却是大贸易

27. 文章的最后一句话主要说明了:
 (A) 官府对商业贸易的严格管制　　(B) 贸易的往来历来有很大风险
 (C) 商人的地位低下导致贸易难做　(D) 商人的真实地位及其谨慎心态

据《文汇报》8月22日报道,换一套输电系统,我国每年就能节电1 000多亿度,相当于上海一年半的用电量。

世界著名超导专家、中国科学院外籍院士、香港科技大学校长朱经武教授日前指出,"现在,一方面电力紧张,另一方面电力系统内部的损耗量也相当可观。"朱经武介绍,整个电力系统大体由发电、输送、供电等分系统构成,其中远距离输电的电力损耗大得惊人。据他测算,我国输电损耗率约为8%,每年在线路上白白损失掉的电量高达1 168亿度,足足相当于大亚湾核电站14年的发电总量或三峡水电站一年零五个月的发电量!

朱经武建议,可以采用当今最新高温超导技术,构建起一个零损耗输电系统,从源头上提高电力系统的效率。"目前,选用液氮或液氢能够确保超级电缆实现零损耗输电。"他认为,超导输电系统更适合于幅员辽阔、输电线路漫长的国家。"相对于美国,中国更具优势,因为这里的输电系统正在完善之中,完全可以借助尖端技术实现跨越式发展。"他建议,先在北京奥运村或上海世博园兴建一条100米至1公里长的试验性超导输电系统,一旦技术成熟就可以逐步推开。

28. 我国有可能每年节电1 000多亿度,是因为:

（A）上海的用电量太大　　　　　　（B）我国幅员辽阔，输电线路漫长
（C）大亚湾核电站的发电量可以增加（D）目前远距离输电的电力损耗很大

29. 作者认为怎样解决输电损耗的问题？
（A）采用高温超导技术实现零损耗输电
（B）在北京、上海等地进行超导输电系统试验
（C）在幅员辽阔的大地上架起更长的超导输电线路
（D）分别降低发电、输送和供电三个分系统的电力损耗

30. 根据第三段内容，下列表述不正确的一项是：
（A）起到零损耗作用用的原料是液氮或液氢
（B）美国更具有建立零损耗输电系统的优势
（C）中国具有建立零损耗输电系统的客观条件
（D）目前建超导输电系统的技术尚未成熟，正处于试验阶段

　　在现代建筑中，有的防震建筑在基础与地基之间设置弹性垫，有的在楼中设置反向平衡重物等来吸收地震能量，减少震动，还有的利用高科技手段抗震。在这方面，日本做出了有益的尝试。例如，东京有一座11层的钢化玻璃大楼，采用了三项防震措施：一是大楼摇晃时，整个结构在一条轨道上来回滑动，保持大楼的平衡；二是大楼一开始晃动，横跨它整个长度的柔性缆索便将其拉回中心；三是以水和压缩空气为动力，阻止大楼震颤。这些措施都是通过许多传感器迅速把震情资料传入中枢电脑，由电脑做出反应程序，进行防震。这是一座把建筑工程与电脑技术结合起来进行抗震的试验性建筑。

　　日本的研究人员还利用超导原理，研制出超导磁悬浮式防震系统，在楼底部与地基之间设置了对应的48个直径2米的超导线圈。同时在楼的地下部分与地基的侧面也安置了28个线圈。发生地震时，这些超导线圈产生的磁性斥力与震力相反，其大小由震动程序控制，尽量抵消震力。该防震系统目前的问题是成本高、耗电大。

　　基础隔震技术是用某种横向柔性隔震元件，将上部建筑与基础隔离的一种抗震技术。由于隔震层的刚度很小，当地震发生时，隔震层将发生缓冲作用，承受地震引起的位移运动，层间变形很小，因而上部建筑结构便一改原来地震反应的大振幅晃动为小间距平动，位移范围可减小1/4至1/12，这样不仅建筑结构不会被破坏，大大提高了安全度，而且建筑内的装修、设施也能保持完好。

31. 作者举日本11层大楼的例子是为了说明日本：
（A）地震频繁，所以抗震水平很高
（B）愿意尝试一些抗震方面的新技术
（C）喜欢将电脑技术与其他技术相结合
（D）在利用高科技手段抗震方面走在了世界前列

32. 文中提到超导磁悬浮式系统的缺点是：
（A）使用成本较高　　　　　　　　（B）可行性受到质疑
（C）磁力大小难以控制　　　　　　（D）电磁辐射对人体的健康产生威胁

33. 从第二段中可以看出，超导线圈的作用是：
（A）增强楼体的整体坚固度　　　　（B）为电脑控制系统提供数据
（C）产生与地震的震力方向相反的斥力（D）生成电磁场，破坏掉地震产生的电磁场

34. 这篇短文主要介绍了：
（A）日本建筑的抗震技术　　　　（B）高科技手段抗震的优缺点
（C）现代建筑的防震手段及其原理　（D）将电脑技术应用于建筑工程的优势

像往年一样，一家著名的外资企业今年依然招聘了数百名应届毕业生。可是，与往年不同，这家公司每招聘一个应届大学本科毕业生，还要额外"搭"一个技校毕业的学生。对于这种做法，这家外企的解释是"用来保持人力资源调配的'合理'和'平衡'"。据这家外资公司有关负责人解释，雇佣员工，尤其是大学生，这种"1+1"的方式是很实际的。现在大学在全面扩招，势必造成就业压力进一步增加，招聘实行"1+1"完全出于当前的实际情况。因为招聘一个新的大学生意味着要进行相关的培训和职业指导，还要安排老员工指导，无形中增加了用工成本。从企业的角度出发，有才能的人又很难招聘到，大量优秀的工作岗位正在流失。企业虽然缺人但也并不急于招聘，雇用新员工还不如用提高待遇的方法留住老员工。

"以前曾用过不少名牌大学的毕业生，但没有一个成功的例子。"这位负责人显得很无奈。毕业生眼高手低、好高骛远已经成为一个不容忽视的问题。他们会有莫名其妙的优越感，浮躁而不务实。其实，公司追求的是综合效果，要的是合作精神和团队意识。公司繁忙的业务导致没有时间和精力重新培养员工。相比较而言，技校学生虽然没有扎实的理论基础，但却有着过硬的技能，而且工作态度踏实、务实，可以很快地投入工作，用工成本较低。实际上，有不少中专学校在制定专业的时候，会根据市场上的企业需要安排专业，专门培养企业需要的人才，就业率都很高。

今年一个中职毕业生六个岗位抢的情况，也证明了目前用人单位聘用标准的转型。市教委的统计数字表明，全市60所中专校、82所职高校、13所成人中专校总计毕业生6万多人，目前已经就业的学生达到95%。但是，今年本市中职毕业生仍然供不应求，用人单位甚至提前预订了明年大半的毕业生。企业用人从单纯追求高学历到考虑用人成本，中职生适应了用人单位的口味。

35. 文中提到的"1+1"指的是：
（A）一个岗位一个新员工　　　　（B）一个老员工带一个新员工
（C）一个大学生搭一个技校生　　（D）一个技术人员搭一个行政人员

36. 企业招聘实行"1+1"的原因，不包括：
（A）大量老员工正在不断流失　　（B）培训新员工会增加用工成本
（C）招聘技校毕业生则用工成本低　（D）大学毕业生进入工作后态度不好

37. 这段文字意在说明：
（A）大学毕业生找工作难的原因　　（B）中职生在招聘时备受企业青睐
（C）企业降低用工成本的不同方式　（D）企业如何保持人力资源的合理和平衡

早在半个世纪之前，生物经济就已初露端倪。1953年，弗朗西斯·克里克和詹姆斯·沃森发现DNA双螺旋结构，从而揭开了生物经济的序幕。从那时起，生物经济就一直处于孕育期；近年来，人类基因组测序的完成，标志着这一阶段的结束。现在，我们正在向生物经济的成长期迈进。预计在这一阶段中会涌现一批新兴的热门产业，就如同半导体和软件在信息经济第二阶段中出现的情形一样。这样，生物技术将为生物经济时代的到来铺平道路。在接下去的20多年里，有机的生物技术将与无机的硅信息技术以及无机的复合材料和纳米技术并肩发展。

　　在这一进程中，我们将攻克一个个技术难关，其中最关键的就是要使许多生物过程数字化。直到现在，只有数字、文字、声音和图像等4种信息的数字化技术较为成熟，而诸如嗅觉、味觉、触觉、想象和直觉等其他信息还被排斥在数字化信息世界之外。问题在于，我们用来处理后一类信息的数字技术尚未发展到适宜进行商业开发的程度。估计到2020年以后，这些技术将会成熟。研究人员目前正在对堪称感觉之首的嗅觉进行数字化处理。科学家相信，产生气味的基本要素可以按照类似处理视觉和听觉的方式在分子水平上进行处理，并用价格合理的芯片以数字方式表现出来。例如，美国加利福尼亚州奥克兰的数字嗅觉公司和拉霍亚的美国胚胎公司等已经开发出数字气味技术。而帕萨迪纳的西拉诺科学公司则正在开发能够"嗅"出疾病的医学诊断技术。

　　数字嗅觉技术的应用极其广泛：投寄贺年卡时，你可以在文字和图表信息之外配上鲜花的芳香，收件人在收到你的祝愿时就会油然而生一种自然的温馨；加入数字气味的数字电影将真正给人一种身临其境的感觉。甚至你还能凭借数字嗅觉判别商家的经营特点和企业文化，比方说大通银行的气味与花旗集团有何不同？零售商的气味怎样？这些在今天听来似乎是天方夜谭，但是20年之后都将变得司空见惯。

38．从第一段中我们可以知道：
　　（A）生物技术是生物经济发展的基础和前提
　　（B）生物技术是研究与人类基因有关的技术
　　（C）生物经济和信息经济产生发展进程相同
　　（D）生物经济是以有机的生物技术为主导的

39．生物经济进程中的关键是能否：
　　（A）实现生物过程的数字化
　　（B）缩短各种生物技术过长的成熟期
　　（C）形成成熟的生物经济商业开发程度
　　（D）掌握嗅觉、味觉、触觉、想象和直觉的数字化技术

40．下列说法正确的是：
　　（A）生物经济时代会持续20年　　　（B）生物过程的数字化尚未开始
　　（C）数字嗅觉技术应用已极其广泛　（D）数字化信息技术有待进一步发展

第三部分（第41～50题）

　　说明：41～50题。每道题给出一段陈述，这段陈述被假设是正确的、不容置疑的。请你阅读后根据这段陈述，在4个备选项中选出最恰当的答案。该答案应该是不需要任何附加说明即可从陈述中直接推出的。这部分试题主要测查对句段的演绎推理能力。答题参考时限为15分钟。

41．网上视频通信不再仅仅是"技术怪人"的专利。实际上，由于宽带和支持视频的免费即时通信软件日益广泛的应用，它已悄然成为最炙手可热的互联网应用之一。但必须承认，前面的路还很长：真正全动态视频画面至少要每秒24帧，而多数消费服务还达不到这个标准。从这段文字不能推出的是：
　　（A）使用视频通信的人越来越多

（B）目前动态视频的服务水平很有限
（C）视频技术越来越不能满足人们的需求了
（D）以前网上视频通信只有技术高的人才懂

42. 我国已故著名哲学家冯友兰先生说："在人生成功的过程中，需要具备三种因素：第一是天才，第二是努力，第三是命。"根据这段话，可以知道：
（A）成功的人都是天才　　　　　（B）外因也是成功的条件
（C）冯友兰先生是唯心主义者　　（D）勤奋和天赋决定是否成功

43. 真正的OUTLETS商品必须取得渠道公司的正规授权，更要有完整的进口凭证。这一点与大多数市场上所出现的"外贸店"中的商品不同，也与专卖店中针对中国市场生产的产品不同。通过这段话，我们可以知道：
（A）OUTLETS商品在外贸店和专卖店没有销售
（B）专卖店中针对中国市场生产的商品无须进口凭证
（C）外贸店中的商品没有完整的进口凭证与正规授权
（D）除了真正的OUTLETS商品以外的商品都没有进口凭证

44. 发达国家在一百多年里陆续出现的环境问题，在中国二十多年里就集中出现了。根据上文可以得知：
（A）中国现在面临着巨大的环境压力
（B）发达国家的环境问题比中国的要少
（C）中国的发展很快，二十年相当于国外的一百多年
（D）发达国家的环境问题是陆续出现的而中国是同时出现的

45. 查莫罗人的这种神经疾病与吃狐蝠直接相关。原因是狐蝠食用大量苏铁植物的种子。这些种子中含有会引起神经紊乱的毒素，而毒素会在食用苏铁种子的狐蝠身体中积累。通过这段话，我们可以推出：
（A）苏铁植物的种子可以导致神经疾病
（B）只有毒素积累到一定程度才能致病
（C）引起神经紊乱的毒素不会被人体排泄
（D）查莫罗人的这种神经疾病是狐蝠传染的

46. 一方面由于天气恶劣，另一方面由于主要的胡椒种植者转种高价位的可可，所以，三年来，全世界的胡椒产量已经远远低于销售量了。因此，目前胡椒的供应相当短缺。其结果是：胡椒价格上扬，已经和可可不相上下了。据此可知：
（A）世界市场胡椒的供应量正在减少
（B）目前可可的价格要高于三年前的价格
（C）胡椒种植者正在扩大胡椒的种植面积
（D）世界胡椒消费需求已持续三年高居不下

47. 目前，在美国、日本等国家和我国台湾地区兴起"吃茶"保健热。实际上，吃茶在我国古已有之，只是从唐代特别是明代以后，茶叶的用法由"吃"逐渐演变为"喝"。这段文字支持以下哪一项结论？
（A）我国古人在茶叶使用上更注意节约、经济
（B）"吃茶"保健热是复古思潮的一种体现

(C) 生产力水平的提高引起茶叶用法的改变
(D) 喝茶在明代之后才成为一种稳定的习惯

48. 先师谭其骧先生年轻时就钟爱昆曲。我曾经问他当初是如何学的，他说得跟着笛师"拍曲"，一首曲得跟唱50至100遍才能学会。我又问，如果听人家唱自己不会的曲子能否知道在唱什么，他说听不懂。像他这样听了唱了一辈子昆曲的人，也只能欣赏自己熟悉的曲子。今天怎么可能普及到比他们这代人古文基础差、选择余地比他们大、工作和生活节奏比他们快的年轻人中去？这段文字不支持的观点是：
(A) 昆曲现在很难普及　　　　　　(B) 不熟悉的昆曲是无法欣赏的
(C) 昆曲的学习需要付出心血和努力　(D) 现在的年轻人欣赏昆曲的机会少

49. 曹妃甸原本是渤海沿海的一条带状沙岛。"面向大海有深槽，背靠陆地有浅滩"，是渤海湾内唯一不需要开挖航道和港池即可建设30万吨级大型深水泊位的天然"钻石级港址"。曹妃甸得天独厚的地理优势及毗邻京津城市群的区位优势，将为建设大型深水港口和临港工业基地提供优越条件。下面推断正确的是：
(A) 曹妃甸位于京津地区　　　　　(B) 曹妃甸港口内没有航道
(C) 曹妃甸的地质构造是沙土构造　(D) 曹妃甸建有30万吨级大型深水港口

50. 跟团旅游是一种"政治正确"的做法，它最大限度地保证了旅行社的正常运作和正常利润，但于你的假期而言，除了安全，你什么也没有享受到。这句话告诉我们，跟团旅游：
(A) 是相对安全的　　　　　　　　(B) 是作者提倡的
(C) 是有利可图的　　　　　　　　(D) 是一种政治行为

二、书面表达

第一部分（第51～60题）

说明：51～60题。每道试题提供1段文字，这段文字被分为4个部分，其中1个部分中有1个错别字。请你找出这个错别字。这部分试题主要测查对汉字的辨识能力。答题参考时限为5分钟。

51. 人们开始利用电能到现在不过一百年，/原子能利用则仅是最近几十年的事；/而新
　　　　　　　(A)　　　　　　　　　　　　　　　　(B)
石器时代以前的发展阶段，/却动则数十万年到千百万年。
　　(C)　　　　　　　　　(D)

52. 这里好比一片世外桃源。/虽然没有百灵鸟的踪影，/但是有许多喧闹而美丽的鸟儿
　　　　(A)　　　　　　　　(B)　　　　　　　　　　(C)
路过这里，/在河边栖息和休憩。
　　　　　(D)

53. 在美洲大陆从未发现超过1.2万年历史的人类遗迹。/究竟谁是第一个美洲人，仍
　　　　　　(A)　　　　　　　　　　　　　　　　　　　　　(B)

然令人感到扑朔谜离，/一切还有待于更多严谨的科学发现，/而不是依靠个人的猜测和苦思
冥想。　　　　　　(C)　　　　　　　　　　　　　　　　　(D)

54. 很长时间没有听到一种与众不同的浅绿中略带蓝色的声音了，/不知道经过了漫长
　　　　　　　　　　　　　(A)　　　　　　　　　　　　　　　　　(B)
的冬季，那声音是否也有些憔瘁，/所以在眺望春风的时候，我希望它经过某一风景、某一
　　　　　　　　　　　　　　　(C)
身影的时候，/多一会徘徊，并能唤醒再一次澎湃的复苏。
　　　　　(D)

55. 一个人没有了跳动的脉膊，就无法生存下去。/一个民族有了强大的文化支撑，才
　　　　　　　　　(A)　　　　　　　　　　　　　　　　　(B)
能挺起自己的脊梁骨，/才能生生不息，百折不挠，众志成城，/迸发出巨大的创造活力。
　　　　　　(C)　　　　　　　　　　　　　　　　　(D)

56. 从谦逊、勤恳到梦想和信仰，/加菲猫嘲弄着一切我们以为神圣的东西，/我们心里
　　　　　(A)　　　　　　　　　　　　　(B)
也这么想，但它挺身而出，减轻了大家的罪恶感，/它悍卫的是我们放纵自己欲望的权利。
　　　　　　　　　　(C)　　　　　　　　　　　　　　　(D)

57. 画中有画家独特的人生理解和感悟，/读画实际是在读画家的心，读画家对人生的
　　　　　(A)　　　　　　　　　　　　　　　(B)
思考和表述。/平淡、庸俗的人生理念是既浅薄又贫瘠的土壤，/难以产生独竖一帜、让人钦
　　　　　　　　　　　　(C)　　　　　　　　　　　　　　　(D)
佩的画家。

58. 对一个国家的治理来说，法治与德治，从来都是相辅相承、相互促进的。/二者缺
　　　　　　　　　　　(A)
一不可，不可偏废。/这一重要思想，深刻揭示了法治建设与道德建设的辩证关系，/深刻阐
　　　(B)　　　　　　　　　　　(C)
述了法治与德治在建设中国特色社会主义事业中的重要意义和战略地位。
　　　　　　　　　　　　　　(D)

59. 无论从全球战略角度出发，还是从国家发展战略出发，/大都市对全球社会转变具
　　　　　　　　　　(A)　　　　　　　　　　　　　　　(B)
有举足轻重的作用。/因而世界各国把建立国际大都市作为实现国家现代化、城市化的一个
　　　　　　　　　　　　(C)
必备举措。/可对于大都市的标准和目标，存在诸多分歧、莫众一是。
　　　　　　　　　　　　(D)

60. 人和人本来应该如此相携相助的，/至于认为的孤独，那种邪恶的浊流，/在阳光普
　　　　　　　　　　(A)　　　　　　　　　　　(B)
照的温馨世界里，/只是象洪水那样，尽管会汹涌而来，但来了还是会去的。
　　(C)　　　　　　　　　　(D)

第二部分（第61～75题）

说明：61～75题。这部分试题分为词语替换（61～65）和词语填空（66～75）两类，

要求你在具体的语境中选用最恰当的词语。这两类试题主要测查对词语的应用能力。答题参考时限为10分钟。

61. 现在，人们则在热烈地谈论中国人何时能问鼎诺贝尔经济学奖。
    (A) 折桂　　　(B) 竞争　　　(C) 获得　　　(D) 夺冠

62. 一个人的吃相，泄露了他的来历和去向。
    (A) 表明　　　(B) 表达　　　(C) 流露　　　(D) 暴露

63. 中国文化在长期的发展演变过程中，对外来文化一直保持着颇为开放的心态，不断吸纳、融合其他文化的优良成分，为中华文化增添了新的生命力。
    (A) 采纳　　　(B) 吸引　　　(C) 吸收　　　(D) 吸附

64. 从这些蛛丝马迹般的小小的争议中，我们不难窥见作为《新青年》在思想史层面上的微言大义。
    (A) 言简意赅　　(B) 言之有理　　(C) 言近旨远　　(D) 言为心声

65. 病人的免疫系统有可能把移植的器官当作"非我族类"进行攻击，让手术功亏一篑。
    (A) 一败涂地　　(B) 功败垂成　　(C) 一蹶不振　　(D) 无功而返

66. 1995年1月1日起，机械厂正式_____劳动者每周工作40小时的5天工作制。
    (A) 颁布　　　(B) 实行　　　(C) 发布　　　(D) 实验

67. 在没有准备的情况下，他_____拿来了可乐和汉堡包作为替代品。
    (A) 按时　　　(B) 准时　　　(C) 临时　　　(D) 有时

68. 自古以来，人们就_____向往能够有一天可以像鸟儿一样自由地翱翔蓝天。
    (A) 时常　　　(B) 往往　　　(C) 一直　　　(D) 一贯

69. 有专家发出警告，现在不抓紧治理长江污染，10年之内长江水系生态系统将濒临_____。
    (A) 灭亡　　　(B) 破坏　　　(C) 逆转　　　(D) 崩溃

70. 人口的急剧增加已经给印度经济发展带来了沉重的负担，同时也让政府致力于摆脱贫困的各项计划变得_____。
    (A) 徒有其名　　(B) 无计可施　　(C) 形同虚设　　(D) 举步维艰

71. 他这人就喜欢调嘴弄舌，背地里说人闲话，_____。
    (A) 上蹿下跳　　(B) 兴风作浪　　(C) 胸无点墨　　(D) 搬弄是非

72. 刚从事遥感考古工作的同志，_____希望能验证一下自己的科技成果，_____希望在验证过程中获取经验与教训，_____有误，_____可以弄清失误的原因，找到正确的方向。
    (A) 即使　也　不但　更　　　　(B) 也　更　即使　不但
    (C) 不但　更　即使　也　　　　(D) 更　也　不但　即使

73. 小查尔斯·沃尔夫在其《裂缝》中，列出了未来10年中国经济发展可能遇到的主要挑战，并将其主要归纳为八个方面，虽然有些_____，但并非全是_____。
    (A) 名不副实　高谈阔论　　　　(B) 危言耸听　高谈阔论
    (C) 名不副实　空穴来风　　　　(D) 危言耸听　空穴来风

74. 现实中，我们在无法_____愈演愈烈的"应试教育"时，也可从科举历史中找到许多可资_____的启发。尽管科举已如逝去的流水，但其作为源远流长的中国文化不应被_____，中国的传统文化是中国原创力的重要基础。

（A）面对　借用　割断　　　　　（B）应对　借鉴　切开
（C）面对　借用　切开　　　　　（D）应对　借鉴　割断

75. 在有生之年，我们都要面临挑战，不倦工作，以期取得卓越业绩。_____所有的人都能学有专长，_____艺术和科学的天才_____是少之又少。大多数人还是在工厂、农村、城市默默工作。_____，任何工作都有意义。所有于人类有所促进的工作都有其尊严和价值，应该努力不倦地把它做好。

（A）并非　对于　则　然而　　　（B）并非　至于　更　然而
（C）可能　但是　却　尽管如此　（D）可能　有关　反而　尽管如此

第三部分（第76～90题）

说明：76～90题。这部分试题分为病句辨析（76～85）和句子填空（86～90）两类。病句辨析题要求你在提供的4个句子中超找出有语病的一句。句子填空题要求你结合上下文使某个句子表述完整、恰当。这两类试题主要测查对句子的应用能力。答题参考时限为15分钟。

76.

（A）她的鼓励使我不敢懈怠，她的期盼使我自惭形秽。

（B）母亲对事物的判断标准仅仅是最肤浅的"好""坏"上，在说理方面是比不过父亲的。

（C）虚拟机器狗"瑞蒂"能对47种外界刺激产生77种反应，但这些情绪仍在人为设计的可能性之内。

（D）尽管这场旷日持久的大众娱乐运动即将谢幕，但它已经开启了中国流行文化的一个崭新时代。

77.

（A）每天都有很多事情让我们心存感激，同时也有很多人值得我们感谢，因为他们在无形中教会了我们一些事情。

（B）对于在如何使学生掌握现代化生活所必需的知识技能的问题上，该校的教师作过深入细致的研究。

（C）老师不应该把分数看得过重，不应该忽略而应该重视思想品德和各种能力的培养，否则就有点过分了。

（D）当我静静地缅怀往事，尤其是当我紧紧地闭上眼睛的时候，只要心头一动，脑海里就会浮现出如此之多的善良人的面容。

78.

（A）看电视和玩电脑游戏似乎成了现在儿童最主要的娱乐形式，所以到10岁时，大部分儿童都已变为遥控"专家"。

（B）法国科学家比较了新生儿的味觉反应后发现，他们对香味的喜好与其母亲对香味的爱好有密切关系。

（C）备受蚊子钟爱的是饱含脂肪的血液，而不是人们以前一贯认为的"甜蜜"的血液

（葡萄糖含量高的血液）。

　　（D）科学的永恒性在于坚持不懈地寻求之中，科学就其容量而言，是不枯竭的，就其目标而言，是永远不可企及的。

79.
　　（A）暑假已经结束，黄金周尚未到来，这本是旅游业的一个淡季，但由于老年参团者日益增多，使原本沉寂的9月成为淡季中的"小旺季"。
　　（B）越是经济发达地区，遭受灾害后付出的代价越大，这个问题是我国沿海各大城市要共同面对的。
　　（C）最新的调查表明，一个人的音乐偏爱对别人洞察其个性提供了视角，甚至还可以成为去更多了解别人的工具。
　　（D）坎布里奇市与波士顿隔河相望，两座城市都有悠久的历史和创新精神，从这儿的音乐厅、图书馆和书店、博物馆可见一斑。

80.
　　（A）夏季到了，每年的传统用电高峰期到了。上海市率先宣布进入100天限电期，其他省市区也会陆续有限电措施出台。
　　（B）许多企业看到了其中的商机，纷纷进军于这一新兴市场。来自法国和德国的节能材料，也已进入了中国。
　　（C）最盛时，隆福寺庙内有摊商三四百个，庙外店铺四五百家，堪称京城诸市之冠。
　　（D）珠宝首饰在你的整体衣服搭配中，起到画龙点睛的作用，能让你看上去更加完美。

81.
　　（A）对于想保持牙齿洁白的学生来说，使用合适的牙膏牙具、保持正确的刷牙习惯就可以了，完全没有必要过早地使用医学手段介入的方法漂白牙齿。
　　（B）科举制在初建时，给知识分子提供了广阔的舞台，积极参与政事，发挥自己的专长，潜心研究，所以唐宋时期，科技成就辉煌。
　　（C）战国时期，谁拥有足够的粮食，谁就具备了战胜对手的法宝，所以"农本"思想也就成为统治者驾驭天下的治国思想。
　　（D）恩格斯说："在十四世纪初，火药从阿拉伯人那里传入西欧，它使整个作战方法发生了变革，这是每一个小学生都知道的。"

82.
　　（A）城市受到现代化进程的冲击，传统的家庭养老模式已迅速退化，逐渐失去了原有家庭子女的"反哺"功能。
　　（B）医药卫生体制改革的根本目的是用比较低廉的费用提供比较优质的医疗服务。
　　（C）节约资源就是对自身欲求有所节制，它是对国家、民族、家庭、自我负责任，重操守的表现。
　　（D）在当今社会转型、竞争激烈的大环境里，孩子赋予了太高的期望，父母常常期待孩子能做到完美，拥有完美、富足的人生。

83.
　　（A）虽然现在还没有人知道电脑放出的辐射对人体健康到底有多大影响，但其存在电磁污染已是不争的事实。

（B）1927年到1937年，周口店猿人洞中陆续出土了5个完整和比较完整的头盖骨化石，遗憾的是在"二战"期间，"北京人"头盖骨化石神秘失踪，至今下落不明。

（C）一般来说，人们到9月份才会开始接种流感疫苗，接种疫苗的时间将贯穿整个流感高发季节，尤以10月和11月为最高峰。

（D）国际组织扮演了至关重要的角色，在某些时候，他们也获得了成功，但他们更多地是为政治上的权宜之计影响。

84.

（A）我们只有这样做了，就有可能正确地或者比较正确地解决问题，而这样地解决问题，究竟是否正确或者完全正确，还需要今后的实践来检验。

（B）正是出于对共和国一段令人痛心的历史的反思，"依法治国"被作为基本国策纳入了宪法，法治、人权、平等、自由等价值理念正在令人欣慰地悄然复苏并茁壮成长。

（C）他为人机敏，极善言辞，同人交往侃侃而谈，而又绝无夸夸其谈之嫌。

（D）改进计价器计价显示方式，调整为表内每百米计价，以角结算，表面上四舍五入以元显示，这是此次出租车价格改革的一大内容。

85.

（A）上海科技开发中心聚集了一批热心于科技开发服务，善于经营管理的专业化队伍。

（B）与会专家学者共同围绕在国际化同一市场竞争条件下，中国民族化妆品如何发挥优势，如何建立安全诚信的市场环境的问题作了深入探讨。

（C）只要稍具汽车方面常识的人都会知道，一辆汽车如果在连续、快速的状态下运行，不仅耗油量相对较小，而且排出的废气也相对较少。

（D）别看大熊猫个体肥胖，爬树却是能手，这是他们食肉祖先的本能，既有利于捕食，也能躲避敌害。

86. 做事应该未雨绸缪，居安思危，这样在危险突然降临时，才不至于手忙脚乱。"_____"，平常若不充实学问，临时抱佛脚是来不及的。

（A）学而不思则罔　　　　　　（B）学海无涯苦作舟
（C）书到用时方恨少　　　　　（D）业精于勤，荒于嬉

87. 如果一开始没成功，再试一次，仍没成功就该放弃；_____。

（A）失败总是无可避免　　　　（B）愚蠢的坚持毫无益处
（C）成功不是唾手可得的　　　（D）坚持到最后必然成功

88. 人类的历史也就是互相争夺生存资源的历史。在历史发展的进程中，在竞争过程中制定了各种社会规范和国际准则，以免互相残杀。但实际上人类之间的竞争一刻都没有停止过，作为人类的一员，_____。

（A）我们必须遵守这种规则
（B）我们共同推进了历史的发展
（C）不管你是否同意，竞争无处不在
（D）不管你是否愿意，你都在参与竞争

89. 贝贝坦言自己最欣赏老爸，老爸当了一辈子记者，扛着相机到处跑，虽然辛苦，却很开心。因此在贝贝看来，只要是自己想干的事，_____。

（A）就大胆去做　　（B）就争取做好　　（C）再难也不怕　　（D）再累也幸福

90. 正所谓"＿＿＿＿＿＿＿＿＿＿"，这些人错就错在，他们即使已经获得了很好的机会，但仍还在梦想着发财的、高升的、更大更好却又迷茫不可及的机会。正是由于这些人面对机会而不加分析，而一旦遇到一些挫折和变动，就连他们手中最根本的"果实"也会丢掉。
（A）人心不足蛇吞象　　　　　　（B）不以恶小而为之
（C）过而改之，善莫大焉　　　　（D）千里之堤，溃于蚁穴

第四部分（第 91～100 题）

说明：91～100 题。这部分试题提供若干篇短文，每篇短文带有若干问题，要求你结合上下文使某段文字表述完整、恰当。这部分试题主要测查对篇章的综合表达能力。答题参考时限为 10 分钟。

继不久前印度和巴基斯坦开通边境公交线路后，两国的关系持续出现缓和＿＿＿＿＿＿＿。3月4日，巴基斯坦总统穆沙拉夫表示，如果接到邀请，他愿意考虑去印度观看两国板球队的比赛。如果成行，这将是 1987 年以来印巴两国展开的第二次"板球外交"。

3月4日，巴基斯坦总统发言人在对阿拉伯电视台发表讲话时援引穆沙拉夫的话说："我喜欢观看体育比赛，我也热爱板球运动。不过，如果没有收到邀请的话，我是不会去任何地方的。如果我被邀请去观看板球赛，我会考虑的。"

据悉，(A) 巴基斯坦板球队从下周开始将在印度参加六场国际比赛，(B) 这也是六年前以来巴基斯坦板球队第一次访问印度。(C) 美联社的报道称第一场比赛将从 3 月 8 日开始，(D) 目前巴基斯坦队正在印度北部城市参加为期三天的热身赛。

印度政府已经表示，在板球比赛期间，将向巴基斯坦球迷签发 8000 多张签证，目前已签发了约 4000 张。印度铁路部门还将安排专列运送来自巴基斯坦的球迷。巴基斯坦外交部发言人贾利勒·吉兰尼表示，两国在体育方面的联系有助于改善整体的氛围。

印度和巴基斯坦两国都喜爱板球运动，这种体育比赛也<u>因此</u>成了维系两国<u>之间</u>交往和联系的一种方式。1987 年印巴关系<u>处于</u>紧张状态时，当时的巴基斯坦总统齐亚·哈克出人意料地飞赴印度<u>城市</u>斋浦尔看球，他事后称此次行动为"板球外交"。1989 年，印度板球队第一次访问了巴基斯坦。

不过，＿＿＿＿＿＿＿＿＿＿＿＿。

长期＿＿＿＿＿的领土和政治纷争＿＿＿＿＿＿印巴之间的体育交流也时常蒙上阴影。2000年＿＿＿＿＿关系紧张，两国之间的板球比赛陷于停顿，直到 2004 年 3 月才＿＿＿＿＿恢复。

91. 第一段中横线处恰当的措辞是：
（A）兆头　　　（B）征兆　　　（C）特点　　　（D）迹象

92. 第三段的句子中，在表达上有误的是：
（A）巴基斯坦板球队从下周开始将在印度参加六场国际比赛
（B）这也是六年前以来巴基斯坦板球队第一次访问印度
（C）美联社的报道称第一场比赛将从 3 月 8 日开始
（D）目前巴基斯坦队正在印度北部城市参加为期三天的热身赛

93. 第五段画线的词中，不能删掉的一个是：
（A）因此　　　（B）之间　　　（C）处于　　　（D）城市

94. 第六段画线处恰当的措辞是：

(A) 举大事者不计小怨　　　　　　(B) 失之东隅，收之桑榆
(C) 塞翁失马，焉知非福　　　　　(D) 冰冻三尺非一日之寒

95. 最后一段横线处恰当的措辞是：
(A) 以住　造成　因为　所以　　　(B) 以来　使得　由于　得以
(C) 以来　造成　由于　所以　　　(D) 以往　使得　因为　得以

自然界常常会有些匪夷所思的故事，而我们却不能不为之_____。

在北美阿拉斯加的茫茫荒野上，生长着一种老鼠，以植被为生，繁殖力极强。但当种群繁殖过盛以至会对植被造成严重危害的时候，其中一部分成员的皮毛就会自动变成鲜亮耀眼的黄色，以吸引天敌捕食的目光；倘若天敌的捕食仍不足以尽快使鼠群减少到适当的数量，老鼠们便会成群结队地奔向山崖，相拥相携，投海自尽。

同时，这块土地上还养着一种狐狸，以鼠为生，是这里老鼠的天敌。但它们对老鼠的捕食也并非无所节制，当鼠群减少、狐群增加而严重威胁鼠群的繁衍的时候，狐狸们便会采取行动，限制种群的发展：一部分成员会聚在一起，疯狂地、不间歇地舞蹈，_____，直至力竭气绝而死。

这_____的故事，何其悲哉，何其伟哉，惊天地而泣鬼神。

人类曾为自己远离自然界的进化而荣耀，曾为自己成为这个星球上绽开的最灿烂最美丽的精神花朵而自得，更为自己以理性的铁蹄征服自然而豪情万丈。然而阅读一下人类那充满金戈铁马、刀光剑影的史籍，想一想那足以把地球毁灭几十遍的核武库，望一望那在儿童的记忆力不曾是蓝色的天空，数一数由于生态恶化而每天都在灭绝的物种，我们人类作为一种类存在，作为地球生物圈一个链环的存在，究竟比自然界的其他生物高明多少？这实在是一个令我们回答起来气短的问题。在上述动物的行为面前，我们人类应该感到汗颜，应该有罪恶感，应该反躬自省。

96. 第一段中横线处恰当的措辞是：
(A) 心动　　　(B) 动容　　　(C) 动情　　　(D) 激动

97. 第二段 4 个画横线的词语中，不可删的是：
(A) 茫茫　　　(B) 严重　　　(C) 自动　　　(D) 捕食

98. 第三段横线处恰当的措辞是：
(A) 日夜兼程　(B) 日复一日　(C) 夜以继日　(D) 日月如梭

99. 第四段中横线处恰当的措辞是：
(A) 一幕一幕　(B) 一段一段　(C) 一轮一轮　(D) 一场一场

100. 第五段 4 个画横线的词语中，删去不影响文章意思的是：
(A) 足以　　　(B) 其他　　　(C) 实在　　　(D) 上述

第五部分（第 101~102 题）

101.

说明：仔细阅读下面这篇文章，阅读时间为 5 分钟，阅读时不得做摘抄记录。5 分钟后，监考人员收回阅读材料，请你将其缩写成一篇短文。以复述为主，不需加入自己的观点。题目自拟。字数为 500 左右。时间为 20 分钟。

我的外祖父是芝加哥一位著名的古董商，有些珍贵的藏品甚至在美国最大的博物馆里都

找不到。但世事变迁，到我母亲这一代，家境已经急剧衰落，母亲嫁给我父亲时，口袋里只有50美元，另外还随身携带着一个上了锁的小红木箱。我童年最大的乐趣就是坐在那架老跑调的脚踏风琴前，听母亲一边弹奏忧伤的民歌一边讲外祖父那些早已不存在的古董后面的传奇故事。

我的父亲那时候只是一位小公务员，微薄的薪水不足以养活我们兄弟姐妹6个，为了改善窘迫的处境，父亲找银行贷了一些钱，准备和两个朋友在郊区合伙办一座小型的养殖场。但父亲万万没有想到的是，那两个所谓的朋友拿到父亲的钱后，竟然从此无影无踪。后来父亲才知道，那两个人都是吸毒的成瘾者，合资办养殖场不过是他们攫取我父亲银行贷款的一个骗局。

经此打击，父亲变得意志消沉，头发一夜之间白了许多。那时候，在一家超市工作的母亲也失业了，家里的经济显得非常拮据，我常听见父亲在深夜里长吁短叹。有一天，母亲打开了那个从不让我们碰的红木箱子，她从里面拿出几件造型异常精美的工艺品，然后微笑着对父亲说："这是我父亲送给我的嫁妆，是13世纪埃及祭祀用的神器，你拿到文物市场上卖了吧。如果所得的钱还了贷款还有剩余，你就拿去炒股，一切都会好起来的！"

父亲想不到母亲还收藏着这么值钱的古董，那天，父亲破例带我们全家人去海边踏浪。父亲用卖古董的钱还了银行贷款，剩下的全部投到了股市。然而祸不单行，一场席卷全美的金融危机让父亲购买的股票成了一堆废纸，他再次血本无归。父亲急得欲跳楼自杀，因为他觉得自己是个十足的穷光蛋了，他已经失去再奋斗的信心了。

这时候，母亲又搬出了她的红木箱子，说："其实我们并不是太穷，我还有一幅达·芬奇的名画《樱桃树下的午餐》，值很多钱，但那是最后一幅了，也是父亲留给我的仅有的纪念物。你得答应我不到山穷水尽的时候决不卖掉它！"

父亲又开始奋斗了，他利用工作之余四处兼职，甚至到殡仪馆给尸体整容。许多有钱人看不起父亲的生活方式，他们找一切机会羞辱他。有一次，父亲给一位富翁的花园剪草，不小心剪破了手指。那位富翁不但没有安慰父亲，反而责怪父亲流出的血弄脏了他的花。每每想起这些，父亲有好几次想把达·芬奇的那幅名画卖掉，然后过一种不再低三下四的生活。但父亲那么爱母亲，他不想让母亲伤心。他安慰自己：我并不是真的穷得一无所有！

父亲的诚恳与执着精神终于赢来了好运，一位地产商邀请父亲加盟了他的公司。很快父亲被升为高级管理人员。两年后，父亲成立了自己的公司。他的生意越做越大，父亲拥有了富豪拥有的一切东西。

父亲曾说，是那幅达·芬奇的名画给了他无穷的力量，让他在失魂落魄时，不至于觉得自己一无所有而绝望地放弃最后的努力。他请求母亲把那幅画拿出来挂在客厅中央。

春天的一个黄昏，父亲的一位朋友来访，他是一名文物拍卖商。见到那幅达·芬奇的名画《樱桃树下的午餐》时，文物拍卖商的眼睛惊讶地睁大了，但观察良久后，他肯定地对我父亲说，这绝对是一幅赝品！父亲当然不相信，他认为妻子出身于古董世家，不可能看走眼。但我的母亲在一旁微笑着说："这幅画的确不是达·芬奇的真迹。""那你为什么不早点告诉我呢？"父亲有些生气地问，也许他认为将一幅赝品挂在家里最醒目的地方是一件很不光彩的事。母亲解释说："如果你早知道它是赝品，你还会有奋斗的雄心和今天的辉煌吗？很多时候我们一蹶不振，并不是因为我们真的不行，而是我们错误地认为自己已穷得没有了任何可供重新崛起的资本。其实，只要还拥有勇气和信心，我们就不要说自己一无所有！"

顿了顿,母亲又深情地说,"我的父亲临终前特意馈赠给我这幅赝品,他预料到它也许会在你将来可能的失败中发挥作用,可以说,它不仅是一个美丽的谎言,也是一份巨大的财富!"

在母亲温柔而坚韧的凝视中,父亲泪如泉涌。

102. 某报纸将举办"文明社区行"的演讲比赛。请以你所在社区的全体居民的名义准备一份演讲稿,鼓励大家从身边小事做事,从我做起,为建设文明社会贡献自己一份力量。字数为500左右,时间为25分钟。

参考答案:

1. 正确答案是 B

因为文中最后一句话通过"但是"转折,是强调之所在,故 B 项正确。A 选项不是这段文字的主旨;C 选项概括不够全面;D 选项在这段文字中没有体现出来。

2. 正确答案是 C

要注意"如果不"和"如果不能,我还能,我还可以",这样的句子之间的区别。"如果不"这是一种固执的观念,而"如果不能,我还能,我还可以"是一种适时而变的弹性的观念。这也是作者强调鼓励的观点。故 C 正确。

3. 正确答案是 D

春节期间燃放烟花爆竹是我国春节特有的节日文化,在没有找到合适的其他替代方式之前,简单地禁止燃放烟花爆竹使得这个民俗节日文化正在逐步消失,不利于节日文化的保护,因此,选项 D 是正确的。选项 A、B、C 都不是这段文字要表达的主要意思。

4. 正确答案是 C

原文提出以"以人为本"作为权衡轻重得失的标准,并说"如果过分强调保护环境和生态,那么水库就不能建设",也就是说不应该过分强调保护环境和生态,所以 C 是对的。根据文意,并不能简单地说"修建水库比保护环境和生态更重要",所以 A 是错的。B 这句话貌似正确,但作者的观点是"以人为本",而非环境至上,所以错误。文中并没有说一定不能修建水库,也没有说这种方法能否解决中国电力短缺的问题,所以 D 是没有根据的。

5. 正确答案是 D

这段文字主要说明的是迷信借助网络包装自己迷惑了许多青少年,对他们会产生很大危害,所以选 D,A 和 B 选项的观点在文中并没有提到,而 C 选项说的是迷信并不是网络迷信,这两者并不能等同,故 C 也不正确。

6. 正确答案是 D

这段文字讲的是中国人的生产、生活与思想,其中"土里刨食"是解题关键,这指的是中国以农业为根本的生产方式。这种生产方式决定了中国人的生活状态、思维特点乃至价值信仰,故 D 为正确答案。A 抓住了"实用",但未提到原因,是片面的;B 只关注生存状况,更是片面的;C 选项中的"物质基础"与"生产方式"内涵不同,与本文不符,所以也不正确。

7. 正确答案是 C

要理解这段文字首先要明白"远水"就是指大学教育,而"近火"指的是社会上不公平的现象。这段话的意思是大学教育原本是应该解决社会不公这个问题的,但现在它本身也存在着不公平，反而会激化其他不公问题，是不应该如此的，所以选C。A、B、D选项都过于片面。

8. 正确答案是C

这段文字中只说了绍兴的青石板，没有提到它是一个水乡的内容，所以A不正确。虽然绍兴的大街小巷都有青石板，而石板里也有自己的历史，自己的故事，但并不表明绍兴的历史以青石板为主要代表，只是说从青石板上我们可以看到绍兴的古老，所以B不对，C对。D的答案和这句话主要说明的内容不符，并不是要说明青石板路铺成的不易。

9. 正确答案是C

首先"杀虫剂"只是一种比喻，与要概括的内容无关，所以先排除了B。而A所说的环境恶化程度并不是这段文字要表达的内容，而D表达的是一种积极的态度，与文章所要表达的意思不一致。我们可以从文字中"扫兴地说一句实话"看出作者认为只通过政治层面的改善还不够，其作用是有限的，所以选项C才是本题的正确答案。

10. 正确答案是D

这段文字以"中国"一词的含义为开头，引出了黄河中下游地区，并进一步说明这一地区是"天下之中"以及这一地区的历史地位，故D项概括得最为全面。而A、B、C项都是用来描述这一内容，故都不够全面，不准确。

11. 正确答案是C

广告的目的是吸引潜在顾客的注意力，使其记住广告中所宣传的产品从而提高产品的销售量，选项C表达的正是此意，所以为正确答案。选项A、B、D无关广告目的，都不是正确答案。

12. 正确答案是A

此题的解题关键是要弄明白"有'事迹'的作家""作家阶级性"以及作家被文学史"记忆"之间的关系。这段文字告诉我们：中国文学史家更倾向于看重那些阶级地位较低、生活经历坎坷的作家。言外之意，他们在评价一个作家的成就时，过多地考虑了作家的阶级出身，因而A是正确答案。B和C都讲的是对作家阶级身份定位的准确与否问题，不是本文主旨；D没有涉及阶级出身与文学成就之间的关系，因而也不正确。

13. 正确答案是C

这段话表明因为跨国公司利用"知识产权"利器阻碍我国高科技产业的发展，已经严重影响产业发展并危及产业安全。有鉴于此，我国必须加强高科技产业的知识产权保护。选项C正是此意，为正确答案。选项A、B、D只是谈及实际可能存在的现象，与本题无关。

14. 正确答案是A

这段文字最后一句提到"注意开发潜力，实现自我的价值，成为促进年轻人择业的主要因素"。可见人们的择业观已经由以前的谋生阶段发展到了注重自我发展、自我价值的阶段。结合选项，可知A项是正确答案。B、C、D三项的理解过于绝对与片面。

15. 正确答案是A

根据文中信息，这种"超级病菌"在英国医院的感染率为世界第一，故A正确。B项不准确，文中只是提到了"英国国民健康保健系统每年得支出10亿英镑"。C项也不准确，文中只提到死亡人数多，并未提到死亡率高。D项在文中并未提到。

16. 正确答案是C

文中主要强调的是"先从竿头滑下，才能去爬一百零一尺的竿子"，这是在强调要适时放弃，才能更进一步。故与 C 项符合。A 项没有谈到放弃；B 项偏离题意；D 项没有谈到更进一步。

17. 正确答案是 D

犯错后会受到惩罚，如果不从中吸取经验教训，下次再犯同样的错误的话，就会受到同样的惩罚。文中是把"历史"比喻成"老师"。所以选 D。A、B、C 都只是单纯地从历史或者学习的角度陈述，不够完整和准确。

18. 正确答案是 C

这道题的关键在于弄明白学生们为什么报告说自己闻到了事实上并不存在的臭气，原因是他们接受了"著名化学家"声称测验臭气传播速度的暗示是权威的暗示导致他们做出错误的判断，故 C 为正确答案。A 和 B 都没有反映出权威意见对人们判断的影响，故不正确；D 强调"从众心理"，也不是这段文字的主旨。

19. 正确答案是 C

文章说的是猩猩在游人的逗引和示范下学会的恶习，在多种"威逼利诱"的教育方式下都改不回来。主要是要告诉人们，一旦养成不好的习惯，就再也难"从'人'还原成本来的猩猩"，与 C 选项的意思相符合。A 选项和 B 选项与文章内容不符，而 D 选项中提到的公德心培养则非本文叙述的重点，故只能选 C。

20. 正确答案是 C

元旦的问候语本来应当是"新年好"，但德国人在伦琴公布 X 射线的成果之后，这一问候语就随之改变。这说明了德国人对科学前沿的关注程度，故 C 正确。A、B、D 在文中都有涉及，但并非作者主要说明的对象。

21. 正确答案是 B

文中第四段提到"柯伊伯带（由距离太阳 45 亿公里以外、围绕太阳公转的一大群较小天体组成）"，说明的是这个家族到太阳的距离。我们都知道宇宙是无穷无尽的，非常广阔的，即使是一个家族内星体的距离也相去甚远，所以我们没有办法从文中所提供的信息就可以判断出 2003UB313 星体距离太阳也是 45 亿公里。其他几个选项都与原文内容相符，所以本题选 B 项。

22. 正确答案是 B

文中第四段提到，"新行星和冥王星都来自同一个家族，柯伊伯带。在这个距离太阳系最远处的小行星带中，'生活'着难以数计的行星。"由此我们可以得出，冥王星是行星，只是它的"大行星"地位目前遭到了质疑，但绝对不会影响其作为行星的身份。所以 A 项不正确。最后一段说到了它比其他八大行星及月球体积都小，比 2003UB313 星体也小，但就此判断它是太阳系中最小的天体有点片面，文中也没有提到，所以选项 C 也不对。D 项也是错误的，因为要在天文学联合会上进行讨论的是 2003UB313 星体的身份问题。只有选项 B 比较符合文中的说法。

23. 正确答案是 C

文中提到"新行星的发现可能反而会成为让冥王星'下岗'的契机"，还提到"如果将来在这个行星带中每发现一个'大个子'就要称做大行星，那大行星的数量就会急速上升，这显然不合理。"这句是对其原因最恰当的解释。对照选项，C 项最恰当。

24. 正确答案是 B

从"周庄虽小，却是贴近运河、长江和黄浦江，从这里出发的船只可以毫无阻碍地借运河而通南北，借长江而通东西，就近又可席卷富裕的杭嘉湖地区和苏锡一带，然后从长江口或杭州湾直通东南亚或更远的地方，后来郑和下西洋的出发地浏河口就与它十分靠近。"可以得出选项 A、C、D，而 B 选项内容没有提及。

25. 正确答案是 D

沈厅内部景深铺张，可见当时的富裕，但从外面又无法看出，可以得出当时商人的小心谨慎，而说其不及当时退职官员更是为了强调这点。

26. 正确答案是 D

联系上下文我们可以看到主要是强调沈家人的精明之处，藏而不露。

27. 正确答案是 D

因为没有官府的保护，商人不得不小心做生意，可见他们当时的地位如何以及谨慎的心态。

28. 正确答案是 D

文章第一段就指出"换一套输电系统，我国每年就能节电1 000多亿度"，第二段接着说明现在的输电系统存在的问题，"远距离输电的电力损耗大得惊人"，"我国输电损耗率约为8%，每年在线路上白白损失掉的电量高达1 168亿度"，很显然，从这些表述中可以看出正确答案应该是 D。A、C 两项跟这个问题无关，B 选项从表面看来是正确的，但没有挖掘深层次的原因。

29. 正确答案是 A

从文章第三段第一句话"可以采用当今最新高温超导技术，构建起一个零损耗输电系统，从源头上提高电力系统的效率"就可以看出来。而 B、C 两项是这个总的解决方案下的一些具体实施策略，不全面；D 选项文中根本没有提及。

30. 正确答案是 B

从"相对于美国，中国更具优势，因为这里的输电系统正在完善之中，完全可以借助尖端技术实现跨越式发展"这句话就可以看出 B 项是错误的，符合提问。其他几项均可以在第三段中找到或归纳出来。

31. 正确答案是 D

纵观整个第一段，我们可以看出"重物等来吸收地震能量，减少震动，还有的利用高科技手段抗震。在这方面，日本做出了有益的尝试"是本段的中心句，其他的几个句子是进行实例说明。比较此题的四个选项，最准确的是 D 项。

32. 正确答案是 A

此题我们可以从原文中直接找到答案，第二段中最后一句给出了本题的答案，那就是"该防震系统目前的问题是成本高、耗电大"。所以本题应该选 A 项。

33. 正确答案是 C

这段文字中只有第二段文字中提到了超导线圈。文中说"发生地震时，这些超导线圈产生的磁性斥力与震力相反"，从这句话我们可以得出本题的答案是 C。

34. 正确答案是 C

纵观全文，本段文字主要介绍的是防震方面的一些内容，具体地说是现代建筑的防震手段及其原理。选项 A 中日本的抗震技术只是文中举的一个例子，A 项不正确。B 项和 D 项只是文中的一部分内容，过于片面。所以本题选 C。

35 正确答案是 C

文中提到"这家公司每招聘一个应届大学本科毕业生，还要额外'搭'一个技校毕业的学生"。因此 C 项是正确答案。

36. 正确答案是 A

文章的第二段详细解释了企业采用这种"1 + 1"的招聘方式，从中可以归纳出 B、C、D 项。A 项并没有提到，故符合提问。

37. 正确答案是 B

从全文来看，作者以一个企业采用"1 + 1"的招聘模式，详细说明了中职生受到企业欢迎的原因。B 概括得最为恰当。A、C、D 项虽然在文章中提到，但不是文章着重说明的部分，故不正确。

38. 正确答案是 A

因为 DNA 双螺旋结构的发现，揭开了生物经济的序幕，因为人类基因组测序的完成，标志着生物经济孕育期的结束，生物技术将为生物经济时代的到来铺平道路，所以我们可以看出生物技术对生物经济的重要，是其发展的基础和前提，A 项正确。B、C、D 项从文中是无法得出的。

39. 正确答案是 A

第二段中提到，"最关键的就是要使许多生物过程数字化"，故 A 正确。

40. 正确答案是 D

文中并没有说生物经济时代会持续 20 年，只是提到在接下去 20 年生物经济的状况，而早在半个世纪前生物经济已经开始出现了，所以 A 选项不对。生物过程的数字化研究已经开始了，已经开发出了数字气味技术，所以 B 选项不对。虽然数字嗅觉技术可以被广泛地使用，可是这还没有实现，所以 C 也不对。

41. 正确答案是 C

文中只提到了"前面的路还很长：真正全动态视频画面至少要每秒 24 帧，而多数消费服务还达不到这个标准"，可见现在的技术不能满足人们的需求，但不可推出"越来越不能满足人们的需求"。其他三个选项 A、B、D 都是可以根据文字内容推出。所以本题应该选 C。

42. 正确答案是 B

这段话中，冯友兰先生说的"命"是指个人所处的时代、社会环境等外在因素，而不能据此判断冯友兰先生是唯心主义者，所以选项 C 不正确；根据冯先生的话，成功是内因和外因综合作用的结果，所以成功的人未必都是天才，故选项 A，D 均不正确。因此，选项 B 为正确答案。

43. 正确答案是 B

A 错，无法从文中推知。B 正确，"真正的 OUTLETS 商品要有完整的进口凭证，与专卖店中针对中国市场生产的产品不同"，所以，专卖店中针对中国市场生产的商品无须进口凭证。C 错，因为文中说的是"有真正的 OUTLETS 商品的外贸店也应该有完整的进口凭证与正规授权。D 错，无法从文中推知。

44. 正确答案是 A

文段说明中国二十年中出现的环境问题相当于发达国家一百年中出现的,可知中国的环境问题很严重,所以选 A。根据文字内容并不能推出 B 项。环境问题的多少不能代表发展的快慢,故 C 错误。而集中出现不等于同时出现,故 D 项错误。

45. 正确答案是 A

通过"这些种子中含有会引起神经紊乱的毒素"可以推出 A 正确。"毒素会在食用苏铁种子的狐蝠身体中积累",但没有说一定要积累到一定程度才能致病,B 错误。毒素是在"狐蝠"体内代谢不掉而积累,并非在"人体内",C 错误。这种神经疾病并非传染病,D 错误。

46. 正确答案是 A

根据这段话,由于天气恶劣胡椒的产量降低,另一方面由于主要的胡椒种植者转种高价位的可可,这势必减少胡椒的供应量,所以,选项 A 是正确的;由于可可种植者增多,很可能可可的价格比往年低,所以选项 B 不正确;文中明确指出,主要的胡椒种植者转种高价位的可可,所以选项 C 不正确;三年来,全世界的胡椒产量远远低于销售量并不能说明胡椒的消费情况,所以,无法推出选项 D。综上所述,正确答案为 A。

47. 正确答案是 D

这段文字讲述了"吃茶"在中国的发展历史。文中并未说明古人为什么"吃茶",故 A "注意节约"之说没有根据;目前一些国家兴起"吃茶热",也并未明言是为了复古,故 B 也不正确;对于茶叶的用法为什么由"吃"演变为"喝",文中亦无交代,故 C 也不正确;正确答案应该是 D。

48. 正确答案是 D

这段文字说明了昆曲普及、学习、欣赏这三个方面。A 项从最后一句可看出,现在的年轻人"古文基础差、选择余地多、工作和生活节奏快",很难普及。文中提到谭其壤先生"只能欣赏自己熟悉的曲子",故 B 正确。文中还提到"一首曲得跟唱 50 至 100 遍才能学会",故 C 正确。D 在文中并未提及,符合题意。

49. 正确答案是 C

曹妃甸毗邻京津城市群,所以,曹妃甸不在京津地区,故选项 A 不正确;曹妃甸"面向大海有深槽",不需开挖航道而不是没有航道,所以选项 B 不正确;曹妃甸可建设 30 万吨级大型深水港口,其得天独厚的地理优势及区位优势将为建设大型深水港口提供优越条件,可见,港口还没有建成,所以选项 D 不正确;曹妃甸是渤海沿海的一条带状沙岛,可见,其地质构造是沙土构造,所以选项 C 是正确答案。

50. 正确答案是 A

由"除了安全,你什么也没有享受到"可以推知 A 项正确。文中提到"你什么也没有享受到"可知作者并不提倡,B 错误。由"你什么也没有享受到"可知并无利可图,可知 C 错误。"政治行为"和"政治正确"的做法并不相同,故 D 错误。

51. 正确答案是 D

应该是"动辄"。

52. 正确答案是 C

应该是"喧闹"。

53. 正确答案是 B

应该是"扑朔迷离"。

54. 正确答案是 B

应该是"憔悴"。

55. 正确答案是 A

应该是"脉搏"。

56. 正确答案是 D

应该是"捍卫"。

57. 正确答案是 D

应该是"独树一帜"。

58. 正确答案是 A

应该是"相辅相成"。

59. 正确答案是 D

应该是"莫衷一是"。

60. 正确答案是 D

应该是"像"。

61. 正确答案是 C

"问鼎"的意思是"在某方面取胜",根据意思 C 最为恰当。"折桂"和"夺冠"都是"比赛获胜"的意思,但两个词的后面都不加奖项的名称。"竞争"没有获胜的意思。故 A、B、D 都不恰当。

62. 正确答案是 D

"泄露"含有"被动地让别人知道"的意思,只有 D 有相同的意思。"表明"和"表达"都有"主动让别人知道"的意思。"流露"则是"不由自主地让别人知道"的意思。故 A、B、C 都不恰当,D 是正确答案。

63. 正确答案是 C

题干中的"吸纳"为"吸收、接纳"之义。"吸引"的意思是"把别的物体、力量或别人的注意力引到自己这方面来";"采纳"常指接受别人的意见等;"吸附"指"固体或液体把气体或溶质吸过来,使附着在自己表面上"。所以,这三个词都不合适。

64. 正确答案是 C

"微言大义"意为"包含在精微语言里的深刻的道理"。"言简意赅"多用于形容说话写文章简明扼要。"言之有理"的意思是"说得很有道理"。"言近旨远"的意思是"话很浅近,含义却很深远"。"言为心声"的意思是"言语是思想的反映"。根据题干的意思,C 项最为恰当。

65. 正确答案是 B

"功亏一篑"是比喻一件大事只差最后一点人力物力而不能成功,有惋惜的含义。"功败垂成"也是有比喻事情快要成功的时候遭到失败,也有惋惜的意义,两个词意更相似。"一败涂地"形容彻底失败,无法收拾局面的意思,"一蹶不振"和"无功而返"这两个词语与"手术"搭配都不恰当。

66. 正确答案是 B

"颁布"多与法令、条例等类型词汇搭配。"发布"多与命令、指示、新闻等类型词汇搭配。"实验"多做名词，做动词时是不及物动词，后面不可以再跟名词。只有"实行"多与纲领、政策、计划等类型词汇搭配，并且可以跟"制度"搭配。

67. 正确答案是 C

"按时"是"依照规定的时间"的意思。"准时"的意思是"不迟于也不早于规定时间"。而"临时"的意思是"临到事情发生的时候"。"有时"则是"有时候"的意思。这个句子中说"在没有准备的情况下"，根据意思应该选 C。

68. 正确答案是 C

"时常"和"往往"都是频率副词，表示的意思有间断性。"一贯"表示延续的时间较短且含有惯性，不适合用于表述太长的时间。"一直"表示时间没有间断，而且可长可短。这个句子的状语是"自古以来"，表明时间很长，所以最合适的应该是"一直"。

69. 正确答案是 D

"崩溃"是指"完全破坏，垮台"。"灭亡"是指"（国家、种族等）不再存在或使不存在"，在这里与"生态"搭配不合适。"破坏"是一个过程，与"濒临"搭配不恰当。"逆转"是指"向相反的方向或坏的方面转变；倒转"，常指局势等，不能用在这里。

70. 正确答案是 D

"徒有其名"有"名实不符"之意；"无计可施"指没有什么办法，主语常为人；"形同虚设"强调"没有起到实际作用"，这些情况与印度政府"致力于摆脱贫困的各项计划"都不太相符。印度的问题在于人口激增给脱贫计划的实施带来严重阻力，所以"举步维艰"是最恰当的选项。

71. 正确答案是 D

"上蹿下跳"是比喻人到处活动，带有贬义色彩。"兴风作浪"比喻挑起事端或进行破坏活动。"胸无点墨"是形容读书太少，文化水平极低。"搬弄是非"的意思是"把别人背后说的话传来传去，蓄意挑拨，或在别人背后乱加议论，引起纠纷"。文中提到"背地里说人闲话"，只有"搬弄是非"与此意义相符，故 D 项正确。

72. 正确答案是 C

前面两句是递进关系，后两句是假设关系。根据这种逻辑关系，C 项最为恰当。其他三项不符合句子的逻辑关系。

73. 正确答案是 D

"危言耸听"指故意说些夸大的吓人的话，使人惊疑震动。"空穴来风"比喻消息和谣言的传播是完全没有原因的，根据意义，D 项最为恰当。"名不副实"指的是名声或名义和实际不相符，句子中并没有谈到作者名声的问题，在句中不恰当，故 A、C 不恰当。"高谈阔论"多指不着边际地大发议论，搭配起来，选项 B 也不正确。

74. 正确答案是 D

"面对"是面前遇到了某种问题、形势等，一般作状语，而"应对"则是"应付"的意思，所以排除了 A, C "借鉴"是拿别的人或事对照，以便从中吸取经验教训，而"借用"则没有"从中吸取经验教训"的意思。文中提到的中国文化是一种历史一种传统，不能说"被切开"，只能说"被割断"，所以选 D。

75. 正确答案是 B

"并非"表示转折，用于否定某一看法，说明真实情况的含义。"可能"表示一种可能性，用于引出另外一种情况。但从句意来看，"可能"用在此处并不恰当。故 C，D 不恰当。第一个空处综合来看，只有选项 B 所表达的逻辑关系更为流畅。"至于"和"对于"都是介词，"至于"用于引出话题，而"对于"用于引出动作的对象。故 B 最为恰当。"则"表示一种肯定的判断，"更"表示意义的递进。

76. 正确答案是 B

"在……上"表示方面、内容范围、条件。正确的说法是"母亲对事物的判断标准是最肤浅的'好'、'坏'"。"是"起判断作用，不能和"上"一起用。

77. 正确答案是 B

句首出现介词时，常会造成主语的残缺，或者是介词的滥用，选项 B 属于介词的滥用，不能说"对于……问题上"，可以说"对于……问题"或者"在……问题上"，所以这句正确的说法是"对于如何使学生掌握现代化生活所必需的知识技能的问题，该校的教师作过深入细致的研究"。

78. 正确答案是 D

"在于……之中"搭配不当。正确的说法是"科学的永恒性在于坚持不懈地寻求，科学就其容量而言，是不枯竭的，就其目标而言，是永远不可企及的。"

79. 正确答案是 C

C 中错用了介词"对"，不能说"对……提供了视角"，应该是"为……提供了视角"。

80. 正确答案是 B

B 中的"于"多余。"进军"可以直接跟宾语，后面不需要"于"。

81. 正确答案是 B

"积极参与政事，发挥自己的专长……"的主语并不是"科举制"，而应该是"知识分子"。

82. 正确答案是 D

根据句意，应改"孩子赋予了太高的期望"为"孩子被赋予了太高的期望"。

83. 正确答案是 D

正确的说法应该是"但他们更多地是为政治上的权宜之计所影响"。"为……所"表示"被"，常用于书面语。

84. 正确答案是 A

关联词使用不当，应该是"只有……才……"。

85. 正确答案是 A

出现数量词的时候要注意所修饰的中心语是集体概念还是个体概念。A 句中"队伍"是一个集体概念，而"一批"则是用来修饰个体的。

86. 正确答案是 C

从文中的意思来看，始终在论述做学问要积累，不然当遇到紧急情况，学问就不够用了。A 项强调学习要思考，B 项强调学习要付出努力，D 项强调学习要专心，只有 C 项是强调多读书，与文中的意思一致。

87. 正确答案是 B

从前面句子的意思来看，作者的意思是"不要过分地坚持"。根据这个意思，A 说的是

"失败是必然的"；C 的意思是"成功不容易获得"；D 的意思是"要坚持到最后"，因此和作者的意思都不相同，而 B 的意思和作者的意思吻合，故 B 正确，A、C、D 错误。

88. 正确答案是 D

这道题主要是看"但实际上"一句，"作为人类的一员"后面的句子都应该是跟这一句同一主题的，相连贯的。A 项首先是应该排除的，因为"这种规则"是用来制止互相残杀的。B 项与前文没有逻辑性，因此是不对的。C 项"无处不在"并没有在文中提到过，文章只说了"竞争一刻都没有停止过"，这是强调"竞争无时不在"，所以 C 也是错误的。根据文章的逻辑性及上下文，D 项是最恰当的。

89. 正确答案是 D

因为上文提到贝贝欣赏老爸，他"虽然辛苦，却很开心"，所以这里说"再累也幸福"。A、B、C 与前文衔接不恰当。

90. 正确答案是 A

根据下文的意思，这里描述的是不知足的人，只有 A 合适。B 项劝诫人们不要因为坏事小而去做，C 项劝诫人们要改过，D 项劝诫人们不要因为小事而毁掉全局，都与文意不符。

91. 正确答案是 D

根据文章下文中所介绍的情况，我们知道"两国的关系"出现的是缓和的"迹象"，而不是"征兆"，迹象是指现在的情况，而"兆头"和"征兆"则是预示将来的情况；C 选项"特点"在这里与"出现"搭配不甚恰当。

92. 正确答案是 B

正确的说法是"这也是六年以来巴基斯坦板球队第一次访问印度"。

93. 正确答案是 C

如果去掉"处于"句子会缺乏谓语变成病句。"因此"所表示的因果关系通过上下文可以明显地看出，所以有没有均可。"之间"去掉的话也不影响意思和表达。"城市"与"斋浦尔"是同位语，也可以去掉。

94. 正确答案是 D

"冰冻三尺非一日之寒"的意思是长时间以来逐渐形成某种状况。"举大事者不计小怨"的意思是办大事的人不会计较小的恩怨。"失之东隅，收之桑榆"是比喻开始在这一方面失败了，最后在另一方面取得胜利。"塞翁失马，焉知非福"是比喻一时虽然受到损失，也许反而因此能得到好处，也指坏事在一定条件下可变为好事。从上下文来看只能选择 D。

95. 正确答案是 B

"长期以来"，指过去的很长一段时间里，"以往"一般单独使用。"使得"后边常是小句作宾语，而"造成"一般需要名词宾语，比如"造成巨大损失""造成严重后果"等。"由于"跟"因为"意思相近，不过从语体方面来说，"由于"更书面化，更正式，所以这里用"由于"更合适。"得以"的意思是"能够"，跟"所以"无论是在意思上还是在用法上差别都很大。综合以上各点来看答案只能是 B。

96. 正确答案是 B

结合上下文，这里应该是表现出人类为之感动这一事实，而"动容"是指感动或激动的心情表露到了面容上这个意思，与文章所需相符，所以选 B。

97. 正确答案是 B

"严重危害"和"危害"有程度上的区别,所以"严重"不能删。而其他3项删去后基本不影响意思的表达。

98. 正确答案是 C

这段文字是在形容狐狸跳舞时间的长久,日夜不停地跳,所以选"夜以继日"。而"日夜兼程"是指赶路;"日复一日"即"一天又一天",强调的是时间的流逝和重复;"日月如梭"是形容时间过得飞快。

99. 正确答案是 A

本题是考查量词,因为前面举了好几个动物的例子,这些故事像一幕一幕的场景,所以选 A。

100. 正确答案是 C

"实在"只是加强了一下语气,删去后不影响文章的意思,所以选 C。其余 3 项删去后都影响了文意。

附录五　普通话水平测试大纲

一、大纲简介

　　根据教育部、国家语言文字工作委员会发布的《普通话水平测试管理规定》《普通话水平测试等级标准》，制定本大纲。本测试定名为"普通话水平测试"（PUTONGHUA SHUIPING CESHI，缩写为PSC）。普通话水平测试测查应试人的普通话规范程度、熟练程度，认定其普通话水平等级，属于标准参照性考试。本大纲规定测试的内容、范围、题型及评分系统。普通话水平测试以口试方式进行。

二、性质方式

　　本测试定名为"普通话水平测试"（PUTONGHUA SHUIPING CESHI，缩写为PSC）。
　　普通话水平测试测查应试人的普通话规范程度、熟练程度，认定其普通话水平等级，属于标准参照性考试。本大纲规定测试的内容、范围、题型及评分系统。
　　普通话水平测试以口试方式进行。

三、内容范围

　　普通话水平测试的内容包括普通话语音、词汇和语法。
　　普通话水平测试的范围是国家测试机构编制的《普通话水平测试用普通话词语表》《普通话水平测试用普通话与方言词语对照表》《普通话水平测试用普通话与方言常见语法差异对照表》《普通话水平测试用朗读作品》《普通话水平测试用话题》。

四、试卷构成

　　试卷包括5个组成部分，满分为100分。
　　（一）读单音节字词（100个音节，不含轻声、儿化音节），限时3.5分钟，共10分。
　　1. 目的：测查应试人声母、韵母、声调读音的标准程度。
　　2. 要求：
　　（1）100个音节中，70%选自《普通话水平测试用普通话词语表》"表一"，30%选自"表二"。
　　（2）100个音节中，每个声母出现次数一般不少于3次，每个韵母出现次数一般不少于2次，4个声调出现次数大致均衡。

（3）音节的排列要避免同一测试要素连续出现。

3. 评分：

（1）语音错误，每个音节扣 0.1 分。

（2）语音缺陷，每个音节扣 0.05 分。

（3）超时 1 分钟以内，扣 0.5 分；超时 1 分钟以上（含 1 分钟），扣 1 分。

（二）读多音节词语（100 个音节），限时 2.5 分钟，共 20 分。

1. 目的：测查应试人声母、韵母、声调和变调、轻声、儿化读音的标准程度。

2. 要求：

（1）词语的 70% 选自《普通话水平测试用普通话词语表》"表一"，30% 选自"表二"。

（2）声母、韵母、声调出现的次数与读单音节字词的要求相同。

（3）上声与上声相连的词语不少于 3 个，上声与非上声相连的词语不少于 4 个，轻声不少于 3 个，儿化不少于 4 个（应为不同的儿化韵母）。

（4）词语的排列要避免同一测试要素连续出现。

3. 评分：

（1）语音错误，每个音节扣 0.2 分。

（2）语音缺陷，每个音节扣 0.1 分。

（三）选择判断〔注〕，限时 3 分钟，共 10 分。

1. 词语判断（10 组）

（1）目的：测查应试人掌握普通话词语的规范程度。

（2）要求：根据《普通话水平测试用普通话与方言词语对照表》，列举 10 组普通话与方言意义相对应但说法不同的词语，由应试人判断并读出普通话的词语。

（3）评分：判断错误，每组扣 0.25 分。

2. 量词、名词搭配（10 组）

（1）目的：测查应试人掌握普通话量词和名词搭配的规范程度。

（2）要求：列举 10 个名词和若干量词，由应试人搭配并读出符合普通话规范的 10 组名量短语。

（3）评分：搭配错误，每组扣 0.5 分。

3. 语序或表达形式判断（5 组）

（1）目的：测查应试人掌握普通话语法的规范程度。

（2）要求：根据《普通话水平测试用普通话与方言常见语法差异对照表》，列举 5 组普通话和方言意义相对应，但语序或表达习惯不同的短语或短句，由应试人判断并读出符合普通话语法规范的表达形式。

（3）评分：判断错误，每组扣 0.5 分。

选择判断合计超时 1 分钟以内，扣 0.5 分；超时 1 分钟以上（含 1 分钟），扣 1 分。答题时语音错误，每个音节扣 0.1 分，如判断错误已经扣分，不重复扣分。

（四）朗读短文（1 篇，400 个音节），限时 4 分钟，共 30 分。

1. 目的：测查应试人使用普通话朗读书面作品的水平。在测查声母、韵母、声调读音标准程度的同时，重点测查连读音变、停连、语调以及流畅程度。

2. 要求：

（1）短文从《普通话水平测试用朗读作品》中选取。
（2）评分以朗读作品的前 400 个音节（不含标点符号和括注的音节）为限。

3. 评分：

（1）每错 1 个音节，扣 0.1 分；漏读或增读 1 个音节，扣 0.1 分。
（2）声母或韵母的系统性语音缺陷，视程度扣 0.5 分、1 分。
（3）语调偏误，视程度扣 0.5 分、1 分、2 分。
（4）停连不当，视程度扣 0.5 分、1 分、2 分。
（5）朗读不流畅（包括回读），视程度扣 0.5 分、1 分、2 分。
（6）超时扣 1 分。

（五）命题说话，限时 3 分钟，共 30 分。

1. 目的：测查应试人在无文字凭借的情况下说普通话的水平，重点测查语音标准程度、词汇语法规范程度和自然流畅程度。

2. 要求：

（1）说话话题从《普通话水平测试用话题》中选取，由应试人从给定的两个话题中选定 1 个话题，连续说一段话。
（2）应试人单向说话。如发现应试人有明显背稿、离题、说话难以继续等表现时，主试人应及时提示或引导。

3. 评分：

（1）语音标准程度，共 20 分。分六档：

一档：语音标准，或极少有失误。扣 0 分、0.5 分、1 分。

二档：语音错误在 10 次以下，有方音但不明显。扣 1.5 分、2 分。

三档：语音错误在 10 次以下，但方音比较明显；或语音错误在 10~15 次，有方音但不明显。扣 3 分、4 分。

四档：语音错误在 10~15 次，方音比较明显。扣 5 分、6 分。

五档：语音错误超过 15 次，方音明显。扣 7 分、8 分、9 分。

六档：语音错误多，方音重。扣 10 分、11 分、12 分。

（2）词汇语法规范程度，共 5 分。分三档：

一档：词汇、语法规范。扣 0 分。

二档：词汇、语法偶有不规范的情况。扣 0.5 分、1 分。

三档：词汇、语法屡有不规范的情况。扣 2 分、3 分。

（3）自然流畅程度，共 5 分。分三档：

一档：语言自然流畅。扣 0 分。

二档：语言基本流畅，口语化较差，有背稿子的表现。扣 0.5 分、1 分。

三档：语言不连贯，语调生硬。扣 2 分、3 分。

说话不足 3 分钟，酌情扣分：缺时 1 分钟以内（含 1 分钟），扣 1 分、2 分、3 分；缺时 1 分钟以上，扣 4 分、5 分、6 分；说话不满 30 秒（含 30 秒），本测试项成绩计为 0 分。

五、等级确定

国家语言文字工作部门发布的《普通话水平测试等级标准》是确定应试人普通话水平

等级的依据。测试机构根据应试人的测试成绩确定其普通话水平等级，由省、自治区、直辖市以上语言文字工作部门颁发相应的普通话水平测试等级证书。

普通话水平划分为三个级别，每个级别内划分两个等次。其中：

97 分及其以上，为一级甲等；

92 分及其以上但不足 97 分，为一级乙等；

87 分及其以上但不足 92 分，为二级甲等；

80 分及其以上但不足 87 分，为二级乙等；

70 分及其以上但不足 80 分，为三级甲等；

60 分及其以上但不足 70 分，为三级乙等。

〔注〕各省、自治区、直辖市语言文字工作部门可以根据测试对象或本地区的实际情况，决定是否免测"选择判断"测试项。如免测此项，"命题说话"测试项的分值由 30 分调整为 40 分。评分档次不变，具体分值调整如下：

（1）语音标准程度的分值，由 20 分调整为 25 分。

一档：扣 0 分、1 分、2 分。

二档：扣 3 分、4 分。

三档：扣 5 分、6 分。

四档：扣 7 分、8 分。

五档：扣 9 分、10 分、11 分。

六档：扣 12 分、13 分、14 分。

（2）词汇语法规范程度的分值，由 5 分调整为 10 分。

一档：扣 0 分。

二档：扣 1 分、2 分。

三档：扣 3 分、4 分。

（3）自然流畅程度，仍为 5 分，各档分值不变。

普通话水平测试技巧

参 考 文 献

[1] 高直. 职业汉语实用教程［M］. 北京：高等教育出版社，2009.
[2] 杨诚. 职业汉语实训［M］. 北京：科学出版社，2009.
[3] 李珉. 普通话口语交际［M］. 北京：高等教育出版社，2010.
[4] 刘伯奎. 口才与演讲［M］. 北京：中国人民大学出版社，2006.
[5] 周金声. 大学应用语文［M］. 北京：中国人民大学出版社，2007.
[6] 周裕新. 公关礼仪艺术［M］. 上海：同济大学出版社，2004.
[7] 周思敏. 你的礼仪价值百万［M］. 北京：中国纺织出版社，2009.
[8] 何洪英. 现代礼仪教程［M］. 成都：电子科技大学出版社，2010.
[9] 熊卫平. 现代公关礼仪［M］. 北京：高等教育出版社，2011.
[10] 王珺之. 怎样轻松获得面试官的青睐：世界500强企业面试全真题［M］. 北京：中国经济出版社，2010.
[11] 王文贵. 轻松面试［M］. 郑州：河南人民出版社，2000.
[12] ［美］罗恩·弗莱. 101种面试巧妙回答［M］. 北京：中国铁道出版社，2011.
[13] 张波. 口才训练教程［M］. 北京：机械工业出版社，2007.
[14] 陈秀泉. 实用情境口才——口才与沟通训练［M］. 北京：科学出版社，2007.
[15] 何小红. 高职实用语文能力训练［M］. 天津：天津大学出版社，2009.
[16] 牛殿庆. 口才、社交与礼仪教程［M］. 上海：上海财经大学出版社，2007.
[17] 王建华. 大学生口语交际教程［M］. 杭州：浙江大学出版社，2005.
[18] 刘淑萍. 应用写作教程［M］. 北京：科学出版社，2007.
[19] 史新英. 应用文写作［M］. 北京：高等教育出版社，2009.
[20] 李薇. 应用文写作［M］. 北京：教育科学出版社，2008.
[21] 焦阳. 新编应用文读写［M］. 北京：中国科学技术出版社，2008.
[22] 夏惠敏. 应用文写作（第二版）［M］. 武汉：华中科技大学出版社，2010.
[23] 刘宏彬. 新编应用文写作教程［M］. 北京：新华出版社，2008.
[24] 杨文丰. 高职应用写作［M］. 北京：高等教育出版社，2006.